오늘날 삼위일체신학에 대한 관심이 증대되어 관련 번역서와 연구서가 많이 출간되는 상황 속에서, 현대 삼위일체신학의 핵심적인 쟁점 중 하나인 내재적 삼위일체와 경륜적 삼위일체의 관계를 심층적으로 분석한 역작을 만나게 되어 진심으로 기쁘게 생각한다.

"내재적 삼위일체"는 하나님의 자유하심을 확보하기 위해, "경륜적 삼위일체"는 하나님과 세계의 관계성을 확보하기 위해 필수적이다. 저자는 양자의 구별성과 일치성을 논의하는 11명의 현대 신학자의 입장을 다루면서 각각의 신학자들이 기반하고 있는 존재론과 인식론을 분석한다. 그리고 그들의 논의에서 언급되는 "신비"의 개념에 집중해 논의의 통합을 이루고 삼위일체신학이 앞으로 나아가야 할 방향을 제시한다. 즉 저자는 내재적 삼위일체와 경륜적 삼위일체의 구별성과 일치성을 온전히 마련하기 위해 "신비"(비밀)의 성경적 개념, 즉 "하나님의 비밀인 그리스도"를 삼위일체신학 논의의 전면에 내세울 것과, 그 논의에서 삼위일체적 존재론과 인식론을 끌어낼 것을 제안한다. 왜냐하면 예수 그리스도와의 만남 및 체험을 통해 우리의 인식과 삶을 변화시키는 영성적 삼위일체신학이 가능할 것으로 전망하기 때문이다. 이러한 점에서 이 책은 현대 삼위일체신학에서의 논의들을 탁월하게 분석할 뿐 아니라, 앞으로의 논의의 발전을 위한 귀중한 통찰을 제시한다고 평가할 수 있다.

이 책의 저자 백충현 교수는 신학을 시작할 때부터 삼위일체신학에 관심을 두고 지금까지 이 주제에 천착해왔다. 그래서 삼위일체신학을 분석하고 다루는 데 있어서 그 누구보다 준비가 잘 되어 있다. 앞으로 저자의 연구와 강의를 포함한 다양한 활동을 통해 한국교회와 사회가 삼위일체 하나님을 더욱더 깊이 발견하고, 믿고, 찬양하고, 고백하며 살아갈 수 있기를 기대하면서 이 책을 적극 추천한다.

이수영 | 새문안교회 담임목사


기독교 교리 및 신학의 주제 중 가장 신비하고 오묘하며 난해한 주제라고 할 수 있는 삼위일체론에 대해 전문가적 식견을 가지고 신학적·철학적 분석을 시도한 백충현 교수의 노고에 진심으로 감사한다. 오늘날 삼위일체신학에서 다루는 중심 주제는 궁극적으로 "삼위(三位)의 관계성"에 관한 것이다. 현대 신학자들은 "삼위의 관계성"을 바탕으로 여러 가지 사회적인 문제들에 대한 해답을 찾으려는 시도를 해왔다. 이런 큰 흐름 속에서 이 책은 "내재적 삼위일체"와 "경륜적 삼위일체"의 관계성에 집중한다.

저자는 바르트, 라너 등 유수한 현대 신학자들의 신학적 입장을 비교적 자세히 다루었는데, 그들의 사유 기반인 존재론과 인식론을 분석함으로써 각각의 입장에 내재한 존재론적 긴장과 인식론적 긴장이 어떻게 해소되는지를 심층적으로 분석해냈다. 또한 저자는 삼위의 구별성과 일치성 문제를 해결하기 위해 "하나님의 비밀인 그리스도"를 신학적 논의의 전면에 내세울 것을 제안함으로써 예수 그리스도와의 만남과 체험을 통해 각 개인의 인격이 실제로 변화되도록 이끄는 "영성적" 삼위일체신학으로 우리를 안내한다.

저자의 이러한 신학적 통찰 덕분에 우리는 자칫 추상화되기 쉬운 삼위일체론을 실천적의미로 해석하고 적용할 수 있는 이론적 근거를 확보할 수 있게 되었다. 이렇게 소중한 연구의 결실을 "제8회 소망학술상" 이름으로 출간하게 되어 대단히 기쁘게 생각한다. 그리스도를 중심에 둔 영성적 삼위일체신학을 교회와 일반 목회 현장에서 구체화하는 데 이 책이 귀중한 마중물 역할을 하게 되기를 소망한다.

김지철 | 소망교회 담임목사

저자는 삼위일체론의 탁월한 전문가로서 초기 기독교부터 오늘날까지의 다양한 삼위일체론에 대해 깊은 연구를 해왔고, 이제 그 노력이 『내재적 삼위일체와 경륜적 삼위일체』로 열매를 맺게 되었다. 삼위일체론의 새로운 부흥에 관한 저자의 성실한 연구는 현대 삼위일체론을 이해하는 데 큰 도움을 준다. 이 책은 삼위일체에 대해 혼란을 겪는 많은 성도와 삼위일체신학에 대해 깊은 이해를 원하는 연구자들에게 유용한 길잡이가 될 것이다.

김명용 | 장로회신학대학교 총장

21세기가 당면한 제반 문제들에 근본적 대안을 제시하는 삼위일체론에 관한 연구는 21세기기독교의 시대적 과제다. 이 책은 현대 신학계의 위대한 과업인 삼위일체론에서 최대 쟁점중 하나인 내재적 삼위일체론과 경륜적 삼위일체론의 관계를 치밀하고 일목요연하게 논의함으로써 삼위일체론 연구사에 크게 기여한다. 특히 저자는 예수 그리스도를 전면에 내세워양대 삼위일체론의 구별성과 일치성을 동시에 주창하는데, 이는 정답과도 같은 논의이므로삼위일체론 연구자들에게 적극 추천하는 바다.

곽혜원 | 21세기교회와신학포럼 박사

삼위일체 교리는 초대교회 시대부터 기독교를 다른 종교들과 구별시켜주었던 가장 핵심적인 교리였다. 그리고 20세기 후반부터 시작된 삼위일체 교리에 대한 새로운 관심과 연구는근대 자유주의 신학에 대한 반성이자 새로운 신학의 가능성을 연 의미 있는 발걸음이었다.이 책은 대표적인 현대 신학자 11명의 삼위일체 교리들을 저자 자신의 해석적 틀과 적절한 역사적 이해를 바탕으로 분석하고 평가한 충실한 연구의 결과물이다. 무엇보다 저자 특유의 꼼꼼한 분석과 독창적인 해석의 관점은 현대 삼위일체 논의들이 가지고 있는 의의와 한계를 이해하는 데 있어 독자들에게 꼭 필요하고 유용한 안목을 제공해줄 것이다.

김요섭 | 총신대학교 신학대학원 교회사 교수

이 책은 삼위일체론 논의의 양대 축인 내재적 삼위일체론과 경륜적 삼위일체론의 긴장과 갈등 해소를 위한 저자의 탁월한 철학적·신학적 통찰력을 보여주는 역작이다. 삼위일체 하나님에 대한 통합적 연구와 더불어 첨가된 참고문헌 연구는 삼위일체론 연구자들에게 매우 귀중한 길잡이가 될 것을 확신하며 기쁜 마음으로 이 책을 추천한다.

김영선 | 협성대학교 조직신학 교수

삼위일체론은 하나님에 관한 가장 적절한 이해를 제공할 뿐만 아니라 기독교 신앙의 모든 내용을 포괄하고 규정하는 근본 원리다. 이 책은 삼위일체신학에서도 가장 어려운 부분이라고 할 수 있는 내재적 삼위일체와 경륜적 삼위일체의 관계 문제를 명확한 논리와 쉬운 언어로 탁월하게 정리했다. 동시에 앞으로 이 주제에 대한 논의가 나아가야 할 길을 명확하게 제시해주었다. 삼위일체신학에 관심 있는 모든 이에게 적극 추천한다.

박 만 | 부산장신대학교 조직신학 교수

이 책은 현대 삼위일체론의 부흥을 다각적인 관점에서 면밀하게 분석하고 차분하게 정리한 역작이다. 저자는 내재적·경륜적 삼위일체론의 관계를 중심으로 현대 신학자들을 집요하게 심문한다. 오늘날 부흥기를 맞은 삼위일체론이 여전히 해결해야 할 존재론적·인식론적 과제는 "신비"이신 예수 그리스도가 전면에 와야 해결될 수 있다고 주장하는 이 책은, 한국의 신학 발전에 새로운 계기를 제공할 것이다.      유해무 | 고려신학대학교대학원 조직신학 교수

저자가 자신의 박사학위 논문을 수정 보완해서 『내재적 삼위일체와 경륜적 삼위일체』를 출간하게 된 것을 진심으로 축하한다. 삼위일체론의 성서적·신학적·철학적·역사적 배경을 잘

소개하는 이 책은, 내재적 삼위일체와 경륜적 삼위일체에 대한 신학자들의 견해를 일곱 가지 유형으로 분류해 각각의 장단점을 분석하며, 내재적 삼위일체와 경륜적 삼위일체의 관계를 인식론과 존재론의 긴장관계 안에서 조명한다.

이 책은 삼위일체론에 대한 통전적인 이해를 위해 한국의 신학도들이 꼭 읽어야 할 필수 서적이다. 또한 이 책은 한국 신학계 전체에 삼위일체론 논의를 위한 새로운 지평을 열어줄 것이다. 이 책의 출간을 계기로 한국교회 안에 삼위일체론에 대한 새로운 관심이 일어나길 기대한다.

윤철호 | 장로회신학대학교 신학대학원 조직신학 교수


개혁신학자 바빙크에 따르면 "삼위일체는 기독교 신앙의 핵심이며, 모든 교리의 근간이며, 새 언약의 실체"다. 또한 "삼위일체론에서 인류의 구원을 위한 하나님의 전체 계시의 심장이 박동한다." 저자는 이렇게 중요한 삼위일체론에 대한 대표적 현대 신학자 11명의 논의를 일곱 가지 입장으로 정리해서 읽어낸다. 그리고 내재적 삼위일체와 경륜적 삼위일체의 관계를 존재론과 인식론의 관점에서 분석하면서 예수 그리스도를 가리키는 신적 신비가 삼위일체론을 둘러싼 존재론적 긴장이나 인식론적 긴장을 해소하는 단서가 된다고 주장한다.

한편 이 책은 저자의 박사학위 논문을 좀 더 다듬고 보완한 한국어판이기에 한국어 독자는 가장 완성된 형태의 논의를 접할 수 있는 혜택을 누리는 셈이다. 오늘날 삼위일체론 논의를 전체적으로 조망할 수 있는 눈을 열어주는 동시에 바람직한 삼위일체론 이해의 길을 찾아주는 이 책은, 정말 필독을 권할 만하다.     이경직 | 백석대학교 신학대학원 조직신학 교수


삼위일체 교리는 그리스도인들이 예배하는 하나님에 관한 교리다. 이 교리는 많은 교리 중 하나의 교리가 아니라 교리 중의 교리이며, 모든 교리의 원리이며 초석이다. 그래서 네덜란드의 개혁신학자 바빙크는 삼위일체 교리와 더불어 전체 기독교가 서고 넘어지며, 따라서 이 교리는 그리스도교의 "심장"(hart)이요 "본질"(wezen)이라고 묘파(描破)했다. 내재적 삼위일체와 경륜적 삼위일체의 관계를 어떻게 규정할 것인가의 문제는 삼위의 (공동) 본질과 (개별) 위격들의 개념 및 이 양자의 관계를 어떻게 규정할 것인가의 문제와 함께 삼위일체 교리 이해의 관건이 되는 중차대한 사안이다. 저자는 내재적 삼위일체와 경륜적 삼위일체의 관계에 대한 광범위한 논의들을 철학사와 신학사의 맥락을 따라 체계적으로 정리한 후, 이 주제에 대한 현대적 해석들을 일곱 가지 유형으로 정리하여 각 유형의 장단점을 분석함으로

써 양자의 관계규정 문제에 기여하고 있다. 따라서 독자들은 이 책을 비평적으로 숙독함으로써 이 주제에 관해 정통한 지식과 다양한 통찰을 얻을 수 있다. 그뿐만 아니라 이 주제에 대한 전통적인 견해를 정확하게 이해하고, 성경을 따라 다층적이고 입체적으로 해명하고 변증하는 일에 많은 도움을 얻을 수 있을 것이다.

이동영 | 서울성경신학대학원대학교 조직신학 교수

저자는 삼위일체의 신비를 진지하게 탐구하고 거기서 얻은 자신의 귀한 고백을 이 책에 담았다. 그는 특히 내재적 삼위일체와 경륜적 삼위일체의 관계를 지속적으로 탐구해왔다. 많은 사람이 20세기를 삼위일체 교리의 부흥기라고 생각하고 삼위일체에 관해 말하지만 이 둘의 관계를 제대로 정립한 경우는 드물다. 사실 어떤 측면에서 그들은 삼위일체에 관해 말만 하면서 삼위일체론을 가리고 없애버리는 결과를 초래하고 있다. 특히 경륜적 삼위일체만으로 삼위일체를 파악하려는 사람들이 빠르게 증가했는데, 그들의 노력도 삼위일체의 존재 근거를 없애는 것이라고 하지 않을 수 없다.

이 책의 독자들은 "내재적 삼위일체는 경륜적 삼위일체의 존재 근거이며, 경륜적 삼위일체는 내재적 삼위일체의 인식 근거"라는 안내를 따른다면, 삼위일체론을 더 명료하게 파악하는 데 도움을 얻을 수 있을 것이다. 이 책을 접하는 모든 사람이, 이 책을 통해 삼위일체에 관한 바른 이해를 갖추어 삼위일체 하나님께 기도하고, 그분을 경배하고 찬양하며, 삼위일체 하나님과 동행하는 기쁨을 맛보게 되기를 바란다.

이승구 | 합동신학대학원대학교 조직신학 교수

이 책은 20세기 후반 이후로 신학계를 풍미하고 있는 삼위일체론의 르네상스에 발맞춰 내재적 삼위일체와 경륜적 삼위일체의 관계성에 대한 주요 현대 신학자들의 견해를 일목요연하게 소개해준다. 그뿐 아니라 학제 간 연구를 통해 삼위일체에 관한 논의를 다각적으로 심도 있게 제시하면서 한국 신학계에 커다란 공헌을 했다. 사실 이 책의 주제는 전문적이고 난해한 개념들이 이어지는 어려운 논의임이 분명하다. 그럼에도 불구하고 저자는 명료한 이해를 바탕으로 신학자뿐 아니라 진지하게 공부하는 신학생과 일반인도 읽으면서 연구할 수 있도록 논의를 쉽게 풀어나간다. 진정성이 돋보이면서도 활용성이 높은 이 책을 강력하게 추천한다.

한상화 | 아세아연합신학대학교 조직신학 교수

# The Holy Trinity–
## God for God And God for Us

Seven Positions on the Immanent-Economic Trinity
Relation in Contemporary Trinitarian Theology

# 내재적 삼위일체와 경륜적 삼위일체

## 현대 삼위일체신학에 대한 신학·철학의 융합적 분석

백충현 지음

# 차례

이 책이 한글로 출판되는 모든 과정에 함께하신 삼위일체 하나님의 선하신 인도하심에 감사와 찬양과 영광을 올려드립니다. 이 책은 제 박사학위 논문으로 처음 작성되었고, 미국 위프앤스탁(Wipe & Stock)출판사에서 *The Holy Trinity — God for God and God for Us*라는 제목으로 출간되었습니다. 공부를 마치고 귀국한 이후 저는 책의 여러 부분을 수정하고 번역해서 논문 형식으로 만들어 몇 군데의 학술지에 발표했습니다. 그리고 학회발표 및 학교수업에서 토론을 진행하면서 비판과 조언을 통해 본문의 내용을 조금씩 다듬어갈 수 있었습니다. 이후 2013년에는 한국기독교학회 제8회 소망학술상을 수상했고, 이 상을 계기로 책을 출간하게 된 것입니다. 최초 논문의 내용과 형식이 부분적으로 조정되거나 수정되기는 했지만, 전체적으로 원래 의도했던 내용이 크게 변하지는 않았습니다.

저는 지금까지 신앙의 여정을 걸어오면서 끊임없이 하나님은 과연 누구이신가를 질문하고, 성서 말씀을 통해 하나님을 묵상하며, 예배의 자리에서 그분을 고백하고, 신학 연구를 통해 그분에 대해 씨름하며, 부족하지만 삶의 모든 영역에서 그분의 가르침을 실천하고자 노력해왔습니다. 이런 신앙의 여정은 앞으로도 계속될 것입니다. 지금까지 저의 모든 발걸음을 인도하시고 새롭게 변화시켜주신 하나님께 감사를 드립니다. "나 여호와가 말하노라. 나는 가까운 데 하나님이요 먼 데 하나님은 아니냐?…나는 천지에 충만하지 아니하냐?"(렘 23:23-24)는 성서 말씀처럼, 하나님은 가까운 데 있는 하나님이시자 먼 데 있는 하나님이시며, 내재의 하나님이시자 초월의 하나님이시고, 천지에 충만하셔서 온누리가 하나님의 영광의 무대가 되시는 하나님이시며, 성부·성자·성령 하나님으로서 한 분 하나님이 되시는 삼위일체 하나님이시고, 우리를 삼위일체 하나님의 사랑의 사귐으로 초대하시고 품어주시는 사랑의 하나님이십니다. 이러한 삼위일체 하나님을 만나고 고백하며 살아갈 수 있도록 지금까지 제 삶과 신앙의 여정을 선하게 인도해 오신 하나님께 찬양과 영광을 올려드립니다.

삼위일체 하나님의 선하신 인도하심 속에서 이 책이 출간되는 데 도움을 주신 모든 분께 감사드립니다. 이 지면에 한 분 한 분을 다 자세히 언급하지는 못하지만, 마음 깊이 감사하고 있음을 전하고 싶습니다. 본래의 박사학위 논문이 완성될 수 있도록 격려하고 후원해주신 새문안교회 이수영 목사님과 미래지도자육성장학위원회 및 온 교우들에게 감사드립니다. 현재의 모습으로 논문 전체가 번역 및 출판될 수 있도록 선정하고 지원해주신 한국기독교학회의 모든 임원 및 소망교회 김지철 목사님과 모든 교우께도 감사의 마음을 전하고 싶습니다. 논문의 일부를 발표할 수 있도록 기회를 마련해주시고 논문 내용을 다듬을 수 있도록 귀중한 조언을 해주신 장로회신학대학교 김명용 총장님과 조직신학 교수님들을 비롯한 모든 교수님과 수업에 참여한 학생들에게 진심으로 감사드립니다. 또한, 부족함이 많은 원고를 출판하기로 흔쾌히 결정해주신 새물결플러스의 김요한 대표님과 원고를 교정해주고 편집 디자인해준 모든 편집자와 디자이너에게 깊이 감사드립니다. 아무쪼록 이 책이 우주

내재적 삼위일체와 경륜적 삼위일체

만물을 향한 삼위일체 하나님의 사랑과 영광을 온누리에 펼치는 데 중요한 역할을 감당하기를 기도합니다.

## 약어표(Abbreviations)

### ACW
*Ancient Christian Writers* Vols. 1-60, Westminster: Newman Press, 1946-2004.

### ANF
*The Ante-Nicene Fathers: Translations of the Writings of the Fathers down to A.D. 325* Vols. 1-10, eds. Alexander Roberts and James Donaldson, Grand Rapids: William B. Eerdmans Publishing Company, 1996-2001.

### CD
Karl Barth, *Church Dogmatics*, trans. Geoffrey W. Bromiley, Edinburgh: T & T Clark, 1975.

### EDT
*Evangelical Dictionary of Theology* (2nd edition), ed. Walter A. Elwell, Grand Rapids: Baker Academic, 2001.

### EEC
*Encyclopedia of Early Christianity* (2nd edition), ed. Everett Ferguson, New York: Garland Publishing, 1997.

### FC
*The Fathers of the Church* Vols. 1-110, Washington, D.C.: The Catholic University of America Press, 1947-.

### KD
Karl Barth, *Die Kirchliche Dogmatik*, Zollikon: Evangelischer Verlag, 1947-1970.

### LCC
*The Library of Christian Classics* Vols. 1-26, Philadelphia: Westminster Press, 1953-1966.

내재적 삼위일체와 경륜적 삼위일체

*NPNF*(1st)
*A Select Library of Nicene and Post-Nicene Fathers of the Christian Church*
(1st Series) Vols. I - XIV, eds. Philip Schaff and Henry Wace, Grand Rapids:
William B. Eerdmans Publishing Compnay, 1989-1997.

*NPNF*(2nd)
*A Select Library of Nicene and Post-Nicene Fathers of the Christian Church*
(2nd Series) Vols. I - XIV, eds. Philip Schaff and Henry Wace, Grand
Rapids: William B. Eerdmans Publishing Compnay, 1989-1997.

*OCCT*
*The Oxford Companion to Christian Thought*, ed. Adrian Hastings, Oxford:
Oxford University Press, 2000.

*PG*
*Patrologia Graeca*, ed. J. P. Migne, Series graeca (Paris, 1857-1866)

*PL*
*Patrologia Latina*, ed. J. P. Migne, Series Latina (Paris, 1844-1855).

*ST*
Thomas Aquinas, *Summa Theologica*, trans. Fathers of the English
Dominican Province, Westminster: Christian Classics, 1981.

*TDNT*
*Theological Dictionary of New Testament*, ed. G. Kittel, Grand Rapids:
Eerdmans, 1985.

*TRE*
*Theologische Realenzyklopädie Band I-XXXVI*, ed. Gerhard Müller, Berlin:
Walter de Gruyter, 1977-2004

# 제1장
# 서론

이 책은 신학과 철학의 융합을 지향하면서 내재적 삼위일체(immanent Trinity)와 경륜적 삼위일체(economic Trinity) 관계의 쟁점을 다루는 현대 신학 논의들을 존재론과 인식론의 관점에서 분석한다. 일반적으로 내재적 삼위일체는 삼위일체 내의 내적인 관계들을 가리킨다. 반면 경륜적 삼위일체는 창조, 구속, 완성의 활동을 통해 계시된 삼위일체를 포괄적으로 지칭한다.

현대 삼위일체 신학은 최근 새롭게 재발견되면서 부흥기를 누리고 있다. 본문은 이 맥락에서 가장 뜨겁게 논의되고 있는 쟁점을 다룬다. 삼위일체 신학을 현대적으로 갱신한 최초의 신학자는 칼 바르트(Karl Barth)와 칼 라너(Karl Rahner)였고, 이를 촉진시킨 것은 블라디미르 로스키(Vladimir Lossky)와 존 지지울라스(John D. Zizioulas) 같은 동방정교회 신학자들이었다. 위르겐 몰트만(Jürgen Moltmann), 볼프하르트 판넨베르크(Wolfhart Pannenberg), 로버트 젠슨(Robert W. Jenson)은 삼위일체 논의를 한층 더 발전시켰고, 윌리엄 노만 피턴저(William Norman Pittenger), 조셉 브라켄(Joseph A. Bracken), 마저리 휴윗 수하키(Marjorie Hewitt Suchocki)

같은 과정신학자들과 캐서린 모리 라쿠나(Catherine Mowry LaCugna) 같은 여성신학자들, 그리고 해방신학자 레오나르도 보프(Leonardo Boff)와 아시아계 미국인 신학자 이정용(Jung Young Lee)은 삼위일체 신학을 확대했다.

이런 맥락에서 이 책은 내재적·경륜적 삼위일체 관계라는 쟁점을 둘러싼 상이한 입장 일곱 가지를 밝힌다. 곧 내재적 삼위일체와 경륜적 삼위일체 양자에 관하여 바르트의 상호상응(양자가 상호적으로 상응한다), 라너의 동일성(양자가 동일하다), 몰트만, 판넨베르크, 젠슨의 종말론적 일치(양자는 종말론적으로 일치한다), 보프와 피턴저의 더 큼(내재적 삼위일체가 경륜적 삼위일체보다 더 크다), 브라켄의 침지(내재적 삼위일체가 경륜적 삼위일체를 침지한다), 수코키와 라쿠나의 흡수(경륜적 삼위일체가 내재적 삼위일체를 흡수한다), 그리고 이정용의 상호포월(양자가 상호적으로 포함한다)이라는 일곱 가지 상이한 입장을 밝혀내는 것이다.

또한 이 책은 내재적·경륜적 삼위일체 관계라는 현대신학의 쟁점을 삼위일체 신학에 관한 역사적 논의의 맥락에서 파악한다. 비록 역사적 논의에서 사용했던 용어들이 현대신학 논의에서 사용하는 용어들과 동일하지는 않지만, 내재적·경륜적 삼위일체를 구별하는 용어는 거의 일치한다. 곧 내재적·경륜적 삼위일체 구별은 신학의 역사 속에서 이루어졌던 다른 병행적 구별들까지도 거슬러 올라갈 수 있다는 얘기다. 달리 말해 내재적 로고스(λόγος ἐνδιάθετις)와 표현된 로고스(λόγος προφοπικός), 출원(processio)과 파송(missio) 같은 병행적 구별들까지 거슬러 올라갈 수 있다. 게다가 내재적·경륜적 구별은 경세(dispositio, dispensatio), 경륜(οἰκονομία), 작용 또는 활동(ἐνέργεια, operation or activity) 같은 다른 중요한 신학 용어들과도 밀접하게 연결되어 있다. 경세와 경륜은 대부분의 경우 상호 교환되어 사용되지만, 양자 간에 양립할 수 없는 몇몇 차이점들

　　　　　　　　　　　　　　　내재적 삼위일체와 경륜적 삼위일체

이 존재한다. 따라서 이 책에서는 그 차이점들을 부각시키기 위해 라틴어 *dispositio*(경세)와 그리스어 οἰκονομία(경륜)를 그대로 사용한다.

위와 같은 현대신학과 역사신학의 맥락에서, 이 책은 현대 삼위일체 신학 논의 중 가장 뜨겁게 다루어지는 쟁점 하나를 존재론과 인식론의 관점에서 접근한다. 본 글은 논의의 쟁점에 존재론과 인식론이 필수불가결하게 얽혀 있음을 밝히되, 일곱 가지 입장을 주창하는 각각의 신학자가 존재론적 긴장 혹은 인식론적 긴장, 또는 이 두 가지 긴장 모두에 직면해 씨름하고 있음을 밝힌다. 예를 들면 바르트는 성서 속에 증언된 계시의 실재에서 시작해 이 계시를 분석하고, 계시 속에 드러난 삼위일체 개념들을 이끌어낸다. 그리고 이러한 삼위일체 개념들이 하나님 안에 있는 삼위일체성을 가리킨다고 간주한다. 이를 통해 바르트는 인식론적 긴장, 곧 삼위일체 개념들이 가리키는 하나님 안에 있는 삼위일체성을 우리가 올바르게 인식할 수 있는가라는 문제에 직면한다. 바르트의 예가 암시하는 것처럼 이 책은 여러 신학자들이 내재적·경륜적 삼위일체 관계에 관한 각자의 입장에 내재되어 있는 존재론적 긴장이나 인식론적 긴장, 또는 이 두 가지 모두의 긴장을 어떻게 해결하고 해소하는지를 핵심문제로 다룬다.

더 나아가 이 책은 신적 신비의 개념이 존재론적·인식론적 긴장들 속에 밀접하게 연결되어 있음을 밝힌다. 아울러 신적 신비의 개념이 이러한 긴장들을 해소하기 위해 기능하는 것도 밝힌다. 이에 대해서는 다음과 같은 세 가지 예를 들 수 있다. 첫째, 바르트의 경우에는 상호상응이라는 그의 입장이 내재적 삼위일체와 경륜적 삼위일체와의 내용적 동일성과 일치성을 확보해주는 장점이 있다. 그럼에도 불구하고 그의 입장은 내재적 삼위일체의 존재론적 독립성 또는 우선성을 불가피하게 함축하고 있는데, 이것은 필수적으로 인식론적 긴장을 초래한다. 따라서 바르트는 이러한 인식론적 긴장을 해결하기 위해 하나님의 일차적 객관성과 하나님의 이차적 객관성을 추가적으로 구별해야 하며, 이러한 구별도 인식론적 긴장을 완전히 해소해주지는 못하므로 최종적으로 불가해로서의 신비 (mystery as *ignoramus*) 개념에 호소한다.

둘째, 라너의 동일성 입장은 경륜적 로고스가 내재적 로고스이고 역사 속에 드러난 성령은 하나님 안에 있는 성령이며 우리가 경험하는 하나님이 하나님 자신임을 확고하게 인정하는 장점이 있지만, 그럼에도 그의 입장에는 존재론적 긴장이 내재적으로 도사리고 있다. 따라서 라너는 이러한 존재론적 긴장을 해소하기 위해 추가적으로 내재적 로고스를 내적인 상징(inward symbol)으로, 경륜적 로고스를 외적인 상징(outward symbol)으로 나누어 존재론적 의미를 구별하고 있다. 그런데 이러한 구별은 궁극적으로 하나님의 불가해한 신비라는 그의 개념에 의존해 있다.

마지막으로 보프는 경륜적 삼위일체가 내재적 삼위일체로 나아가는 관문이며 내재적 삼위일체는 경륜적 삼위일체의 존재론적 기반이라고 말하면서 양자 사이에 밀접한 연관성, 상관성, 상응성이 있음을 주창한다. 하지만 라너와는 달리 그는 양자의 완전한 동일성의 입장으로 나아가지 않는다. 왜냐하면 보프는 내재적 삼위일체가 영원한 신비라고 강력히 주장하기 때문이다.

그러므로 이 책은 위의 세 가지 예를 고려하면서 각각의 신학자들이 신적 신비의 개념을 사용하는 방식에 관하여 탐구한다. 이런 탐구 문제는 이 책의 핵심 문제와 불가분리적으로 연결되어 있다.

이 책이 다수의 현대 신학자를 다루고 있지만, 각각의 신학자들이 설명하는 삼위일체론 전체를 다 다루지는 않는다. 대신 본문은 일차적으로 존재론과 인식론의 관점에서 삼위일체론에 접근하고, 동시에 신적 신비라는 개념의 관점에서 접근한다. 또한 존재론과 인식론이라는 일반 철학의 관점에서 접근하지만, 특정 철학자의 존재론이나 인식론을 논문의 주

내재적 삼위일체와 경륜적 삼위일체

제와 관련해서 개괄적으로만 고찰한다.

위의 논의들을 바탕으로 이 책은 내재적·경륜적 삼위일체 관계를 논의한 11명의 현대 신학자를 검토해 이들이 주장한 7개의 상이한 입장을 정리하면서 이 논의들 속에 존재론과 인식론이 필수불가결하게 얽혀 있음을 밝힌다. 그리고 각각의 입장은 존재론적 긴장이나 인식론적 긴장, 혹은 이 둘 모두의 긴장을 드러내며, 이러한 긴장을 해소하기 위해 신적 신비의 개념을 끌어들이고 있음을 밝힌다. 이와 같은 비판적인 분석들을 고려하면서, 내재적 삼위일체와 경륜적 삼위일체의 좀 더 온전한 통합적인 관계를 확보하기 위해서는 반드시 예수 그리스도를 가리키는 신비의 개념을 전면에 두어야 한다. 예수 그리스도를 가리키는 신비의 개념은 단지 존재론적 혹은 인식론적 긴장들을 해소하기 위해 고안된 장치가 아니다. 오히려 그것은 삼위일체 하나님의 신비이며 이러한 신비에 적합한 존재론과 인식론을 결정할 수 있는 신비다.

이 주장을 제시하기 위한 이 책의 연구 방법에는 다음과 같은 특징이 있다. 첫째, 이 책은 신학적이면서 동시에 철학적이다. 곧 이 책은 내재적·경륜적 삼위일체 관계라는 현대 삼위일체 신학의 주제를 존재론과 인식론이라는 철학적 관점에서 접근한다. 이 점에서 나는 신학과 철학이 만나 대화하는 융합적 연구를 택한다. 여기서 존재론(ontology)은 존재의 실재(ὄν, the reality of being)에 관한 탐구라는 넓은 의미로 사용된다. 그리고 인식론(epistemology)은 지식(ἐπιστήμη), 곧 존재의 실재를 어떻게 알고 어떻게 인식하는지에 관한 탐구라는 일반적인 의미로 사용된다. 이와 같은 철학적인 관점을 채택하면서 본문은 철학사에서 철학의 관심이 존재론에서 시작하여(예를 들면 아리스토텔레스에게는 형이상학이 제일철학이었다) 인식론으로 이동했음에 주목한다(예를 들면 데카르트에게는 인식론이 제일철학이었고, 후설에게는 현상학이 제일철학이었다).

둘째, 이 책은 내재적·경륜적 삼위일체 관계라는 신학적 주제를 역사신학적·조직신학적 관점에서 검토한다. 역사신학적으로 검토하기 위해서는 내재적·경륜적 삼위일체 구별과 관계된 주제들에 관한 역사적 논의들을 고찰해야 하고, 조직신학적으로 검토하기 위해서는 역사적 논의들과 오늘날 현대 조직신학의 논의들과의 연결점을 확립해야 한다.

셋째, 이 책은 현대 조직신학의 주제를 분석적·비판적·건설적으로 고찰한다. 본문은 먼저 위에서 언급한 각각의 신학자가 존재론적 혹은 인식론적 긴장을, 또는 둘 모두의 긴장을 어떻게 다루었는지 분석적으로 고찰한다. 그다음에는 각각의 신학자가 이런 긴장을 얼마나 효과적으로 해소하는지를 비판적으로 고찰한다. 그리고 마지막에는 존재론과 인식론의 틀로서 접근하는 방법이 내재적·경륜적 삼위일체 관계에 대한 논의를 어떻게 하면 한층 더 발전시킬 수 있는지에 관한 건설적인 제안을 한다.

따라서 독자들은 이 책을 통해 내재적·경륜적 삼위일체 관계에 관한 현대신학의 논의들을 더 광범위한 철학적·역사적 맥락 속에서 볼 수 있는 관점을 얻을 수 있을 것이다.

**제2장**

# 삼위일체 신학의 현대적 르네상스

## I. 18세기 후반기와 19세기에서의 일식

325년의 니케아 공의회와 381년의 콘스탄티노플 공의회에서 삼위일체 교리가 명시적으로 확정된 이후 기독교 전체 역사에서 그리스도인들은 삼위일체 교리를 믿고, 가르치고, 고백해왔다. 하지만 삼위일체 교리는 동시에 도전과 비판과 공격을 받았다. 특히 그것은 18세기 후반기와 19세기에 더더욱 거셌고 성서신학, 철학적 신학, 조직신학, 역사신학 같은 신학의 전 분야에서 매우 심각한 의심을 받았다. 그로 인해 18세기 후반과 19세기에는 삼위일체론이 신학의 논의에서 사라지는 일식(eclipse) 현상이 나타났다.

### 1. 성서신학 분야

성서신학 분야에서는 독일의 성서신학자 요한 살로모 제믈러(Johann Salomo Semler, 1725-1791)가 삼위일체론의 일식 현상에 포문을 열었다. 제믈러는 네 권으로 된 『경전의 자유로운 탐구에 관한 논문』(*Abhandlung*

제2장 삼위일체신학의 현대적 르네상스                                27

*von freier Untersuchung des Canon*, 1771-1775)에서 하나님의 말씀과 성서는 동일하지 않으며, 성서의 모든 부분이 영감을 받은 것은 아니라고 주장했다.[1] 이런 주장과 함께 그는 종교개혁의 초석 중 하나인 "오직 성서로"(*Sola Scriptura*)라는 원리를 의심했다. 그것은 "오직 성서"라는 원리가 뜻하는 해석학적 원리, 곧 성서가 성서를 해석한다(*Scriptura sui ipsius interpres*)는 원리를 의심한다는 것이다. 이후 1787년 스위스 알트도르프 대학의 교수 취임 연설에서 요한 필립 가블러(Johann Philipp Gabler, 1753-1826)는 성서신학을 역사학으로만 간주하고 교의학과는 전적으로 독립된 것이라 주장했다.[2] 그는 성서가 삼위일체론 같은 교의학 주제에 관한 증거 본문을 제공한다고 여기는 이전의 성서관을 비판하는 입장이었다. 성서 전체가 영감을 받았다는 것을 의심한 제믈러와 성서신학은 교의학과 관련이 없다는 가블러의 주장이 성서 연구방법에 역사비평의 방법을 개시하게 된다. 그 결과 현대의 성서 연구방법은 성서가 영감을 받았다는 사실을 의심할 뿐만 아니라, 성서의 본문들이 삼위일체를 지지한다는 사실과 삼위일체 교리의 진정성도 의심한다.

## 2. 철학적 신학 분야

철학적 신학 분야에서는 임마누엘 칸트(Immanuel Kant, 1724-1804)가 1781년에 출간한 『순수이성비판』(*Kritik der reinen Vernunft*, 아카넷 역간, 2006)에서 감성세계(*mundus sensibilis*)와 지성세계(*mundus intelligibilis*)를 구별했다. 전자는 대상들의 세계를 경험으로 파악할 수 있지만, 후자

---

1) Gerhard Hasel, *Old Testament Theology: Basic Issues in the Current Debate* (4th edition) (Grand Rapids: Wm. B. Eerdmans, 1991), 14. 이후로는 *Old Testament Theology*로 표기함.

2) Hasel, *Old Testament Theology*, 15-16.

내재적 삼위일체와 경륜적 삼위일체

는 경험으로 파악할 수 없다. 감성세계와 지성세계를 구분한 다음 칸트는 인간이 지식을 가질 수 있는 대상을 오직 감성세계로만 한정했다. 이것은 인간이 경험 세계 너머에 있는 **물자체**(Ding an sich)에 관한 지식을 가질 수 없음을 의미한다. 더 나아가 인간은 순수이성을 통해 하나님에 관한 참된 지식을 가질 수 없다는 뜻을 내포하기도 한다.[3] 이후 칸트는 1788년에 출간한 『실천이성비판』(Kritik der praktischen Vernunft, 아카넷 역간, 2006)에서 실천이성이 요청하는 세 형이상학적 실재들, 곧 신, 영혼불멸, 자유를 인정했다.[4] 하지만 1798년에 발표한 「학부들의 논쟁」(Der Streit der Fakultäten)이라는 논문에서는 삼위일체론에 어떤 실천적 가치도 부여하지 않았다.

> 삼위일체론을 완전히 다 파악했다고 믿는 사람이 있다고 하더라도, 혹은 적어도 삼위일체론이 인간의 모든 개념을 초월한다고 의식하는 사람이 있다고 하더라도, (인간은) 삼위일체론에서 실천적 유용함을 문자 그대로 전혀 얻을 수 없다.[5]

## 3. 조직신학 분야

조직신학 분야에서는 자유주의 신학의 아버지로 간주되는 프리드리히 슐라이어마허(Friedrich Schleiermacher, 1768-1834)가 종교와 신앙에 관한

---

3) Immanuel Kant, *Critique of Pure Reason*, trans. Norman Kemp Smith (New York: St. Martin's, 1929), 264-269.

4) Immanuel Kant, *Critique of Practical Reason*, trans. Lewis White Beck (New York: Macmillan, 1993).

5) Immanuel Kant, *Der Streit der Fakultäten* (Hamburg: Verlag von Felix Meiner, 1959), 34. 다음의 책에서 재인용함. Jürgen Moltmann, *The Trinity and the Kingdom: The Doctrine of God*, trans. Margaret Kohl (Minneapolis: Fortress Press, 1993).

그의 새로운 접근법으로 기존의 전통적인 교회가 가르쳤던 삼위일체론을 논박했다. 그는 1799년에 출간한 『종교론: 종교를 멸시하는 교양인들에 대한 연설들』(Über die Religion. Reden an die Gebildeten unter ihren Verächtern)에서 종교의 본질은 사유와 행동이 아닌 직관과 감정(Gefühl)이라고 주장했다.[6] 계시 혹은 영감 같은 개념을 알지 못해도 온전히 종교적인 사람이 될 수 있다고 주장한 것이다.[7] 그 후 슐라이어마허는 1821년에 출간한 그의 대표작 『기독교신앙』(Der christliche Glaube, 한길사 역간, 2006)에서 경건은 앎이나 행함이 아니라 감정의 변용, 곧 직접적 자기의식의 변용임을 인정하고,[8] 하나님이라는 관념을 절대의존 감정의 표현으로 환원했다.[9] 우리가 이 책에서 더 주목해야 할 것은, 슐라이어마허가 삼위일체론에 대한 논의를 2권으로 된 두꺼운 책의 맨 마지막 부분에서 다루었을 뿐만 아니라,[10] 기존의 전통 교회가 가르쳤던 삼위일체론에 어떤 실제적인 가치도 부여하지 않았다는 점이다. 더욱이 그는 삼위일체론을 이차적인 지위로 취급하면서 기존의 전통적인 교회의 삼위일체론에 대해서는 "기독교적 자기의식에 관한 직접적인 표현이 아니라 여러 가지 표현들의 조합일 뿐"이라고 말했다.[11]

---

6) Friedrich Schleiermacher, *On Religion: Speeches to its Cultured Despisers*, trans. Richard Crouter (Cambridge: Cambridge University Press, 1996), 22. 이후에는 *On Religion*으로 표기함.

7) Schleiermacher, *On Religion*, 44.

8) Friedrich Schleiermacher, *The Christian Faith*, eds. H. R. Mackintosh and J. S. Stewart (New York: Harper & Row, 1963), I, 3.

9) Schleiermacher, *The Christian Faith*, I, 5.

10) Schleiermacher, *The Christian Faith*, II, 170-172.

11) Schleiermacher, *The Christian Faith*, II, 170.

내재적 삼위일체와 경륜적 삼위일체

## 4. 역사신학 분야

역사신학 분야에서는 독일 베를린 대학의 교수였던 아돌프 폰 하르낙 (Adolf von Harnack, 1851-1930)을 들 수 있다. 그는 1885년에 『교리의 역사』(Lehrbuch der Dogmengeschichte)라는 책을 출간했는데, 이 책에서 기독교 교리의 개념이 생성되고 공식적으로 그것이 형성될 때까지 기독교는 복음의 토양 위에 뿌려진 고대 그리스 정신의 결과물에 불과하다고 주장했다. 하르낙에게 삼위일체론과 기독론을 지칭하는 교리는 고대 그리스 정신이 점진적으로 기독교 복음으로 변모한 산물인 것이다. 그 결과 하르낙은 삼위일체론이 복음에 본질적이거나 필수적인 것도 아니라고 주장했다.[12] 그는 이 주장을 1899년과 1900년 약 2년 동안 베를린 대학교에서 강의했고, 그것을 자신의 글에 충분히 반영해서 1900년에는 『기독교의 본질』(Das Wesen des Christentums, 한들 역간, 2007)이라는 제목의 책으로 출간한다. 이 책에서 하르낙은 예수님의 가르침을 다음과 같이 세 가지로 간략하게 요약했다. 첫째는 하나님 나라와 하나님 나라의 도래다. 둘째는 성부 하나님과 인간 영혼의 무한한 가치다. 셋째는 고차원적 의와 사랑의 명령이다.[13] 우리는 이 책에서 하르낙이 성부 하나님을 매우 강조하는 반면 성자 하나님과 성령 하나님은 배제하고, 삼위일체 하나님은 전혀 언급하지 않는다는 사실에 주목해야만 한다.

하르낙에 따르면 "하나님의 아들"이라는 용어는 예수님이 자신을 하나님의 아들로서 의식하고 있음을 알려주며 또한 예수님이 하나님을 자신의 아버지로 생각하고 있다는 인식의 실제적인 결과만을 알려준다.[14]

---

12) Adolf von Harnack, *History of Dogma* Vols. 1-7 (New York: Russell & Russell, 1958).
13) Adolf von Harnack, *What is Christianity?* trans. Thomas Bailey (Philadelphia: Fortress Press, 1986), 51.
14) Harnack, *What is Christianity?*, 128.

그에 따르면 성령은 각 개인이 성부 하나님과 맺는 직접적이며 생생한 관계일 뿐이다.[15]

위의 성서신학, 철학적 신학, 조직신학, 역사신학에서 이러한 요인들은 근대 문화의 특징인 주요한 지적 흐름들과 긴밀하게 연결되어 있고, 18세기 후반과 19세기에는 주로 삼위일체론의 중요성에 대해 의심하며 도전하고 비판했다. 물론 삼위일체 교리를 지속적으로 고수하는 사람들도 있었지만, 근대의 이런 수정주의적 설명들이 훨씬 더 설득력이 있어 일반인들에게 많은 영향을 끼쳤다. 그 결과 삼위일체론의 일식이 초래된 것이다.


## II. 20세기와 21세기 삼위일체론의 재발견

18세기 후반과 19세기와는 정반대로, 20세기와 21세기 초에는 삼위일체론에 대한 중요성이 재발견되었다. 기독교 신학의 전 분야에서 삼위일체 교리를 재발견하고자 하는 노력이 이루어졌지만, 가장 주목할 만한 노력은 조직신학 분야에서 일어났다.[16]

---

15) Harnack, *What is Christianity?*, 165.

16) 영국교회협의회(The British Council of Churches [BCC])의 현대 삼위일체교리 연구위원회(Study Commission on Trinitarian Doctrine Today)가 1989년에 보고서 하나를 발표했다. 그 보고서는 20세기 삼위일체교리의 재발견에 상당한 영향력을 행사했던 신학적 저작들로 다음과 같은 세 작품을 선정했다. 첫째, 개신교 진영에서는 1932년에 출판된 칼 바르트의 『교회교의학』(*Die kirchliche Dogmatik*) 제1권이다. 둘째, 동방정교회 진영에서는 1944년 출간된 블라디미르 로스키(Vladimir Lossky)의 『동방정교회의 신비주의 신학』(*The Mystical Theology of the Eastern Church*)이다. 그리고 마지막으로, 로마가톨릭 진영에서는 1967년에 출판된 칼 라너의 『삼위일체』(*The Trinity*)다. The British Council of Churches, *The Forgotten Trinity* Vols. 1-3: (Vol. 1 [1989]: *The Report of the BCC Study Commission on Trinitarian Doctrine Today*; Vol. 2 [1989]: *A Study Guide on Issues Contained in the Report of the BCC Study Commission on Trinitarian Doctrine Today*; Vol. 3 [1991]: *A Selection of Papers Presented to the BCC Study Com-*

내재적 삼위일체와 경륜적 삼위일체

## 1. 조직신학 분야

조직신학 분야에서 처음으로 삼위일체론에 대한 신학적 관심을 갱신하기 시작한 이는 칼 바르트(1886-1968)였다. 그는 1911년부터 1921년까지 스위스에 있는 자펜빌이라는 조그마한 마을에서 목회했다. 제1차 세계대전(1914-1918)을 목격한 후에는 신학의 올바른 출발점이 무엇이어야 하는지에 대해 고민했고 성서에서 그 출발점을 발견했다. 그 결과 바르트는 도발적인 『로마서주석』(Römerbrief, 한들 역간, 1997)을 출간하게 된다. 1918년에 완성해 1919년에 출간된 초판은 사람들에게 매우 인기가 있었고, 1928년에는 독일어 6판이 출간됐다. 바르트는 1판의 상당 부분을 개정했는데, 2판은 1판보다 독일 신학계를 더 떠들썩하게 만들었다. 1921년에 개정해서 1922년에 출간한 2판이 1933년에는 영어권 독자들을 위해서도 번역됐다. 독일 가톨릭 신학자 카를 아담(Karl Borromäus Adam, 1876-1966)은 바르트의 『로마서주석』을 "신학자들의 놀이터에 떨어진 폭탄"[17]과 같다고 묘사했다.

『로마서주석』에서 바르트는 슐라이어마허부터 시작되는 자유주의 신학의 인간학적 신 이해를 공격한다. 덴마크 철학자 쇠렌 키에르케고르(Søren Kierkegaard, 1813-1855)의 "하나님과 인간 사이의 무한한 질적 차이"[18]라는 개념을 이용해서 하나님의 전적인 타자성, 하나님의 자유하심, 그리고 하나님의 주님 되심을 매우 강조하기도 했다. 이를 통해 그는 하

---

mission on Trinitarian Doctrine Today, London: The British Council of Churches, 1989-1991).

17) 다음 책에서 재인용함. David L. Mueller, *Makers of the Modern Theological Mind* (Waco: Word Books, 1972), 23; Sydney E. Ahlstrom, *A Religious History of the American People* (New Haven: Yale University Press, 1972), 934.

18) Karl Barth, *The Epistle to the Romans* (6th edition), trans. Edwyn C. Hoskyns (London: Oxford University Press, 1932), 355.

나님에게 다가가려는 인간의 노력은 반드시 실패하게 되어 있다고 역설했다. 1923년부터 1924년까지 강의했던 괴팅겐 대학교에서는 슐라이어마허가 인간을 신학의 주어로 만들고 신을 신학의 술어로 만들었다며 강하게 비판했다.[19]

따라서 바르트는 1932년부터 출판하기 시작한 『교회교의학』에서 신학의 출발점을 신에 대한 인간의 의식에 두지 않고 하나님의 말씀에 두었다.[20] 그는 하나님의 말씀을 세 가지, 곧 기록된 하나님의 말씀(성서), 계시된 하나님의 말씀(계시), 선포된 하나님의 말씀(교회선포)으로 구별했다. 이 세 가지 형태의 하나님의 말씀은 하나의 일치를 이룬다. 왜냐하면 성서가 계시를 증언하며 교회의 선포는 계시에 의해 성취되기 때문이다.[21]

하나님의 말씀을 세 가지로 구별한 이후 바르트는 성서에 드러난 계시의 개념, 곧 하나님께서 하나님 자신을 주님으로 계시하신다는 성서적 계시의 개념을 분석한다. 그는 계시를 분석하면서 자신을 계시하는 하나님은 계시의 하나님이신 동시에 계시됨의 하나님이라고 주장했다. 달리 말해 하나님은 계시자(주어)이자 계시이고(술어, 사건), 계시된 것(목적, 효과)이다. 이런 분석을 통해 바르트는 삼위일체론에 도달한다. 바르트가 성서에서 증언되는 계시를 삼위일체론의 뿌리 혹은 기초라고 부른 이유가 바로 여기에 있다.[22] 그의 신학은 이것을 출발점으로 해서 모든 교의학의 맨 앞자리에 삼위일체론을 위치시켰다. 물론 바르트가 의도한 이런 위치

---

19) Karl Barth, *The Theology of Schleiermacher: Lectures at Göttingen, Winter Semester of 1923/1924*, trans. Geoffrey W. Bromiley (Grand Rapids: William B. Eerdmans, 1982).
20) Karl Barth, *Church Dogmatics*, trans. Geoffrey W. Bromiley (Edinburgh: T&T Clark, 1975). 이후에는 *CD*로 표기함.
21) Barth, *CD* I, 1, 121.
22) Barth, *CD* I, 1, 296-333.

내재적 삼위일체와 경륜적 삼위일체

는 슐라이어마허가 삼위일체론을 위치시킨 자리와는 뚜렷히 대조된다. 이러한 차이는 단순히 전체 교의학에서 삼위일체론이 차지하는 위치와 관계된 것만은 아니다. 오히려 바르트가 삼위일체론을 제일 먼저 다루는 것은 삼위일체론이 교의학을 다루는 그의 접근법을 결정하고 있음을 가리킨다. 그는 다음과 같이 진술한다.

> 삼위일체론은 근본적으로 기독교 신론을 기독교적인 것으로 구별하게 해주는 것이며, 기독교 계시의 개념을 기독교적인 것으로 구별하게 해주는 것이다. 따라서 삼위일체론은 다른 모든 신론 혹은 계시의 개념들이 기독교와 대조되는 것으로 구별하게 해준다.[23)]

둘째, 블라디미르 로스키(Vladimir Lossky, 1903-1958)와 존 지지울라스(John D. Zizioulas, 1931-)는 동방정교회의 삼위일체 신학을 소개하면서 서방교회 신학자들을 자극했다. 러시아정교회 신학자인 로스키는 1922년에 러시아에서 추방된 이후 프랑스 파리에서 러시아인 망명자들과 함께 생활하며 1958년 사망할 때까지 프랑스에서 활동했다. 그리스정교회 신학자인 지지울라스는 아테네, 에딘버러, 글래스고우, 런던에서 수학했다.

로스키는 1944년에 『동방정교회의 신비주의 신학』(*The Mystical Theology of the Eastern Church*)이라는 책을 출간했다. 그는 이 책에서 동방정교회 신학의 가장 두드러진 특징인 부정신학(*theologia negativa*)의 방법론에 근거하여 하나님의 절대적 불가해성을 주장한다. 그리고 이런 불가해성 아래서 삼위일체 하나님의 계시를 인정한다.[24)] 더 나아가 로스

---

23) Barth, *CD* I, 1, 301.
24) Vladimir Lossky, *The Mystical Theology of the Eastern Church* (Crestwood: St. Vladimir's Seminary Press, 1985), 64. 이후에는 *The Mystical Theology*로 표기함.

키는 삼위일체 하나님의 계시가 모든 기독교 신학의 기초이며, 삼위일체만이 모든 실재와 사상의 유일한 토대라고 논증한다. 그는 인간이 불가해한 신비인 삼위일체를 이해하는 데 필요한 부정신학의 인식론이 다시 활기차게 논의되도록 만들었고, 아울러 삼위일체의 존재론을 궁극적 실재로서 활발하게 다룰 수 있게 했다.

또한 로스키는 니사의 그레고리오스(Gregory of Nyssa, 335-394), 카이사레아의 바실레이오스(Basil of Caesarea, 329-379), 나지안조스의 그레고리오스(Gregory of Nazianzus, 329-360) 같은 카파도키아 교부들이 본체(οὐσία, substance, essence)와 위격(ὑπόστασις, person)을 구별한 것을 설명하는 데도 공헌했다. 그는 이 세 사람의 그리스 교부가 두 가지 동의어를 창조적으로 사용해 하나님 안에서 공통적인 것(ousia)과 특수한 것(hypostasis)을 구별했고, 바로 그 점이 그들의 천재성을 드러낸다고 강조한다. 그는 삼위일체론을 고대 그리스의 사상이 기독교 복음에 영향을 주어 발전된 산물이 아니라고 주장한다. 이와 반대로 삼위일체론은 그리스 사상을 기독교적으로 정화시킨 것이고, 이성적 사변을 삼위일체 신비의 관조로 변혁시킨 것이다. 이를 주창하기 위해 그는 카파도키아 교부들을 강조했다.[25]

지지울라스도 그리스 교부들이 본체와 위격을 창의적으로 전용한 사실에 주목했다. 그러나 그는 로스키보다 한발 더 나아가 위격의 존재론(the ontology of personhood)과 세 위격의 상호내주인 페리코레시스(περιχώρησις, mutual indwelling) 개념을 더욱 강조한다. 서방교회는 하나님의 본질의 일치에서 출발해 삼위일체의 세 위격들로 나아간다. 반면 동방교회는 삼위의 세 위격들에서, 특히 성부 하나님의 위격에서 출발해 세

---

25) Lossky, *The Mystical Theology*, 50-51.

　　　　　　　　　　　　　내재적 삼위일체와 경륜적 삼위일체

위격들의 상호내주의 일치로 나아간다. 지지울라스는 다음과 같이 설명한다.

> 그리스 교부들에게는 하나님의 일치, 하나님의 하나 됨, 혹은 하나님의 존재와 삶의 존재론적 "원리" 또는 "원인"이 하나님의 한 본체에 있지 않고, 위격, 곧 성부 하나님의 위격에 있다.…성부 하나님은 성자의 출생의 "원인"이시며, 성령의 발출의 "원인"이시다.[26]

우리는 위격의 존재론과 상호내주에 관한 그리스정교회의 설명에서 존재를 사귐(κοινωνία, communion)으로 이해할 수 있다. 바로 이러한 점이 몰트만과 판넨베르크 같은 오늘날 삼위일체론을 연구하는 서양의 신학자들에게 상당한 영향력을 행사했다.

셋째, 칼 라너(Karl Rahner, 1904-1984)는 1967년에 삼위일체론을 다루는 책을 출간했고, 그 책에서 그리스도인들이 정통적 삼위일체론을 고백하면서도 실제의 삶 속에서는 거의 단일신론주의자처럼 살아간다고 예리하게 지적했다.[27] 그는 서방교회에서 나타나는 이러한 문제점의 원인이,

---

26) John D. Zizioulas, *Being as Communion: Studies in Personhood and the Church* (Crestwood: St. Vladimir's Seminary Press, 1985), 40-41. 이후에는 *Being as Communion*으로 표기함.

27) Karl Rahner, *The Trinity*, trans. Joseph Donceel (New York: Herder and Herder, 1970), 10. 이후에는 *The Trinity*로 표기함. 1970년에 영어로 출판된 이 책은 라너가 1967년도에 쓴 논문에서 번역되었다. "The Triune God as the Transcendental Ground of Salvation History"(Der dreifaltige Gott als transzendenter Urgrund der Heilsgeschichte). 또한 이 논문은 다음의 저작들 *Mysterium Salutis: Grundriß heilsges-chichtlicher Dogmatik* (*The Mystery of Salvation: The Outline of Salvation History Dogmatics*) 제2권에 실려 있다. 그리고 그것은 사실상 다음과 같은 라너의 1960년도 논문에 토대를 두고 있다. "Remarks on the Dogmatic Treatise *De Trinitate*" (Bemerkungen zum dogmatischen Traktat "De Trinitate"). 1960년도의 논문은 *Schriften zur Theologie*의 제4권에 포함되어 있다.

특히 아우구스티누스와 토마스 아퀴나스에게 있다고 판단했다. 왜냐하면 그 두 신학자가 한 하나님에 관한 논의와 삼위일체 하나님에 관한 논의를 분리해서 다루었기 때문이다.[28] 라너는 이 문제를 해결하기 위해서는 한 하나님에 관한 논의와 삼위일체 하나님에 관한 논의를 재연결하고, 삼위일체를 구원의 신비로 제시하는 것이 필수적이라고 제안했다. 그리고 이러한 목적을 위해 자신의 유명한 "기본논제"(basic thesis) 혹은 "기본공리"(Grundaxiom)를 다음과 같이 공식화했다.

"경륜적" 삼위일체는 "내재적" 삼위일체"이며, "내재적" 삼위일체는 "경륜적" 삼위일체다.[29]

라너에 따르면 기본공리가 표현하는 동일성의 원리는 구체적으로 내재적 로고스와 경륜적 로고스가 철저하게 동일함을 의미한다. 또한 하나님과 함께 존재하는 로고스와 우리와 함께 존재하는 로고스가 철저하게 동일함을 뜻한다. 더욱이 라너의 동일성의 원리는 다음과 같은 것을 확고하게 단언한다. 곧 경륜적 로고스가 삼위일체의 내적인 삶 안에 계시는 내재적 로고스를 정확하게 표현하고, 경륜적 로고스의 위격적 연합이 내재적 로고스임을 표현하는 결정적이며 구성적인 방식이라는 것이다. 그리고 그는 파송(mission)과 발출(procession)이 동일하다고 확고하게 단언한다. 또한 라너의 동일성 원리는 구원의 역사에서 우리에게 다가오시는 하나님이 영원부터 하나님이셨던 그 하나님임을 함축한다. 이것을 간결

---

28) Rahner, *The Trinity*, 16-17.
29) Rahner, *The Trinity*, 22. 라너 자신은 이러한 "기본논제" 또는 "기본공리"를 "지도적인 원리"(guiding principle) 또는 "방법론적 원리"(methodical principle)라고 명명하였다. 이것은 "라너의 규칙"(Rahner's Rule)이라고 널리 알려져 있다. 이것에 관한 더 상세한 점들은 이 책의 제5장 각주 29번과 31번을 참고하라.

내재적 삼위일체와 경륜적 삼위일체

하게 표현하면 하나님은 우리에게 하나님 자신을 전달하시며, 이러한 의미에서 하나님은 우리를 위한 자기전달의 하나님이시다. 다른 말로 표현하면 하나님의 자기전달에서 전달되는 것은 바로 하나님 자신이시다.

하나님께서 세상과 맺으시는 삼중적 관계는 "내재적 삼위일체의 단순한 모방이나 유비"[30]가 아니라 정확하게는 삼위일체의 인격적 하나님이시다. 왜냐하면 세상을 향한 하나님의 자기전달은 하나님의 내재적인 두 전달 방식에서 일어나기 때문이다. 곧 성부가 하나님의 본질을 성자와 성령에게 내적으로 전달하는 방식 속에서, 세상을 향한 하나님의 자기전달이 발생하기 때문이다. 하나님은 오로지 이러한 방식으로만 하나님 자신을 전달하실 수 있다. 라너는 다음과 같이 표현한다.

> 하나님은 자신의 절대적 자기전달 속에서 하나님 자신을 피조물에게 충분히 전달하셨다. 그래서 "내재적" 삼위일체는 "구원의 경륜"의 삼위일체이며, 또한 우리가 경험하는 구원의 삼위일체는 내재적 삼위일체다. 이것은 우리와 관계를 맺으시는 하나님의 삼위일체가 바로 하나님 **자신 안에 내재적으로 존재하시는** 그 하나님의 실재, 곧 위격들의 삼위일체임을 뜻한다.[31]

내재적 삼위일체와 경륜적 삼위일체가 동일하다는 라너의 동일성 원리는 삼위일체론에 관한 논의들을 한층 더 진전시키는 강력한 추동력이 되었다.

미국 바이올라 대학교의 조직신학 교수 프레드 샌더스(Fred Sanders,

---

30) Rahner, *The Trinity*, 35.

31) Karl Rahner, "The Concept of Mystery in Catholic Theology" in *Theological Investigations Vol. IV: More Recent Writings, trans.* Kevin Smyth (Baltimore: Helicon Press, 1966), 69. 강조는 라너 자신의 것이다. 이후에는 "The Concept of Mystery"로 표기함.

1968-)는 라너의 동일성 원리에 대한 해석이 두 부류로, 곧 철저한 해석자들과 제한적 해석자들로 구분된다고 말한다. 철저한 해석자들은 내재적 삼위일체와 경륜적 삼위일체의 동일성을 더 철저하게 주장한다. 대표적인 인물로는 피엣 슈넨베르크(Piet Schoonenberg), 한스 큉(Hans Küng), 위르겐 몰트만, 볼프하르트 판넨베르크, 로버트 젠슨(Robert W. Jenson), 캐서린 모리 라쿠나가 있다. 제한적 해석자들은 라너가 정도를 넘었다면서 라너의 동일성 원리를 제한하자고 주장한다. 이브 콩가르(Yves Congar), 발터 카스퍼(Walter Kasper), 한스 우르스 폰 발타자르(Hans Urs von Balthasar), 토마스 토랜스(T. F. Torrance), 폴 몰나르(Paul Molnar)가 대표적인 인물이다.[32]

넷째, 미국 침례교 전통의 배경을 지닌 대표적인 복음주의 신학자이자 윤리학자였던 스탠리 그렌츠(Stanley J. Grenz, 1950-2005)가 2004년도에 출간한 『삼위일체 하나님의 재발견』(Rediscovering the Triune God)은 매우 박식하고 체계적이라는 평을 받았다. 그는 이 책에서 삼위일체론을 재발견하는 데 의미 있는 공헌을 한 20세기 대표 신학자 11명을 선택해서 다룬다. 그 시작은 바르트와 라너다. 그렌츠의 평가에 따르면, 하나님의 자기계시라는 행동에 대한 바르트의 집중이 삼위일체에 대한 관심을 갱신하는 데 본질적인 역할을 담당했다. 그리고 하나님의 자기전달이라는 행동을 포착한 라너가 삼위일체론을 새롭게 인식하는 데 주요한 역할을 감당했다. 다음으로 그렌츠는 위르겐 몰트만, 볼프하르트 판넨베르크, 로버트 젠슨을 다루는데, 이들은 삼위일체 세 위격의 역사적·경륜적 성격을 강조했다. 그다음으로는 레오나르도 보프, 존 지지울라스, 캐서린 모리 라

---

32) Fred Sanders, "The Image of the Immanent Trinity: Implications of Rahner's Rule for a Theological Interpretation of Scripture" (Ph.D. diss., Graduate Theological Union, 2001), 108-198. 이후에는 "The Image of the Immanent Trinity"로 표기함.

내재적 삼위일체와 경륜적 삼위일체

쿠나를 다룬다. 이 세 사람은 삼위일체 하나님의 관계적 성격에 초점을 맞추었다. 마지막으로는 엘리자베스 존슨, 한스 우르스 폰 발타자르, 토마스 토랜스의 삼위일체론 견해들을 요약한다. 그렌츠에 따르면 이들은 모두 내재적 삼위일체의 중요성을 회복하고자 노력했다.

하지만 그렌츠의 책은 현대의 삼위일체적 논의들을 체계적으로 요약한 것보다는 삼위일체 신학의 미래에 대한 방향성을 제시한 데 더 큰 의의가 있다. 본문에서 11명의 신학자들은 그렌츠가 분별하는 "황금실"(golden thread)에 따라 네 개의 부류로 구분된다. 그렌츠는 각각의 신학자들의 신학 작업을 관통하고 엮어 짜면서 그들을 구분했다. 그가 말하는 황금실이란, 신학이 영원의 하나님(내재적 삼위일체)과 구원의 하나님(경륜적 삼위일체)의 관계를 개념화하면서도 후자에 대한 전자의 중요성을 인정하고, 또한 전자를 후자로 흡수하지 않으며 영원한 하나님의 자유를 타협하지도 않는 방식으로 어떻게 개념화하느냐에 관한 물음이다.[33]

그렌츠는 **기독교 신학의 매트릭스**(The Matrix of Christian Theology)라는 웅대한 연구계획을 세워 삼위일체 신학에 두드러진 공헌을 했다. 인간론, 신론, 기독론, 성령론, 교회론, 종말론 등 총 6권으로 구성된 책을 연구 발표하려고 했던 것이다. 이 일련의 계획의 중심에는 삼위일체 하나님을 명료화하는 작업이 있다. 그러나 불행하게도 이 계획은 2005년도에 그렌츠가 뇌출혈로 때 이른 죽음을 맞이하면서 전체가 다 빛을 보지는 못했다. 신학적 인간학을 다룬 1권이 2001년도에 출간됐고, 삼위일체적 존재론을 다룬 2권이 2005년도에 출간됐을 뿐이다. 그럼에도 불구하고 이 두 책은 현대의 삼위일체 신학을 발전시키는 데 큰 역할을 했다. 나는 뒤에 나오는

---

33) Stanley J. Grenz, *Rediscovering the Triune God: The Trinity in Contemporary Theology* (Minneapolis: Fortress Press, 2004), 222. 이후에는 *Rediscovering the Triune God* 로 표기함.

제2장 철학적 신학 분야에서 그렌츠의 책 두 권을 모두 다룰 것이다.

그의 책 1권은 **하나님 형상**(*imago dei*)의 삼위일체 신학을 다룬다.[34] 여기서 그렌츠는 근대의 개인중심주의적 자아관이 하나님 형상의 사회적·관계적 측면들을 상실했으나 이제 새롭게 회복되어야 한다고 주장한다. 성서에 따르면 인간은 하나님의 형상에 따라 창조됐다. 하나님의 형상은 예수 그리스도를 가리키며, 예수 그리스도는 하나님의 실재의 가시적 표현이다. 성령 안에서 변화된 새로운 인간이란 "성령에 의해 그리스도 안에서 그리고 인간 자신 밖에서 형성된 자아, 곧 교회적 자아"(the ecclesial self-the self constructed *extra se in Christo* by the Holy Spirit)[35]로서, 그리스도의 형상을 담지하며 삼위일체 하나님의 삶에 참여하는 사람을 말한다. 이것은 존재론적으로 가능하다. 성서의 하나님은 세 위격이 관계를 맺는 역동적인 삶을 사시고, 세 위격이 하나 됨을 이루는 연합의 삶을 누리신다. 이런 하나님은 영원토록 사랑의 공동체적 삶을 사실 뿐만 아니라, 그와 같은 본질적인 하나님의 사랑에 따라서 세상에 기꺼이 반응하며 사시는 분이시다. 여기서 그렌츠는 몰트만, 판넨베르크, 지지울라스에 근거해 하나님의 형상을 인간학적 개념으로 다룰 뿐만 아니라 신학적·교회적·종말론적 개념으로도 파악한다. 그리고 이를 통해 "종말론적으로 결정된 사회적 개념의 하나님 형상론, 곧 삼위일체론 방식의 관계적 자아론"[36]을 구성하려고 목표한다.

---

34) Stanley J. Grenz, *The Matrix of Christian Theology* Vol. 1: *The Social God and the Relational Self: A Trinitarian Theology of the Imago Dei* (Louisville: Westminster John Knox Press, 2001). 이후에는 *The Social God and the Relational Self*로 표기함.

35) Grenz, *The Social God and the Relational Self*, 332.

36) Grenz, *The Social God and the Relational Self*, 18.

## 2. 성서신학 분야

제믈러와 가블러 이후 성서신학 분야에서는 역사비평 방법의 성서 연구가 19세기와 20세기 초에 큰 영향력을 행사했다. 이러한 연구방법은 성서가 영감을 받았다는 기존의 입장과 성서 본문들이 삼위일체론을 지지한다는 종래의 입장을 의심했다. 그런데도 삼위일체론에 대한 새로운 태도들, 곧 주관주의적·사변주의적·불가지론적 태도의 큰 흐름에 맞서서 성서에 기반한 삼위일체론을 고수하는 보수주의적 개신교 사상도 꾸준히 있었다. 그것은 비록 저류이기는 하지만 끈질기게 흘렀다.[37] 대표적인 사람은 다음과 같다.

첫째, 프린스턴 신학교의 벤자민 워필드(Benjamin B. Warfield, 1851-1921)는 1915년에 발표한 「성서적 삼위일체론」이란 논문에서 다음과 같이 논증했다. "삼위일체론은 성서를 통해 우리에게 주어졌다. 그것은 비록 정식화된 공식으로 정의된 것은 아니지만, 단편적인 암시들을 통해 넌지시 나타나 있다."[38] 삼위일체의 신비가 구약에 명확하게 계시된 것은 아니지만, 구약의 기저에는 담겨 있다. 신약 전체는 속속들이 삼위일체적이며, 신약의 모든 교훈은 삼위일체라는 가정 위에 서 있다.[39] 그러므로

---

37) Claude Welch, *In This Name: The Doctrine of the Trinity in Contemporary Theology* (New York: Charles Scribner's Sons, 1952), 34-41. 이후에는 *In This Name*으로 표기함.

38) Benjamin Breckinridge Warfield, "The Biblical Doctrine of the Trinity" in *Biblical and Theological Studies*, ed. Samuel G. Craig (Philadelphia: The Presbyterian and Reformed Publishing Company, 1952), 22. 이후에는 "The Biblical Doctrine of the Trinity"로 표기함. 이 논문은 처음에 "Trinity"라는 제목으로 *The International Standard Bible Encyclopedia* (ed. James Orr, Chicago: The Howard-Severance Co., 1915), 3012-3022에 실려 있다. 다음으로 그것은 "The Biblical Doctrine of the Trinity"라는 제목으로 *Biblical Doctrines* (New York: Oxford University Press, 1929), 133-171에 포함되었다. 그 후에 그 논문은 "The Biblical Doctrine of the Trinity"라는 제목으로 *Biblical and Theological Studies* (ed. Samuel G. Craig, Philadelphia: The Presbyterian and Reformed Publishing Company, 1952), 22-59에 실렸다.

39) Warfield, "The Biblical Doctrine of the Trinity," 30-32.

삼위일체론을 표현하는 데 사용되는 용어들, 곧 삼위일체, 본체, 위격 등의 용어들이 성서 속에 나와 있지 않다고 하더라도, 그것들이 성서의 진리를 보존하기 때문에 정당하게 사용될 수 있다.

둘째, 조지 나이트(George A. F. Knight, 1909-2002)는 1953년에 발표한 「삼위일체론에 대한 성서적 접근」(A Biblical Approach to the Doctrine of the Trinity)[40]이라는 논문에서 삼위일체론을 뒷받침해주는 구약의 몇몇 개념을 수집해 발표했다. 나이트는 "하나님의 이름", "하나님의 얼굴", "하나님의 지혜" 같은 히브리 어휘들이 하나님 안에서 어떤 구별점과 차별점이 있음을 의미한다고 주장했다. 신명기 6:4의 "들으라, 이스라엘아! 우리 하나님 여호와는 한 분이시니"[41]라는 쉐마 구절은 "한 분"의 하나에 해당하는 히브리 단어로 야히드(יָחִיד)를 사용하지 않고 에하드(אֶחָד)를 사용하고 있다. 야히드는 어느 집합의 한 개체를 뜻하지만, 에하드는 유기적 일치를 의미한다. 에하드는 창세기 2:24 "남자가 부모를 떠나 그 아내와 연합하여 둘이 한 몸을 이룰지로다"에서 "한 몸"의 하나에 해당하는 히브리 낱말이다. 이런 식으로 몇몇 개념을 구약에서 수집한 나이트는 다음과 같은 말로 결론을 맺는다. "구약성서는 문자들의 배후에 놓여 있는 성 삼위일체를 우리에게 계시해준다."[42]

셋째, 미국 에모리 대학교의 신약학 교수로 은퇴한 아서 웨인라이트(Arthur Wainwright, 1925-)는 1962년에 『신약의 삼위일체』(The Trinity in the New Testament)[43]를 출간했고, 이 책에서 신약이 예수 그리스도의 신

---

40) George A. F. Knight, A Biblical Approach to the Doctrine of the Trinity (Scottish Journal of Theology Occasional Papers No.1) (Edinburgh: Oliver and Boyd, 1953). 이후로 A Biblical Approach로 표기함.

41) NIV에는 Hear, O Israel: The Lord our God, the Lord is one로 나와 있다.

42) Knight, A Biblical Approach, 78.

43) Arthur W. Wainwright, The Trinity in the New Testament (London: SPCK, 1962).

내재적 삼위일체와 경륜적 삼위일체

성과 성령의 신성을 인정하고 있음을 밝혔다. 그는 초대교회 그리스도인들이 성부와 성자와 성령을 믿고 고백하였다는 사실을 마태복음 28:19(세례문), 고린도후서 13:13(축도문), 고린도전서 12:4-6, 데살로니가후서 2:13-14 등과 같은 삼중적인 구절이 증명한다고 이해한다. 따라서 웨인라이트는 비록 신약의 기자들이 조직적으로 훈련을 받은 것은 아니지만 그런데도 하나님의 활동이 예수 그리스도를 통해 성령 안에서 이루어진다는 사실을 깨달을 수 있었고, 이러한 깨달음은 삼위일체 하나님에 관한 기독교적 사상의 토대를 제공했다고 결론을 내렸다.

위에서 언급한 성서신학 분야의 견해들은 반대되는 견해들에 맞서서 성서적 삼위일체론을 옹호하는 데 매우 유용하게 사용되었다. 예를 들면 크로포드(R. G. Crawford)는 1967년에 나이트와 웨인라이트의 입장에 근거해서 특히 유니테리언 입장을 비판하는 논문을 발표했다. 유니테리언은 한 분 하나님, 곧 성부 하나님만을 확고하게 믿는 일위일체적 입장을 취한다. 이들은 마태복음 28:19이 한 본체 속에 있는 세 위격의 동등성을 언급하지 않으므로, 삼위일체론을 지지하지 않는다고 주장한다.[44] 다른 한편, 개혁 침례교 소속의 신학자인 제임스 와이트(James R. White, 1962-)는 1998년에 출간한 『잊힌 삼위일체』(The Forgotten Trinity)에서 여호와의 증인의 입장을 효과적으로 논박했다. 여호와의 증인은 요한복음 1:1 "태초에 말씀이 계시니라. 이 말씀이 하나님과 함께 계셨으니 이 말씀은 곧 하나님이시니라"(θεὸς ἦν ὁ λόγος)에 있는 마지막 절에 위치한 무관사 용법의 "테오스"(θεός)라는 단어를 달리 해석한다. 곧 여호와의 증인은 "테오스"라는 단어 앞에 그리스 정관사가 없기 때문에, 이 단어는 "하나님"으로 번역해서는 안 되며 "하나의 신"으로 번역해야 한다고 주장한다. 이들

---

44) R. G. Crawford, "Is the Doctrine of the Trinity Scriptural?" *Scottish Journal of Theology* Vol. 20 No.3 (September, 1967): 282-283.

의 해석에 맞서서 와이트는 무관사 용법의 테오스는 오로지 질적인 의미로 번역될 수 있으며, 이는 로고스(말씀)가 하나님의 본성과 존재를 공유하고 있음을 의미한다고 반박했다. 더 나아가 그는 요한복음의 저자 요한이 성부와 성자를 매우 신중하게 구별하고 있음을 부각시킨다. 만약 요한이 "테오스" 앞에 정관사를 사용했다면, 그것은 오직 하나의 위격이 존재하면서 어떤 때에는 성부같이 활동하고 어떤 때에는 성자같이 활동한다고 주장하는 양태론이 될 것이다.[45]

## 3. 철학적 신학 분야

철학적 신학 분야에서는 감성세계와 지성세계를 구별하고 인간의 지식을 감성세계에만 한정했던 칸트를 극복하려는 노력들이 있었다. 칸트의 견해에 따르면 인간의 순수이성으로는 물자체(Ding an sich)에 대한 참된 지식을 얻을 수 없고, 신에 대한 진정한 지식도 얻을 수 없다. 감성세계에 집중하는 칸트의 초월적 견해의 결과로 인해 후대의 어떤 사상가들은 인간의 주관적 측면에만 관심을 집중했다. 이것의 대표적인 예가 낭만주의다. 슐라이어마허는 인간의 절대의존의 감정과 의식을 통해 신에게 도달하려고 했다. 우리는 앞에서 이미 슐라이어마허의 이러한 주관주의적 견해가 바르트의 가혹한 비판을 받았음을 살펴보았다.

다른 한편으로 지성세계에 관한 칸트의 견해는 후대의 어떤 사상가들로 하여금 신에 대한 불가지론적 태도를 갖게 했고, 최종적으로는 신에 대한 무신론적 태도를 취하도록 이끌었다. 이에 맞선 게오르크 빌헬름 프리드리히 헤겔(Georg. W. Friedrich. Hegel, 1770-1831)은 비록 칸트의 초월주의적 전환의 방법론에 영향을 받았지만, 칸트의 비판이 신지식(divine

---

45) James R. White, *The Forgotten Trinity: Recovering the Heart of Christian Belief* (Minneapolis: Bethany House Publishers, 1998), 52-58.

내재적 삼위일체와 경륜적 삼위일체

knowledge)에 가한 제한들을 타파하고자 노력했다. 헤겔 사상의 핵심
은 칸트의 지성세계를 극복하고 신의 본질에 관한 지식을 확보하는 것
이었다. 이러한 노력의 일환으로 1807년에 출간된 헤겔의 『정신현상학』
(*Phänomenologie des Geistes*, 한길사 역간, 2005)은 하나님을 절대정신(성부,
the Absolute Spirit [Father])으로 간주한다. 그는 이 절대정신이 유한하게
의식을 성취하고(성자) 자신 안에서 모든 차별을 통합한다(성령)고 생각했
다. 그래서 하나님은 신의 절대적 관념 속에서 본질적으로 삼위일체 하나
님이라고 주장한 것이다.

20세기에는 독일 튀빙겐 대학의 조직신학자 에버하르트 융엘
(Eberhard Jüngel, 1934-)이 근대적 합리주의 철학의 무신론적 결과를 반박
하고자 애썼다. 그는 근대적 합리주의가 지성세계에 관한 칸트의 입장에
서, 그리고 더 나아가는 사유하는 자아의 방법적 회의를 주창한 데카르트
의 입장에서 연원했다고 평가했다. 융엘의 대표작 『세상의 신비로서의 하
나님』(*Gott als Geheimnis der Welt*)은 1977년에 출간되었다. 이 책에서 그
는 예수 그리스도의 십자가 죽음에 근거하여 신에 관한 논의의 가능성을
옹호하고 지지하고자 했다. 융엘은 십자가 사건이 근본적으로 삼위일체
사건으로, 사랑이신 하나님이 십자가 사건에서 사랑하는 자(성부)와 사랑
을 받는 자(성자), 그리고 사랑의 연결고리 혹은 사랑의 사건(성령)으로 구
별된다고 이해했다. 이런 의미에서 그는 예수 그리스도 이야기의 핵심이
바로 삼위일체론이라고 주장했다.[46)]

스탠리 그렌츠는 융엘보다 한발 더 나아가 『기독교 신학의 매트릭

---

46) Eberhard Jüngel, *God as the Mystery of the World: On the Foundation of the Theology of the Crucified One in the Dispute between Theism and Atheism*, trans. Darrell L. Guder (Edinburgh: T&T Clark, 1983), 344. 이후로 *God as the Mystery of the World*로 표기함.

스』(*The Matrix of Christian Theology*) 2권에서 삼위일체적 신-존재론(Trinitarian theo-ontology)을 제안했다.[47] 이와 더불어 그는 존재-신학의 역사를 분석한 후에 기독교 사상가들이 그동안 성서의 하나님을 형이상학적 존재의 틀에 맞추어 이해한 경향이 있었다고 지적한다. 그 결과 기독교 사상가들의 노력이 존재-신학을 창출하기는 했지만, 여기서 하나님은 고전적 존재론에 재단되어 맞추어졌으며, 급기야는 존재-신학의 죽음을 초래했다. 이와 대조적으로 그렌츠는 삼위일체 하나님의 자기명명이 성서의 내러티브 속에서 펼쳐지고 있음에 주목했다. 그와 같은 이야기는 모세에게 알려진 "나는 스스로 있는 자니라"라는 이름의 계시에서 시작해서(출 3:14), 예수 그리스도 안에서 "나는 ~이다"의 성육신을 거쳐(요 6:35; 8:12; 10:9, 11-14; 11:25; 14:6; 15:1), 성령 안에서 영원한 "나는 ~이다"라는 예수의 존귀로까지(계 1:8, 17; 21:6) 전개된다. 그렌츠는 이와 같은 성서적 핵심에 근거해 철저히 삼위일체적 관점에서 존재론을 탐구한다. 따라서 그는 존재론이 신학에 미치는 함의를 탐구하기보다는, 반대로 기독교의 삼위일체 하나님 개념이 존재론의 질문들에 미치는 함의들을 찾아내고자 노력했다.

## 4. 역사신학 분야

역사신학의 분야에서는 하르낙이 『교리의 역사』(*History of Dogma*)에서 주창한 복음의 헬라화라는 주장에 맞서 여러 가지 반박이 끈질기게 이어졌다. 이러한 반응들은 특별히 현대 삼위일체론의 르네상스와 결부되었다. 첫 번째로, 옥스퍼드 대학교의 존 노먼 데이비슨 켈리(John Norman

---

47) Stanley J. Grenz, *The Matrix of Christian Theology Vol. 2: The Named God and the Question of Being: A Trinitarian Theo-Ontology* (Louisville: Westminster John Knox Press, 2005). 이후에는 *The Named God and the Question of Being*으로 표기함.

　　　　　　　　　　　　　　　　　　　내재적 삼위일체와 경륜적 삼위일체

Davidson Kelly, 1909-1997)는 1958년에 출간한『초기 기독교 교리들』(Early Christian Doctrines)에서 삼위일체론의 전반적인 발전사를 추적했다. 특히 그는 두 가지 관점, 곧 계시에 관한 새로운 자료들의 내재적인 통합의 관점과 세속 사상들의 외적인 여과의 관점에서 삼위일체론을 파악했다.[48] 두 번째로, 예일 대학교의 역사학자였던 야로슬라프 펠리칸(Jaroslav Pelikan, 1923-2006)은 1971년에 출간한『기독교 전통: 교리 발전의 역사』(The Christian Tradition: A History of the Development of Doctrine)에서 삼위일체론이 교의로 형성되기 이전부터 이미 예전 속에서 보존되었고 또한 성서에서 문서화되었기 때문에, 삼위일체론은 타당하게 공식화된 것이라고 논증했다.[49] 세 번째로, 예수회 사제이자 미국 로욜라 대학교의 교수였던 에드먼드 포트만(Edmund J. Fortman, 1901-1990)은 1972년에『삼위일체 하나님: 삼위일체론의 역사적 연구』(The Triune God: A Historical Study of the Doctrine of the Trinity)를 출간했다. 그는 이 책에서 교리들의 발전사를 어느 정도 "헬레니즘의 기독교화"(the Christianization of the Hellenism)라는 관점에서 접근했다.[50] 마지막으로 미국 가톨릭 대학교의 명예교수인 윌리엄 힐(William J. Hill)은 1982년에『세 위격적 하나님: 구원의 신비로서의 삼위일체』(The Three-Personed God: The Trinity as a Mystery of Salvation)를 출간했다. 그에 따르면 삼위일체 교리들의 전체적

---

48) J. N. D. Kelly, *Early Christian Doctrines* (Revised Edition) (San Francisco: HarperSanFrancisco, 1978), 84 그리고 87.

49) Jarosalv Pelikan, *The Christian Tradition: A History of the Development of Doctrine: Vol. 1 The Emergence of the Catholic Tradition (100-600)* (Chicago: The University of Chicago Press, 1971), 1: 223.

50) Edmund J. Fortman, *The Triune God: A Historical Study of the Doctrine of the Trinity* (Eugene: Wipf and Stock Publishers, 1999), 44. 이후에는 *The Triune God*으로 표기함. 이 책은 본래 1972년에 런던의 허친슨(Hutchinson) 출판사에서 출간되었고, 1982년에 그랜드 래피즈의 베이커 북스(Baker Books)에서 재인쇄되었으며, 1999에는 유진(Eugene)의 위프앤스탁(Wipf and Stock) 출판사에서 출간되었다.

인 역사적 발전이 케리그마(Kerygma)를 그리스화하는 과정이었다는 사실에는 의심의 여지가 없으나, 그럼에도 그것은 요한과 바울의 영감 있는 신학에 의해서 이미 풍성했던 케리그마였다. 동시에 힐은 역사 발전 과정에는 그 과정을 통제하고 수정하는 과정들이 끊임없이 작용하는데, 특히 신앙고백이 "그리스적 범주들을 전용하고 그것들을 변혁시키는" 역할을 감당했다고 주장했다.[51]

복음의 그리스화라는 하르낙의 주장이 바로 위에서 언급한 학자들 모두에게 딱 들어맞는 예는 삼위일체론이 아닌 이집트 알렉산드리아 출신의 신학자 아리우스(Arius, 250 또는 260-336)의 반삼위일체적 입장에 있다. 아리우스는 오로지 한 분 하나님이 계시며, 이 한 분 하나님은 창조되지도 않았고(uncreated), 출생하지도 않았으며(unbegotten), 시작되지도 않았다(ἀγένητος, unoriginated)고 주장한다. 만일 성자가 성부에 의해서 출생되었다면(γεννητός, begotten), 성자는 하나님이 아니며 하나의 피조물이 된다. 그래서 아리우스는 "성자가 출생하기도, 창조되기도, 규정되기도, 성립되기도 전에는 존재하지 않았다"[52]고 생각했다. 성서에서 사용된 "출생됨"(γεννητός)이란 용어와 그리스어 "창조됨"(γενητός, created)이라는 낱말을 잘못 오해한 것이다. 게다가 아리우스는 단순성(simplicity)이라는 그리스 철학의 원리를 고수하고 있었다. 다시 말해 만일 출생된 성자가 창조된 것이 아니라면, 성자는 성부와 같이 출생하지 않은 존재일 것이며 혹은 적어도 성부의 일정한 부분을 가진 존재라고 생각한 것이다. 그렇게

51) William J. Hill, *The Three-Personed God: The Trinity as a Mystery of Salvation* (Washington, D.C.: The Catholic University of America Press, 1982), 50. 이후로 *The Three-Personed God*으로 표기함.

52) Arius, *Letter to Eusebius of Nicomedia in The Trinitarian Controversy* ed. William G. Rusch (Philadelphia: Fortress Press, 1980), 30.

내재적 삼위일체와 경륜적 삼위일체

된다면 성부는 "합성되고 분할되며 변하는 하나의 몸과 같은 존재"[53])가 될 것인데, 아리우스는 이 점을 받아들일 수 없었다. 이런 점을 고려하면, 아리우스의 입장은 그리스화의 완벽한 실례가 된다. 따라서 우리가 역사신학 분야에서 이루어진 새로운 발전들을 고려한다면, 우리는 삼위일체론이 복음의 그리스화된 산물이라는 하르낙의 주장이 더 이상 설득력이 없고, 지나친 단순화에 의한 오류라는 사실을 확인할 수 있다.

## III. 삼위일체신학의 르네상스

지금까지 우리는 20세기와 21세기 초 신학의 네 분야 모두에서 삼위일체론의 재발견을 목격했다. 그런데 현대의 삼위일체론을 재발견하는 일은 삼위일체론을 단순히 그 일식으로부터 회복하는 것에만 그치는 것이 아니라, 한발 더 나아가 신학의 전 측면과 모든 분야에 훨씬 더 상당한 영향력을 행사하고 있다. 튀빙겐 대학교의 조직신학 교수 크리스토프 슈뵈벨 (Christopher Schwöbel)은 삼위일체론에 대한 이러한 새로운 관심을 "삼위일체 신학의 르네상스 또는 부흥"이라고 명명하며, 현대의 재발견의 요점을 다음과 같이 올바르게 요약했다.

> 삼위일체론에 대한 오늘날의 점증된 관심의 주요한 특징은 삼위일체론이 기독교 신론이라는 특정한 하나의 주제에만 한정되지 않고, 오히려 신학의 다른 측면까지 변화시키고 있다는 점이다. 따라서 삼위일체론에 대한 반성은 불가피하게 기독교 신학의 전 분야와 심지어는 시대와 문화적 상황과의 관계에

---

53) Arius, *Letter to Eusebius of Nicomedia*, 32.

까지 영향력을 행사하고 있는 것처럼 보인다. 그러므로 삼위일체 신학은 많은 학문 분과 속에서 신학을 수행하는 모든 측면에 영향을 미치고 있다. 그래서 삼위일체 신학은 이러한 흐름을 가리키는 대표적인 이름처럼 보인다.[54]

현대의 삼위일체 신학의 르네상스에서 신학의 모든 주제와 분야들은 삼위일체의 관점에서 접근되고 연구되고 있다. 창조론, 인간론, 기독론, 구원론, 속죄론, 성령론, 영성론, 교회론, 종말론 등의 주제와 사역, 예배, 성례, 선교, 기도, 가정생활, 사회, 다문화, 세계종교 등의 분야가 삼위일체의 관점에서 연구되고 있다. 우리가 믿고 예배하는 하나님은 바로 삼위일체 하나님이기 때문에, 우리의 신앙과 삶을 삼위일체 이외의 방식으로는 생각할 수 없다. 이러한 의미에서 삼위일체론의 중요성은 아무리 강조해도 지나치지 않는다.

---

54) Christoph Schwöbel, "The Renaisssance of Trinitarian Theology: Reasons, Problems and Tasks," in *Trinitarian Theology Today: Essays on Divine Being and Act*, ed. Christopher Schwöbel (Edinburgh: T&T Clark, 1995), 1.

내재적 삼위일체와 경륜적 삼위일체

# 제3장

# 철학적 배경

## 서양 철학사에서 존재론과 인식론 개관

"지혜(wisdom)에 대한 사랑" 또는 "무전제(no presupposition)를 추구하는 학문"으로서의 철학(φιλοσοφία)은 존재론(ontology), 인식론(epistemology), 윤리학(ethics) 등과 같은 주요한 분야를 포함한다. 하지만 이러한 분야 중에서도 철학적 입장들 각각의 주요한 특징을 결정하는 것은 존재론과 인식론이다. 존재론은 존재하는 것(ὄν)의 실재(reality)에 관한 탐구이며 형이상학(τά μετά τά φυσικά)이라는 용어와 상호 교환해서 사용되기도 한다. 여기서 존재론은 물리적 존재들의 근본적인 원리들을 탐구하는 분과로서 이해된다. 반면 인식론은 존재하는 것의 실재에 관한 지식(ἐπιστήμη)을 탐구한다. 이 두 가지는 서로 구별되면서도 항상 상호작용을 일으킨다. 곧 인식론은 존재론이 가정하는 실재를 이해하려고 추구하며, 존재론은 존재하는 것의 본질을 어떻게 알 수 있는가에 관한 인식론적 논의들을 필요로 한다. 이런 점에서 존재론과 인식론은 상관관계를 맺고 있다.

이러한 관점을 염두에 두면서 서양철학의 역사를 살펴보면, 철학에서 논의의 주된 초점이 점차 변천해왔음을 알 수 있다. 곧 존재론 또는 형이상학에 관한 주된 관심에서 시작해서(이것이 아리스토텔레스에게는 제일철학 [the first philosophy]이었다), 인식론에 관한 주된 관심을 거쳐(이것이 데카르트에게는 제일철학이었다), 현상학에 관한 주된 관심을 두었다가(이것이 후설에게는 제일철학이었다), 마지막으로 하이데거, 레비나스, 푸코, 데리다 같은 현대철학자들의 반(反)형이상학적 경향(사랑의 윤리학[the ethics of love]이 레비나스에게는 제일철학이었다)으로 이동했음을 알 수 있다.

## I. 소크라테스 이전의 철학자들

소크라테스 이전의 철학자들(pre-Socratic Philosophers)은 아르케(ἀρχή), 곧 만물의 제일원인을 탐구하려고 했다. 그중에서 에페소스의 헤라클레이토스(Heraclitus of Ephesus, 기원전 530-470)[1]는 만물은 흐른다고 주장했다. 그는 이러한 주장을 "누구도 동일한 강물에 두 번 들어갈 수 없다"는 유명한 경구로 표현했다.[2] 또한 헤라클레이토스는 만물이 변화의 과정 가운데 있다고 여기면서도, 만물의 기저에는 공통적인 구성요소가 있다고 보았다. 그 공통된 구성요소를 그는 로고스(λόγος)라고 명명했다. 인간의 이성은 만물의 로고스를 통찰할 수 있다. 반면에 인간의 감각은 외적인 현상만을 볼 수 있을 뿐 로고스를 파악할 수 없다.

만물의 변화에 주목했던 헤라클레이토스와는 다르게 엘레아 학파의

---

1) G. S. Kirk, J. E. Raven, and M. Schofield, *The Presocratic Philosophers: A Critical History with a Selection of Texts* (2nd edition) (Cambridge: Cambridge University Press, 1983). 이후로는 *The Presocratic Philosophers*로 표기함.

2) Sterling P. Lamprecht, *Our Philosophical Traditions: A Brief History of Philosophy in Western Civilization* (New York: Appleton-Century-Crofts, 1955), 13. 이후로는 *History of Philosophy*로 표기함.

파르메니데스(Parmenides, 기원전 520-440)는 실재의 불변성을 강조했다. 그의 견해는 다음과 같은 논변들에 잘 드러나 있다. 첫째, "존재하는 것은 존재한다. 그 이외의 다른 어떤 것도 존재하지 않는다." 둘째, "존재하는 것은 창조된 것도 아니며 파멸되는 것도 아니다." 셋째, "존재하는 것은 변화하지 않는다." 마지막으로 "존재하는 것은 분할되지 않는다."[3] 파르메니데스에게 실재는 창조되지 않은 것이며, 변화와 변동과 분할이 없는 것이다. 그는 또한 진리와 의견, 지식과 오류, 실재와 현상, 지성과 감각을 대조적으로 구별했다. 이러한 구별은 이후 서양철학의 역사에 계속해서 나타났다.

## II. 플라톤

플라톤(Plato, 기원전 427-347)은 형상(εἶδος, idea)의 존재론과 상기(recollection)라는 인식론을 제시했다. 플라톤의 두드러진 특징은 현상세계(φαινόμενα)와 이데아 세계(ἰδέα)를 이원론적으로 구분한 데서 잘 드러난다.[4] 현상세계는 가시적이고 감각적이며 구체적인 것들이 있는 세계다. 반면에 이데아의 세계는 비가시적이며 이성적이고 보편적인 것들로 이루어진 세계다. 현상세계는 가변적이고 시간적이며 불완전하지만, 이데아 세계는 변화가 없고 영원하며 완전하다. 따라서 현상세계는 완전한 이데아 세계의 불완전한 모사품들이라고 할 수 있다. 예를 들면 현상세계에 존재하는 이 탁자 또는 저 탁자는 탁자의 이데아를 어떤 방식으로 모사한

---

3) Lamprecht, *History of Philosophy*, 14.

4) Diogenes Allen, *Philosophy for Understanding Theology* (Atlanta: John Knox Press, 1985), 47.

것이다. 다른 말로 표현하면, 현상세계에 존재하는 이 탁자 또는 저 탁자는 탁자의 이데아에 참여하는 것이다. 현상세계의 구체적인 것들은 가변적이고 시간적이며 불완전하기 때문에, 오직 이데아만이 실재적이다. 왜냐하면 이데아만이 "존재하는 것"(that which is)일 뿐만 아니라 "참으로 존재하는 것"(that which truly is)이기 때문이다.

이와 같은 이데아의 존재론은 플라톤으로 하여금 그것에 상응하는 상기론이라는 인식론을 제시하도록 했다. 플라톤에 따르면, 현상세계는 가변적이고 불완전하기 때문에 우리는 현상세계에 관한 지식(ἐπιστήμη)을 획득할 수 없고 오직 현상세계에 관한 의견(또는 억견, δόξα)만 가질 수 있을 뿐이다. 또한 우리는 구체적인 것들에게서 얻은 지식을 일반화해서 이데아 세계의 지식에 도달할 수 없다. 그것들이 비록 근사해도 여전히 불완전하기 때문이다. 그 대신 우리는 상기(ἀνάμνησις)를 통해 이데아 세계에 관한 지식을 가질 수 있다. 곧 우리는 육체라는 감옥으로 영혼이 들어오기 이전에 알았던 이데아에 관한 지식을 회상할 수 있다. 플라톤의 존재론과 인식론은 그의 책 『국가』(Republic, 서광사 역간, 2005)에서 세 가지 유명한 비유, 곧 태양의 비유, 선의 비유, 동굴의 비유로 잘 설명되어 있다.


## III. 아리스토텔레스

아리스토텔레스(Aristotle, 기원전 384-322)는 실체(또는 본체, οὐσία)의 존재론을 제시했다. "실체"를 뜻하는 그리스어 우시아(οὐσία)를 로마의 정치가이자 철학자인 키케로는 라틴어 수브스탄티아(substantia)로 번역했다. 제일실체(primary ousia)는 각각의 개별적이고 구체적인 존재를 가리키고, 제이실체(secondary *ousia*)는 실체의 종(species) 또는 유(genera)를 지칭한다. 예를 들면 이 빨간 탁자나 저 나무 의자는 제일실체에 속하며, 탁자 자체 또는 의자 자체는 제이실체에 속한다. 아리스토텔레스는 실체가 항상 형상(*eidos*/form)과 질료(matter)의 연합으로 구성된다고 주장했다. 형상은 영원하고 불변하지만, 질료는 시간적이고 변화한다. 즉 형상과 질료는 대조적이지만, 이 두 가지는 항상 연합되어 있다. 이런 점에서 아리스토텔레스의 입장은 현상세계와 이데아 세계를 이원론적으로 구분하는 플라톤의 입장과는 뚜렷한 대조를 보인다. 플라톤의 이데아 세계는 현상세계와 독립해 존재한다. 그러나 아리스토텔레스의 형상들은 질료 속에서 개체화되기 때문에 형상들이 항상 현상세계에서 존재한다.[5] 아리스토텔레스에게 형상은 개체화의 원리이며, 질료는 구체화의 원리다.[6] 이러한 구별로 말미암아 아리스토텔레스는 우시아에 대해 개별적이고 구체적인 존재로서 다른 아홉 가지 범주들을 지니는 주체라고 주장했다. 여기서 범주들이란 우리가 세계를 분석할 때에 사용하는 기본적인 개념들로서 실체(substance), 질(quality), 양(quantity), 관계(relation), 공간(place), 시간(time), 위치(position), 조건(condition), 능동(action), 수동(passion)을 의미한다. 형상과 질료를 구별함으로 인해 아리스토텔레스는 변화를 설명할 수 있게 되었다. 곧 변화는 가능태(δύναμις, potentiality)에서 현실태(ἐνέργεια, evnteleceia)로 운동하는 것을 의미한다.

아리스토텔레스는 이와 같은 우시아의 존재론에 상응하는 인식론을 제안했다. 그는 개별적이고 구체적인 우시아에 관한 지식이 가능하며, 이러한 지식이 우리의 제일 되고 가장 확실한 지식이라고 주장했다. 구체적

---

5) Paul K. Moser and Arnold Vander Nat, *Human Knowledge: Classical and Contemporary Approaches* (3rd edition) (New York: Oxford University Press, 2003), 31.

6) Lamprecht, *History of Philosophy*, 70.

이고 개별적인 사물들을 관찰하고 연구하는 것을 중시했던 아리스토텔레스는 자연과학과 수학 같은 학문에 높은 가치를 부여했다. 그러나 그에게 "제일철학"(the first philosophy)은 존재를 존재로서 연구하는 형이상학이다. 자연학은 물질적이고 가변적인 존재들을 연구하고, 수학은 가변적이지는 않지만 질료와 분리되는 존재들을 연구한다. 하지만 형이상학은 가변적이지도 않으며 질료와는 분리되지도 않는 영원한 존재들을 연구한다. 간단히 말해서, 아리스토텔레스의 인식론은 "우리에게 더 잘 알려진"(better known to us) 존재들에서 시작해서 "그 자체들에게 더 잘 알려진"(better known in themselves) 존재에게 도달하는 인식론이다.[7]

## IV. 플로티노스

플로티노스(Plotinus, 기원후 205-270)는 휘포스타시스(ὑπόστασις)의 존재론을 제시했다. 그에게 휘포스타시스는 물리적 세계 위에 존재하거나 혹은 유한하고 가시적인 세계가 기반할 수 있는 초월적인 지성적 세계를 의미한다.[8] 다수의 초월적 휘포스타시스들이 존재하지만, 주요한 세 가지는 일자(ἕν), 정신(νούς), 영혼(ψυχή)이다. 이 세 가지는 계층적이고 신적인 삼중체(Triad)를 형성한다.[9] 가장 최고의 휘포스타시스는 일자(the One)다.

---

7) Aristotle, *Metaphysics* Z.3, 1029 b3-12; *Posterior Analytics* 71b 32; *Prior Analytics* 68b35-37; *Physics* A.1, 184 a16-20; *Topics* Z.4, 141 b2-142 a12. 다음의 글에서 재인용함. As cited in S. Marc Cohen, "Aristotle's Met-aphysics" (2008), in *Stanford Encyclopedia of Philosophy*: http://plato.stanford.edu/entries/aristotle-metaphysics.

8) Lamprecht, *History of Philosophy*, 101.

9) 지금까지 하르낙을 포함하여 플로티노스의 삼중체(The Triad) 개념이 아우구스티누스의 삼위일체론에 끼친 영향을 더 많이 강조하는 학자들이 있었다. 이러한 강한 흐름에 반대하여 이종성은 플로티노스와 아우구스티누스 사이의 유사점들을 인정하면서도 양자의 근본

내재적 삼위일체와 경륜적 삼위일체

정신(the Nous)은 일자에서 유출하며, 영혼은 정신에서 유출한다. 그리고 물리적 세계가 영혼에서 유출된다. 먼저 일자는 만물의 불가지적 및 불형언적 근원으로서 필연성에 의해서 유출된다. 정신은 일자의 이미지로서, 플라톤의 이데아들과 유사한 신적인 사상들로 구성된 영원하고 불가변적이며 원형적인 세계다.[10] 마지막으로 영혼은 만물에 생명을 불어넣는 생명의 창조자로서 감각적인 물질세계를 창조한다.[11] 플라톤처럼 플로티노스도 초월적인 지성세계와 감각적인 물질세계를 분명하게 구별한다. 그러나 플로티노스에게서 주목할 점은 그가 아리스토텔레스처럼 감각적 물질세계를 초월적 지성세계와 긴밀하게 연결시킨다는 점이다.

이와 같은 휘포스타시스의 존재론은 여기에 상응하는 인식론, 곧 일자와의 연합으로 나아가는 관조(contemplation)의 인식론을 제시한다. 만물이 세 휘포스타시스의 필연성에 의해 존재론적으로 유출되기 때문에, 최하위의 물질을 포함한 만물은 최상위의 일자로 회귀하는 것을 끊임없이 열망하면서 일자를 관조한다. 영혼은 감각적 물질세계에서 시작해서 정신을 지나고, 일자와 연합에 이르는 동안 어느 정도 더 높은 관조를 겪는다. 첫째, 영혼은 절제(temperance)와 함께 구체적인 목적에 대한 욕망에서 자유로워진다. 영혼은 용기(courage)와 함께 구체성의 유혹에 확고하게 대항한다. 그리고 정의(justice)와 함께 어떤 개인적인 취득에 대해 아무런 욕망도 갖지 않게 된다. 지혜(wisdom)와 함께한 영혼은 순전한 신적인 사

---

적인 차이점들을 강조한다. Jong Sung Rhee, *Augustine's Doctrine of the Trinity: The Influence of Plotinus on Augustine's Doctrine of the Trinity* (Seoul: Korea Institute of Advanced Christian Studies, 2001), 394-412. 이 책은 1963년도에 샌프란시스코 신학교에서 썼던 그의 신학박사 학위논문에 기초한다.

10) Plotinus, *The Enneads*, trans. Stephen MacKenna (London: Faber and Faber Ltd., 1969). V. 2, 372. 이후로는 *The Enneads*로 표기함.

11) Plotinus, *The Enneads*, V. 2, 370.

상들을 관조하는 것으로 몰입한다. 둘째, 그런 다음 영혼(*psyche*)은 예술, 우정, 논리를 지닌다. 영혼은 예술(art)을 통해 신적인 사상들이 감각적인 구체적 물질들로 표현되는 것에 관심을 갖는다. 우정(friendship)을 통해서는 더 높은 단계의 일치(unity)를 경험하고, 여기서 선을 향한 열망으로 인격들의 구별이 상실된다. 그리고 영혼은 논리(logic)를 통해서 순전한 신적인 사상들의 영원한 상관관계들에만 관심을 갖게 된다. 셋째, 마지막으로 영혼은 유한성과 물질성에 의한 오염들로부터 완전히 정화된다.[12]

## V. 토마스 아퀴나스

토마스 아퀴나스(Thomas Aquinas, 1225-1274)는 아리스토텔레스로부터 많은 영향을 받았다. 그리고 이븐 시나(Avicenna, 980-1037)와 이븐 루시드 (Averroës, 1126-1198) 같은 아랍의 아리스토텔레스주의자들과 논쟁하면서 자신의 철학 개념을 더욱 견고하게 발전시켰다. 그는 실체(*substantia, ousia*)를 형상(*forma, eidos*)과 질료(*materia*)의 합성이라고 주장하기도 했다. 그러나 아리스토텔레스가 주장한 우시아(*ousia*)의 존재론이 물질적인 실체들에 대해서는 잘 설명할 수 있지만, 천사들과 하나님 같은 비물질적인 실체들에 대해서는 잘 설명할 수 없음을 곧 깨달았다. 예를 들어, 그는 하나님이 순수 현실태(*purus actus*)이기에 어떤 가능태(*potentia*)도 없다고 주장했다. 그리고 질료는 가능태를 함축하기 때문에, 하나님은 질료와는 아무런 관련이 없다고 주장했다.[13] 그래서 아퀴나스는 아리스토

---

12) Lamprecht, *History of Philosophy*, 104-105.
13) Thomas Aquinas, *Summa Theologica*, trans. Fathers of the English Dominican Province (Westminster: Christian Classics, 1981), I, Q.3, a.2, co. 이후로는 *ST*로 표기함.

텔레스가 말한 우시아의 존재론을 자신의 존재론, 곧 본질(essentia)과 실존(esse)의 존재론으로 보완했다. 아퀴나스의 본질과 실존의 존재론에 따르면, 물질적 본체들은 형상과 질료의 합성이면서 동시에 본질과 실존으로 구별된다. 천사들은 형상과 질료의 합성이 아니면서 본질과 실존이 구별된 존재들이다. 하나님은 형상과 질료의 합성이 아니면서 동시에 본질과 실존이 동일하시다.[14]

아퀴나스는 자신의 존재론에서 본질과 실존을 구별했듯이, 여기에 상응하는 인식론에서도 본질과 실존의 구별을 유지했다. 그래서 근본적으로 "우리에게 알려질 수 있는 것"(what is knowable to us)과 "그 자체로 알려질 수 있는 것"(what is knowable in itself)을 예리하게 구별했다. 우리는 아퀴나스의 유명한 다섯 가지 신 존재 증명에서 이런 구별을 미묘하게 포착할 수 있다. 왜냐하면 그의 신 존재 증명은 모두 감각으로 경험할 수 있는 세계에서 출발해 하나님께로 나아가기 때문이다. 아퀴나스는 자신의 다섯 가지 신 존재 증명을 통해 최종적으로 도달하는 곳이 하나님의 존재(Dei esse)도 아니고 하나님의 본질(Dei essentia)도 아닌, 단지 하나님이 존재하신다(Deum esse)는 진리 자체[15]라고 주장한다. 우리는 그의 이런 주장에 주목할 수 있다.

또한 아퀴나스는 본질과 실존을 구별함으로 인해 또 다른 구별, 곧 의미된 대상(res significata)과 의미의 양태(modus significandi)를 구별했다.[16] 의미의 양태는 무언가에 관한 우리의 지식은 항상 우리의 마음이 그것을 알아가는 양태라는 점을 의미한다. 즉 무언가에 관한 우리의 지식은 그 무언가 자체와는 다르다는 점을 내포한다. 이 점은 하나님에 관한 우

---

14) Aquinas, *ST*, I, Q.12, a.2, ad.3.

15) Aquinas, *ST*, I, Q.2, a.3, co.

16) Aquinas, *ST*, I, Q.39, a.4, co.

리의 지식에서 더더욱 그러하다. 이런 의미에서 우리는 하나님을 완전히
파악할 수 없고, 오직 하나님만이 그 자신을 통해 자기 자신을 이해할 수
있다.[17]

## VI. 데카르트와 로크

르네 데카르트(René Descartes, 1596-1650)는 지식의 확실성을 탐구하면서
관념들(ideas)의 인식론을 제시했다. 그는 1637년에 프랑스어로 쓴『방법
서설』(*Discourse on Method*)을 출간했고, 1641년에는 라틴어로 쓴『제일
철학에 관한 성찰』(*Meditations on First Philosophy*, 책세상 역간, 2011)을 출
간했다. 이 두 권의 책에서 데카르트는 자신이 확신하지 못하는 모든 것
에 의심을 던지는 방법론적 회의 또는 의심의 방법(method of doubt)을 시
작했다. 이러한 방법론적 회의를 통해 그는 자신이 확신할 수 있는 한 가
지를 발견했다. 곧 "나는 생각한다. 그러므로 나는 존재한다"(*Cogito ergo
sum*)는 사실을 발견한 것이다. 여기서 데카르트는 생각의 주체와 생각의
대상을 구별한다. 달리 말해 생각하는 주체를 사고하는 사물(*res cogitans*)
로 이해하고 생각의 대상을 연장의 사물(*res extensa*)로 이해한 것이다. 데
카르트가 "코기토 에르고 숨"(*Cogito ergo sum*)을 확증하는 목적은 인간
정신에 본유관념들(innate ideas), 예를 들면 자아에 대한 관념, 하나님에

---

17) Aquinas, *ST*, I, Q.14, a.2, ad.3; 아퀴나스에게서의 존재(*esse*)와 본질(*essentia*)에 관한
    최근의 연구에 관해서는 다음의 책들을 참고하라. John F. Wippel, *The Metaphysical
    Thought of Thomas Aquinas: From Finite Being to Uncreated Being* (Washington,
    D.C.: The Catholic University of America Press, 2000); John P. O'Callaghan, *Thomist
    Realism and the Linguistic Turn: Toward a More Perfect Form of Existence* (Notre
    Dame: University of Notre Dame Press, 2003).

대한 관념, 물질을 연장의 사물로 간주하는 관념 등이 있음을 주장하기 위함이었다. 본유관념들은 본성상 인간의 정신에 각인되어 있는 것들이다. 따라서 본유관념은 외부에서 들어오는 외래관념(adventitious idea)과 인간의 정신이 만들어내는 인위관념(factitious idea)과는 구별된다.[18] 데카르트는 본유관념에 근거해 세 가지 존재론적 실재들, 곧 정신, 연장으로서의 물질, 신을 인정했다.

존 로크(John Locke, 1632-1704)도 데카르트처럼 관념들의 인식론에 관심을 가졌다. 그러나 데카르트와 다르게 로크는 인간의 정신 안에 본유관념이 있을 가능성에 대해서는 부인했다. 대신에 그는 1690년에 출간한 『인간 지성론』(An Essay Concerning Human Understanding, 한길사 역간, 2014)에서 모든 관념의 기원을 감각경험으로 추적했고, 모든 관념은 감각경험에서 나온다고 주장했다. 따라서 철학사가들은 관념들의 기원이라는 문제와 관련해 데카르트는 합리론자로, 로크는 경험론자로 이해한다.

그러나 데카르트와 로크 두 사람 모두 관념들의 인식론(epistemology of ideas), 곧 인식론적 관념론(epistemological idealism)에 기여한 바가 크다. 두 철학자로 인해 17세기와 18세기에 "관념들"이라는 말이 광범위하게 사용되고 논의되었다. 여기서 우리가 주목해야 할 점은, "관념들"이라는 용어가 플라톤의 이데아(eidos, form 또는 idea)에서 시작되었지만 고대 그리스 시대와는 다르게 17-18세기 시기에는 매우 다른 의미, 곧 정신의 내용들을 가리키는 의미를 획득했다는 사실이다. 이런 노력으로 관념들은 감각의 대상들과는 독립적이면서도 모종의 유사(類似)한 자율적인 실재성을 획득할 수 있었다. 데카르트의 경우에는 부분적으로 본유관념이 존재하기 때문이다. 그리고 로크의 경우에는 부분적으로 관념들이 감각

---

18) Lamprecht, *History of Philosophy*, 224-225.

경험의 표상들이기 때문이다.[19] 데카르트와 로크는 이렇게 관념들을 제시하면서 근대철학의 문을 활짝 열었다. 근대철학은 관념들의 인식론과 정신의 주체성에 주된 관심을 기울였고, 이 관심은 이후 "칸트의 주체로의 초월적 전환"(Kant's transcendental turn to the subject)에서 절정에 이른다.

## VII. 칸트

임마누엘 칸트(Immanuel Kant, 1724-1804)는 초월적 관념론(transcendental idealism)의 인식론을 주장했다. 그는 1781년에 출간한 『순수이성비판』 (Kritik der reinen Vernunft)에서 모든 대상을 감성세계(phenomena)와 지성세계(noumena)로 구별했다. 감성세계는 우리의 감각경험의 대상을 가리키는 반면 지성세계는 우리의 감각경험을 넘어서는 대상, 곧 물자체 (Ding an sich)를 가리킨다.[20] 이후 칸트는 우리의 지식을 감성세계에 한정시켰고, 지성세계는 알 수 없다고 주장했다. 여기서 주목해야 할 점은, 칸트의 지성세계는 대상들 그 자체가 아니라 우리의 감관(Sinnlichkeit)에 주어진 대상들이라는 점이다. 우리의 감관은 감각적 직관이 가지는 두 가지 순수한 형식들, 곧 공간과 시간을 통해 대상들을 받아들인다. 칸트의 감성세계에서 다루어지는 대상들은 이후 인간의 오성(Verstand)에 의해 열두 가지 기본 개념들, 곧 범주들을 통해 다루어진다.

따라서 칸트의 감성세계는 대상들 자체가 아니라, 대상들이 직관에 의해서 수용되고 개념들에 의해 필연적으로 생각되어지는 양식들 또는 방식들을 의미한다. 이러한 의미에서 칸트는 감성세계에 관한 모든 지식을

---

19) Allen, *Philosophy for Understanding Theology*, 181.
20) Kant, *Critique of Pure Reason*, 266-267, 그리고 271.

내재적 삼위일체와 경륜적 삼위일체

초월적(transcendental)이라고 칭했다. 왜냐하면 우리의 모든 지식의 요소들을 형성하는 직관과 개념화를[21] 거친 대상들에게 정신이 선험적인 (*a priori*) 조건들을 부여하기 때문이다.[22] 칸트에게 가장 중요한 것은 대상과 경험이 아니라 정신이 가지고 있는 선험적인 조건들이다. 그래서 칸트는 자신의 초월적 관념론의 인식론을 철학에서의 코페르니쿠스적 혁명이라고 불렀다. 천문학자 니콜라우스 코페르니쿠스(Nicolaus Copernicus, 1473-1543)가 태양과 지구의 운동들을 바라보는 시각을 철저히 변화시켰듯이, 칸트도 정신과 대상의 관계를 바라보는 시각을 완전히 바꾸었기 때문이다. 칸트는 대상들이 정신 주위를 움직이도록 하되, 정신의 선험적인 조건들에 일치하게 했고, 그 반대는 아니었다.[23] 이렇게 하여, 칸트는 철학에서 주체로의 초월적인 전환을 완전하게 성취했다.


## VIII. 헤겔과 후설

우리가 알 수 없는 지성세계(*noumena*)를 인정한 칸트의 입장으로 인해, 칸트 이후의 몇몇 철학자들은 불가지론적인 태도를 취하면서 존재론을 거부했다. 한편 감성세계(*phenomena*)와 관련하여 칸트가 취한 주체로의 초월적인 전환으로 인해, 다른 철학자들은 의식(consciousness)에 관심을 두었다. 빌헬름 프리드리히 헤겔(Wilhelm Friedrich Hegel, 1770-1831)은 칸트가 제시한 주체로의 초월적인 전환에 영향을 받고서 인간의 의식을 자기 철학의 출발점으로 삼았다. 그러나 인간의 내적인 주체에 초점을 둔 칸트

---

21) Kant, *Critique of Pure Reason*, 92.
22) Kant, *Critique of Pure Reason*, 59, 그리고 298-299.
23) Lamprecht, *History of Philosophy*, 365.

와는 대조적으로, 헤겔은 의식을, 주체로서의 절대자가 역사 안에서 실현되는 과정으로 간주했다. 그는 1807년에 『정신현상학』(*Phänomenologie des Geistes*)[24]을 출간하면서 감각의식, 자기의식, 이성, 정신, 종교, 절대지식과 같이 절대자의 다중적인 의식을 분석적으로 추적했다. 여기서 주목할 점은, 헤겔이 **절대지식**(Wissenshaft)에 도달하는 가능성을 포기하지 않고 고수했다는 점이다. 이러한 점은 우리가 알 수 없는 지성세계(*noumena*)를 인정한 칸트의 입장과는 대조적이다.

에드문트 후설(Edmund Husserl, 1859-1938)은 데카르트의 관념론의 인식론(epistemology of ideas)과 칸트의 초월적 관념론의 인식론(epistemology of transcendental idealism)에서 영향을 많이 받았다. 그렇지만 모든 현상(*phenomena*)을 단순한 정신적 상태로 환원하려는 심리주의(psychologism)에는 반대했다. 철학을 엄격한 학문으로 정립하고자 노력한 후설은 자신의 스승인 프란츠 브렌타노(Franz Brentano, 1838-1917)를 따라서 의식의 주된 특징인 의식의 지향성(intentionality)에 많은 관심을 기울였다. 지향성 이론에 따르면, 의식의 모든 행동은 대상을 지향하고 있다. 그러므로 의식은 본질적으로 무언가를 의식한다.[25] 1905년부터 1907년에 행한 괴팅겐 대학교의 강연에서,[26] 후설은 자신의 방법들을—곧 세계에 관한 존재론적 질문들에 판단유보(epoché 또는 괄호치기 [bracketing]), 현상학적 환원(phenomenological reduction), 초월적 주체성

---

24) G. W. F. Hegel, *Phenomenology of Spirit*, trans. A. V. Miller (Oxford: Clarendon Press, 1977).

25) Robert Sokolowski, *Introduction to Phenomenology* (Cambridge: Cambridge University Press, 2000), 8-9.

26) Edmund Husserl, *Ideas Pertaining to a Pure Phenomenology and to a Phenomenological Philosophy: First Book: General Introduction to a Pure Phenomenology*, trans. F. Kersten (Dordrecht: Kluwer Academic Publishers, 1998).

내재적 삼위일체와 경륜적 삼위일체

(transcendental subjectivity)—통해, 고유한 행동-대상(act-object)의 구조가 지향성 있는 행동들의 **노에시스-노에마**(*noesis-noema*) 구조라는 점을 발견했다. **노에마**는 의식 안에 현존하는 대상이며, **노에시스**는 지향성의 행동들이다. 우리는 노에시스를 통해서 지각, 판단, 회상 등과 같은 대상들을 지향한다. 이와 같은 현상학적 방법들을 통해 후설은 의식의 본질에 관한 지식을 획득할 것을 목적으로 삼았으며, 그런 후에 **사상**(事象) **자체**에(zu den Sachen selbst) 도달할 것을 목적으로 삼았다. 후설은 이런 이해를 바탕으로 현상학을 제일철학으로 삼았다.

## IX. 현대 철학자들: 하이데거, 레비나스, 푸코, 데리다

존재론과 인식론의 분야에서 현대철학은 반-형이상학적(antimetaphysical) 입장 또는 무-형이상학적(non-ontological) 입장들을 취할 뿐만 아니라, 무-초월적인(non-transcendental) 인식론적 입장들을 취했다. 이 입장들은 이전의 존재론적 관심들의 논리적인 결과이거나 또는 이전의 초월적 인식론들에 대한 반작용이다.

　첫째, 존재론을 후설에게서 배우고 그의 영향을 받은 마르틴 하이데거(Martin Heidegger, 1889-1976)는 1927년에 『존재와 시간』(*Sein und Zeit*, 까치 역간, 1998)을 출간했다. 그는 끔찍한 망각의 상태에 처해 있던 **존재의미**(Sinn von Sein)에 관한 질문을 다시금 일깨울 것을 촉구하는 것으로 이 책을 시작한다.[27] 이 질문은 1953년도에 출간한 『형이상학 입문』(*An Introduction to Metaphysics*, 문예출판사 역간, 1994)에서 "왜 무(無)가 아니라

---

27) Martin Heidegger, *Being and Time*, trans. John Macquarrie and Edward Robinson (New York: Harper & Brothers, 1962), 1.

존재들이 있는 것인가?"라는 물음으로 다시 제기된다.[28] 이와 같은 질문들은 하이데거가 **현존재**(Dasein)를 존재의 힘으로 다시 회복시키기를 소망했음을 알려준다. 그렇지만 하이데거가 존재들에 관해 가진 철학적인 관심은 본질을 꽉 붙잡고자 했던 전통적인 존재론적 질문들과는 매우 상이했다. 하이데거는 후설의 현상학적 방법을 수용하면서 **실존**(Existenz)만을 검토하는 데 초점을 두었다. 그에게 실존이란 **현존재**(Dasein) 또는 **세계-내-존재**(Das In-der-Welt-sein)를 가리킨다.

이런 경향은 프랑스 철학자 임마누엘 레비나스(Immanuel Levinas, 1906-1995)에게서도 발견된다. 특히 레비나스의 1949년도 책 『후설과 하이데거와 함께 실존을 발견하다』(*En découvrant l'existence avec Husserl et Heidegger*)에서는 더더욱 그러하다.[29] 레비나스는 후설과 하이데거보다 한발 더 나아가 그에게 제일철학은 무엇인지에 관하여 탐구하면서 타자와의 직접적인 만남의 실존을 현상학적으로 기술하는 데 몰두했다. 이러한 과정에서 레비나스는 존재 또는 본질에 관한 질문을 배제했다. 이점은 1974년에 출간된 『존재와는 다른, 혹은 본질을 넘어서』(*Autrement qu'être ou au-delá de l'essence*)에 분명하게 반영되어 있다.[30] 이렇게 해서 본질은 실존에서 완전히 분리되고, 현대철학의 논의들에서 최종적으로 배제되었다.

둘째, 인식론과 관련해서 프랑스 철학자 미셸 푸코(Michel Foucault,

---

28) Martin Heidegger, *An Introduction to Metaphysics*, trans. Gregory Fried and Richard Polt (New Haven: Yale University Press, 2000).

29) Immanuel Levinas, *Discovering Existence with Husserl*, trans. Richard A. Cohen and Michael B. Smith (Evanston: Northwestern University Press, 1998). 이 책은 프랑스어로 쓰인 원래 전집의 축약판이다.

30) Immanuel Levinas, *Otherwise than Being or Beyond Essence*, trans. Alphonso Lingis (Boston: Kluwer Academic Publishers, 1978).

1926-1984)는 반-형이상학적인(anti-metaphysical) 입장을 취했을 뿐만 아니라, 지식에 대한 무-관념론적인(non-idealistic) 이해를 추구했다. 그래서 푸코는 지식이란 주로 외적인 역사적 요인들에 의해 구성되는 것이라고 여겼다. 1966년도에 출간한 『말과 사물』(Les Mots et les choses, 민음사 역간, 2012)에서, 그리고 1969년에 출간한 『지식의 고고학』(L'archéologie du savoir, 민음사 역간, 2000)에서 푸코는 지식이란 각 시기에 진리를 구성하는 어떤 기저의 조건들을 의미하는 에피스테메(épistémè)에 의해 형성된다고 주장했다. 또한 이런 조건들도 역사의 각 시기마다 조금씩 변화해왔다고 주장했다. 따라서 푸코에게는 사심이 없는 객관적인 지식이라는 것이 존재하지 않는다. 오히려 지식은 권력에 의해서 생성되고 존속되는 것이다.[31] 이로 인해 푸코는 데카르트의 본유관념들의 인식론(epistemology of innate ideas), 칸트의 초월적 관념론(transcendental idealism), 후설의 형이상학적 관념론(phenomenological idealism)을 비판했다.

프랑스 철학자 자크 데리다(Jacques Derrida, 1930-2004)도 푸코처럼 지식에 관해 반형이상학적인 태도와 무관념적인 태도를 취했다. 그는 푸코보다 한발 더 나아가 지식의 모든 체계를 해체하려고 했다. 그래서 지식 그 자체라는 것은 존재하지 않는다고 주장한 것이다. 더 구체적으로 말하면 데리다는 본질과 실존의 대립, 실재와 현상의 대립, 의미된 대상과 지시체의 대립 등을 해체하고자 했다. 예를 들면 그는 언어의 지시체들은 정신 안의 초월적인 의미 대상을 가리킬 수 없다고 주장했다. 왜냐하면 의미된 대상 자체는 인습적이며 그래서 자의적인 언어 지시체들에 의해서 창조되는 것이라고 보았기 때문이다. 언어의 모호성을 강조하기 위해 데리다는 **차연**(différance)이라는 말을 만들었다. 차이(différence)라는 말

---

31) Michel Foucault, *Power/Knowledge: Selected Interviews and Other Writings 1972-1977*, ed. Colin Gordon (New York: Pantheon, 1972), 133.

과 동일한 발음으로 들리는 차연은 차이(difference)와 지연(deferral)을 모두 가리키는 이중적인 의미를 지닌다.[32] 이후 데리다는 그동안 서양철학이 주장해온 **로고스 중심주의**(logocentrism)를 반대하기 위해 1967년 해체의 방법에 근거해 『그라마톨로지에 대하여』(De la grammatologie, 동문선 역간, 2004)[33]라는 책을 저술했다.

위에서 우리는 서양철학의 관심의 초점이 어떻게 이동했는지 살펴보았다. 그것은 이데아의 존재론, 우시아의 존재론, 휘포스타시스의 존재론, 본질과 실존의 존재론에서 시작해서 데카르트의 본유관념들의 인식론, 칸트의 초월적 관념론의 인식론, 후설의 현상학적 관념론의 인식론, 그리고 마지막으로 현대의 반형이상학적·무관념론적 경향들로 변화했다.

---

32) Forrest E. Baird and Walter Kaufmann, eds. *Twentieth-Century Philosophy* (3rd edition) (Upper Saddle River: Prentice Hall, 2003), 344-345.

33) Jacques Derrida, *Of Grammatology*, trans. Gayatri Chakravorty Spivak (Baltimore: Johns Hopkins University Press, 1997).

내재적 삼위일체와 경륜적 삼위일체

## 제4장

# 역사신학적 배경

## 내재적·경륜적 삼위일체와 관련된 역사적 논의들

내재적 삼위일체(immanent Trinity)와 경륜적 삼위일체(economic Trinity)의 구별은 신학 역사에서 이루어진 몇몇 다른 병행적인 구별로 거슬러 올라갈 수 있다. 대표적으로 내재적 로고스(λόγος ἐνδιάθετος)와 표현된 로고스(λόγος προθορικός)의 구별, 출원(processio)과 파송(missio)의 구별이 있다. 내재와 경륜의 구별에는 섭리(dispositio, dispensatio [dispensation]), 경륜(οἰκονομία, economy), 작용 또는 활동(ἐνέργεια, operation or activity) 같은 몇몇 다른 중요한 용어가 함께 연관되어 있다. 섭리와 경륜은 대개 상호 교환해서 사용되지만, 이 책에서는 이 두 용어를 구별해 사용하려고 한다. 왜냐하면 나는 이 두 용어에 양립 불가능한 차이점이 존재한다고 판단했기 때문이다. 따라서 이 책은 양자의 차이점을 강조하기 위해 라틴어 디스포지티오(dispositio)와 그리스어 오이코노미아(οἰκονομία)를 사용한다. 또한 우리말로 번역된 섭리와 경륜 각각이 통상적으로 의미하는 바를 넘어서기 때문에 라틴어 용어와 그리스어 용어를 그대로 사용한다. 여기서는 내재적 삼위일체와 경륜적 삼위일체의 구별과 관련되는 몇몇 구별과 용어들을 역사적·신학적 배경에서 검토한다. 이 검토 작업은 더 폭

넓은 맥락 속에서 내재적 삼위일체와 경륜적 삼위일체의 관계라는 쟁점을 이해하도록 도움을 줄 것이다.

## I. 내재적 로고스와 표현된 로고스

신약의 저자들은 예수 그리스도를 "하나님", "주님", "하나님의 아들", "인자"(사람의 아들), "지혜", "로고스"(말씀, Λόγος)로 이해했다.[1] 요한복음 1:1-18과 요한계시록 19:13 같은 신약의 구절들에서 발견되는 로고스 개념의 기원은 한편으로 알렉산드리아의 필론(Philo of Alexandria, 기원전 20-기원후 50)을 거쳐서 구약 저자들의 다바르(דבר) 개념까지 거슬러 올라간다. 알렉산드리아의 필론은 유대교 사상, 그리스 사상, 로마 스토아 사상에서 영향을 받았으며 로고스를 하나님의 창조적 원리로 이해했다. 다른 한편, 속사도 교부들(Apostolic Fathers)과 변증가들(Apologists)로 알려진 이후의 신학자들은 로고스와 하나님의 관계에 대해서 신약의 로고스 개념을 계속 사용하고 발전시켰다.

예를 들면 안디옥의 이그나티우스(Ignatius of Antioch, 35-107)는 예수 그리스도를 성부 하나님의 정신(νούς, Mind)[2]으로, 그리고 하나님으로부터 나온 로고스[3]로 여겼다. 순교자 유스티누스(Justin Martyr, 100-165)는 로고스를 출생이 없으시고 형언할 수 없는 성부 하나님에게서 나온다고 여기고,[4] 하나님은 만물의 통치원리(ἀρχή)인 어떤 권능을 낳았으며, 이

---

1) Wainwright, *The Trinity in the New Testament*, 53; Fortman, *The Triune God*, 10-33.
2) Ignatius of Antioch, *To the Ephesians*, 3 in *FC*, I.
3) Ignatius of Antioch, *To the Magnesians*, 8.
4) Justin Martyr, *The Second Apology*, 13 in *FC*, VI.

내재적 삼위일체와 경륜적 삼위일체

권능을 가리키는 칭호 중 하나가 로고스임을 진술했다.[5] 로고스이신 예수 그리스도는 보편적인 성부(Universal Father)에게서 출생하신 하나님이시다. 로고스는 모든 창조 이전부터 이미 성부 하나님과 함께 계셨고 성부 하나님과 함께 대화하셨다.[6] 아시리아의 타티아노스(Tatian of Assyria, 110-180)는 예수 그리스도를 로고스로 간주했다. 곧 성부 하나님의 로고스-권능(Logos-power)에게서 나오는 로고스로 간주한 것이다.[7] 아테네의 아테나고라스(Athenagoras of Athens, 133-190)는 하나님이 영원한 정신(eternal νοῦς)으로서 태초부터 자신 안에 로고스를 가지고 계셨으며, 영원 전부터 로고스로 가득 차셨다고 이해했다.[8] 안디옥의 테오필로스(Theophilus of Antioch)는 하나님은 자신 속에 내재하는 하나님 자신의 로고스가 있으며, 만물이 생기기 전에 이 로고스를 낳으시고 내뿜으셨다고 언급했다. 그리고 그는 로고스를 만물의 통치원리로 간주했다.[9] 마지막으로 카르타고의 테르툴리아누스(Tertullian of Carthage, 160-220)는 예수 그리스도가 본래의 처음 태어난 로고스이며 하나님의 말씀(Word of God)이심을, 그리고 하나님께서는 로고스를 통해 세계 전체를 만드셨음을 주장했다.[10]

이와 같은 관찰들을 고려하면, 예수 그리스도는 성부 하나님의 로고스로서 성부 하나님과 친밀한 관계를 맺고 있음을 알 수 있다. 순교자 유스티누스와 아시리아의 타티아노스는 여기서 더 나아가 로고스가 성부 하나님과 동일본체(same *ousia*, substance)라고 암시했다. 순교자 유스티누

---

5) Justin Martyr, *The Dialogue with Trypho*, 61.
6) Justin Martyr, *The Dialogue with Trypho*, 62.
7) Tatian of Assyria, *Address to the Greeks*, 5 and 6 in *ANF*, II.
8) Athenagoras of Athens, *A Plea for the Christians*, 10 in *ANF*, II.
9) Theophilus of Antioch, *To Autolycus*, II, 10 in *ANF*, II.
10) Tertullian, *Apology*, XXI, 10 and 17 in *ANF*, III.

스의 진술에 따르면, 로고스는 성부 하나님으로부터 분할되거나 분리될 수 없으며, 성부 하나님은 자신의 권능과 의지에 의해서 로고스를 출생했다. "그렇지만 로고스는 "마치 성부의 본체(ousia)가 분할되듯이 절단되는 것처럼"[11] 출생한 것은 아니었다. 순교자 유스티누스는 이러한 점을 인간 언어의 유비로 설명했다. 곧 인간이 말을 하고 소리를 내지만 그렇다고 말을 발화하는 인간의 능력이 감소되지는 않는다. 그는 불의 유비로도 로고스의 출생을 설명했다. 곧 불은 불에서 불 붙여진다. 불 붙여진 불은 본래의 불과는 구별된다. 그러나 본래의 불은 다른 것을 불 붙여준 이후에도 여전히 감소되지 않은 동일한 불로 남는다.[12] 아시리아의 타티아노스는 로고스가 성부 하나님 안에 있었으며 "절단에 의해서가 아니라 참여에 의해서"[13] 존재하게 되었다고 진술했다. 그는 로고스가 하나님의 본래의 본체(ousia)로부터 분리되는 것을 절단으로 이해했다. 그리고 로고스가 하나님의 본래의 본체에 어떤 결핍도 없음을 전제하는 것으로 참여를 이해한다. 그는 순교자 유스티누스와 유사하게 이런 점을 횃불의 유비를 통해 설명했다. 곧 하나의 횃불이 다른 횃불에게 불을 붙여준다고 하더라도 첫 번째 횃불의 불은 감소되지 않는다.[14]

따라서 로고스 개념은 예수 그리스도가 성부 하나님과 맺는 비분할적·비분리적 관계를 주로 가리킨다. 그렇지만 이 개념이 예수 그리스도와 성부 하나님 사이의 내적인 관계에만 배타적으로 한정되지는 않는다. 로고스 개념은 하나님이 세계와 맺는 외적인 관계로도 확대되어 적용된다. 안디옥의 이그나티우스는 예수를 하나님의 입이며 쓰여진 로고스

---

11) Justin Martyr, *The Dialogue with Trypho*, 128.
12) Justin Martyr, *The Dialogue with Trypho*, 61 and 128.
13) Tatian of Assyria, *Address to the Greeks*, 5.
14) Tatian of Assyria, *Address to the Greeks*, 5.

내재적 삼위일체와 경륜적 삼위일체

(written *Logos*)라고 여겼다. 성부 하나님께서는 이 하나님의 입을 통해 세계에 진정으로 말씀하신다.[15] 쓰여진 로고스는 예수 그리스도의 십자가, 죽음, 부활을 의미한다.[16] 이 로고스는 우리를 완전하게 만들 수 있다. 왜냐하면 예수라는 로고스를 진정으로 소유한 자는 누구든지 예수의 말씀에 귀를 기울일 수 있기 때문이다.[17] 순교자 유스티누스는 예수 그리스도를 모든 인류가 참여하는 로고스로 간주했다.[18] 로고스가 모든 인간 안에 존재하기 때문에, 또는 로고스의 접붙여진 씨앗이 모든 인간 안에 심겨 있기 때문에, 소크라테스조차도 비록 충분하지는 않지만 흐릿하게나마 예수 그리스도에 대한 지식을 가지고 있었을 것이다.[19] 아시리아의 타티아노스는 로고스가 성부 하나님에게서 출생했고 이제는 우리 세계를 낳으셨다고 언급했다.[20] 이 의견은 로고스가 성부 하나님의 만물 창조를 돕는 조력자일 뿐만 아니라, 또한 성부 하나님과 함께 만물을 창조하는 능동적인 창조자임을 함의한다. 아테네의 아테나고라스는 로고스가 성부 하나님의 관념(idea) 안에서 존재할 뿐만 아니라 성부 하나님의 외적 작용 안에서 활동함을 확증했다. 그는 이런 이유로 만물이 로고스의 형태를 따라서 창조되었다고 주장하기도 했다.[21] 안디옥의 테오필로스도 로고스가 성부 하나님의 창조를 돕는 조력자임을 확증했다. 또한 그는 로고스가 만물을 다스리기 때문에 만물의 통치원리라고 주장했다.[22]

위에서 살펴본 것처럼, 초기의 신학자들은 로고스가 성부 하나님

---

15) Ignatius of Antioch, *To the Romans*, 8.
16) Ignatius of Antioch, *To the Philadelphians*, 8.
17) Ignatius of Antioch, *To the Ephesians*, 15.
18) Justin Martyr, *The First Apology*, 46.
19) Justin Martyr, *The Second Apology*, 10 and 13.
20) Tatian of Assyria, *Address to the Greeks*, 5.
21) Athenagoras of Athens, *A Plea for the Christians*, 10.
22) Theophilus of Antioch, *To Autolycus*, II, 10.

과 맺는 내적인 관계와 외적인 관계를 구별했다. 이 구별은 안디옥의 테오필로스에게서 더욱 두드러졌다. 그는 로고스를 내재적 로고스(λόγος ἐνδιάθετος)와 표현된 로고스(λόγος προθορικός)로 구별했다.[23] 내재적 로고스는 로고스가 성부 하나님과 맺는 내적인 관계를 주로 가리키며, 표현된 로고스는 로고스가 세계와 맺는 외적인 관계를 주로 지칭한다. 이 구별은 대체로 스토아 학파의 작업에 근거하고 있다. 스토아 학파(Stoicism)에서 내재적 로고스는 인간의 정신 안에 있는 이성적 사고를 가리키며, 표현된 로고스는 인간의 정신 밖으로 발화된 말을 지칭한다. 또한 스토아 학파는 이런 구별 외에도 또 다른 구별, 곧 종자적 로고스(λόγος σπερμάτικος)와 지고한 보편적 로고스(supreme universal logos)를 구별한다. 종자적 로고스는 로고스의 개별적인 씨앗으로, 개별적인 사물들을 생성하며 개별적인 사물들 안에 머무른다. 한편 보편적 로고스는 로고스의 개별적인 씨앗들을 자신 안에 포함한다.[24] 이처럼 내재적 로고스와 표현된 로고스 양자는 동일한 로고스지만, 전자는 인간의 정신 안에 머무르고 후자는 인간의 정신 밖으로 표현된다는 점이 다르다. 보편적 로고스의 개별적·종자적 로고스가 각각의 인간 정신 안에 심겨 있는 한, 내재적 로고스와 표현된 로고스는 모두 가능하다.

위에서 언급했던 사항을 모두 고려하면, 우리가 초기 신학자들과 관련해 주목해야 할 첫 번째 사실은 다음과 같다. 곧 내재적 로고스는 성부 하나님과 관련을 맺는 로고스지만 표현된 로고스, 즉 세계와 관계를 맺는 로고스와 다르지 않다는 점이다. 이 둘은 서로 다른 두 개의 로고스들

---

23) Theophilus of Antioch, *To Autolycus*, II, 10. 이러한 점은 포트만과 켈리와 힐이 확증한다. Fortman, *The Triune God*, 49; Kelly, *Early Christian Doctrines*, 99; Hill, *The Three-Personed God*, 32.

24) Kelly, *Early Christian Doctrines*, 18-19.

내재적 삼위일체와 경륜적 삼위일체

(*Logoi*)이 아니다. 성부 하나님과 함께 계시며 함께 대화를 나누시는 로고스, 그리고 창조와 섭리와 성육신 등을 통해 성부 하나님과 함께 세계를 향하여 일하시는 로고스는 동일한 로고스다. 이러한 까닭에 어떤 학자들이 주장하는 소위 이중단계 이론(twofold stage theory)은 제한적인 의미를 지닐 뿐이다. 어떤 학자들은 초기 변증가들이 이중단계 이론을 내세웠다고 주장한다. 하지만 이러한 이론이 등장한 것은 내재적 로고스와 표현된 로고스 사이의 외적인 차이점에 과도하게 관심을 기울였기 때문이다. 예를 들면 미국 시카고에 있는 로욜라 대학교에서 조직신학과 철학을 가르쳤던 에드먼드 포트만(Edmund J. Fortman, 1901-1990)은 순교자 유스티누스가 로고스의 이중단계 이론으로 삼위일체 신비를 설명하려고 시도했다고 논증했다. "첫 번째 단계에서 로고스는 성부가 함께 교제를 나눌 수 있는 자로서, 성부와 함께 영원하면서도 인격적인 교제를 나누었다. 두 번째 단계에서 이 로고스는 창조 목적을 위해 성부의 의지에 의해 성자로 출생했다. 이러한 일은 영원히는 아닐지라도 창조 이전에 발생했다."[25] 하지만 이중단계 이론은 내재적 로고스가 표현된 로고스와 어느 정도 다르게 보이도록 하는 부적절한 인상을 초래했다. 게다가 표현된 로고스는 예수 그리스도 안에서 드러난 로고스의 성육신에 배타적으로 제한된 것이 아니다. 표현된 로고스는 성육신에서 활동할 뿐만 아니라, 성육신 이전의 창조와 섭리에서도 활동하시기 때문이다. 또한 표현된 로고스는 예수 그리스도에게서 자신을 나타내기 훨씬 이전에도 활동했다.

---

25) Fortman, *The Triune God*, 230. 이외에도 변증가들의 이중단계 이론에 관해서 45-48, 60, 68, 100, 그리고 150에서 여러 차례 언급된다.

## II. 디스포지티오 / 디스펜자티오

디스포지티오(*dispositio*) 또는 디스펜자티오(*dispensatio*)는 라틴어 용어다. 일반적으로 이 용어는 그리스어 오이코노미아(οἰκονομία)를 번역한 것으로, 신약성서의 에베소서 1:9-10[26]과 3:8-9[27]에 근거한다. 디스포지티오는 리옹의 이레나이우스(Irenaeus of Lyons), 로마의 히폴리투스(Hippolytus of Rome), 카르타고의 테르툴리아누스(Tertullian of Carthage)의 저작들에서 중요한 역할을 담당한다. 이 세 명의 신학자는 디스포지티오를 예수 그리스도 안에서 나타난 성자의 성육신이라는 의미로 이해할 뿐만 아니라, 성부와 성자와 성령이 함께 활동하고 있음과 심지어 성부와 성자와 성령이 영원 전부터 함께 존재하고 계심으로도 이해했다.

### 1. 리옹의 이레나이우스

리옹의 이레나이우스(Irenaeus of Lyons, 115-202)[28]는 디스포지티오라는

---

26) "ut notum faceret nobis sacramentum voluntatis suae secundum bonum placitum eius quod proposuit in eo in **dispensationem** plenitudinis temporum instaurare omnia in Christo quae in caelis et quae in terra sunt in ipso"(불가타역).

27) "mihi omnium sanctorum minimo data est gratia haec in gentibus evangelizare ininvestigabiles divitias Christi et inluminare omnes quae sit **dispensatio** sacramenti absconditi a saeculis in Deo qui omnia creavit"(불가타역).

28) 이 책에서 오이코노미아(οἰκονομία)를 다룬 부분에서가 아니라 디스포지티오(*dispositio*)를 다루는 부분에서 이레나이우스를 포함하는 데는 다음과 같은 몇 가지 이유가 있다. 첫째, 이레나이우스는 비록 동방의 소아시아 출신이지만 서방의 리옹에서 목회활동과 신학활동을 추구했다. 둘째, 그가 자신의 모국어인 그리스어로 많은 책을 저술했지만 단 두 작품만이 현존한다. 또한, 현존하는 것들의 대부분은 번역된 옛날 라틴어로 보존되어 있다. 마지막으로 무엇보다도, 이레나이우스의 디스포지티오 또는 오이코노미아 개념은 테르툴리아누스와 히폴리투스에게 더 잘 어울린다. Fortman, The Triune God, 101; Berthold Altaner, *Patrology*, trans. Hilda C. Graef (Edinburgh-London: Nelson, 1960), 150-152. 이 번역은 본래 독일어로 된 *Patrologie* (5th edition) (Freiburg: Herder, 1958)에 토대를 둔다.

내재적 삼위일체와 경륜적 삼위일체

용어가 예수 그리스도이신 하나님의 아들과 일차적으로 관계한다고 이
해했다. 이레나이우스의 언급에 따르면, 기독교의 디스포지티오(Christian
dispositio)[29] 밖에 있는 자들은 예수와 그리스도가 다르다고 이해하며,
하나님의 독생자 또는 하나님의 말씀이 구세주와는 다르다고 이해한
다. 이레나이우스의 이런 언급은 디스포지티오라는 용어가 하나님의 아
들이나 하나님의 말씀이 바로 예수 그리스도며 구세주라는 점을 가리킨
다.[30] 이레나이우스는 예수 그리스도가 자신과 연관된 디스포지티오적
인 배열들 전체(per universam dispositionem)[31]에 의해 우리에게 오셨다
고 진술했다.[32] 그리고 하나님의 아들이 자신과 연관된[33] 디스포지티오들
(dispositiones) 안에서 인간이 되었다고 진술했다.[34] 여기서 주목할 점은
이레나이우스의 디스포지티오가 예수 그리스도 안에서 드러난 하나님 아
들의 성육신에만 한정되지 않는다는 것이다. 오히려 이것은 만물을 창조
하심, 하나님을 우리에게 계시하심, 우리를 하나님께 드리심, 우리를 구원
하심,[35] 그리고 만물을 총괄갱신하심(recapitulation)[36] 등과 같은 하나님
아들의 다른 모든 사역까지 포함한다. 예를 들면 이레나이우스가 진술하
듯이, 하나님의 아들은 하나님을 우리에게 계시하고, 우리를 하나님께 드
리면서, 우리를 위한 위대한 디스포지티오들(tantas dispositiones)[37]을 행
하셨다. 간단하게 말하면, 하나님의 아들은 많은 디스포지티오를 통해 하

---

29) *PG* 7, 926C.

30) Irenaeus of Lyons, *Against Heresies*, III, 16, 8 in *ANF*, I.

31) *PG* 7, 925C.

32) Irenaeus of Lyons, *Against Heresies*, III, 16, 6.

33) Irenaeus of Lyons, *Against Heresies*, IV, 33, 7.

34) *PG* 7, 1077A.

35) Irenaeus of Lyons, *Against Heresies*, I, 10, 13.

36) Irenaeus of Lyons, *Against Heresies*, V, 20, 2; V, 21, 1-2.

37) *PG* 7, 1037B.

나님을 우리에게 계시한다.[38]

이런 관찰들을 고려하면, 이레나이우스의 디스포지티오 개념은 성육신에 제한되지 않으며, 또한 하나님 아들의 다른 모든 사역에도 적용된다. 이런 이유 때문에 이레나이우스는 디스포지티오라는 용어를 단수형(*dispositio*)보다는 복수형(*dispositiones*)으로 훨씬 더 많이 자주 사용했다. 성령은 예언자들을 통해 하나님의 디스포지티오들을 선포한다.[39] 하나님의 성령은 과거의 일들을 이야기하고, 현재의 일들을 계시하며, 미래의 일들을 선포하면서, 우리를 위한 하나님의 모든 디스포지티오들 안에 현존한다.[40] 또한 하나님의 성령은 성부와 성자의 디스포지티오들을 드러내며, 이것을 통해 우리와 함께 거주한다.[41]

무엇보다도 이레나이우스의 디스포지티오는 궁극적으로 한 분 하나님과 관련된다. 따라서 모든 디스포지티오들이 성부 하나님의 디스포지티오로 불릴 수 있다. 이러한 의미로 이레나이우스는 우리를 위해 하나님의 아들이 성부 하나님의 은혜의 디스펜자토르(*dispensator paternae gratiae*)[42]가 되시는 분이라고 언급했다.[43] 게다가 그가 하나님의 아들이 모든 디스포지티오를 성취하셨다고 증명했을 때, 그는 성서의 하나님이 다름 아닌 바로 성부 하나님이라는 점을 증명한다고 주장했다.[44] 사실 이레나이우스는 한 분 하나님에게 두 손, 곧 말씀(the Word)과 지혜(the Wisdom) 또는 성자와 성령이 있다고 말했다. 성부 하나님은 항상 이 두

---

38) *PG* 7, 1037B; Irenaeus of Lyons, *Against Heresies*, IV, 20, 7.

39) Irenaeus of Lyons, *Against Heresies*, I, 10, 1.

40) Irenaeus of Lyons, *Against Heresies*, IV, 33, 1.

41) Irenaeus of Lyons, *Against Heresies*, IV, 33, 7.

42) *PG* 7, 1037B.

43) Irenaeus of Lyons, *Against Heresies*, IV, 20, 7.

44) Irenaeus of Lyons, *Against Heresies*, IV, Preface, 4.

내재적 삼위일체와 경륜적 삼위일체

손 안에서, 그리고 이 두 손을 통해 활동하신다.[45] 이런 점에서 성자와 성령을 통해 이루어지는 모든 디스포지티오들은 원리적으로 성부 하나님에게 근거를 두고 있다고 말할 수 있다.

지금까지는 이레나이우스의 디스포지티오 개념이 성자의 성육신에게만 배타적으로 한정되는 것이 아니라 성자의 다른 모든 활동에도 적용된다는 점에 주목했다. 이 개념이 성령과 관련해서 광범위하게 사용되고 있으며 궁극적으로는 성부 하나님과 관련해서 사용된다는 점은 더욱 중요하다. 따라서 디스포지티오 개념이 전적으로 성육신을 가리킨다고 주장하는 것은 지나친 단순화일 수 있다. 이레니우스에게 디스포지티오 개념은 한 분 하나님께서 성자와 성령을 통해 우리를 위해 행하시는 모든 활동을 가리킨다고 주장하는 것이 더 적절하다.

한 분 하나님께서는 성자 및 성령과 늘 함께 활동하시지만,[46] 세 위격들 사이에는 순서(order)가 있다. 첫째로 성부 하나님께서 승인하신다. 다음으로 성자가 사역하신다. 그리고 마지막으로 성령께서 구원을 성취하시기 위해 활동하신다. 하나님의 세 위격들 사이에 존재하는 이러한 순서는 어느 정도 종속론(subordinationism)의 냄새를 풍긴다. 그러나 이러한 순서가 하나님의 세 위격들 사이에서 어떠한 존재론적인 종속을 함의하는 것은 아니다. 왜냐하면 이레나이우스는 성자와 성령이 심지어 모든 창조 이전부터 성부 하나님과 늘 함께 존재하신다고 주장하기 때문이다. 또한 그는 성자와 성령이 성부 하나님의 활동들에 자유함으로 그리고 자발적으로 참여하고 있다고 암시하기 때문이다.[47] 따라서 하나님의 세 위격

---

45) Irenaeus of Lyons, *Against Heresies*, IV, 20, 1-6.

46) Roger E. Olson and Christopher A. Hall, *The Trinity* (Grand Rapids: William B. Eerdmans Publishing Company, 2002), 28.

47) Irenaeus of Lyons, *Against Heresies*, IV, 20, 1 그리고 3.

들이 함께 사역하는 활동 순서를 근거로 성자와 성령이 성부 하나님께 존재론적으로 종속되어 있다고 주장하는 것은 지나친 과장이 될 수 있다. 간단하게 말하면, 이레나이우스에게 디스포지티오 개념은 일차적으로 성부와 성자와 성령이 함께 행하시는 공역들(co-workings)을 가리킨다. 또한 이러한 공역이 함의하는 바대로, 세 위격들이 함께 존재하시는 공존(co-existence)을 가리킨다. 하나님의 세 위격들이 함께 행하시는 공역들의 디스포지티오들은 존재론적으로 세 위격들이 함께 존재하시는 공존에 근거한다. 하나님은 디스포지티오들을 통해 우리에게 제시되고, 계시되었고, 나타나셨으며, 우리는 디스포지티오들을 통해 하나님께 드려지며, 하나님을 볼 수 있고, 하나님의 구원을 받으며, 하나님 안에서 총괄 갱신된다.

## 2. 로마의 히폴리투스

로마의 히폴리투스(Hippolytus of Rome, 170-236)가 주장한 디스포지티오 개념은 이레나이우스처럼 하나님 아들의 성육신에만 한정되지 않는다. 오히려 그의 개념은 만물의 창조를 포함해서 하나님의 아들이 하신 다른 모든 활동을 포함한다. 이러한 특징은 그가 노에토스(Noetus)와 벌였던 논쟁에서 잘 증명된다. 기원후 230년 소아시아 교회의 장로였던 노에토스는 출생이 없으신 성부 하나님 자신이 출생하신 성자가 되셨고, 또한 성부 하나님 자신이 출생해서 고난을 당하고, 죽었다고 주장했다.[48] 히폴리투스는 노에토스의 이 주장을 반박하면서 예수 그리스도가 되신 분은 바로 하나님의 아들이라고 주장하며 이런 식으로 성부 하나님과 하나님의 아들을 성육신 안에서 구별했다. 그러나 이러한 입장은 성부 하나님

---

48) Hippolytus of Rome, *The Refutation of All Heresies*, X, 23 in *ANF*, V.

내재적 삼위일체와 경륜적 삼위일체

과 하나님의 아들 사이의 구별이 성육신의 시간에서 시작되었음을 의미하지는 않는다. 예수 그리스도 안에서 드러난 하나님 아들의 성육신은 성부 하나님과 하나님의 아들 사이에 영원 전부터 존재했던 더 근본적인 구별의 결과일 뿐이다.

히폴리투스는 디스포지티오를 알려주는 전형적인 설명으로서[49] 요한복음 1:1, 곧 "태초에 말씀이 계시니라. 이 말씀이 하나님과 함께 계셨으니, 이 말씀은 곧 하나님이시니라"를 인용한다.[50] 여기서 히폴리투스는 하나님은 두 분이 아니라 한 분이심을 논증한다. 동시에 그는 두 위격 또는 두 디스포지티오를 주장하고 이를 통해서 성부 하나님과 성자 하나님이 서로 구별됨을 논증한다. 더 나아가 히폴리투스는 세 번째 디스포지티오, 곧 성령의 은혜를 언급한다.[51] 이렇게 하여 그는 하나님 외에는 하나님과 동시적으로 존재하는 것은 아무것도 없다는 의미에서 오직 한 분 하나님만 존재한다고 주장하면서도, 이 한 분 하나님에게는 세 위격 또는 세 디스포지티오가 존재한다는 의미에서 한 분 하나님은 복수로 존재한다고 주장하기도 한다.[52] 그러므로 히폴리투스에게 한 분 하나님의 단원론(Monarchy)은 세 디스포지티오의 삼위일체(Trinity)와 양립 불가능하지 않다. 디스포지티오 아래에서 성부 하나님, 하나님의 아들, 성령이 영원 전부터 조화를 이루면서 함께 존재하고 함께 활동하신다. 성부는 명령하시고, 성자는 실행하시고, 성령은 이해를 주신다. 성부는 만물 위에 계시고, 성자는 만물을 통해 계시며, 성령은 만물 안에 계신다. 이렇게 조화를 이루는 디스포지티오는 이제 다시 한 분 하나님에게로 되돌아간다. 그래서

---

49) Michel R. Barnes, "Oeconomia," in *EEC*, 825.

50) Hippolytus of Rome, *Against Heresy of One Noetus*, 14.

51) Hippolytus of Rome, *Against Heresy of One Noetus*, 14.

52) Hippolytus of Rome, *Against Heresy of One Noetus*, 10.

히폴리투스는 "우리는 한 분 하나님을 믿습니다. 성부와 성자와 성령 안에 있는 진리를 믿기 때문에 우리는 한 분 하나님을 다르게 생각할 수 없습니다"[53]라고 말한다.

따라서 히폴리투스의 디스포지티오 개념은 예수 그리스도 안에서 드러난 하나님 아들의 성육신을 가리킬 뿐만 아니라, 성부와 성자와 성령이 조화를 이루는 가운데서 완성하시는 다른 모든 공역을, 그리고 성부와 성자와 성령이 영원 전부터 함께 누리는 공존까지도 포함한다.

### 3. 카르타고의 테르툴리아누스

카르타고의 테르툴리아누스(Tertullian of Carthage, 160-220)가 말한 디스펜자티오(*dispensatio*) 개념은 처음에는 예수 그리스도 안에서 드러난 하나님 아들의 성육신을 주로 가리키는 것처럼 보인다. 그는 소아시아에 거주하던 단일신론자 프락세아스(Praxeas)와 논쟁을 벌였는데, 프락세아스는 성부 하나님 자신이 출생하고, 고난당하고, 예수 그리스도가 되었다고 주장했다. 프락세아스의 이런 주장을 반박하면서 테르툴리아누스는 디스펜자티오[54] 아래에서(*sub hac dispensatione*) 하나님의 아들이 출생하고, 고난당하고, 예수 그리스도가 되었음을 확고하게 주장했다.[55] 테르툴리아누스에게 디스펜자티오는 하나님의 아들이 출생하고, 고난당하고, 예수 그리스도가 되었다는 사실을 가리킨다. 따라서 디스펜자티오는 성부 하나님과 하나님의 아들을 구별하는 신학적인 근거가 된다. 이런 방식으로 테르툴리아누스의 디스펜자티오 개념은 일차적으로 예수 그리스도 안에서 드러난 하나님 아들의 성육신을 가리킨다.

---

53) Hippolytus of Rome, *Against Heresy of One Noetus*, 14.
54) *PL* 2, 456B.
55) Tertullian, *Agaisnt Praxeas*, 2 in *ANF*, III.

내재적 삼위일체와 경륜적 삼위일체

그러나 테르툴리아누스가 예수 그리스도 안에서 드러난 하나님 아들의 성육신 그 자체를 성부 하나님과 하나님의 아들을 구별하는 근거로 생각했다고 여기는 것은 심각한 오해를 야기할 수 있다. 그 대신 하나님 아들의 성육신은 또 다른 근본적인 입장, 즉 하나님의 아들이 영원 전부터 하나님의 이성과 말씀과 권능이라는 입장의 여러 가지 함의 중 하나를 가리키며, 가장 중요한 함의이기도 하다.[56] 테르툴리아누스는 하나님의 아들이 본체(substance)의 일치나 본질(nature)의 일치로 인하여 또한 하나님이심을 분명하게 확증했다. 그는 하나님으로부터 나온 것은 또한 하나님이심을 분명하게 확증했다.[57] 그러므로 그의 근본적인 신학적 입장은 성부 하나님과 하나님의 아들 사이의 내적인 구별을 내포한다. 또한 이 구별은 예수 그리스도 안에서 드러난 하나님 아들의 성육신을 위한 신학적인 토대가 된다.

세밀하게 분석해서 살펴보면, 테르툴리아누스의 디스펜자티오 개념은 예수 그리스도 안에서 드러난 하나님 아들의 성육신에만 관계되는 것이 아니라, 궁극적으로는 성부 하나님과 하나님의 아들 사이의 영원한 구별에 관계됨을 알 수 있다. 이런 점은 성부 하나님과 하나님의 아들이 하나의 동일한 본체를 가지면서도 "두 개의 분리된 위격들" 또는 "두 개의 다른 존재들"이 됨을 의미한다."[58] 이 입장은 하나님의 영에도 적용된다. 테르툴리아누스는 성부와 성자와 성령이 하나의 동일한 존재라고 주장한 프락세아스를 반박하면서, 성부와 성자와 성령은 하나의 동일한 본체를 가지는 상이한 세 위격이라고 주장했다.[59] 이 세 위격은 본체에 있어서는

---

56) Tertullian, *Apology*, 1, 그리고 10-11.
57) Tertullian, *Apology*, 1, 12-13.
58) Tertullian, *Against Praxeas*, 4.
59) Tertullian, *Against Praxeas*, 2 그리고 8.

비분리적이지만, 위격에 있어서는 서로 구별된다.[60]

따라서 테르툴리아누스의 디스펜자티오 개념은 단지 성자의 성육신과 성령의 강림만을 가리키지 않고, 또한 한 분 하나님의 비분리적이면서도 구별되는 세 위격이 창조 이전부터 가지시는 다른 모든 공역과 공존을 가리킨다. 이러한 의미로 테르툴리아누스는 하나님의 아들이 성부 하나님으로부터 출원하셨음(*processerit*)[61]과 하나님의 영이 성부 하나님으로부터 성자를 통해 출원하셨음[62]을 진술했다. 또한 그는 바로 하나님 자신의 디스포지티오(*ab ipsa Dei dispositione*)[63]에서 성자가 세계 창조 이전에 존재했다고 진술한다. 이런 이유로 테르툴리아누스는 하나님이 홀로 계시는 분이 아니었다고 주장한 것이다. 곧 하나님 자신에게 외적인 것이 아무것도 존재하지 않았다는 의미에서 하나님은 홀로 계시는 분이시지만, 성부 하나님 자신 안에 계셨던 성자와 성령이 성부 하나님과 함께 계셨다는 의미에서 하나님은 홀로 계시는 분이 아니다.[64] 이 점과 관련하여 테르툴리아누스는 "성부로부터 흘러나오는 삼위일체(*trinitas*)는 결코 단원론(*monarchia*)을 훼손하지 않는다. 그러면서도 삼위일체는 동시에 경륜의 상태(*et oeconomiae statum protegit*)[65]를 보호한다"[66]고 말했다.

요약하면 테르툴리아누스의 디스펜자티오 개념은 영원 전부터 계신 한 분 하나님의 세 구별된 위격들의 공존을 가리키며, 또한 창조, 성육신, 계시 등과 같은 세 구별된 위격의 공역들을 가리킨다.[67]

---

60) Tertullian, *Against Praxeas*, 9.

61) *PL* 2, 456B.

62) *PL* 2, 456B.

63) *PL* 2, 460A.

64) Tertullian, *Agaisnt Praxeas*, 5.

65) *PL* 2, 464A.

66) Tertullian, *Agaisnt Praxeas*, 8.

67) 바질 스투더도 이 점을 확증한다. Basil Studer, *Trinity and Incarnation: The Faith*

내재적 삼위일체와 경륜적 삼위일체

## III. 오이코노미아

오이코노미아(οἰκονομία) 개념은 알렉산드리아의 아타나시오스(Athanasius of Alexandria, 293-373)와 나지안조스의 그레고리오스(Gregory of Nazianzus, 330-390)의 가르침에서 중심적인 역할을 담당한다. 영원 전부터 계신 한 분 하나님의 구별된 세 위격의 공역뿐만 아니라 공존을 가리키는 디스포지티오와는 달리, 오이코노미아는 일반적으로 성자의 외적인 사역이나 하나님의 외적인 사역들을 가리킨다. 아타나시오스에게 오이코노미아는 일차적으로 예수 그리스도의 모든 지상 활동과 사역들을 가리키고, 더욱 집중적으로는 예수 그리스도 안에서 일어난 로고스의 성육신을 가리킨다. 나지안조스의 그레고리오스에게는 오이코노미아가 예수 그리스도 안에서 일어난 로고스나 아들의 성육신을 집중적으로 가리키지만, 오이코노미아 개념은 확대되어 성육신한 성자가 지상에서 가진 모든 삶과 활동을 포함한다. 더 광범위하게는 하나님께서 세계에 행하시는 모든 활동을 포함한다.

### 1. 알렉산드리아의 아타나시오스

아타나시오스의 오이코노미아 개념은 예수 그리스도 안에서 드러난 하나님의 말씀, 곧 로고스의 성육신만을 배타적으로 가리킨다. 그는 오이코노미아라는 용어를 육체를 입으심(visitation in the flesh), 사역(ministry), 언약의 사역(ministry of covenant) 같은 단어들과 함께 사용했다.[68] 예를 들면

---

*of the Early Church*, trans. Matthias Westerhoff (Collegeville: The Liturgical Press, 1993), 70. 여기서 스투더는 다음과 같이 말한다. "테르툴리아누스에게 있어서 오이코노미아는 창조에서, 구약에서, 그리고 마지막으로 성육신에서 오이코노미아가 있기 이전에 이미 존재했다."

68) Athanasius, *Orations against the Arians*, I, 13, 58-64 in *NPNF* (*2nd*), IV.

바울이 로고스가 천사들보다 훨씬 뛰어나다(히 1:4)고 말한 것에 대해서, 아타나시오스는 로고스가 비교의 대상이 될 수 없기 때문에 이 구절에서의 로고스는 "육체를 입으신 로고스를 가리키며, 또한 로고스가 그 이후로도 지속하던 오이코노미아를 가리킨다"[69]라고 해석했다. 다시 말해, 그는 이 구절을 "로고스의 지상에서의 성육신적 체류(incarnate sojourn)와 로고스가 실행한 오이코노미아를 가리킨다"[70]라고 해석한 것이다. 게다가 아타나시오스는 로고스의 성육신을 가리키면서 "그의 인간적인 오이코노미아와 육체적 현존"(fleshly presence),[71] "로고스의 인간적인 오이코노미아"(Logos' human *oikonomia*),[72] "인간적인 오이코노미아"(human *oikonomia*),[73] "그의 인간됨"(His manhood)[74] 같은 표현을 사용했다. 더 나아가, 아타나시오스의 오이코노미아 개념은 회복(restoration),[75] 구원(salvation),[76] 신화(deification)[77]와도 직접적으로 연관되어 있다.

아타나시오스의 오이코노미아 개념은 아리우스(Arius) 및 그의 추종자들을 반박하면서 아타나시오스가 벌였던 논쟁으로부터 기원한다. 아리우스 및 그의 추종자들은 성부만이 출생이 없으신 분이심을 강조했다. 그러나 성자는 성부와는 달리 출생이 없는 분이 아님을 주장했으며, 성자는 출생하거나 창조되거나 규정되거나 제정되기 이전에는 존재하지 않았다

---

69) Athanasius, *Orations against the Arians*, I, 13, 59.
70) Athanasius, *Orations against the Arians*, I, 13, 59 in *The Trinitarian Controversy*, 123.
71) Athanasius, *Orations against the Arians*, II, 14, 6.
72) Athanasius, *Orations against the Arians*, II, 14, 9.
73) Athanasius, *Orations against the Arians*, II, 15, 12.
74) Athanasius, *Orations against the Arians*, II, 15, 12.
75) Athanasius, *Orations against the Arians*, II, 20, 51.
76) Athanasius, *Orations against the Arians*, II, 22, 75.
77) Athanasius, *Orations against the Arians*, III, 27, 38.

내재적 삼위일체와 경륜적 삼위일체

고 주장했다.[78] 아리우스의 입장을 핵심적으로 알려주는 구절은 다음과 같다. "아들은 출생하기 이전에는 존재하지 않았다."[79] 아리우스는 자신의 이러한 입장을 모나드(Monad), 곧 한 분 하나님만이 계신다는 자신의 전제에 근거했다. 아리우스에 따르면 하나님은 한 분만 계시며, 그분만이 출생이 없으시며, 영원하시며, 시작이 없으시며, 불멸하시며, 변동이 없으시며, 불변적이시다.[80] 따라서 아리우스는 출생이 없으신 한 분 하나님께서 심지어 영원 전에 독생자를 낳았다고 하더라도, 아들은 하나님이 아니라 피조물이라고 주장했다. 또한 그는 아들이 피조물이 아니라고 한다면, 한 분 하나님은 복합적·분할적·변동적·육체적이 될 것이며, 이것은 자신의 모나드(Monad)라는 전제에 상충할 것이라고 주장했다.[81] 아리우스는 히브리서 1:4의 "천사들보다 훨씬 뛰어나심", 6:20의 "예수께서 영원히 대제사장이 되어", 7:22의 "이와 같이 예수는 더 좋은 언약의 보증이 되셨느니라" 같은 성서 구절에 근거해서 자신의 입장을 확증할 수 있다고 주장했다.

아타나시오스는 아리우스의 이와 같은 주장들을 단호하게 논박하면서, 성자는 "참 하나님이며, 참 아버지와 동일본체(ὁμοούσιος)"[82]이심을 논증했다. 그리고 성부가 영원하시기 때문에 성자도 영원하시며, 따라서 성자는 항상 계셨고, 현재도 계시며, 존재하지 않으신 적이 결코 없다고 논증했다.[83] 아타나시오스에게 한 분 하나님은 단순한 모나드가 아니다. 오히려 한 분 하나님은 영원 전부터 성부 하나님과 성자 하나님과 성령 하

78) Arius, *Letter to Eusebius of Nicomedia*, 4-5.
79) Arius, *Letter to Alexander of Alexandria*, 4.
80) Arius, *Letter to Alexander of Alexandria*, 2.
81) Arius, *Letter to Alexander of Alexandria*, 5.
82) Athanasius, *Orations against the Arians*, I, 3, 9.
83) Athanasius, *Orations against the Arians*, I, 3, 9.

나님으로 구성되는 삼일체(Triad)시다.[84] 따라서 아타나시오스는 아리우스가 성부에 대한 성자의 종속론을 확증한다고 주장했던 성서 구절들과 관련해서 우시아(οὐσία)와 오이코노미아를 예리하게 구별했다. 우시아가 존재(being)와 실존(existence)을 가리키는 반면에 오이코노미아는 행동들(acts)과 활동들(works)을 지칭한다. 성자 또는 로고스는 성부와 동일한 우시아이며, 성부의 형상(εἶδος)이다. 반면에 오이코노미아는 존재하는 말씀(Word)의 사역과 활동들을 가리킨다. 그러나 말씀 역시 기원이 없기 때문에, 성서에서 종속적으로 보이는 본문들은 말씀의 우시아를 가리키는 것이 아니다. 오히려 그것은 우리의 구원을 위해 지상에서 활동하시고 사역하시는 예수 그리스도 안에서 드러난 로고스의 성육신을 가리킨다.[85]

간단히 말하면, 아타나시오스의 오이코노미아 개념은 예수 그리스도 안에서 드러난 로고스의 성육신을 배타적으로 가리킨다. 개념을 더 확대한다고 하더라도, 아타나시오스의 오이코노미아 개념은 예수 그리스도가 지상에서 행하신 모든 활동과 사역을 가리키는 데서 크게 벗어나지 않는다.

## 2. 나지안조스의 그레고리오스

아타나시오스와 같이 나지안조스의 그레고리오스가 사용한 오이코노미아는 예수 그리스도 안에서 드러난 성자의 성육신을 일차적으로 가리킨다. 육체를 입으신 그리스도에 초점을 둔 그의 책『신의 현현 또는 그리스도의 탄생에 관한 연설』(*Oration on the Theophany, or Birthday of Christ*)에서 나지안조스의 그레고리오스는 이 연설의 주제를 오이코노미아[86]

---

84) Athanasius, *Orations against the Arians*, I, 5, 15-16; I, 6, 17-18.

85) Athanasius, *Orations against the Arians*, I, 13, 64.

86) *PG* 36, 320B.

내재적 삼위일체와 경륜적 삼위일체

로 구체화했다. 여기서 오이코노미아는 성자의 성육신을 지칭한다. 그러나 성자의 신성을 의미하는 테올로기아(θεολογία)[87]는 지칭하지 않는다.[88] 나지안조스의 그레고리오스에게 오이코노미아는 예수 그리스도 안에서 드러난 성자의 성육신에만 배타적으로 한정되지 않고, 예수 그리스도 안에서 영원한 성자가 취했던 육체적 형태가 우리를 위해 살았고 수행했던 그의 전 생애와 활동을 포함한다. 나지안조스의 그레고리오스가 오순절, 곧 성령의 오심에 관하여 말할 때, 그는 그리스도의 육체적인 것들이 끝나지만 성령의 육체적인 강림이 시작되고 있다고 설명했다.[89] 여기서 나지안조스의 그레고리오스는 그리스도의 육체적인 것들을 다음과 같이 요약했다.

---

87) *PG* 36, 320B.

88) Gregory of Nazianzus, *Oration on the Theophany, or Birthday of Christ*, 38, 8, in *NPNF* (2nd), VII. 여기서 오이코노미아와 테올로기아는 서로 대조된다. 왜냐하면 전자는 성자가 지상에서 예수 그리스도 안에서 나타난 성육신을 가리키는 반면에, 후자는 영원 안에 있는 성자의 신성을 지칭하기 때문이다. 오직 이러한 의미로서 라쿠나의 주장을 이해할 수 있다. 곧 나지안조스의 그레고리오스를 포함하여 카파도키아 교부들이 오이코노미아(우리를 위하시는 하나님)와 테올로기아(하나님 자신 안에 있는 하나님)를 추가적으로 분리하는 것에 공헌했다는 의미로 그의 주장을 이해할 수 있다. Catherine Mowry LaCugna, *God for Us: The Trinity and Christian Life* (New York: HarperCollins Publishers, 1991), 44. 이후로는 *God for Us*로 표기함. 그러나 라쿠나의 주장은 카파도키아 교부들의 입장과 적어도 나지안조스의 그레고리오스의 입장을 단지 일방적으로 과장한 것일 뿐이다. 라쿠나와는 대조적으로, 예일 신학대학교에서 역사신학을 가르치는 크리스토퍼 빌리(Christopher A. Beeley)는 양자 사이의 친밀한 연관성을 논증하면서 다음과 같이 말한다. "비록 오이코노미아와 테올로기아가 서로 구별되지만, 그럼에도 불구하고 테올로기아는 오이코노미아 안에 항상 위치하며, 테올로기아는 항상 오이코노미아를 가리킨다. 이런 점에서 오이코노미아 밖의 테올로기아와 같은 것은 존재하지 않는다." Beeley, "Gregory of Nazianzus: Trinitarian Theology, Spirituality and Pastoral Theory" (Ph.D. diss., The University of Notre Dame, 2002), 235-236. 또한 다음을 참조하라. Beeley, *Gregory of Nazianzus on the Trinity and the Knowledge of God: In Your Light We Shall See Light* (Oxford: Oxford University Press, 2008), 197-198. 이후로 *Gregory of Nazianzus on the Trinity*로 표기함.

89) Gregory of Nazianzus, *Oration on Pentecost*, 41, 5.

동정녀, 탄생, 말구유, 강보, 그를 영화롭게 하는 천사들, 그에게로 달려가는 목자들, 별이 지나가는 진로, 그를 경배하고 예물을 드리는 동방박사들, 아이들을 살해하는 헤롯, 이집트로 피신하는 예수, 이집트로부터 귀환하는 예수, 할례, 세례, 하늘로부터의 증언, 시험, 우리를 위해 돌에 맞으심…배반, 못 박힘, 장사됨, 부활, 승천.[90]

그리스도의 육체적인 것들을 요약한 후에 나지안조스의 그레고리오스는 이러한 것들이 하나님의 오이코노미아임을 설명하고, 그리스도께서는 이러한 것들을 통해 우리와 관계된 모든 것을 지혜롭게 배열하신다고 말했다.[91] 이를 통해 우리는 나지안조스의 그레고리오스가 주장한 오이코노미아 개념이 예수 그리스도 안에서 드러난 성자의 성육신만을 가리킬 뿐 아니라, 성자의 육체적 형태인 예수 그리스도가 살면서 행하셨던 모든 생애와 활동을 포함한다는 사실을 알 수 있다.

더 나아가, 나지안조스의 그레고리오스가 주장한 오이코노미아 개념은 하나님께서 우리에게 행하시는 모든 활동, 곧 성부와 성자와 성령에게 공통적인 모든 활동을 포함한다. 그가 성자의 칭호들을 탐구하기 전 하나님의 칭호들을 논의할 때, 그는 권위의 칭호들(ἐξουσίας)과 세계를 향한 오이코노미아의 칭호들을 구별했다. 전능자(Almighty), 영광의 왕(King of Glory), 만세의 왕(King of the Ages), 권능의 왕(King of Powers)과 같은 칭호들은 전자에 속한다. 반면에 구원의 하나님(God of salvation), 복수의 하나님(God of vengeance), 평화의 하나님(God of peace), 의의 하나님(God of righteousness), 아브라함과 이삭과 야곱과 모든 영적인 이스라엘의 하나님(God of Abraham, Issac, Jacob and all the spiritual Israel) 등과 같은 칭

---

90) Gregory of Nazianzus, *Oration on Pentecost*, 41, 5.

91) *PG* 36, 436C; Gregory of Nazianzus, *Oration on Pentecost*, 41, 5.

내재적 삼위일체와 경륜적 삼위일체

호들은 오이코노미아의 칭호들이다.[92] 하나님의 칭호들을 구별한 후 나지안조스의 그레고리오스는 이와 같은 두 종류의 칭호들이 하나님에게 공통적이라고 주장했다. 그래서 오이코노미아는 성자와만 연관되는 것이 아니라 성부와 성령과도 연관된다고 설명한 것이다. 따라서 그것은 성부와 성자와 성령의 모든 활동을 가리키는 매우 포괄적인 용어다.

나지안조스의 그레고리오스가 주장한 오이코노미아가 이처럼 포괄적인 개념이 된 것은 그가 에우노미오스(Eunomius) 및 그의 추종자들을 논박한 결과다. 에우노미오스 및 그의 추종자들은 절대적인 단원론(absolute Monarchy)에 근거하여 하나님 아들의 출생은 영원하지 않고 시작이 있다고 말함으로써, 성부와 성자 사이의 절대적인 비유사성을 논증했다. 에우노미오스주의자들과는 대조적인 입장을 지닌 나지안조스의 그레고리오스는 자신이 단원론(Monarchy)을 존중하지만, 단원(the Monad)은 처음부터 성부와 성자와 성령으로 구성된 삼위일체이며, 성부와 성자와 성령은 동등한 본질(nature)과 본체(substance)를 지닌다고 논증했다.[93] 한편, 아타나시오스처럼 나지안조스의 그레고리오스는 성서에서 종속론적으로 보이는 어떤 구절들은 예수 그리스도 안에서 드러난 성자의 성육신의 오이코노미아에서 나타난 인간 본성을 가리킨다고 여긴다. 다른 한편, 나지안조스의 그레고리오스는 하나님께서 태초부터 및 영원 전부터 삼위일체 하나님이시기에 오이코노미아는 성자에게뿐만 아니라 성부와 성령에게도 연관되어 있음을 확실히 했다.

이렇게 하여 나지안조스의 그레고리오스가 주장한 오이코노미아는 가장 포괄적으로는 하나님께서 세계를 향하여 행하시는 모든 활동을 가

---

92) *PG* 36, 128B; Gregory of Nazianzus, *The Fourth Theological Oration: On the Son*, 30, 19.

93) Gregory of Nazianzus, *The Third Theological Oration: On the Son*, 29, 2.

리키고, 포괄적으로는 성육신한 성자가 지상에서 행하는 삶과 활동들을 가리킨다. 그리고 가장 협소한 의미로서 그의 오이코노미아는 예수 그리스도 안에서 드러난 성자의 성육신을 일차적으로 가리킨다.

## IV. 에네르게이아

에네르게이아(ἐνέργεια)라는 용어는 세계와 관련하여 행하시는 하나님의 모든 활동을 가리킨다. 오이코노미아 개념이 점차적으로 협소해져 예수 그리스도 안에서 드러난 성자의 성육신만을 주로 가리키게 된 것과는 달리, 에네르게이아 개념은 항상 삼위일체 하나님의 모든 활동, 곧 성부와 성자와 성령의 모든 활동을 가리킨다.

### 1. 니사의 그레고리오스

니사의 그레고리오스(Gregory of Nyssa, 335-395)는 특별히 후기 아리우스파의 지도자 에우노미오스(335-394)와 논쟁하면서 에네르게이아라는 용어를 자주 사용했다. 에우노미오스는 성부와 성자와 성령이 에네르게이아에서 차이를 보인다는 점을 근거로 성부와 성자와 성령의 절대적인 비유사성을 주장했다. 성부·성자·성령 각각을 암시하면서 에우노미오스는 최고의 절대적인 우시아(supreme and absolute ousia)[94]가 존재하며, 여기로부터 두 번째 우시아(second ousia)와 세 번째 우시아(third ousia)가 존재하게 되었다고 주장했다.[95] 각각의 우시아에는 각각 자신의 에네르기아가 뒤따르며, 에네르기아는 이제 각각에 상승하는 자신의 활동들을 일

---

94) *PG* 45, 298A.
95) *PG* 45, 298A.

내재적 삼위일체와 경륜적 삼위일체

으킨다.[96] 니사의 그레고리오스는 어떤 활동이 다른 활동에 비하여 더 존경할 만한 것이라는 사실에 근거하여, 어떤 에네르기아는 다른 에네르기아보다 더 위대하다고 논증했다. 또한 그는 어떤 우시아는 다른 우시아보다 더 우월하다고 논증했다.[97] 에우노미오스가 취한 입장의 핵심은 활동(work)이 다르고 에네르기아가 다르면, 본성(φύσις)이 다르고 우시아도 다르다는 데 있다. 게다가 에우노미오스는 첫 번째 우시아가 자신의 에네르기아에 의해 두 번째 우시아를 만들었으며, 또한 이 두 번째 우시아는 자신의 에네르기아에 의해 세 번째 우시아를 만들었다고까지 주장했다.[98]

니사의 그레고리오스는 다음과 같이 에우노미오스의 주장에 반대했다.

첫째, 니사의 그레고리오스는 에우노미오스가 새롭게 만든 명명법, 곧 성부를 최고의 절대적인 우시아로, 성자를 두 번째 우시아로, 성령을 세 번째 우시아로 일컫는 명명법에 반대했다. 그 대신에 니사의 그레고리오스는 기독교 신앙의 신비를 잘 전달하고 있다고 여겨지는 성서적인 이름들을 고수했다.[99] 성서적인 이름들이 성부와 성자와 성령 사이에 존재하는 고유하면서도 자연스러운 관계의 개념을 잘 전달한다고 생각했기 때문이다.[100] 니사의 그레고리오스가 에우노미오스의 명명법에 반대하는 철학적인 이유는 최고의 절대적인 우시아를 첫째 위격에만 돌리는 것이 둘째 위격 또는 셋째 위격의 우시아를 전적으로 부정하는 것일 수 있다는 데 있다. 그리고 이것은 위격들의 휘포스타시스들(ὑποστάσεως)에 대한 모든 진정한 믿음을 부지중에 점차적으로 말소할 수 있기 때문이기도 하

---

96) *PG* 45, 298A-298B.

97) Gregory of Nyssa, *Against Eunomius*, I, 13 in *NPNF* (2nd), V.

98) Gregory of Nyssa, *Against Eunomius*, I, 17-18.

99) Gregory of Nyssa, *Against Eunomius*, I, 13.

100) Gregory of Nyssa, *Against Eunomius*, I, 14.

다.[101] 그래서 니사의 그레고리오스는 우시아와 휘포스타시스를 구별하면서, 세 위격 각각에 대해서 우시아를 사용할 것이 아니라 휘포스타시스를 사용해야 한다고 제안했다.[102]

둘째, 니사의 그레고리오스는 삼위일체 안에서 세 위격 사이에 존재하는 우시아의 위계질서적 복수성을 주장하는 에우노미오스의 입장을 반박했다. 에우노미오스의 주장에 따르면, 두 번째 우시아는 첫 번째 우시아의 에네르기아이며, 세 번째 우시아는 두 번째 우시아의 에네르기아다. 이 점에서 니사의 그레고리오스는 에우노미오스가 우시아와 에네르게이아 사이의 간격을 더 넓게 만들었으며, 그렇게 간격을 넓게 만들면서 에네르게이아가 우시아를 단지 외적으로만 따르도록 만들었다고 비판했다. 그 대신 니사의 그레고리오스는 우리가 삼위일체 안에서 에네르기아와 우시아를 분리할 수 없다고 논증했다. 그는 자기 입장의 핵심을 보여주는 유비를 제시한다. 곧 우리가 어떤 사람이 숲에서 일하고 있다고 말로 표현할 때, 이 표현은 일하는 행동이라는 개념과 일꾼이라는 개념을 동시에 전달한다. 따라서 우리가 두 개념 중 어느 하나라도 철회한다면, 다른 개념도 함께 철회될 것이다. 지금 에네르게이아 개념과 에네르게이아를 실행하는 자라는 개념이 동시에 비분리적으로 공존하기 때문이다.[103]

셋째, 니사의 그레고리오스는 활동이 다르고 에네르게이아가 다르면, 본성이 다르고 우시아가 다르다는 에우노미오스의 주장에 동의했다. 왜냐하면 그는 에네르게이아와 우시아가 비분리적이라고 주장했기 때문이다.

---

101) *PG* 45, 300D.

102) Gregory of Nyssa, *On the Difference Between Ousia and Hypostasis in Documents in Early Christian Thought*, eds. Maurice Wiles and Mark Santer (Cambridge: Cambridge University Press, 1975), 31-35. 이 저작은 한때 바실레이오스(Basil the Great)의 서신으로 간주되었으나, 현재는 니사의 그레고리오스의 저작으로 판명되었다.

103) Gregory of Nyssa, *Against Eunomius*, I, 17.

내재적 삼위일체와 경륜적 삼위일체

그의 주장은 자신의 신학적 방법, 곧 에네르게이아들(energeiai)을 통해 하나님의 본성을 탐구하는 방법에 분명하게 반영되어 있다.[104] 그는 자신의 신학적 방법을 따라서 다음과 같이 두 가지 가능한 경우를 검토했다.

그러므로 만약 우리가 성부와 성자와 성령에 의해 행해진 에네르게이아들이 서로 다르다는 점을 이해한다면, 우리는 에네르게이아들이 지닌 상이한 특성을 근거로 에네르게이아들을 일으키는 본성들이 또한 상이할 것임을 추측할 것이다.⋯다른 한편, 우리가 성부와 성자와 성령의 에네르게이아가 하나이면서도 아무것도 상이하거나 다르지 아니함을 이해한다면, 우리는 성부와 성자와 성령의 에네르게이아가 동일성을 가지고 있음을 근거로 성부와 성자와 성령의 본성이 하나 됨을 추론해야만 한다.[105]

두 가지 가능한 경우를 검토한 후 니사의 그레고리오스는 두 번째 경우를 택한다. 왜냐하면 그가 보기에 성부와 성자와 성령은 에네르게이아에서는 하나이기 때문이다. 하나님의 어떤 활동도 성부와 성자와 성령의 휘포스타시스들로 분할되지 않는다.[106] 니사의 그레고리오스에게 성부와 성자와 성령은 하나님의 일을 똑같이 행한다. 곧 성화, 생명, 빛, 위로, 힘, 안내, 불멸로 변화, 자유의 이행, 다른 모든 은혜와 은사를 똑같이 주신다.[107] 그러므로 니사의 그레고리오스는 성부와 성자와 성령 사이에 에네르게이아의 차이점과 정도가 있다는 에우노미오스의 정교한 설명이 불합리하다고 결론을 내렸다.

---

104) PG 32, 692D; Gregory of Nyssa, On the Holy Trinity, and of the Godhead of the Holy Spirit: To Eustathius, 6. 이후로는 On the Holy Trinity로 표기함.
105) PG 32, 692D-693A; Gregory of Nyssa, On the Holy Trinity, 6.
106) Gregory of Nyssa, On Not Three Gods, 18.
107) PG 32, 693A-693C; Gregory of Nyssa, On the Holy Trinity, 6.

한편 온 창조세계를 감싸고 있는 하늘과, 다른 한편 하늘 속에서 빛나는 별 또는 사람 사이에서 우리가 관찰할 수 있는 것과 같이 멀찍이 떨어져 있는 차이가 성 삼위일체 하나님 안에도 있다고 가정하는 것은 명백한 신성모독이다.[108]

간단하게 말하면, 니사의 그레고리오스는 에네르게이아를 통해서만 우시아를 탐구할 수 있지만, 삼위일체 안에서 우시아와 에네르게이아는 서로 비분리적이라고 주장했다.[109] 게다가 그는 성부와 성자와 성령 사이의 에네르게이아는 서로 다르지 않고 하나라고, 곧 하나님으로부터 나와서 창조세계로 나아가는 모든 에네르게이아는 성부로부터 시작하고, 성자를 거치며, 성령에 의해 완성된다는 의미에서 서로 다르지 않은 하나라고 주장했다.[110] 따라서 성 삼위일체는 모든 에네르게이아를 일으키신다. 모든 에네르게이아는 성부로부터 시작하여 성자를 거치며 성령에게로 나아간다.[111]

## V. 출원과 파송

출원(*processio*)과 파송(*missio*)의 구별은 히포의 아우구스티누스(Augustine of Hippo, 354-430)와 토마스 아퀴나스(Thomas Aquinas, 1225-1274)에게서

---

108) Gregory of Nyssa, *Against Eunomius*, I, 24.
109) 영국의 예수회 사제이자 런던 대학교의 역사신학 교수인 안토니 메레디스(Anthony Meredith, 1936-)의 해석에 따르면, 니사의 그레고리오스(Gregory of Nyssa)는 하나님의 우시아와 하나님의 에네르게이아이(*energeiae*)를 구별한다. 에네르게이아이는 하나님의 내적인 우시아와도 구별되고 또한 하나님의 행동의 효과들과도 구별된다. Meredith, *The Cappadocians* (New York: St. Vladimir's Seminary Press, 1995), 60.
110) Gregory of Nyssa, *On Not Three Gods*, 15.
111) Gregory of Nyssa, *On Not Three Gods*, 17.

내재적 삼위일체와 경륜적 삼위일체

더욱 두드러지게 나타난다. 히포의 아우구스티누스는 파송에서 시작하고 출원으로 나아간다. 반면에[112] 토마스 아퀴나스는 출원에서 출발하여 파송으로 나아간다.

## 1. 히포의 아우구스티누스

파송의 문자적 의미는 보냄을 받음이라는 뜻이다. 아우구스티누스는 자신의 책 『삼위일체론』(De Trinitate, 크리스챤다이제스트 역간, 1993)의 첫 부분에서 갈라디아서 4:4[113]과 요한복음 15:26[114] 같은 성서 구절을 근거로 성자의 파송과 성령의 파송을 확증했다. 이후 그는 파송의 개념을 한정하면서 이를 시간 안에서 가시적으로 보내어짐, 곧 세계로의 가시적인 현현이라고 정의했다. 아우구스티누스는 외적인 표현과 내적인 계획을 구분하면서 이런 점을 다음과 같이 설명한다. 여기서 내적인 계획은 비가시적인 본체를 가리킨다.[115] 곧 성자는 여전히 하나님의 형체(또는 형상, forma Dei)이시면서도 보냄을 받으셔서 육체의 형체(the form of flesh), 곧 종의 형체(forma servi)로 가시적으로 드러나신다.[116] 이와 마찬가지로 성령도 보냄을 받으셔서 몸의 형체로 인간의 눈에 나타나신다. 곧 마태복음 3:16의 비둘기의 형체와 사도행전 2:2의 하늘로부터 급하고 강한 바람 같은

---

112) Augustine, *De Trinitate*, trans. Edmund Hill (New York: New City Press, 1991).

113) "때가 차매 하나님이 그 아들을 보내사 여자에게서 나게 하시고 율법 아래에 나게 하신 것은 율법 아래에 있는 자들을 속량하시고"(Cum autem venit plenitudo temporis, **misit** Deus Filium suum, factum ex muliere, factum sub Lege, ut eos qui sub Lege erant redimeret). *PL* 42, 849; Augustine, *De Trinitate*, II, 2, 8.

114) "내가 아버지께로부터 너희에게 보낼 보혜사 곧 아버지께로부터 나오시는 진리의 성령이 오실 때에 그가 나를 증거하실 것이요"(Cum autem venerit Paracletus quem ego **mittam** vobis a Patre, Spiritum veritatis qui a Patre procedit, ille testimonium perhibebit de me). *PL* 42, 848; Augustine, *De Trinitate*, II, 1, 5.

115) Augustine, *De Trinitate*, II, 2, 8.

116) *PL* 42, 851; Augustine, *De Trinitate*, II, 2, 9.

소리의 형체 및 불의 혀처럼 갈라지는 것의 형체로 나타나시는 것이다.[117]
이러한 방식으로 아우구스티누스는 양자의 차이점을 인식하면서도 성자의 파송과 성령의 파송을 확증했다. 곧 성자의 파송은 육체를 취하는 동시에 육체가 되지만, 성령의 파송은 피조물의 형체들을 사용하지만 그것들 자체가 되지는 않는다.

다음으로 아우구스티누스는 성자 및 성령의 가시적 현현들과 구약의 신적인 현현들 사이의 차이점을 다룬다. 왜냐하면 그는 구약의 신적인 현현들에서도 성자, 성령, 혹은 심지어 성부가 여러 다양한 피조된 형체들을 통해 그리고 때때로 천사들을 통해 사람들에게 나타나셨다고 여기기 때문이다.[118] 아우구스티누스는 『삼위일체론』 IV권 1-4장에서, 하나님과 인간 사이에서 성자가 담당하시는 중보자 되심을 탐구한 직후, 파송의 목적을 언급하면서 파송의 개념을 이해할 수 있는 중심 실마리를 제공한다. "하나님의 아들이 보냄을 받았던 목적을 거기서 알 수 있다. 참으로 하나님의 아들이 무엇을 위해 보냄을 받았는지를 거기서 알 수 있다."[119] 성자 파송의 목적은 바로 성자가 하나님과 세계 사이의 중보자가 되는 데 있다. 그리고 이 목적을 성취하기 위해서는 하나님의 아들이 세계 속으로 성육신하는 것이 필수적이다.[120] 따라서 아우구스티누스에게는 하나님의 아들이 파송의 목적을 달성하기까지는 보냄을 받았다고 말할 수 없다. 구약의 신적인 현현들은 성자 및 성령의 파송을 준비하는 것이라고 여겨진

---

117) Augustine, *De Trinitate*, II, 2, 10.
118) Augustine, *De Trinitate*, II, 7, 32.
119) Augustine, *De Trinitate*, IV, 5, 25.
120) 성자의 성육신의 필요성을 설명하기 위해 아우구스티누스는 조화와 정의의 개념에 호소한다. 곧 그리스도는 1과 2 사이의 기본적인 조화로운 비율을 준수하신다. 그리고 하나님의 아들은 죄인인 인간을 중보하기 위해 온전한 인간이 되셨다. Augustine, *De Trinitate*, IV, 5, 25.

내재적 삼위일체와 경륜적 삼위일체

다.[121] 이런 점에서 아우구스티누스의 파송 개념은 신약에서 성자의 성육신과 성령의 강림을 중심으로 이루어진 개념이다. 또한 이것은 성육신과 구원을 매우 강조하는 구원론적인 개념이다.

마지막으로 아우구스티누스는 『삼위일체론』 IV권 5장에서 파송 개념에 대한 정의를 완성한다. 곧 파송이란 성자 및 성령이 성부로부터 영원 안에서 나오심을 세계에 알리도록 하기 위해 성자 및 성령이 세계 속으로 보냄을 받는 것이라고 최종적으로 정의한다. 그러므로 파송은 신적인 위격들의 영원한 출원을 시간 안에서 드러낸다. 이에 대해 아우구스티누스는 다음과 같이 표현한다.

> 그러므로 성부는 낳으시고 성자는 낳음을 받으셨던 것처럼, 성부는 보내시고 성자는 보냄을 받으셨다.…성자가 낳음을 받았다는 것은 성자가 성부에게서 출원했다는 것을 의미하는 것처럼, 성자가 파송을 받은 것은 성자가 성부에게서 출원되었음이 알려진다는 것을 의미한다. 그리고 성령이 하나님의 은사라는 것은 성령이 성부에게서 출원했음을 의미하는 것처럼, 성령이 파송을 받은 것은 성령이 성부에게서 출원되었음이 알려진다는 것을 의미한다. 그런데 우리는 성령이 성자에게서 출원하지 않는다고 말할 수 없다. 곧 동일한 성령이 성부의 영으로 그리고 성자의 영으로 불리는 것에 의미가 있다.[122]

---

121) Augustine, *De Trinitate*, IV, 2, 11.

122) Augustine, *De Trinitate*, IV. 5. 29. 영국의 도미니칸 수도회 수사였던 에드먼드 힐 (Edmund Hill, 1923-2010)은 출원에 관해 다음과 같이 요약한다. "간단하게 말하면, 출원은 성자가 본질의 전적인 동등성 안에서 성부에 의해 영원히 태어났음을 의미한다. 또는, 출원은 성자가 출생의 방식으로써 성부의 말씀으로 영원히 나옴을 의미한다. 그리고 성령이 하나의 원리 또는 하나의 기원으로부터 나오는 것처럼 성부 및 성자로부터 영원히 나옴을 의미한다. 이 모든 것은 성서에서 계시된 자료들로부터 엄밀하게 도출된 결론일 뿐이다."

여기서 파송은 성자가 보냄을 받고 태어났음과 성령이 보냄을 받고 하나님의 은사가 되었음을 의미한다. 반면 출원은 성자가 영원 안에서 성부로부터 낳음을 받았음과 성령이 영원 안에서 성부와 성자로부터 나왔음을 가리킨다.

아우구스티누스가 파송과 출원의 관계에 대해서 파송이 출원을 알려준다고 주장한 사실은 주목할 만하다. 곧 성자의 파송은 성자가 성부로부터 나옴을 의미하며, 성령의 파송은 성령이 성부와 성자로부터 나옴을 의미한다. 파송이 출원을 계시하기 때문에, 양자 사이에는 인식론적인 연결성이 존재한다.[123] 아우구스티누스에 따르면, 성자가 하나님과 인간 사이에서 담당하는 중보자 되심의 목적은 사람들을 믿음으로 정화시키는 것이고, 이를 통해 사람들이 영원한 것들에 관한 진리, 곧 삼위일체 안에서의 영원한 출원을 관조할 수 있도록 하는 것이다. 이런 점에서 파송의 의의는 사람들로 하여금 성자의 파송과 성령의 파송이, 성자 및 성령이 성부로부터 나옴을 계시하는 것을 인식론적으로 깨달을 수 있도록 하는 것이다. 그리고 파송의 목적은 우리를 하나님과 화해시키는 것이고, 우리가 하나님을 향하도록 우리를 정화시키는 것이다. 세밀하게 분석하면, 이와 같은 인식론적 연결성 외에도 파송과 출원 사이에 존재론적인 관계성 또한 존재함을 알 수 있다. 왜냐하면 아우구스티누스는 성부가 성자를 낳았던 것처럼 성부가 성자를 보냈다고 언급하기 때문이다. 또한 그는 성부와

---

123) 인식론적 연관성에 관한 이러한 해석은 에드먼드 힐에 의해서 확증된다. 힐에 따르면, 파송이 출원을 계시하는 것이라고 규정하는 정의는 아우구스티누스가 성자의 파송을 하나님과 인간 사이를 중보하는 것으로 기술하는 것과 모순되지 않는다. 중보의 목적이 인간들을 하나님과 화해하게 함으로써 인간들로 하여금 영원한 생명, 곧 하나님과 예수 그리스도를 아는 것에 접근할 수 있도록 하기 때문이다 . 다시 말해 우리는 성자가 성부로부터 나오는 것을 앎으로써 영원한 생명을 얻으며, 성자의 중재하는 파송에서 유익을 얻는다. Edmund Hill, "Introductory Essay on Book IV," in *De Trinitate*, 148.

내재적 삼위일체와 경륜적 삼위일체

성자가 성령이 나오도록 하셨던 것처럼 성부와 성자가 성령을 보냈다고도 암시하기 때문이다. 여기서 우리는 파송은 존재론적으로 출원에 토대를 두고 있음을 알 수 있다.

그러면 성부 자신의 파송은 어떤가? 아우구스티누스는, 성서가 성부 하나님이 성자와 성령을 파송했다고 하더라도, 성부 자신만은 파송을 받았다고 그 어디서도 말하지 않는다고 진술한다.[124] 그리고 그는 비록 성부 하나님이 시간 속에서 누군가에 의해서 알려진다고 하더라도, 성부는 파송되었다고 말하지 않는다고 추가적으로 진술한다. 왜냐하면 성부에게는 성부를 나오도록 또는 출원하도록 하는 존재가 없기 때문이다. 곧 성부는 어느 누구로부터도 나오지 않으신다.[125] 아우구스티누스에게 성부 하나님은 모든 신성의 근원이시다.[126] 성부 하나님을 근원으로 이해하는 이 개념은 아우구스티누스가 가진 특유의 강조점 중 하나다. 그러나 이러한 개념이 삼위일체 내에 어떤 종속론적인 측면을 함의한다고 이해해서는 안 된다. 왜냐하면 아우구스티누스가 『삼위일체론』 I권에서 삼위일체 내의 일치성과 동등성을 끈질기게 강조했기 때문이다. 실제로 아우구스티누스 자신은 『삼위일체론』의 시작부터 삼위일체의 일치성과 동등성을 논증했다. 그는 『삼위일체론』 I권 처음부터 다음과 같은 사실을 분명히 말한다. "성부가 하나님이시고, 성자가 하나님이시며, 성령이 하나님이시다. 그러나 이 셋 됨은 세 신들을 의미하지 않고 한 분 하나님을 의미한다.…삼위일체는 하나님께서 행하시는 모든 일 속에서 비분리적으로 행하신다."[127] 이러한 원리는 종의 형체와 하나님의 형체를 구별하는 그의 작

---

124) Augustine, *De Trinitate*, II, 2, 8.

125) Augustine, *De Trinitate*, IV, 5, 28.

126) Augustine, *De Trinitate*, IV, 5, 19.

127) Augustine, *De Trinitate*, I, 2, 8.

업과도 관련이 있다. 곧 아우구스티누스는 종속론적인 것을 함축하는 것처럼 보이는 몇몇 성서 구절들을 종의 형체와 하나님의 형체로 구별하면서 해석한다.

> 하나님의 형체로서 성자는 성부와 동등하며, 또한 성령도 성부와 동등하다.…
> 그러나 종의 형체로서 성자는 성부보다 더 작다. 왜냐하면 성자 자신이 성부
> 는 나보다 더 크다고 말했기 때문이다(요 14:28). 또한 성자는 자신보다도 더
> 작다. 왜냐하면 성자가 자신을 비웠다고 성서에서 말했기 때문이다(빌 2:7).[128]

이런 원리는 성자의 파송과 성령의 파송에 관한 아우구스티누스의 이해에도 적용된다. 왜냐하면 파송은 보냄을 받은 자가 보내는 자보다 더 작다는 것을 의미하지 않고, 다만 보냄을 받은 자가 보내는 자로부터 나옴을 의미하기 때문이다. 또한 파송이라는 개념은 동등성이 결여되어 있음을 의미하지 않고, 다만 영원 안에서의 기원을 의미하기 때문이다.[129]

요약하면, 아우구스티누스의 파송 개념은 하나님과 인간 사이를 구원론적으로 중보하는 성자의 목적을 중심으로 한다. 그는 파송을 보냄 받는 것으로 여기는 단순한 정의에서 시작했다. 그다음에는 파송을 시간 안에서 가시적으로 현현되어지는 것으로 여겼다. 그 후에는 파송을 성자의 목적과 관련하여 보냄을 받는 것이라고 정의했다. 그리고 마지막으로 파송은 출원을 계시하는 것이라고 정의했다. 여기서 파송은 출원을 인식론적으로 계시하며, 또한 존재론적으로 출원에 토대를 둔다. 이런 의미에서 파송과 출원은 상호 비분리적인 관계를 맺고 있다.

---

128) Augustine, *De Trinitate*, I, 4, 22.

129) Augustine, *De Trinitate*, II, 1, 3.

내재적 삼위일체와 경륜적 삼위일체

## 2. 토마스 아퀴나스

아퀴나스에게 출원과 파송은 서로 밀접한 관계를 맺고 있다. 그러나 파송에서 출발하여 출원으로 나아갔던 아우구스티누스와 달리, 아퀴나스는 출원에서 시작하여 파송으로 나아갔다. 아퀴나스에 따르면, 하나님의 내적인 행동들에 근거하여 하나님 안에는 말씀의 출원(*processio verbi*)과 의지의 출원(*processio voluntatis*)이 존재한다. 그는 말씀의 출원을 출생(*generatio*)이라고 명명하고,[130] 의지의 출원을 발출(*spiratio*)이라고 명한다.[131] 이 두 가지 출원은 하나님 안에서 네 가지 실제적인 관계들을 형성한다. 곧 아버지 됨 또는 부성(출생하는 자가 출생되는 자와 맺는 관계, 성부·성자), 아들 됨 또는 자성(출생되는 자가 출생하는 자와 맺는 관계, 성자·성부), 발출(내쉬는 자가 내쉼을 받는 자와 맺는 관계, 성부와 성자·성령), 출원(내쉼을 받는 자가 내쉬는 자와 맺는 관계, 성령·성부와 성자)의 관계들을 맺는 것이다. 그런데 네 가지 관계 중 세 가지, 곧 부성, 자성, 출원은 하나님의 위격을 구성함으로써 세 위격, 곧 성부와 성자와 성령을 형성한다. 성부는 출생하는 자이고, 성자는 출생되는 자이며, 성령은 발출되는 자다. 게다가 세 위격은 서로를 구별하도록 하는 다섯 가지 표지(notions) 또는 특징들(characteristics)을 가진다. 다섯 가지 표지에는 비출생성(innascibility or ingenerateness), 부성(paternity), 자성(filiation), 발출(spiration), 출원(procession)이 있다.[132]

위에서 언급했듯이 출원은 아래의 표에서 보는 것처럼 여러 가지 의미를 지닌다.

---

130) Aquinas, *ST*, I, 27, 2.
131) Aquinas, *ST* I, 27,5, ad 3.
132) Catherine Mowry LaCugna, *God for Us*, 179-180.

| 5-4-3-2-1[133] | |
|---|---|
| 5 표지들(특징들) | ① 비출생성<br>② 부성(아버지 됨)<br>③ 자성(아들 됨)<br>④ 발출<br>⑤ 출원(*processio*) |
| 4 관계들 | ① 부성<br>② 자성<br>③ 발출<br>④ 출원(*processio*) |
| 3 위격들 | ① 성부(부성)<br>② 성자(자성)<br>③ 성령(발출) |
| 2 출원들(*processio*) | ① 출생(*generatio*)<br>② 발출(*spiratio*) |
| 1 본질(본성) | ① 한 분 하나님 |

위의 표에는 출원과 관련한 다른 개념이 네 가지 존재한다.[134] 그렇지

---

133) 라쿠나는 아우구스티누스-아퀴나스의 삼위일체론의 핵심 요소들을 쉽게 기억하기 위한 방법으로 다음과 같이 말한다. 곧 하나님은 5 표지들(notions), 4 관계들(relations), 3 위격들(persons), 2 출원들(processions), 그리고 1 본질(nature)이시다. (1) 5 관념들: ① 비탄생(Innascibility, 비출생[ingeneratedness]), ② 부성(paternity, 아버지 됨[fatherhood]), ③ 자성(filiation, 아들 됨[sonship]), ④ 발출(spiration), ⑤ 출원(procession); (2) 4 실재적인 관계들: ① 부성(아버지 됨), ② 자성(아들 됨), ③ 발출, ④ 출원; (3) 3 위격들: ① 성부, ② 성자, ③ 성령; (4) 2 출원들: ① 태어남(being begotten), ② 발출됨(being spirated); (5) 1 하나님(본질, 본성). LaCugna, *God for Us*, 179-180.

134) 영국의 사우샘프턴 대학교에서 철학과 신학을 가르쳤던 케슬라우스 벨렉키(Ceslaus Velecky, 1927-2001)에 따르면, 아퀴나스에게 출원(procession)은 다섯 가지의 의미들을 지닌다. 첫째, 어떤 것이 그 자체의 근원과 맺는 관계성을 총칭하는 것을 가리킨다. 곧

내재적 삼위일체와 경륜적 삼위일체

만 여기서는 출원의 두 가지 개념, 곧 성부로부터 나오는 성자의 출원과 성부와 성자로부터 나오는 성령의 출원에 더 많은 관심을 기울인다. 아퀴나스에게 출원은 하나님 밖에서 이루어지는 외적인 행동이 아니라 하나님 안에서 이루어지는 내적인 행동이라는 점을 주목해야 한다. 아퀴나스는 이런 의미로 아리우스(Arius)와 사벨리우스(Sabellius)를 비판했다. 왜냐하면 아리우스는 출원을 원인으로부터 나오는 결과로 이해하고, 사벨리우스는 결과를 일으키는 원인으로 출원을 이해했기 때문이다.[135] 이 두 사람과는 대조적으로, 아퀴나스는 출원이 하나님 안에 존재하며 하나님 안에 머문다고 이해한다. 따라서 아퀴나스에게 출원은 대개 하나님 안의 내적인 운동들과 하나님 안의 내적인 관계들을 가리킨다.

다른 한편, 파송은 문자적으로 보냄 받음을 의미한다. 아퀴나스에 따르면, 파송은 보냄을 받은 자가 이전에는 존재하지 않은 곳에서 존재하기 시작함을 의미하거나, 이전에 존재했던 곳에서 이제는 새로운 방식으로 존재하기 시작함을 의미한다. 전자의 경우는 피조물에 해당하고, 후자의 경우는 하나님 안의 위격들에게 적용된다.[136] 하나님 안의 위격은 보냄 받는다고 하더라도, 이전에 존재하지 않았던 곳에서 존재하기를 시작하는 것이 아니다. 오히려 이전에 존재한 곳에서 계속적으로 존재한다.[137] 아퀴나스에 따르면, 하나님에게는 두 가지 파송(missio)이 존재한다. 곧

---

어떤 것에서 기원을 갖거나 또는 어떤 것으로부터 나오는 것을 의미한다. 둘째, 두 번째의 출원을 구체적으로 가리킨다. 곧 성령이 사랑으로서 나오는 출원을 의미한다. 셋째, 관계 중 하나를 가리킨다. 곧 성령이 지니는 인격적인 관계를 의미한다. 넷째, 성령이 지닌 관념, 곧 특징적인 특성을 의미한다. 그리고 다섯째는 피조물들이 하나님으로부터 나와서 생성되는 것을 의미한다. Thomas Aquinas, *St. Thomas Aquinas Summa Theologiae* Vol. 6, tans. Ceslaus Velecky, O.P. (New York: Blackfriars, 1965), 161.

135) Aquinas, *ST*, I, 27, 1.

136) Aquinas, *ST*, I, 43, 6.

137) Aquinas, *ST*, I, 43, 1, ad 2.

성자의 파송과 성령의 파송이 있다. 그는 성자의 파송을 파송(*missio*)이라고 명명하고, 성령의 파송을 수여(*datio*)라고 명명한다.

게다가 아퀴나스는 가시적 파송(*missio visibilis*)과 비가시적 파송(*missio invisibilis*)을 구별할 수 있다. 왜냐하면 성자는 성부에 의해 세상 속으로 보냄을 받았고, 육체를 취함으로써 가시적인 방식으로 세상에 존재하기 시작했기 때문이다. 그렇다고 이것이 성자가 세상에 존재하지 않은 때가 있었다는 것을 의미하지는 않는다. 오히려 아퀴나스는 요한복음 1:1에 근거하여 성자는 이미 세상에 존재했고, 다만 성자가 비가시적인 방식으로 있었음을 주장한다. 성령에 관해서는 성령이 은혜를 통해 인간 영혼 안에 거주하심으로써 본래 비가시적으로 수여되었지만, 오순절에 가시적으로 수여되었다고 주장한다. 성자의 가시적인 파송과 성령의 가시적인 파송 사이의 차이점은 다음과 같다. 곧 성자가 성화(sanctification) 나 거룩함(holiness)의 주도자(author)로서 가시적으로 보냄을 받았다면, 성령은 성화(sanctification)나 거룩함(holiness)의 표지(sign)로서 보냄을 받았다.[138]

어떠한 경우든, 아퀴나스에게 있어 파송은 성자와 성령이 보냄을 받지만 이전에 존재하지 않았던 곳에서 존재하기를 시작함을 의미하지 않는다. 또한 성자와 성령이 보냄을 받은 후 이전에 존재했던 곳에서 존재하기를 중단함을 의미하지도 않는다.[139] 그 대신 아퀴나스에게 있어 파송은 성자와 성령이 이전에도 존재했던 곳에서 이제는 새로운 가시적인 방식으로 존재하기 시작함을 의미한다. 이러한 의미에서, 비록 파송이 하나님 밖에서의 외적인 가시적 운동들을 주로 가리킨다고 하더라도, 시간적인 가시적 운동들에 전적으로 한정되는 것은 아니다. 파송은 비가시적인 존

---

138) Aquinas, *ST*, I, 43, 7.

139) Aquinas, *ST*, I, 43, 1, ad 2.

내재적 삼위일체와 경륜적 삼위일체

재 방식과 가시적인 존재 방식 사이에 일종의 연속성이 있음을 전제한다.

그렇다면 아퀴나스는 출원과 파송의 관계를 어떻게 이해할까? 얼핏 보기에, 출원과 파송은 서로 매우 다르고 밀접한 관계가 없는 것처럼 보인다. 출원은 하나님 안에서 이루어지는 내적인 운동이지만 파송은 하나님 밖에서 이루어지는 외적인 운동이기 때문이다. 또한 출원은 세 위격 사이에서 형성되는 내적인 관계를 가리키지만, 파송은 하나님과 피조물들 사이에서 형성되는 외적인 관계를 가리키기 때문이다. 성자의 출생(generatio)과 성령의 발출(spiratio)은 전적으로 영원한 것이지만, 성자의 파송과 성령의 수여(datio)는 시간적인 것이기 때문이다. 겉으로 보이는 이러한 차이점으로 인해 출원과 파송은 하나님에게서 일어나는 두 개의 분리되고 고립된 운동들이라는 인상을 준다.

그러나 출원과 파송이 밀접한 관계를 맺고 있음을 보여주는 근거들이 많이 있다. 첫째, 파송이 가시적이든 비가시적이든 하나님의 외적인 행동들을 전적으로 가리키기 위해 사용되는 것은 확실하다. 하지만 출원은 하나님의 내적인 운동들만을 배타적으로 가리키지 않는다. 아퀴나스에게 출원은 하나님의 외적인 운동들을 가리키는 것으로도 사용된다. 예를 들면 아퀴나스는 다음과 같이 말한다. "성자는 영원 안에서 출원하셔서 하나님이 되시며, 자신의 가시적인 파송에 의해 시간 안에서 출원하셔서 인간이 되시고, 자신의 비가시적 파송에 의해 인간 안에 존재하신다."[140] 여기서 출원은 하나님 안의 영원한 행동을 가리키기 위해 사용될 뿐만 아니라, 하나님 밖에서의 시간적인 행동을 가리키기 위해서도 사용된다. 이런 언어적인 관찰은 출원이 어떠한 방식으로 파송과 관련이 있는지를 알려준다.

---

140) Aquinas, *ST*, I, 43, 2.

둘째, 파송 개념 자체도 하나님의 위격들이 피조물에게 행하는 시간적인 효과들만을 가리키지 않는다. 파송 개념은 하나의 위격이 다른 위격으로부터 나오는 출원도 의미한다. 다른 말로 하면, 기원에 따른 출원(procession according to origin)을 의미하는 것이다.[141] 파송과 수여는 시간적인 어떤 것을 함축하지만, 각자의 원리와 맺고 있는 관계도 함의한다.[142] 다시 말해, 파송은 기원의 출원(processio originis)과 기원을 통한 출원(going forth[processit] through an origin) 모두를 포함한다. 파송은 출원의 시간적인 용어를 결정할 뿐만 아니라, 또한 원리로부터의 출원(processio from the principle)도 가리킨다. 이런 점에서 파송은 시간적인 효과를 추가하더라도 영원한 출원과 연결되어 있다. 따라서 파송과 출원은 기원의 원리라는 관점에서 서로 연결되어 있다고 말할 수 있다. 아퀴나스는 바로 이 점에서 출원이 쌍둥이 출원(gemina processio)으로 불릴 수 있다고 설명했다. 곧 영원한 출원과 시간적인 출원으로 구성되는 쌍둥이 출원으로 불릴 수 있다고 설명한 것이다. 이는 기원의 원리와 맺는 이중적인 관계가 존재한다는 뜻이 아니라, 영원하고 시간적인(aeterna et temporalis) 이중적 용어가 존재한다는 뜻이다.[143] 다른 말로 표현하면, 하나님의 내적인 출원(inner divine processio)은 영원한 출원이며, 하나님의 외적인 파송(outward divine missio)은 시간적인 출원이다.[144]

셋째, 출원과 파송이 서로 밀접한 관계를 맺고 있다는 점은 출원과 파

---

141) Aquinas, ST, I, 43, 4.

142) Aquinas, ST, I, 43, 2.

143) Aquinas, ST, I, 43, 2, ad 3.

144) 이 점에 관하여 라쿠나는 파송들이 출원들에 근거하고 있음을 인정한다. 곧 보냄을 받는 것(missio)과 주어지는 것(datio)과 같은 파송들은 시간적이지만, 출생(generatio)과 발출(spiratio)과 같은 영원한 출원들에 근거하고 있음을 인정한다. 라쿠나는 더 나아가, 이러한 점이 성자와 성령이 시간 안에서 그리고 영원 안에서 모두 출원한다고 말하는 바가 의미하는 점이라고 진술한다. LaCugna, God for Us, 157.

내재적 삼위일체와 경륜적 삼위일체

송과 관련하여 성부 하나님에 대한 아퀴나스의 이해에서도 확증된다. 성자와 성령이 하나님 안에서 출원하며 하나님 밖으로 파송되는 것과는 달리, 성부는 출원하지도 않으며 다른 것에 의해 파송되지도 않는다. 출원은 기원의 원리에서 나오는 내적인 행동을 의미한다. 성자는 기원의 원리인 성부로부터 출원하고, 성령은 기원의 원리인 성부와 성자로부터 출원한다. 그러나 성부는 출원하지 않는다. 게다가 성자는 성부에 의해 파송을 받고, 성령은 성부와 성자에 의해 파송을 받는다. 그러나 성부는 외적으로 파송을 받는다고 말하지 않는다. 왜냐하면 성부가 내적으로 다른 것에서 출원하지 않기 때문이다. 비록 아퀴나스가 성자 및 성령이 우리 안에 머무는 것처럼 성부도 은혜를 통해 우리 안에 머무신다는 점을 인정하지만, 그럼에도 그는 성부가 다른 것에서 출원하지 않기 때문에 파송이 성부에게는 적용되지 않는다고 주장한다. 이런 점은 출원과 파송 사이에 내적인 연관성이 있음을 의미한다. 달리 표현하면, 수여가 관대한 소통을 의미하듯이, 성부는 자신을 내어주신다. 곧 성부는 피조물의 행복의 근원으로서 자신을 관대하게 내어주신다. 그러나 수여는 수여자가 선물을 주는 것을 의미하지만, 그럼에도 성부에게는 적용되지 않는다. 이런 의미에서 성부를 기원의 원리로서 간주하는 아퀴나스의 이해는 내적인 출원에서든 외적인 파송에서든 동일하다. 이런 점은 파송과 출원이 어떤 방식으로든 서로 연결되어 있음을 함의한다.

마지막으로, 하나님의 시간적인 파송들이 지니는 시간적인 효과들은 하나님의 내적인 출원들과 밀접한 관계를 맺는다. 하나님의 출원은 말씀의 출원(*processio* of the Word)과 사랑의 출원(*processio* of Love)으로 나뉜다. 말씀의 출원에서 말씀은 지성의 행동에서 파생되어 나오는 것이다. 사랑의 출원에서 사랑은 의지의 행동에서 파생되어 나오는 것이다. 하나님 안에서 말씀의 출원은 출생이라고 명명되며, 출원하는 말씀은 성자라고 불린다. 그리고 하나님 안에서 사랑의 출원은 발출이라고 명명되며, 발출되는 사랑 자체는 성령이라고 불린다. 성자의 파송과 성령의 파송은 은혜라는 효과들의 관점에서 구별된다. 곧 성자의 파송은 지성을 조명하는 효과를 내며, 성령의 파송은 감성을 발화하는 효과를 낸다.[145] 여기서 성부에 의한 성자의 파송은 성부로부터 나오는 말씀의 출원에 상응하며, 성부 및 성자에 의한 성령의 파송은 성부 및 성자로부터 나오는 사랑의 출원에 상응한다. 지성이 개념화하지 않으면 어떤 것도 의지가 사랑할 수 없기 때문에, 성자에 의해 이해되지 않는다면 어떤 것도 성령에 의해 발화될 수 없다.

지금까지 우리는 하나님 안에서 출원과 파송이 밀접한 관계를 맺고 있음을 검토했다. 간략하게 정리하면 다음과 같다. 첫째, 출원은 하나님 안에서 영원한 행동을 가리킬 뿐만 아니라 하나님 밖에서 시간적인 운동을 가리키는 데 사용된다. 둘째, 파송은 기원의 원리라는 관점에서 영원한 출원에 근거한다. 셋째, 성부를 기원의 원리로서 이해하는 것은 외적인 파송과 내적인 출원에서 동일하다. 성부가 출원하지 않듯이, 또한 성부는 파송을 받지 않는다. 마지막으로, 파송의 시간적인 효과들은 영원한 출원에 상응한다. 이런 점들을 고려하면, 아퀴나스에게 출원과 파송은 서로 밀접한 관계를 맺고 있음을 알 수 있다. 성자의 파송과 성령의 파송은 출생(*generatio*)이라는 영원한 출원과 발출(*spiratio*)이라는 영원한 출원에 뿌리를 둔다.

간과하지 말아야 할 점이 한 가지 더 있다. 아퀴나스에 따르면, 만물이 하나님의 권능 아래 있어서 하나님께서는 자신의 권능으로 만물 안에 계신다. 만물이 하나님의 눈에 벌거벗은 것처럼 드러나 있기에, 하나님께서

---

145) Aquinas, *ST*, I, 43, 2, ad 3.

내재적 삼위일체와 경륜적 삼위일체

는 신적인 임재로 만물 안에 계신다. 원인이 결과 안에 존재하는 것처럼 하나님이 모두에게 임재하셨기 때문에, 하나님께서는 신적인 본질에 의해서 만물 안에 계신다.[146] 이것은 하나님께서 만물 안에 계시는 보편적인 양식의 임재다.[147] 이러한 양식 외에도 하나님께서 임재하시는 특수한 양식의 임재가 있다. 이것에 따르면 하나님께서는 지식의 대상이 지식을 가진 자 안에 존재하는 것처럼 계시며, 사랑의 대상이 사랑을 행하는 자 안에 존재하는 것처럼 계신다. 이것은 은혜로 인한 하나님의 임재 양식이다. 이 방식에 따르면 하나님께서는 이성적인 피조물 안에 계신다고 이야기될 뿐만 아니라, 하나님 자신의 성전 안에 거주하신다고도 이야기된다.[148]

여기서 주목할 점은, 특수한 양식의 하나님 임재가 하나님의 출원들에 기초하고 또한 하나님의 파송들을 포함한다는 것이다. 이런 의미에서 하나님의 파송은 창조주 하나님(De Dei Creante)으로 나아가는 적절한 연결고리가 된다.[149] 따라서 하나님의 내적인 출원은 하나님의 파송을 통해 피조물의 창조와 연관되어 있다. 성부 하나님이라는 이름은 성부가 피조물과 맺는 관계가 아닌, 성부가 성자와 맺는 관계와 관련되어 있다. 그러나 성부는 성자의 아버지이실 뿐만 아니라 또한 우리에게도 아버지가 되신다. 게다가 말씀은 성자가 성부로부터 나오는 출원을 알려주는 유비다. 성부는 자신을 알고, 말씀으로 자신을 말씀하신다. 그런데 말씀이라는 이름은 피조물과의 연관성을 포함한다. 성부는 자신을 말씀하여 내실뿐만 아니라, 말씀을 낳음으로써 모든 피조물을 말씀하여 내신다. 이것은 더 나아가 아퀴나스에게 말씀의 출원과 사랑의 출원은, 비록 이차적이라 하

---

146) Aquinas, *ST*, I, 8, 3.

147) Aquinas, *ST*, I, 43, 3.

148) Aquinas, *ST*, I, 43, 3.

149) 라쿠나도 피조물의 생성이 하나님의 출원의 외적인 효과라는 점을 인정한다. LaCugna, *God for Us*, 142.

더라도 창조와 관련성이 있음을 알려준다. 왜냐하면 하나님의 진리와 선함이 하나님께서 피조물을 아시는 것과 사랑하시는 것의 토대가 되기 때문이다.[150]

게다가 아퀴나스는 하나님의 위격들의 영원한 출원이 피조물들의 생성 근거가 된다고 명시적으로 말한다. 하나님 안에서 성자 및 성령의 출원, 곧 성자의 출생과 성령의 발출은 하나님의 파송들을 일으킨다. 달리 말해, 성자와 성령을 창조세계로 보내고 역사 안에서 구원을 이루시는 것이다. 출원하여 나오는 위격들은 창조세계와 관련한 인과관계를 행사한다. 따라서 하나님의 위격들의 출원은 피조물의 창조를 위한 모형이 된다.[151]

그러므로 아퀴나스는 성부가 자신을 말하여 내시며 그분의 피조물들을 말하여 내신다고 주장한다. 성부와 성자는 서로 사랑하시고 또한 우리를 사랑하신다. 물론 창조주와 피조물들이 동일한 본성을 가진 것은 아니기에 이것이 일의적인 의미로 적용되지는 않는다. 그렇다고 이런 점이 하나님과 우리가 전적으로 상이하다는 것을 의미하지는 않는다. 오히려 그것은 하나님과 우리 사이에, 혹은 하나님 자신과 우리를 위한 하나님 사이에, 곧 내재적 하나님과 경륜적 하나님 사이에 밀접한 관련성이 있음을 안정적으로 보증한다. 요약해서 말하면, 아퀴나스에게 있어 성부 하나님은 자신을 말씀하여 내실 뿐만 아니라 우리를 말씀하여 내신다. 성부 하나님은 성령으로 아들을 사랑하실 뿐만 아니라 우리도 사랑하신다. 따라서 하나님 자신, 곧 내재적 하나님은 우리를 위한 하나님, 곧 경륜적 하나님이시다.[152]

---

150) Aquinas, *ST*, I, 37, 2 그리고 3.

151) Aquinas, *ST*, I, 45, 6.

152) 최근 출원과 파송 사이에, 또는 내재적 삼위일체와 경륜적 삼위일체 사이에 존재하는 불가

내재적 삼위일체와 경륜적 삼위일체

분리적 친밀한 관계를 파악하는 학자들이 많이 있다. 예를 들면 미국의 클레어몬트 신학대학원에서 종교학을 가르치는 민경석(Anselm K. Min, 1940-)은 아퀴나스에게 "내재적 삼위일체 교리는 경륜적 삼위일체 교리에 본질적임"을 논증한다. Min, *Paths to the Triune God: An Encounter between Aquinas and Recent Theologies* (Notre Dame: University of Notre Dame Press, 2005), 170. 또한, 이 책의 207-208, 216, 그리고 238을 참고하라; 스위스의 프라이부르크 대학교에서 교의학을 가르치는 길레스 에머리(Gilles Emery)는 "내재적 삼위일체"(the immanent Trinity)와 "창조적 삼위일체"(the creative Trinity)라는 용어들을 사용하면서, 아퀴나스에게 내재적인 삶 안에 있는 삼위일체 하나님(내재적 삼위일체)에 관한 연구는 창조 혹은 구원의 경륜(창조적 삼위일체)에 관한 연구로부터 분리되지 않는다고 주장한다. Emery, "The Doctrine of the Trinity in St. Thomas Aquinas," in *Aquinas on Doctrine: A Critical Introduction*, eds. Thomas G. Weinandy, Daniel A. Keating and John P. Yocum (London: T&T Clark, 2004), 49-50.

# 제5장

# 내재적 · 경륜적 삼위일체 관계에 관한
# 현대의 논의들 I

현대 삼위일체 신학을 뜨겁게 달구고 있는 주요 주제 중 하나는 바로 내재적 삼위일체와 경륜적 삼위일체의 관계에 관한 논의다. 5장과 6장에서는 내재적 · 경륜적 삼위일체 관계에 관한 상이한 일곱 가지 입장을 확인하고자 한다. 일곱 가지 입장은 다음과 같다. 첫째는 칼 바르트의 "상호상응"(mutual correspondence)의 입장이다. 둘째는 칼 라너의 "동일성"(identity)의 입장이고, 셋째는 위르겐 몰트만, 볼프하르트 판넨베르크, 로버트 젠슨의 "종말론적 일치"(eschatological unity)의 입장이다. 넷째는 레오나르도 보프와 윌리엄 노만 피턴저가 주장하는 내재적 삼위일체가 경륜적 삼위일체보다 "훨씬 더 큼"(much more than)의 입장이다. 다섯째는 조셉 브라켄이 주장하는 내재적 삼위일체가 경륜적 삼위일체를 "침지"(immersing)한다는 입장이다. 여섯째는 마조리 휴잇 수코키와 캐서린 모리 라쿠나가 주장하는 경륜적 삼위일체가 내재적 삼위일체를 "흡수"(absorbing)한다는 입장이다. 마지막으로 일곱째는 이정용의 "상호포월"(mutual inclusiveness)의 입장이다.

나는 5장과 6장에서 각각의 신학자들이 "내재적 삼위일체"와 "경륜적 삼위일체"라는 용어를 어떻게 사용하는지 검토하면서, 상이한 일곱 가지 입장을 확인할 것이다. 5장과 6장의 논의는 7장의 비판적 분석을 위한 기초자료가 된다. 7장에서는 각각의 입장을 존재론, 인식론, 신비 개념의 관점에서 비판적으로 분석하고자 한다.


## I. 바르트의 상호상응

### 1. 용어들의 쓰임새

칼 바르트는 『교회교의학』 전체에서 "내재적 삼위일체"(immanent Trinity)라는 용어를 일곱 번 사용하고,[1] "경륜적 삼위일체"(economic Trinity)라는 용어는 네 번 사용한다.[2] 이 두 용어가 동시에 사용되는 경우는 단 세 번에 불과하다. 이 경우들의 쓰임새를 분석해보면, 바르트가 "내재적 삼위일체"와 "경륜적 삼위일체"라는 용어를 어떠한 의미로 이해하고 사용했는지가 밝히 드러난다.

첫째, 바르트는 독일 예수회 신부인 에리히 프르치바라(Erich Przywara, 1889-1972)의 비판에 맞서서, 하나님 말씀의 자유로운 은혜를 주창한다. 프르치바라는 바르트의 삼위일체가 계시자(revealer), 계시(revealing), 계

---

1) Karl Barth, *Church Dogmatics*, trans. Geoffrey W. Bromiley (Edinburgh: T&T Clark, 1975), I/1, 172, 173, 333, 479, 481(두 번), 485. 이후로 *CD*로 표기함. "영원한 삼위일체"(eternal Trinity)라는 용어도 또한 I/1, 486에서 나타난다. 미국의 가드너 웹 대학교에서 조직신학을 가르치는 벤자민 레슬리(Benjamin C. Leslie)에 따르면, 바르트는 "내재적 삼위일체"와 "경륜적 삼위일체"라는 용어 사용하기를 주저한다. 왜냐하면 내재-경륜의 구별은 하나님 안에서의 본질의 구별을 암시하는 경향이 있기 때문이다. Benjamin C. Leslie, *Trinitarian Hermeneutics: The Hermeneutical Significance of Karl Barth's Doctrine of the Trinity* (New York: Peter Lang, 1991), 213 각주 50. 이후로는 *Trinitarian Hermeneutics*로 표기함.

2) Barth, *CD*, I/1, 333, 358, 479, 481.

내재적 삼위일체와 경륜적 삼위일체

시됨(revealedness)으로 분해되어버린다고 비판했다. 그러자 바르트는 프르치바라의 비판에 맞서서 내재적 삼위일체와 경륜적 삼위일체를 다음과 같이 구별했다.

> 하나님과 인간을 상관관계 맺는 데 필수적인 사유에서, 우리는 하나님 안에서 이 상관관계가 자유로움에 기초해 있음을 부인하지 말아야 한다.…만약 우리가 이 점을 부인하지 않고자 한다면, 이전의 모든 신학과 함께 신중하고도 날카롭게 다음 두 가지를 구별하는 것은 단지 긍정적인 의미일 뿐만 아니라 절대적으로 본질적인 일이다. 곧 **계시되고 기록되고 선포된 하나님의 말씀 속에서 우리가 알게 되는 하나님의 삼위일체와 하나님의 내재적 삼위일체**(God's immanent Trinity)를 구별하는 것, 곧 **"하나님 그 자신"**(God in Himself)과 **"우리를 위하시는 하나님"**(God for us)을 구별하는 것, 그리고 **"하나님의 영원한 역사"**(the eternal history of God)와 **하나님의 시간적 활동들**(His temporal acts)을 구별하는 것은 절대적으로 본질적인 일이다. 우리는 이렇게 구별하면서 **"우리를 위하시는 하나님"**이 **"하나님 그 자신"**으로부터 당연하게 도출되는 것이 아님을 항상 명심해야 한다.[3]

여기서 경륜적 삼위일체는 계시되고 기록되며 선포된 하나님의 말씀 속에서 알려진 삼위일체를 가리킨다. 달리 표현하면, 경륜적 삼위일체는 우리를 위하시는 하나님과 관련이 있다. 반면 내재적 삼위일체는 그 자체로 계시는 하나님 자신과 관련이 있다. 여기서 내재와 경륜을 구별하는 기준은 계시인 하나님의 말씀이다.[4] 다른 관점으로 살펴보면, 내재적 삼위일체는 하나님의 영원한 역사를 가리키고, 경륜적 삼위일체는 하나님

---

3) Barth, *CD*, I/1, 172.
4) Barth, *CD*, I/1, 117.

의 시간적 활동들을 가리킨다. 이런 점에서 내재와 경륜을 가르는 구별은 영원과 시간을 가르는 구별과 병행한다.

둘째, 바르트는 계시의 성서적 개념을 분석하여 하나님의 삼위일체 개념들을 도출한다. 이때 그는 삼위일체가 경륜적 삼위일체뿐만 아니라 내재적 삼위일체로도 이해될 수 있다고 넌지시 알려준다. 바르트는 다음과 같이 진술한다.

> 손상되지 않은 일치성과 손상되지 않은 구별성에 대한 우리의 개념들, 하나님의 한 본질에 대한 우리의 개념, 그리고 이런 한 본질 안에서 구별되는 세 위격 또는 존재의 양식들(Seinsweisen)에 대한 우리의 개념, 그리고 앞서 간략히 언급했던 논쟁적인 주장, 곧 **하나님의 삼위일체**(God's triunity)는 단지 **하나님의 계시 속에서**(in His revelation) 발견되는 것이 아니라, 하나님의 계시 때문에 **하나님 자신 안에서**(in God Himself) 그리고 그 자신 안에서도 발견될 수 있다. 따라서 삼위일체는 "**내재적**"으로 이해될 수 있으며, 단지 "**경륜적**"으로만 이해되는 것이 아니다 – 이런 개념들과 주장 그 어느 것도 직접적으로 성서적인 것은 없다. 곧 (그것은) 성서 속에서 명시적으로 진술되지 않았다. 그것은 교회의 교의다. 우리는 성서적 계시의 교의가 암시적으로 그리고 몇몇 구절에서는 명시적으로 삼위일체 교의를 가리키는 지시체(a pointer)라는 점만을 분명히 정립했다.[5]

여기서 내재적 삼위일체는 그 자체로 하나님 안에 있는 삼위일체를 가리킨다. 반면에 경륜적 삼위일체는 하나님의 계시 속에 드러난 삼위일체를 지칭한다. 내재와 경륜을 구별하는 기준은 계시다.

---

5) Barth, *CD*, I/1, 333.

셋째, 바르트는 필리오케(*Filioque*) 문제를 논의하면서 동방정교회의 전통보다는 서방교회의 전통을 선호했다. 여기서 그는 내재적 삼위일체와 경륜적 삼위일체의 관계를 다음과 같이 규정한다.

> (우리는) 일관되게 기본규칙(basic rule), 곧 **그 자체들로 선행하여 있는 하나님의 존재의 양식들**(divine modes of being antecedently in themselves)에 관한 진술들은 **계시 속에서 드러난 그것들의 실재**(their reality in revelation)에 관하여 진술될 수 있는 것들과는 내용상 다를 수 없다는 기본규칙을 따라왔다. **내재적 삼위일체**라고 일컬어지는 것에 관한 우리의 모든 진술은 **경륜적 삼위일체**의 확증, 강조 그리고 실질적으로 불가피한 전제로서 도달될 수 있다.[6]

여기서 내재적 삼위일체는 그 자체로 선행하여 있는 신적 존재의 양식들을 가리키며, 반면에 경륜적 삼위일체는 계시 속에 드러난 신적 존재의 양식들을 지칭한다. 여기서도 내재적 삼위일체와 경륜적 삼위일체를 구별하는 기준은 계시다.

마지막으로, 더 나아가 바르트는 내재-경륜의 구별을 필리오케에 적용하여 "내재적 **필리오케**"(immanent *Filioque*)[7]와 "경륜적 **필리오케**"(economic *Filioque*)로 나눈다. 내재적 필리오케는 그 자체로 선행하여 있는 하나님의 존재 속의 필리오케를 가리킨다. 반면에 경륜적 필리오케는 하나님의 계시 속에 드러난 필리오케를 가리킨다. 달리 표현하면, 경륜적 필리오케는 성령이 하나님의 계시 속에서 드러난 영으로서 성부의

---

6) Barth, *CD*, I/1, 479.
7) Barth, *CD*, I/1, 481. 바르트는 "내재적 필리오케"라는 용어를 사용한다. 바르트 자신이 "경륜적 필리오케"라는 용어를 사용하지는 않으나, 이것은 전자에 상응하는 개념이다.

영인 동시에 성자의 영임을 의미한다. 반면에 내재적 필리오케는 성령이 영원히 성부와 성자 양자의 영(Spirit of both the Father and the Son)임을 뜻한다. 또 달리 표현하면, 내재적 필리오케는 성령이 하나님의 대내적 활동(God's work *ad intra*) 속에서 성부와 성자 양자의 영임을 의미하고, 반면에 경륜적 필리오케는 성령이 하나님의 대외적 활동(God's work *ad extra*) 속에서 성부와 성자 양자의 영임을 뜻한다.

위에서 언급한 것처럼, 내재와 경륜을 구별하는 기준은 계시다. 그리고 내재-경륜의 구별은 영원-시간의 구별과 일치하며, 대내-대외의 구별과도 일치한다. 이 모든 구별의 기준은 하나님의 계시다. 경륜적 삼위일체는 하나님의 계시 속에 드러난 삼위일체이고, 하나님의 시간적 활동들 속에 나타난 삼위일체이며, 우리를 위한 하나님의 대외적 활동들 속에 드러난 삼위일체다. 반면 내재적 삼위일체는 하나님 그 자체 안에 선행하여 있는 삼위일체이고, 하나님의 영원한 역사 속에 있는 삼위일체이며, 하나님 자신 안의 대내적 활동들 속에 있는 삼위일체다. 구체적으로 삼위일체의 각 위격과 관련하여 구별한다면, 경륜적 삼위일체는 우리 존재의 주님이신 우리의 창조주이시며 아버지이신 성부 하나님과 연관이 있다. 반면에 내재적 삼위일체는 성자의 아버지이신 영원한 아버지와 연관이 있다. 경륜적 삼위일체는 우리를 성부 하나님과 화해시켜주시는 우리의 화해주 하나님과 연관이 있고, 내재적 삼위일체는 성부 하나님의 아들이신 영원한 아들과 연관이 있다. 또한 경륜적 삼위일체는 우리를 자유롭게 하시는 우리의 구속주 하나님과 연관이 있고, 내재적 삼위일체는 아버지와 아들 사이의 사랑의 영인 영원한 성령과 연관이 있다. 필리오케와 관련해서 좀 더 구체적으로 말하면, 경륜적 삼위일체는 경륜적 필리오케와 연관이 있다. 반면에 내재적 삼위일체는 내재적 필리오케와 연관이 있다.

## 2. 상호상응

바르트는 내재적 삼위일체와 경륜적 삼위일체의 관계에 관하여, 양자 사이에 상응 관계가 있다고 논증한다. 곧 하나님의 계시 속에 드러난 삼위일체는 하나님 그 자체 안에 있는 삼위일체와 상응 관계를 맺고 있으며, 하나님의 시간적 활동들 속에 나타난 삼위일체는 하나님의 영원한 역사 속에 있는 삼위일체와 상응 관계를 맺고 있다. 그리고 하나님의 대외적 활동들 속에 나타난 삼위일체는 우리를 향하신 하나님의 대외적 활동들 속에 드러난 삼위일체와 상응 관계를 이루고 있다. 삼위일체의 각 위격과 관련해서 보면, 바르트는 하나님 우리의 창조주와 영원한 아버지 사이에, 하나님 우리의 화해주와 영원한 아들 사이에, 하나님 우리의 구속주와 영원한 성령 사이에 상응 관계가 있음을 주장한다. 더 나아가, 바르트는 경륜적 필리오케와 내재적 필리오케 사이에 상응 관계가 존재함을 주장한다.

『교회교의학』의 여러 구절에서 바르트는 경륜적 삼위일체가 내재적 삼위일체에 상응한다고 주장하고 있는데, 이것은 전혀 놀라운 일이 아니다. 왜냐하면 바르트의 방법론은 계시의 실재를 출발점으로 삼아 그 계시를 분석하면서 경륜적 삼위일체를 인식하고, 더 나아가 내재적 삼위일체를 인식하기 때문이다. 첫째, 바르트는 하나님의 계시에서 드러난 존재의 세 양식들(the three modes of being) 사이의 일치와 구별은 하나님 그 자체 속에 있는 존재의 세 양식들 사이의 차이와 일치를 상응적으로 가리킨다고 진술한다.[8] 곧 경륜적 삼위일체의 일치와 구별은 내재적 삼위일체의 일치와 구별에 상응한다. 둘째, 바르트는 성부·성자·성령이 대외적으로 맺는 일치는 성부·성자·성령이 대내적으로 이루는 일치에 상응한다

---

8) Barth, *CD*, I/1, 362.

고 언급한다.[9] 셋째, 바르트는 하나님의 활동 속에 드러난 존재의 세 양식들이 맺는 상호연관성(involution and convolution)이 하나님의 본질 속에 있는 존재의 세 양식들의 상호연관성에 정확하게 상응한다고 말한다.[10] 넷째, 삼위일체의 각 위격과 관련해서, 곧 바르트의 용어로 각 "존재의 양식 또는 존재의 방식"(τρόπος ὑπάρξεως, modus entitativus)[11]과 관련해서 바르트는 경륜적 삼위일체가 이룩한 창조의 내용은 거슬러 올라가면 내재적 삼위일체의 내적 가능성에 상응한다고 주장한다. 이런 점은 경륜적 삼위일체의 하나님이 우리의 창조주이시며, 우리의 성부이신 하나님이 내재적 삼위일체의 영원한 성부에 상응함을 의미한다.[12] 마찬가지로, 바르트에게는 우리의 화해주이신 하나님과 구속주이신 하나님이 각각 영원한 아들과 영원한 성령에 상응함을 의미한다. 다섯째, 필리오케와 관련해서 바르트는 화해의 사역 속에 있는 사랑이 성부와 성자의 사랑으로서 영원한 성령에 상응한다고 주장한다.[13] 이와 같이 위에서 언급한 모든 구절은 경륜적 삼위일체가 내재적 삼위일체에 상응하고 있음을 인정한다.

그런데 역의 상응관계를 지지하는, 곧 내재적 삼위일체가 경륜적 삼위일체에 상응하고 있음을 지지하는 구절들도 몇몇 있다. 예를 들면 다음과 같다. 첫째, 성부 하나님과 관련해서 바르트는 영원한 성부가 우리의 창조주 하나님과 우리의 성부 하나님에 상응한다고 논증한다.[14] 바르트에

---

9) Barth, *CD*, I/1, 371.
10) Barth, *CD*, I/1, 374.
11) Barth, *CD*, I/1, 359.
12) Barth, *CD*, I/1, 392.
13) Barth, *CD*, I/1, 483.
14) Barth, *CD*, I/1, 391 Karl Barth, *Die Kirchliche Dogmatik* (Zollikon: Evangelischer Verlag, 1947), I/1, 412. "… 그분(성부)이 예수 안에서, 오직 예수 안에서 창조자로, 또한 우리의 아버지로 계시된다는 사실로부터 다음과 같은 사실을 유추할 수 있다. 그와 같은 사실은 이미 예전부터 그리고 그 자체로 명백한데(그에 상응하는 것이 존재하는데), 다시 말해 그에 대한 그의 관계 내에, 즉 예수에 대한 그(성부)의 관계 안에서 그(성부)가 계시된다는

내재적 삼위일체와 경륜적 삼위일체

게 성부 하나님은 예수 그리스도 안에서 우리의 창조주이시며 우리의 성부이시다. 그래서 바르트는 이와 같은 점으로부터 성부 하나님은 본래 영원한 성부로서 우리의 창조주와 우리의 성부에 상응하고 있다는 점을 도출한다. 둘째, 필리오케와 관련해서 바르트는, 성령의 본질은 성부와 성자와의 온전한 동일본질적 사귐으로서 이러한 영원한 사귐은 성령의 활동으로서의 신-인 사이의 사귐에 상응하고 있음을 진술한다. 그리고 전자가 후자의 원형이라고 진술한다.[15)

위와 같은 관찰들을 고려하면, 우리는 바르트가 내재적 삼위일체와 경륜적 삼위일체의 상호상응적 관계를 주장했다는 사실을 알 수 있다. 곧 경륜적 삼위일체가 내재적 삼위일체에 상응하고, 아울러 내재적 삼위일체는 경륜적 삼위일체에 상응한다. 이러한 상호상응적 관계의 입장은 성자 하나님과 관련된 항목에서 분명하게 드러난다. 왜냐하면 바르트는 두 가지 모두를 진술하고 있기 때문이다. 곧 첫째, "그(성자 하나님)는 성부 하나님의 아들로서 혹은 성부 하나님의 말씀으로서 그 자체로 선행적으로 그러하기 때문에"[16) 성자 하나님이 우리의 화해주가 되신다고 진술한다. 그리고 둘째, "그리스도가 계시 속에서 드러난 바와 같이, 그리스도는 그 자체로 선행적으로 그러하다"[17)고 진술한다.[18) 또한 이러한 점은 성령에게도 동일하게 적용된다. 바르트는 다음과 같이 분명하게 진술한다.

성령이 계시 속에서 드러난 바는 성령이 그 자체 안에서 선행적으로 존재하는 바다. 그리고 성령이 그 자체 안에서 선행적으로 존재하는 바는 성령이 계

것이다." 이후로는 *KD*로 표기함.

15) Barth, *CD*, I/1, 482.
16) Barth, *CD*, I/1, 399.
17) Barth, *CD*, I/1, 399.
18) Barth, *CD*, I/1, 428.

시 속에서 드러나는 바다.[19]

이와 같은 언급들은 내재적 삼위일체와 경륜적 삼위일체의 상호상응 관계를 명확하게 지지한다.

바르트에게 상호상응의 관계는 본질(essence)과 활동(work)의 일치에 대한 이해와, 존재(being)와 행위(act)의 일치에 대한 이해에 정초되어 있다. 곧 하나님의 본질은 하나님의 활동이며, 그리고 역으로 하나님의 활동은 하나님의 본질이다.[20] 하나님의 존재와 하나님의 행위는 이중적이지 않고 일관된 하나다.[21] 하나님의 계시는 하나님 자신 안에 있는 하나님이며, 하나님 자신 안에 있는 하나님은 하나님의 계시다. 왜냐하면 하나님은 하나님의 신적 본질에 상응하는 것을 행하시며 계시하시고, 하나님의 활동은 하나님의 신적 본질에 정초되어 있기 때문이다.[22]

### 3. 상호상응 입장의 내용

그러나 바르트의 상호상응 관계는 경륜적 삼위일체와 내재적 삼위일체가 내용과 형식에 있어서 모두 정확하게 동일하다는 점을 의미하는 것은 아니다. 만약 동일하다면, 둘 중 하나의 경우가 될 것이다. 곧 경륜적 삼위일체가 내재적 삼위일체 속으로 담그어지든지, 내재적 삼위일체가 경륜적 삼위일체 속으로 흡수되든지 말이다. 그러나 어느 경우든 바르트가 인정하고자 하는 바는 아니다. 도리어 그는 내재적 삼위일체와 경륜적 삼위일체 양자 간의 구별(distinction)과 일치(unity)를 확보하기를 원한다. 구

---

19) Barth, *CD*, I/1, 466.
20) Barth, *CD*, I/1, 371.
21) Barth, *CD*, I/1, 428.
22) Barth, *CD*, IV/1, 187.

내재적 삼위일체와 경륜적 삼위일체

별과 일치를 확보하고자, 바르트는 내용에 있어서 양자 간의 일치성 혹은 동일성을 주장한다. 하지만 형식에 있어서는 양자 간의 차이성을 주장한다. 다른 말로 이것을 표현하면, 바르트의 상호상응의 개념은 비대칭적 (asymmetrical)이다. 곧 경륜적 삼위일체가 내재적 삼위일체에 상응하는 방식은 내재적 삼위일체가 경륜적 삼위일체에 상응하는 방식과 동일하지 않다.

한편 경륜적 삼위일체가 내재적 삼위일체에 상응하는 방식과 관련하여, 바르트는 경륜적 삼위일체가 그 "원형"(prototype)[23]인 내재적 삼위일체에 상응한다는 점을 분명하게 정식화한다. 좀 더 구체적으로 설명하면, 그는 내재적 삼위일체가 경륜적 삼위일체의 "이유", "방식", "기초"[24]가 된다고 진술한다. 이 용어들은 상응의 개념이 존재론적 의미를 함축하고 있음을 알려준다. 이런 점에서 바르트에게 경륜적 삼위일체는 존재론적으로 내재적 삼위일체에 상응하고 있으나, 그 역은 아니다. 예를 들면 바르트는 성령과 관련하여 다음과 같이 상세하게 설명한다.

그래서 하나님은 – 성령 하나님은 "그 자체 안에서 선행하여 있는" 연합의 행위이며, 나눔의 행위이고, 사랑이며 은사다. **바로 이러한 이유와 이러한 방식과 이러한 기초로** 성령 하나님은 계시 속에서 그렇게 드러나신다. 그러나 역은 성립하지 않는다! 이렇게 하여 우리는 성령 하나님을 계시 속에서 알게 된다. 그러나 성령 하나님이 계시 속에서 그러하기 때문에, 성령 하나님이 그러한 분이 되시는 것이 아니다. 오히려 성령 하나님이 그 자신 안에서 선행적으로 그러한 분이시기 때문에, 성령 하나님이 또한 계시 속에서 그렇게 드러나

---

23) Barth, *CD*, I/1, 482.
24) Barth, *CD*, I/1, 471.

시는 것이다.[25]

성령 하나님은 하나님 자신 안에서 선행적으로 영원한 성부와 성자의 영원한 영이시기 때문에, 우리의 구속주 하나님의 존재론적 이유와 방식과 기초가 되신다. 마찬가지로 성부 하나님은 하나님 자신 안에서 선행적으로 영원한 성자의 영원한 성부이시기 때문에, 우리의 창조주 하나님과 우리 아버지의 존재론적 이유가 되신다. 성자 하나님은 하나님 자신 안에서 선행적으로 영원한 아버지의 영원한 아들이시기 때문에, 우리의 화해주 하나님의 존재론적 방식이 되신다. 그리고 내재적 필리오케는 경륜적 필리오케의 존재론적 원형이 된다.

다른 한편, 내재적 삼위일체가 경륜적 삼위일체에 상응하는 방식과 관련해서 바르트는 전자가 후자에 상응하되 후자는 전자로 나아가는 인식론적 통로가 된다고 말한다. 우리의 창조주 하나님과 우리의 아버지 하나님은 인식론적으로 우리를 안내하여 영원한 성자의 영원한 성부를 인식하게 한다. 계시 속에 드러난 예수 그리스도는 우리를 인도하여 영원한 성부의 영원한 성자를 인식하게 한다. 또한 성령 하나님은 우리를 이끌어 성부와 성자의 영원한 영이신 분을 발견하게 한다. 그리고 경륜적 필리오케를 통해 우리가 만나는 사랑은 우리로 하여금 내재적 필리오케의 영원한 사랑을 보게끔 안내한다. 그래서 바르트에게 내재적 삼위일체는 경륜적 삼위일체에 인식론적으로 상응한다고 말할 수 있다.

따라서 바르트의 상호상응 관계라는 개념은 다음을 의미한다. 경륜적 삼위일체는 존재론적으로 내재적 삼위일체에 상응한다. 동시에 내재적 삼위일체는 경륜적 삼위일체에 인식론적으로 상응한다. 더 중요한 것은, 바

---

25) Barth, *CD*, I/1, 471.

르트가 상호상응의 관계를 주창한 의도가 경륜적 삼위일체와 내재적 삼위일체 양자 간의 내용적 일치 또는 내용적 동일성을 주장하기 위해서라는 점이다. 이것은 바르트 자신의 진술 속에, 곧 내재적 삼위일체에 관해 말해지는 것은 무엇이든지 경륜적 삼위일체의 "확증"(Bestätigungen), "강조"(Unterstreichungen), "불가피한 전제"(unentbehrlichen Vordersätze)가 된다는 진술 속에 잘 드러나 있다.[26] 그리고 이것은 『교회교의학』 전체에 퍼져 있는 바르트의 "기본규칙"(grundlegende Regel)과도 일치한다. 바르트의 "기본규칙"이란, "그 자체로 선행적인 신적 존재의 양식들에 관한 언급들은, 계시 속에서 드러난 신적 존재의 양식들에 관한 언급들과 내용면에서 다를 수 없다"는 것이다.[27]

요약하면, 바르트의 상호상응의 관계 개념은 경륜적 삼위일체가 존재론적으로 내재적 삼위일체에 상응한다는 것과 내재적 삼위일체가 경륜적 삼위일체에 인식론적으로 상응한다는 것을 모두 의미한다. 무엇보다도 바르트가 이러한 상호상응의 관계를 확립한 것은, 내재적 삼위일체와 경륜적 삼위일체 양자 사이의 내용적 동일성 또는 내용적 일치성을 확보하기 위함이며, 아울러 형식면에서는 차이성을 확보하려는 의도에서다.[28]

---

26) Barth, *CD*, I/1, 479.

27) Barth, *CD*, I/1, 479.

28) 바르트의 상응의 입장을 상호상응이 아니라 일방적 상응으로 해석하는 학자들이 몇 명 있다. 예를 들면 첫째, 에버하르트 윙엘은 바르트의 삼위일체론을 알기 쉽게 해설한 책에서, 바르트의 입장을 하나님은 하나님 자신에게 일방적으로 상응한다(Gott entspricht sich)라고 요약한다. 이러한 해석은 하나님의 대외적 존재(God's being *ad extra*), 곧 경륜적 삼위일체가 하나님의 대내적 존재(God's being *ad intra*), 곧 내재적 삼위일체에 상응한다는 것을 훨씬 더 강조한다. Eberhard Jüngel, *God's Being Is in Becoming: The Trinitarian Being of God in the Theology of Karl Barth. A Paraphrase*, trans. John Webster (Edinburgh: T&T Clark, 2001), 36. 이후로는 *God's Being Is in Becoming*으로 표기함. 이 책은 독일어로 저술된 *Gottes Sein ist im Werden: verantwortliche Rede vom Sein Gottes bei Karl Barth. Eine Paraphrase* (Tübingen: Mohr, 1965)에서 번역된 것이다. 1975년 호튼 해리스(Horton Harris)도 독일어 책을 영어로 번역했는데 약간 다른 제목으

## II. 라너의 동일성

### 1. 라너의 규칙

내재적 삼위일체와 경륜적 삼위일체의 관계에 관해, 칼 라너(Karl Rahner)는 "기본명제"(basic thesis) 또는 "기본공리"(Grundaxiom)를 자신의 책『삼위일체』(*The Trinity*)에서 다음과 같이 공식화했다.

"경륜적" 삼위일체는 "내재적" 삼위일체이고, "내재적" 삼위일체는 "경륜적" 삼위일체다.[29]

또한 라너 자신은 "기본명제" 또는 "기본공리"를 "지도적인 원리"(guiding principle) 또는 "방법적 원리"(methodical principle)로 명명

---

로 출간한 적이 있다. *The Doctrine of the Trinity: God's Being Is in Becoming*, trans. Horton Harris (Grand Rapids: William B. Eerdmans, 1975). 둘째, 위르겐 몰트만은 비록 바르트가 그리스도의 십자가상의 죽음에 대한 그의 설명에서만은 일방적인 상응의 시각을 벗어났다고 인정한다. 그런데도 그는 바르트가 내재적 삼위일체와 경륜적 삼위일체의 구별에서 "플라톤적 개념의 상응개념"을 유지한다고 주장한다. 그래서 몰트만에 따르면, 바르트에게는 "하나님께서 예수 그리스도 안에서 자신을 드러내어 주셨던 바가 하나님께서 영원에서 '그 자신이 선행적으로' 존재하신 바다." Jürgen Moltmann, *The Trinity and the Kingdom: The Doctrine of God, trans. Margaret Kohl* (Minneapolis: Fortress Press, 1993), 159. 셋째, 레슬리는 비록 바르트의 사상이 플라톤적인 이원론으로 환원될 수 없음을 인정하지만, 바르트 입장의 한 측면만을 고집한다. 그래서 그는 바르트에게는 경륜적 삼위일체가 내재적 삼위일체에 상응한다고 말한다. Leslie, *Trinitarian Hermeneutics*, 195 그리고 214 각주 58.

29) Karl Rahner, *The Trinity*, 22. 라너 자신의 강조임. 뉴욕의 크로스로드 출판사(Crossroad Publishing Company)가 이 책을 2002년에 재출간했다. 라너는 기본공리를 처음으로 정식화한 이는 자신이 아니라 확인되지 않은 다른 사람이라고 말한다. 그는 기본공리가 정확하게 언제, 누가 처음으로 공식화했는지 자신은 모른다고 인정한다. Rahner, "Oneness and Threefoldness of God in Discussion with Islam," in *Theological Investigations Vol. XVIII: God and Revelation, trans. Edward Quinn* (New York: Crossroad, 1983), 114. 이후로는 "Oneness and Threefoldness"로 표기함.

했다.[30] 이것은 오늘날 "라너의 규칙"(Rahner's Rule)으로 널리 알려져 있다."[31] 사실 『삼위일체』는 라너가 1967년에 쓴 논문 「구원사의 초월적 근거로서의 삼위일체 하나님」(Der dreifaltige Gott als transzendenter Urgrund der Heilsgeschichte)에 토대를 두고 있다. 그리고 이 논문은 『구원의 신비: 구원사적 교의학 개요』(The Mystery of Salvation: The Outline of Salvation History Dogmatics) 제2권에 실렸다.[32] 또한 이 논문은 라너가 1960년에 쓴 논문 「교의학적 논제인 삼위일체론에 관한 언급들」(Bemerkungen zum dogmatischen Traktat 『De Trinitate』)에 기초하고 있으며, 이것은 『신학연구』(Schriften zur Theologie) 제4권에 포함되어 있다.[33] 1960년도 논문에

---

30) Karl Rahner, ed. "Divine Trinity," in Sacramentum Mundi: An Encyclopedia of Theology Vol.VI (New York: Herder and Herder, 1968-1970), 295-303. 신학의 백과전서는 6권으로 구성되어 있으며, 1968-1970년에 영어와 독일어를 포함하여 6개 언어로 동시에 출간되었다. 970. 동일한 논문이 다음에도 실려 있다. Encyclopedia of Theology: The Concise Sacramentum Mundi, ed. Karl Rahner (New York: The Seabury Press, 1975), 1755-1764.

31) 퍼시픽 루터신학 대학원에서 조직신학을 가르치는 테드 피터스(Ted Peters, 1941-)는 1993년에 출간한 삼위일체에 관한 책에서 로저 올슨(Roger E. Olson)이 "라너의 규칙"(Rahner's Rule)이라는 용어를 만들었음을 인정했다. Ted Peters, God as Trinity: Relationality and Temporality in Divine Life (Louisville: Westminster/John Knox Press, 1993), 213 각주. 33. 피터스 자신은 이 용어를 삼위일체에 관한 자신의 1987년도 책에서 처음으로 사용했다. 이후로는 God as Trinity로 표기함. Ted Peters, "Trinity Talk: Part I," Dialog Vol. 26 no. 1 (Winter 1987), 46. 다른 한편으로, 로저 올슨은 1990년에 발표한 판넨베르크의 삼위일체에 관한 논문을 통해, 피터스가 1987년에 발표한 삼위일체에 관한 논문에서 "라너의 규칙"을 처음으로 만들었다고 인정했다. Roger E. Olson, "Wolfhart Pannenberg's Doctrine of the Trinity," Scottish Journal of Theology Vol. 43 (1990), 178. 이러한 점은 샌더스의 2001년도 박사학위 논문에서, 그리고 삼위일체에 관한 그렌츠의 2004년도 책에서 모두 인정되었다. Sanders, "The Image of the Immanent Trinity," 3 각주 5; Grenz, Rediscovering the Triune God, 238 각주 126.

32) Johannes Feiner and Magnus Löhrer, eds. Mysterium Salutis: Grundrißheilsgeschichtlicher Dogmatik Bd. I, II, III:1, III-2, IV:1, IV:2 and V (Einsiedeln: Benziger, 1965-1976).

33) Karl Rahner, "Remarks on the Dogmatic Treatise 'De Trinitate,'" in Theological Investiagations Vol. IV: More Recent Writings, trans. Kevin Smith (Baltimore: Helicon

서 라너의 규칙은 다음과 같이 정식화되어 있다.

> 구원 경륜의 삼위일체(the Trinity of the economy of salvation)는 내재적 삼
> 위일체이고 또한 그 역도 성립한다.[34]

> 이러므로 내재적 삼위일체와 구원 경륜의 삼위일체는 동일성이 있다.[35]

이런 관찰들을 통해서 알 수 있는 점은 내재적 삼위일체와 경륜적 삼
위일체를 구별하는 라너의 기준이 전적으로 구원의 경륜에, 곧 구원사
에 달렸다는 것이다. 라너에 따르면 "구원 경륜의 삼위일체",[36] "구원의 삼
위일체"(Trinity of salvation),[37] "구원적 삼위일체"(salvific Trinity)[38]로도 명
명되는 경륜적 삼위일체는 구원 역사 안에서 드러난 삼위일체다. 다른
한편, 내재적 삼위일체는 구원 역사와는 별개의 삼위일체다. 경륜적 삼
위일체는 "우리와 관계를 맺으시는 하나님의 삼위일체"(Trinity of God's
relationship to us)[39]인 반면에, 내재적 삼위일체는 "하나님 자신 안에 있는
모습으로서의 하나님의 실재"(reality of God as he is in himself)"[40]를 말한

---

Press, 1966), 77-102. 이후로는 "Remarks on '*De Trinitate*'"로 표기함; 라너의 *Theologi-cal Investigations* Vols. I-XXIII (1961-1992)는 그의 *Schriften zur Theologie* Bd. I-XVI (Einsiedeln: Benziger, 1954-1984)로부터 번역되었다. 전체 권수들의 완전한 목차와 초록은 다음의 책을 참고하라. Daniel T. Pekarske, *Abstracts of Karl Rahner's Theological Investigations* 1-23 (Milwaukee: Marquette University Press, 2002).

34) Rahner, "Remarks on '*De Trinitate*,'" 87. 라너 자신의 강조체임.
35) Rahner, "Remarks on '*De Trinitate*,'" 90.
36) Rahner, "Remarks on 'De Trinitate,'" 90.
37) Rahner, "The Concept of Mystery," 69.
38) Rahner, "Remarks on '*De Trinitate*,'" 96 그리고 98; "The Concept of Mystery," 70-71.
39) Rahner, "The Concept of Mystery," 69.
40) Rahner, "The Concept of Mystery," 69.

내재적 삼위일체와 경륜적 삼위일체

다. 경륜적 삼위일체는 "하나님의 내적인 삶 밖에 있는"(outside the intra-divine life)[41] 삼위일체인 반면에, 내재적 삼위일체는 하나님의 내적인 삶 안에 있는 삼위일체다. 경륜적 삼위일체는 하나님께서 대외적으로(ad extra) 사시는 삼위일체적 삶인 반면에, 내재적 삼위일체는 하나님께서 대내적으로(ad intra) 누리시는 삼위일체적 삶이다.[42] 그래서 라너 규칙의 핵심은 경륜적 삼위일체와 내재적 삼위일체의 상호적 동일성을 인정하는 것이다. 그것은 곧 구원 역사에서 드러난 삼위일체와 구원 역사와는 별개인 삼위일체의 상호적 동일성을, 하나님의 내적인 삶 밖의 삼위일체와 하나님의 내적인 삶 안에 있는 삼위일체의 상호적 동일성을, 그리고 하나님께서 대외적으로 사시는 삼위일체적 삶과 하나님께서 대내적으로 누리시는 삼위일체적 삶의 상호적 동일성을 인정하는 것이다.

## 2. 경륜적 로고스와 내재적 로고스 사이의 동일성

라너에게 구원의 경륜 혹은 구원 역사의 경륜은 대부분 성자의 성육신과 성령의 강림을 가리킨다. 실제로 라너는 구원 역사가 신약의 계시뿐만 아니라 구약의 계시도 포함한다고 인정한다.[43] 또한 그는 구원 역사에서 구약의 계시와 신약의 계시에 연속성이 있음을 인정한다.[44] 그러나 이러한 연속성에도 불구하고, 그 둘은 질적으로 서로 다르다. 그래서 라너는 구약의 계시를 단순히 "구원을 위한 준비"(preparation), "하나님 말씀의 성육

---

41) Rahner, *The Trinity*, 23.
42) Rahner, "Divine Trinity," 1757.
43) 라너는 구원사(salvation history)와 세계사(world history)의 관계에 관하여 세 가지 명제를 제시한다. 첫째, 구원사는 이 세계의 역사와 함께 발생한다. 둘째, 구원사는 세속사(profane history)와 구별된다. 셋째, 구원사는 세속사를 설명한다. Rahner, "History of the World and Salvation-History," in *Theological Investigations Vol. V: Later Writings* trans. Karl-H. Kruger (Baltimore: Helicon Press, 1966), 97-114.
44) Rahner, "Divine Trinity," 295.

신을 직접적으로 준비하는 역사적 전주곡"(prelude),[45] "삼위일체의 계시를 준비하는 순수하고도 비밀스러운 선역사"(prehistory)[46]로 간주한다. 따라서 그가 자신의 기본공리와 관련해서 경륜적 삼위일체를 설명할 때마다, 비록 배타적으로는 아니라고 하더라도 이는 대부분 성자의 성육신과 성령의 강림을 가리킨다. 그의 이런 점은 주목할 만하다. 경륜적·내재적 삼위일체 관계에 관한 라너의 논의는 집중적으로 그러나 협소하게 로고스의 성육신 및 성령의 강림과 관련을 맺는다.

그렇다면 라너의 "내재적 삼위일체"와 "경륜적 삼위일체"가 라너의 기본공리에 대하여 각각 의미하는 바는 무엇인가? 성자의 성육신에 관하여 라너는, 성육신하신 로고스로서의 예수 그리스도는 하나님의 두 번째 위격이며, 성부의 아들이고, 하나님의 로고스라고 말한다.[47] "우리와 함께 있는 로고스"(Logos with us)는 "하나님과 함께 있는 로고스"(Logos with God)다. "경륜적 로고스"는 "내재적 로고스"다.[48] 이러한 표현들은 경륜적 삼위일체가 경륜적 로고스, 곧 우리와 함께 있는 로고스와 관련이 있음을 함의한다. 반면에 내재적 삼위일체는 내재적 로고스, 곧 하나님과 함께 있는 로고스와 관련이 있음을 함의한다. 그러므로 라너의 동일성의 규칙이 구체적으로 의미하는 바는 경륜적 로고스는 내재적 로고스이며, 내재적 로고스는 경륜적 로고스라는 점이다. 라너가 자신의 기본공리로서 의도하는 바는 경륜적 로고스와 내재적 로고스가 "똑같다"(the same)는 것이다.[49]

라너의 설명에 따르면, 경륜적 로고스가 내재적 로고스와 똑같다는 그의 입장은 "유일하고 동일한 로고스 자체가 인간적 실재 안에 있음"을 의

---

45) Rahner, "History of the World and Salvation-History," 108-109.

46) Rahner, *The Trinity*, 42.

47) Rahner, *The Trinity*, 23.

48) Rahner, *The Trinity*, 33.

49) Rahner, *The Trinity*, 33.

내재적 삼위일체와 경륜적 삼위일체

미한다. 라너는 이러한 똑같음의 동일성이 활력 없는 동일성의 똑같음은 아니라고 덧붙인다. 곧 로고스와 인간적 실재가 너무나 혼합되어서 아무 것도 구별할 수 없는 정도의 똑같음이 아니라고 부연한 것이다. 또한 똑같음의 동일성은 하나를 다른 하나에 단지 추가하는 것도 아니며, 단순히 두 개를 병렬시키는 것도 아니다. 정반대로, 두 가지가 혼동되지도 않고 분리되지도 않는 역동적인 동일성이다. 삼위일체가 내적·외적으로 이루어지는 직접적이고 즉각적인 동일성을 말하는 것이다. 둘 사이의 차이는 둘 사이의 일치의 내적인 양식이다.[50]

이렇게 하여, 라너의 동일성의 규칙은 로고스와 인간적 본성 사이의 연합에 대한 라너의 이해와 연결된다. 위격적 연합(hypostatic union)에 관한 이해와 관련해서 라너가 신학사의 세 가지 흐름을 비판하고 있다는 점은 주목할 만하다. 첫 번째 흐름은 위격적 연합을 일반적인 상황의 한 가지 예로서 간주한다. 그러나 이와 대조적으로 라너는, 위격적 연합은 일반적인 상황의 예가 될 수 없다고 확고하게 주장한다. 왜냐하면 로고스의 위격적 연합은 오직 한 가지이기 때문이다.[51] 두 번째 흐름은 하나님의 모든 위격이 위격적 연합을 취할 수 있다고 주장한다. 그러나 라너는 이러한 주장에 확고하게 반대하면서, 만약 위격적 연합이 하나님의 모든 위격에게서 일어날 수 있다면 로고스의 성육신은 로고스에 관하여 아무것도 고유하게 계시하지 못할 것이라고 주장한다. 곧 삼위일체 내에서 로고스 자신이 가지는 관계적인 구체적 특징들에 관하여 아무것도 제대로 계시하지 못할 것이라고 주장한 것이다.[52] 마지막 세 번째 흐름은 로고스가 취했던 인간적 본성을 단지 로고스와는 다른 본질에 있는 것으로만, 곧 로

---

50) Rahner, *The Trinity*, 33 그리고 33 각주 30; "Remarks on 'De Trinitate,'" 94.

51) Rahner, *The Trinity*, 24-28.

52) Rahner, *The Trinity*, 28-30.

고스와는 아무런 관련이 없는 것으로만 이해한다. 이와 정반대로 라너는, 로고스가 취한 인간적 본성은 단순히 외부로부터 취하여진 가면이 아니라 로고스의 "구성적인 실재적 상징"(constitutive real symbol)이라고 강하게 주장한다.[53]

마지막 입장과 관련하여, 라너의 상징(symbol) 개념은 로고스의 위격적 연합에 대한 라너의 이해에 더 많은 함의를 미친다. 그에 따르면, 상징은 하나의 실재가 또 다른 실재를 현존하게 하는 최고의 주요한 표상(representation)이다.[54] 로고스의 인간성은 곧 로고스의 자기 드러냄(self-disclosure of the Logos)이다.[55] 또한 로고스는 성부 하나님의 상징이다. 역으로, 성부 하나님은 내재적 로고스를 통해 표현되고, 내재적 로고스는 인간적 본성을 취한 경륜적 로고스를 통해 표현된다. 하나님께서는 하나님 자신을 내적으로 표현하시기 때문에, 또한 하나님 자신을 외적으로 말씀하신다. 이러한 입장은 내재적 로고스가 성부 하나님의 형상, 모양, 반영, 표상, 현존을 내적으로 구성하는 것이듯, 경륜적 로고스가 내재적 구성의 외적인 연속성이라는 점을 의미한다.[56] 더 나아가, 하나님의 영원한 충만 안에 있는 하나님의 내재적 자기표현(self-utterance)은 하나님 밖으로 드러나는 하나님의 자기표현을 위한 조건이 된다.[57] 경륜적 로고스는

---

53) Rahner, *The Trinity*, 31-33.
54) Rahner, "The Theology of the Symbol," in *Theological Investigations Vol. IV: More Recent Writings*, trans. Kevin Smyth (Baltimore: Helicon Press, 1966), 225. 이 논문에서 라너는 상징주의 존재론(ontology of symbolism)의 두 가지 기본 원리를 다음과 같이 제시한다. 첫째, 모든 존재는 본성상 상징적이다. 왜냐하면 모든 존재는 자신의 본성을 획득하기 위해서 자신들을 필연적으로 표현하기 때문이다. 둘째, 상징은 하나의 존재가 다른 존재 안에서 자기실현을 행하는 것이다. 이런 점에서 그 다른 존재는 자신의 본질을 구성한다.
55) Rahner, "The Theology of the Symbol," 239.
56) Rahner, "The Theology of the Symbol," 236-237.
57) Rahner, "On the Theology of the Incarnation" in *Theological Investigations Vol. IV: More Recent Writings*, trans. Kevin Smyth (Baltimore: Helicon Press, 1969), 115.

내재적 삼위일체와 경륜적 삼위일체

내재적 로고스를 있는 그대로 표현할 뿐만 아니라, 내재적 로고스가 있는 그대로 표현되도록 하는 구성적 방식 그 자체다.

신학의 역사에서 위격적 연합(hypostatic union)에 대한 이해와 관련해 제시된 세 가지 흐름을 단호히 비판하면서 라너가 주창하려는 바를 우리는 다음과 같이 세 가지로 요약할 수 있다. 첫째, 로고스에게는 확실히 오직 하나의 위격적 연합만이 있다. 로고스의 성육신만이 하나님의 위격들이 세계와 맺는 경륜적 관계를 보여주는 교의적으로 확실한 경우라고 간주할 수 있다. 둘째, 경륜적 로고스는 내재적 로고스가 삼위일체 내에서 갖는 정체성을 정확하게 계시하며, 이를 통해 하나님 자신의 정체성을 정확하게 계시한다. 마지막으로, 로고스가 취한 인간적 본성은 내재적 로고스를 표현할 수 있도록 하는 구성적 방식 그 자체다. 다른 말로 표현하면, 세계로 보냄을 받은 로고스의 파송(missio)은 삼위일체 하나님 내에서의 내재적 로고스의 출원(processio)과 동일하다. 그러므로 이러한 점들을 고려하면, 라너의 동일성의 규칙이 함의하는 점, 곧 경륜적 로고스는 내재적 로고스이며 그 역도 성립한다는 점은 내재적 로고스가 삼위일체의 내적인 삶 안에서 가지는 정체성을 그대로 표현함을 의미한다. 그리고 경륜적 로고스의 위격적 연합은 내재적 로고스를 표현하는 구성적 방식 그 자체임을 의미하며, 또한 파송이 출원과 동일함을 의미한다.

간략히 말하면, 확실히 오직 하나의 위격적 연합만이 존재한다. 삼위일체 내에서 성부의 아들이신 로고스만이 위격적 연합을 취하는 것이다. 위격적 연합은 성자가 삼위일체 안, 곧 성부 및 성령과의 관계 속에서 가지는 고유한 특성에 내적으로 근거하고 있다. 성자가 본질상 성부의 로고스이며 상징이기에, 성자는 위격적 연합을 통해 성부를 세계로 표현할 수 있다. 또한 성자가 성부의 형상과 모양으로서 성부로부터 출생되었기에, 성자는 성육신을 통해 성부를 고유하게 표상할 수 있다. 성자의 파송이 성부로부터 나오는 성자의 출원에 내적으로 기초하는 것이다.

### 3. 은혜: 하나님의 자기전달

라너가 성자의 성육신을 이해하는 방식은 그가 성령의 강림을 이해하는 방식과 병행한다. 경륜적 로고스가 내재적 로고스이듯이, 구원 역사에서 우리가 경험하는 성령은 삼위일체 안에 있는 성령이다. 위격적 연합이 성자가 성부와 관련하여 맺는 고유한 특성에 내적으로 근거하듯이, 성령의 강림도 성령이 성부와 성자와 관련하여 맺는 고유한 특성에 내적으로 근거한다. 성자가 성부의 형상과 모양으로서 성부에게서 출생하였듯이, 성령은 성부와 성자 사이의 사랑으로서 성부와 성자에게서 출원하며 이렇게 하여 하나님의 은혜를 인간들에게 전달한다.

마찬가지로 성자의 성육신 또는 성령의 강림을 이해하는 라너의 방식은 성부에 대하여 그가 이해하는 방식과 본질적으로 병행한다. 라너는 성서와 그리스 교부들을 따라서 하나님(ὁ θεός)을 기원이 없으신 한 분 성부로서 간주한다. 성부는 기원이 없으신 분이시다. 성자는 성부에게서 출생했고, 성령은 성부와 성자에게서 출원했다. 이와 마찬가지로, 성부는 성자를 통해 성령 안에서 하나님 자신을 계시하시고 전달하시는 분이시다. 우리가 구원의 경륜에서 성자를 통해 성령 안에서 경험하는 하나님은 성자를 출생하시고 성령을 출원하게 하시는 기원이 없는 성부 하나님이시다.

라너는 성부·성자·성령을 이해하는 이러한 방식에 근거해서 은혜의 교리, 곧 하나님의 삼중적인 자기전달이라는 은혜의 교리를 전개한다. 하나님의 삼중적인 자기전달 안에서 하나님의 세 위격들 각각은 다른 위격들과 맺는 관계 안에서 그리고 그 관계를 통해서 활동한다. 다른 말로 표현하면, 기원이 없는 성부는 다른 두 가지 양식, 곧 성자와 성령으로 하나님 자신을 전하신다. 라너는 하나님의 삼중적인 자기전달을 다음과 같이

내재적 삼위일체와 경륜적 삼위일체

간결하게 설명한다.

성부가 우리에게 자신을 주시는 방식은 이렇다. 곧 성부 자신이 본질적으로 **자신과** 함께 있으면서 자신을 말하고 **이런 방식으로** 성자를 자기 자신의 인격적인 자기현시(self-manifestation)로 전달하시는 한에 있어서, 그리고 정확하게 바로 그러한 이유 때문에, 성부는 우리에게 자신을 주신다. 그리고 성부와 (성부로부터 받아들이는) 성자가 서로에게 이끌리고 서로에게 돌아가며 서로를 환영할 때에, **이런 방식으로** 자신들을 상호 간의 사랑 안에서 받아들여지는 것으로, 곧 성령으로 전달하는 한에 있어서, 그리고 정확하게 바로 그러한 이유 때문에, 성부는 우리에게 자신을 주신다.[58]

하나님의 삼중적인 자기전달은 하나님의 세 위격들 각각이 지니는 고유한 본성에 따라서 일어난다. 첫째, 성부는 성자와 성령의 관계 속에서 기원이 없는 분이시기 때문에, 자신을 영원히 주권적인 성부 하나님으로서 세계에 주신다. 둘째, 성자는 성부에게서 출생되시기 때문에, 로고스의 성육신 안에서 하나님 자신을 세계에 현시하신다. 마지막으로, 성령은 성부와 성자 사이의 사랑으로서 성부와 성자에게서 출원하시기 때문에, 성령의 강림 안에서 인간들의 초월적인 마음 안으로 들어오신다.[59] 하나님은 자신의 삼중적인 자기전달을 통해, 곧 하나님 자신이 존속하고 계시는 세 가지 관계적인 방식을 통해 세계와 관계를 맺으신다.

더욱 중요하게는 하나님의 자기전달 안에서 전달되어지는 내용은 정확히 하나님 자신 안에 있는 하나님 자신이다. 세계와 맺으시는 하나님의 삼중적인 관계는 단순히 내적인 삼위일체의 "복사"(copy)나 "유

---

58) Rahner, *The Trinity*, 35. 라너 자신의 강조임.
59) Rahner, "Oneness and Threefoldness of God," 115.

비"(analogy)가 아니라, 정확하게 바로 삼위일체 하나님 자신이다. 왜냐하면 하나님의 자기전달은 성부가 성자 및 성령에게 하나님의 본질을 전달하시는 두 개의 내적인 방식들을 따라서 정확하게 일어나기 때문이다. 정확히 바로 이러한 방식으로만이 하나님께서도 하나님 자신을 전달하실 수 있다. 그러므로 라너는 자신의 동일성 규칙의 핵심을 다음과 같이 요약한다.

> 하나님은 자신의 피조물에게 행하시는 절대적인 자기전달을 통해 자신을 완전히 충만하게 주셨다. 그래서 "내재적" 삼위일체가 "구원 경륜"의 삼위일체가 된다. 그리고 우리가 경험하는 구원의 삼위일체가 내재적 삼위일체다. 이것은 하나님께서 우리와 맺으시는 삼위일체가 하나님께서 **자신 안에서** 가지시는 하나님의 실재**이심**, 곧 위격들의 삼위일체이심을 의미한다.[60]

요약하면, 경륜적 삼위일체와 내재적 삼위일체에 동일성이 존재한다는 라너의 입장은 대개 경륜적 로고스가 내재적 로고스이며 그 역도 성립함을 의미한다. 그리고 구원 역사에서 우리가 경험하는 성령이 삼위일체 내에 있는 성령이심을 의미한다. 더욱이 라너의 동일성 규칙은 성육신 안에서 경륜적 로고스가 가지는 위격적 연합이 내재적 로고스를 표현하는 구성적 방식 자체임을 근본적으로 의미한다. 또한 성령의 강림이 성부 및 성자로부터 영원히 출원하는 성령을 표현하는 구성적 방식 자체임을 근본적으로 의미한다. 더 나아가 이 모든 것이 함께 의미하는 바는, 성자의 성육신과 성령의 강림을 통해 성부 하나님께서 하나님 자신을 전달하신다는 점이다. 그리고 이것은 우리와 하나님의 관계가 하나님 자신 안에서

---

60) Rahner, "The Concept of Mystery," 69. 라너 자신의 강조임.

내재적 삼위일체와 경륜적 삼위일체

존재하시는 하나님의 실재 자체임을 함의한다.[61]

## III. 몰트만, 판넨베르크, 젠슨: 종말론적 일치

신학적 방법에 차이가 있음에도 불구하고, 위르겐 몰트만(1926-), 볼프하르트 판넨베르크(Wolfhart Pannenberg, 1928-2014), 미국의 루터교 신학자인 로버트 젠슨(Robert W. Jenson, 1930-)은 내재적 삼위일체와 경륜적 삼위일체의 종말론적 일치의 입장으로 수렴한다. 첫째, 몰트만은 경륜적 삼위일체가 자신을 완성하고 완전하게 하여 종말론적으로 내재적 삼위일체가 된다고 진술한다. 둘째, 판넨베르크는 하나님의 활동이 종말(eschaton)에 완성되므로 경륜적 삼위일체와 내재적 삼위일체의 일치는 종말론적으로 일어난다고 주장한다. 마지막으로, 젠슨은 내재적 삼위일체가 경륜적

---

61) 이 책의 앞부분에서 언급했듯이, 프레드 샌더스(Fred Sanders)는 라너의 규칙을 해석하는 학자들이 두 그룹으로 나누어진다고 주장한다. 곧 과격한 입장(radicalizers)과 제한된 입장(restricters)으로 나누어진다. 전자는 강력한 동일성을 주장하고, 후자는 라너의 규칙이 지나치게 많이 나가서 어느 정도 제한해야 한다고 주장한다. Sanders, "The Image of the Immanent Trinity," 108-198. 라너 자신도 자신의 동일성의 입장이 하나님의 자유하심을 위험하게 할 수 있음을 염려한다. 그래서 그는 자신의 방식대로 다음과 같이 말하면서 균형을 유지하고자 시도한다. "말씀에 의해 성령 안에서 이루어지는 하나님의 현존(God's presence)은 하나님 자신, 곧 영원한 신비(eternal mystery)와는 달라야 한다. 그렇지만 하나님의 현존이 하나님 자신 이외의 다른 것, 곧 하나님 자신 앞에 있어서 하나님 자신을 감추는 어떤 것일 수는 없다." Rahner, "Remarks on the Dogmatic Treatise," 100. 또한 라너는 다음과 같이 말한다. "동일성의 규칙은 물론 '경륜적' 삼위일체가 내재적 삼위일체와 함께 존재하는 것으로서 하나님께서 하나님 자신을 (초자연적으로) 전달하시는 자유로운 명령에 의해서만 존재함을 모두가 부인함을 의미하지는 않는다. 그러나 하나님의 이러한 자유로운 명령에 의해서, 하나님께서 하나님 자신을 세계에 나눠주시는 선물은 정확하게도 바로 삼위일체 하나님으로 존재하시는 하나님이시다. 그것은 작용인(efficient causality)을 통해 자신에 의해서 생성되는 어떤 것이 아니며, 단지 자신을 표상하는 어떤 것이 아니다." Rahner, *Sacramentum Mundi*, 1758.

삼위일체의 종말론적인 실재라는 의미에서 경륜적 삼위일체와 내재적 삼위일체의 동일성이 종말론적이라고 주장한다.

## 1. 몰트만: 송영적·종말론적 일치

몰트만에게 경륜적 삼위일체는 삼위일체 하나님이 계시된 구원 경륜 속에서 드러난 삼위일체를 지칭한다. 그래서 몰트만은 경륜적 삼위일체를 또한 "계시적 삼위일체"(revelatory Trinity)라고 명명한다. 다른 한편, 내재적 삼위일체는 하나님께서 하나님 자신 안에 있는 모습으로서의 삼위일체를 가리킨다. 그래서 몰트만은 내재적 삼위일체를 또한 "본체적 삼위일체"(substantial Trinity)라고 명명한다. 경륜적 삼위일체는 우리를 위하시는 하나님을 가리키는 반면에, 내재적 삼위일체는 하나님 자신 안에 있는 삼위일체를 지칭한다.[62] 몰트만은 내재적 삼위일체와 경륜적 삼위일체의 구별이 두 개의 상이한 삼위일체를 의미하지 않는다고 주장하면서, 내재적 삼위일체와 경륜적 삼위일체의 구별과 연속성을 주장하는 두 가지 신학적인 이유를 제시한다.

내재적 삼위일체와 경륜적 삼위일체의 구별과 연속성을 주장하는 첫 번째 이유는 하나님의 사랑이 진정으로 자유함과 은혜로움을 안전하게 확보하는 데 있다. 만약 삼위일체 하나님이 사랑이시지만 어떤 외적인 필연성이나 내적인 필연성으로 사랑하셔야 한다면, 하나님의 사랑은 자유롭지도 못하고 은혜롭지도 못할 것이다. 삼위일체 하나님은 자유하심과 은혜로우심으로 세계를 사랑하신다. 왜냐하면 세계를 향한 사랑은 삼위

---

62) Jürgen Moltmann, *The Trinity and the Kingdom: The Doctrine of God*, trans. Margaret Kohl (Minneapolis: Fortress Press, 1990), 151. 이후로는 *The Trinity and the Kingdom*으로 표기함. 본래의 독일어 책 *Trinität und Reich Gottes*는 1980년에 처음으로 출판되었다.

내재적 삼위일체와 경륜적 삼위일체

일체 하나님 자신이신 사랑 자체와 동일하기 때문이다. 다른 한편, 만약 삼위일체 하나님이 사랑이시지만 이 사랑이 하나님 자신에게만 충분하고 은혜와 구원을 전달하지 못한다면, 하나님의 세계를 향한 사랑은 자의적일 것이다. 삼위일체 하나님의 사랑은 본질적으로 은혜를 세계로 전달하는 사랑이다.[63)]

내재적 삼위일체와 경륜적 삼위일체의 구별과 연속성을 주장하는 두 번째 이유는 더 중요하다. 왜냐하면 두 번째 이유는 몰트만이 내재적 삼위일체와 경륜적 삼위일체를 이해하는 독특한 방식이 지닌 두드러진 특징 중 일부를 분명하게 보여주기 때문이다. 이러한 특징들은 궁극적으로 몰트만의 신학적 방법에 토대를 둔다. 몰트만은 다음과 같이 진술한다.

경륜적 삼위일체와 내재적 삼위일체를 구별하는 또 다른 구체적인 출발점을 송영(doxology)에서 발견할 수 있다. 삼위일체 하나님 자신 안에 있는 영원한 삶과 영원한 관계들에 관하여 내재적 삼위일체를 언급하는 주장들의 **삶의 정황**(Sitz im Leben), 곧 삶의 자리는 "성부와 성자와 성령께 영광!"이라는 교회의 찬양 및 예배에 있다.[64)]

---

63) 기독교 종말론에 관한 책에서 몰트만은 한편으로 하나님의 자기영화(God's self-glorification)의 주장, 곧 신적 종말론이 존재하는 자기영화의 주장을 비판한다. 다른 한편으로 그는 오직 하나님에 관한 삼위일체적 이해만이 이타적인 사랑과 하나님의 완성 모두를 아무런 모순이 없이 주장할 수 있다고 논증한다. 달리 말해, "하나님의 세 위격들이 온전한 이타적 사랑 안에서 상호적으로 서로를 사랑한다. 이들의 사랑에 의해 성부는 전적으로 성자 안에 존재하며, 성자는 전적으로 성부 안에 존재하고, 성령은 전적으로 성부 및 성자 안에 존재한다. 자신을 내어주는 상호 간의 사랑을 통해 그들은 완전하고 온전한 신적인 삶을 함께 형성한다. 이러한 신적인 삶은 자기를 내어줌을 통해 자신을 전달한다." Jürgen Moltmann, *The Coming of God: Christian Eschatology*, trans. Margaret Kohl (Minneapolis: Fortress Press, 1996), 326. 이후로는 *Christian Eschatology*으로 표기함. 본래의 독일어 책 *Das Kommen Gottes: Christliche Eschatologie*는 1995년에 출판되었다.

64) Moltmann, *The Trinity and the Kingdom*, 152. 몰트만 자신의 강조체임.

여기서 우리는 내재적 삼위일체가 몰트만에게는 삼위일체 하나님 내에서 영원한 내적인 관계들을 가리킨다는 점에 주목할 수 있다. 그러나 몰트만에게 있는 독특한 점은 내재적 삼위일체에 관한 우리의 주장들이 송영적이라고 주장하는 점이다. 몰트만에게 송영은 우리가 구원을 경험하면서 이것에 대한 응답으로 감사와 찬양과 경배를 표현하는 것이다. 몰트만은 이러한 송영적인 표현을 통해 우리가 인식하는 것에 참여하며 하나님의 삶의 충만성에 참여한다고 계속해서 주장한다. 이러한 송영적인 이해는, 우리가 경륜적 삼위일체 안에서 구원의 경험에 대한 송영적인 응답을 통해 내재적 삼위일체에 충만하게 참여한다는 점을 함의한다.[65]

송영 안에서 경륜적·내재적 삼위일체를 구별하는 것에 근거하여, 몰트만에게 경륜적 삼위일체는 구원에 대한 우리의 경험과 본질적으로 관계한다는 점과, 내재적 삼위일체는 경륜적 삼위일체 안에서 드러난 구원에 대한 우리의 경험으로부터 나오는 것과 관련이 있다는 점을 결론적으로 도출할 수 있다. 이러한 점들은 테올로기아(theologia)와 오이코노미아(oikonomia)에 대한 그의 이해에 잘 드러나 있다. 몰트만은 초대교회 시기에 하나님에 대한 송영적 지식을 테올로기아로 간주했고 구원의 교리를 오이코노미아로 간주했음을 상기시키면서, 내재적 삼위일체를 송영의 내용으로, 경륜적 삼위일체를 케리그마적·실천적 신학의 대상으로 여긴다.[66]

경륜적 삼위일체와 내재적 삼위일체에 관한 몰트만의 송영적 이해는

---

65) 몰트만의 다음의 책에서 삼위일체적 송영을 더 상세하게, 특히 성령과 관련하여 논의한다. Jürgen Moltmann, *The Spirit of Life: A Universal Affirmation*, trans. Margaret Kohl (Minneapolis: Fortress Press, 1992), 301-306. 이후로는 *The Spirit of Life*로 표기함. 본래의 독일어 책 *Der Geist des Lebens: Eine ganzheitliche Pneumatologie*는 1991년에 출판되었다.

66) Moltmann, *The Trinity and the Kingdom*, 152.

원리적으로는 자신의 신학적 방법에 기초한다. 몰트만은 예수 그리스도의 십자가 사건에서 충만하게 드러난 구원 경험에서 항상 출발한다.[67] 이런 신학적 방법은 몰트만의 삼위일체론에도 동일하게 적용된다. 몰트만은 칸트의 말을 바꾸어 다음과 같이 진술한다.

> 삼위일체 교리의 자리는 "사고의 생각함"이 아니라 **예수의 십자가**다. "인식이 없는 개념들은 공허하다"(칸트). 하나님을 삼위일체적으로 개념화하는 인식은 **예수의 십자가**다. "개념들이 없는 인식은 맹목적이다"(칸트). 십자가에 달리신 그리스도를 인식하기 위한 신학적 개념은 **삼위일체 교리**다.[68]

예수 그리스도의 십자가와 삼위일체 교리의 불가분리적인 관계로 인하여 몰트만은 예수 그리스도의 십자가를 삼위일체 교리의 질료적 원리(material principle)로, 삼위일체 교리를 십자가 지식의 형상적 원리(formal principle)로 간주한다.[69] 다른 말로 표현하면, 그리스도의 실제적 십자가는 삼위일체 교리의 내용(content)이며, 삼위일체 교리는 십자가에 달린

---

67) 몰트만은 십자가의 신학(the theology of cross)이 자신의 신학적 사상을 안내하는 빛이라고 말했다. 그리고 그것은 1964년도에 출간한 『희망의 신학』(Theology of Hope)을 거쳐 심지어 1948년도 말에 이르기까지 거슬러 올라간다고 인정한다. Jürgen Moltmann, The Crucified God: The Cross of Christ as the Foundation and Criticism of Christian Theology, trans. R. A. Wilson and John Bowden (Minneapolis: Fortress Press, 1993), 1. 이후로는 The Crucified God로 표기함.

68) Moltmann, The Crucified God, 240-241.

69) Moltmann, The Crucified God, 241; Jürgen Moltmann, "An Autobiographical Note," in Conyers, A. J. God, Hope, and History: Jürgen Moltmann and the Christian Concept of History (Macon: Mercer University Press, 1988), 213; Jürgen Moltmann, History and the Triune God: Conributions to Trinitarian Theology, trans. John Bowden (New York: Crossroad, 1992), 174. 이후로는 History and the Triune God으로 표기함. 이 책은 1991년도에 출판된 본래의 독일어 책 In der Geschichte des dreieinigen Gottes: Beiträge zur trinitarischen Theologie로부터 번역되었다.

그리스도의 형식(form)이다.[70]

더 구체적으로, 몰트만은 골고다에서의 십자가 사건이 페리코레시스적 일치를 이루고 있는 상이한 세 주체, 곧 성부와 성자와 성령의 이야기라고 설명한다. 곧 성부는 우리를 위해 성령을 통해 성자를 십자가에 내주셨다. 여기서 가장 두드러진 점은 몰트만이 십자가 사건 속에서 경륜적 삼위일체와 내재적 삼위일체를 모두 인식하고 있다는 점이다. 바로 우리를 위해 성부가 성령을 통해 성자를 십자가에 내주셨기 때문에, 십자가는 경륜적 삼위일체의 사건이다. 동시에 십자가가 하나님께서 자신을 자신으로부터 구별하셨다는 의미에서 하나님과 하나님 사이의 사건이기 때문에, 십자가는 내재적 삼위일체의 사건이다. 달리 표현하면, 십자가는 하나님 자신 안에 있는 깊은 구분과 하나님 자신 안에 있는 진정한 일치를 모두 포함하는 사건이다. 성부께서 성령 안에서 성자를 십자가에 내어주셨기 때문에 십자가는 하나님 자신 안에 있는 깊은 구분을 포함한다. 동시에 성부께서 성령을 통해 성자와 하나 됨을 이루셨기 때문에 십자가는 하나님 자신 안에 있는 참된 일치를 포함한다.[71] 이런 방식으로, 몰트만에게 예수 그리스도의 십자가는 우리를 위한 삼위일체적 사건인 동시에 하나님 자신 안에 있는 삼위일체적 사건이다. 곧 예수 그리스도의 십자가는 경륜적 삼위일체의 사건인 동시에 내재적 삼위일체의 사건이다.

경륜적 삼위일체와 내재적 삼위일체의 관점으로 십자가 사건에 접근하는 몰트만의 이해는 경륜적 삼위일체와 내재적 삼위일체의 관계에 관한 그의 논의에 몇몇 중요한 함의들을 지닌다. 첫째, 몰트만은 경륜적 삼위일체와 내재적 삼위일체를 나누는 자신의 구별 자체는 형이상적이지도 사변적이지도 않으며, 오히려 매우 구체적이고 실천적이라고 주장한다.

---

70) Moltmann, *The Crucified God*, 246.
71) Moltmann, *The Crucified God*, 244-246.

내재적 삼위일체와 경륜적 삼위일체

왜냐하면 경륜-내재에 관한 자신의 구별은 예수 그리스도가 우리를 위해 골고다에서 십자가에 달려 죽으신 구체적 사건에 철저히 근거하고 있기 때문이다.

둘째, 몰트만은 경륜-내재에 관한 구별 자체는 외부에서 부과되는 것이 아니라 하나님 자신에게서 연원한다고 주장한다. 왜냐하면 하나님께서 십자가 사건에서 하나님 자신을 하나님 자신으로부터 구별하셨기 때문이다. 이 측면에서 몰트만은 이데아 세계와 현상세계를 나누는 플라톤적인 구분에 경륜-내재에 관한 구별의 토대를 두었던 교부들의 전통을 비판한다. 몰트만의 판단에 따르면, 교부들의 전통적인 구분은 경륜-내재에 관한 구별에 잘못된 개념들을 잘못 부과한다. 예를 들면 그런 구분은 이분법적으로 세계와 하나님을 무상적인 것과 비무상적인 것, 시간적인 것과 영원한 것, 감동하는 것과 무감동하는 것, 의존적인 것과 독립적인 것으로 잘못 분리한다.

셋째, 앞서 논의한 입장들의 귀결로서, 몰트만은 전통적인 구별이 십자가 사건을 단순히 구원의 경륜에만 관련시키고 내재적 삼위일체와는 관련이 없도록 만드는 한, 그러한 전통적인 구별을 포기하는 것이 필수적이라고 생각한다. 이런 측면에서, 몰트만은 경륜적 삼위일체와 내재적 삼위일체에 관한 라너의 동일성의 규칙이 비록 한쪽을 다른 쪽으로 용해시켜버리는 위험성이 있음을 인정한다고 하더라도, 자신은 라너의 동일성의 규칙을 지지한다고 주장한다. 어쨌든 몰트만의 의도는 경륜적 삼위일체와 내재적 삼위일체의 상호관계를 강조하는 것이다.

넷째, 몰트만은 십자가 사건에 근거하여 하나님에 관하여 "소급적으로"(retrospectively) 말할 수 있는 신학적 가능성을 이끌어낸다.[72] 이것은

---

72) Moltmann, *The Crucified God*, 247.

우리가 오직 십자가 사건의 관점에서만 하나님에 대해 말할 수 있다는 점을 의미한다. 몰트만의 소급적인 방식의 신담론(God-talk)은 형이상적인 또는 도덕적인 전제들에 의존하는 기존의 전통 방식들의 신담론과는 날카롭게 대조된다. 몰트만에 따르면, 자신의 삼위일체적 십자가 신학은 이미 전제되었던 신개념의 틀로써 십자가 사건을 더 이상 해석하지 않는다. 그 대신, 몰트만은 자신의 삼위일체적 십자가 신학은 오직 십자가의 역사로부터만 신담론을 전개한다고 주장한다. 십자가에서 죽으신 예수 그리스도의 이야기만이 하나님의 정체성과 하나님의 본성을 정확하게 보여주기 때문이다.

다섯째, 몰트만은 뚜렷하게 더 나아가, 십자가 사건 자체 안에서 경륜적 삼위일체는 내재적 삼위일체에 "소급적 영향"(retroactive effect)[73]을 끼친다고 주장한다. "소급적 영향"에 관한 몰트만의 통찰력은 십자가 사건을 해석하는 그의 방식에 토대를 둔다. 곧 몰트만은 십자가 사건을 "하나님의 세 위격들이 상호관계 속에서 자신들을 구성하는 관계와 연관이 되는 사건"으로 해석한다.[74] 그는 이러한 입장을 다음과 같이 진술한다.

> 우리를 위해 십자가에서 성자를 내어주심은 성부에게 소급적인 영향을 끼치며 무한한 고통을 일으킨다. 십자가에서 하나님은 자신의 온 창조세계를 위해 외적으로 구원을 **창조하시며**, 동시에 하나님 자신 안에서 온 세계의 재앙을 내적으로 **당하신다**. 세계를 창조하신 때로부터 **삼위일체의 외적인 활동들**(*opera trinitatis ad extra*)은 **삼위일체의 내적인 고통들**(*passiones trinitatis ad intra*)에 상응한다.[75]

---

73) Moltmann, *The Trinity and the Kingdom*, 160.
74) Moltmann, *The Crucified God*, 247.
75) Moltmann, *The Trinity and the Kingdom*, 160. 굵은 글씨는 몰트만 자신의 강조다.

내재적 삼위일체와 경륜적 삼위일체

십자가 사건은 성부와 성자와 성령의 관계를 형성한다. 이런 의미로 경륜적 삼위일체는 내재적 삼위일체에 소급적인 영향을 행사한다. 달리 표현하면, 경륜적 삼위일체가 내재적 삼위일체를 결정하는 것이다. 곧 십자가의 고통이 영원부터 영원까지 삼위일체 하나님의 내적인 삶을 결정한다고 몰트만은 추가적으로 말한다.[76]

마지막으로 몰트만은 무엇보다도 십자가 사건 안에서 종말론적인 차원을 발견한다. 그에 따르면, 성자를 버리셨던 성부와 버림을 당하였던 성자 사이에서 일어난 십자가 사건은 본질적으로 세 위격들 사이에서 일어난 종말론적 사건이다. 왜냐하면 성령은 성부와 성자 사이의 사랑이며, 또한 생명과 구원을 창조하는 사랑이기 때문이다. 이러한 방식으로 십자가 사건은 죄책과 사망으로 가득 찬 모든 인간의 역사를 자신 안에 포함하고, 이것을 하나님의 역사 또는 삼위일체의 역사 안으로 끌어올리며, 나아가 삼위일체의 역사의 미래에 통합시킨다.[77] 십자가의 고통이 삼위일체 하나님의 내적인 삶을 결정하듯이, 성령을 통한 우리의 송영적 응답도 삼위일체 하나님의 내적인 삶을 결정한다. 성자의 십자가가 삼위일체 하나님 사이의 내적인 관계들에 소급적인 영향을 끼치듯이, 성령을 통한 우리의 송영적 표현도 삼위일체 하나님의 내적인 삶을 구성한다. 이러한 점에 관하여 몰트만은 기독교의 송영이 항상 종말론적인 전망으로 끝난다고, 곧 삼위일체 하나님을 영원히 찬양하고 경배할 종말론적인 전망으로 끝난다고 진술한다.

지금까지 우리는 경륜적 삼위일체와 내재적 삼위일체의 구별에 관한 몰트만의 송영적 이해를 그의 신학적 방법을 고려하면서 검토했다. 그의 신학적 방법은 항상 예수 그리스도의 십자가 사건에서 출발한다. 이러한

---

76) Moltmann, *The Trinity and the Kingdom*, 161.

77) Moltmann, *The Crucified God*, 246.

검토 과정을 통해 우리는 창조적이며 심지어 도발적인 몇몇 통찰들을 발견했다. 곧 경륜과 내재의 구별에 대한 비(非)형이상학적인 이해, 더 구체적으로 말하자면 비플라톤적인 이해, 예수 그리스도의 십자가와 삼위일체 교리 사이의 비분리적인 관계, 십자가 사건의 관점에서 신담론(God-talk)을 말하는 소급적인 방식, 경륜적 삼위일체가 내재적 삼위일체에 소급적으로 영향을 끼친다는 사실, 그리고 종말론적인 차원을 발견했다. 이러한 통찰들을 바탕으로 몰트만은 내재적 삼위일체와 경륜적 삼위일체 사이의 전통적인 이분법을 극복했다고 주장한다. 그에 따르면 전통적인 이분법은 십자가 사건을 부적절하게 해석한다. 다시 말해, "질적으로 상이한 두 가지 본성들 사이에 일어나는, 곧 고통을 당할 수 없는 신적 본성과 고통을 당할 수 있는 인간적 본성 사이에 일어나는 상호관계로서만 정적으로" 십자가 사건을 잘못 해석하는 것이다.[78]

경륜적 삼위일체와 내재적 삼위일체에 관한 자신의 종말론적인 이해에 관하여, 몰트만은 다음과 같이 말한다.

만약 이것이 송영의 정수라면, 내재적 삼위일체의 교리는 또한 종말론의 일부분이다. **경륜적 삼위일체**는 자신을 완성하고 완전하게 함으로써 **내재적 삼위일체**가 된다. 이러한 때에는 구원의 역사와 경험이 완성되고 완전하게 되며, 또한 **경륜적 삼위일체**는 **내재적 삼위일체**로 고양되고 초월된다.[79]

몰트만에게서 경륜적 삼위일체는 종말론적으로 내재적 삼위일체이며, 내재적 삼위일체는 송영적으로 경륜적 삼위일체다.

---

78) Moltmann, *The Crucified God*, 245.

79) Moltmann, *The Trinity and the Kingdom*, 161.

내재적 삼위일체와 경륜적 삼위일체

## 2. 판넨베르크: 미래주의적·종말론적 일치

판넨베르크에게 있어 경륜적 삼위일체는 주로 구원 역사의 삼위일체 (Trinity of salvation history) 또는 구원 경륜의 삼위일체(Trinity of the economy of salvation)를 가리킨다. 경륜적 삼위일체는 대부분 "하나님께서 세계와 맺으시는 관계들의 경륜"(economy of God's relations with the world)[80]과 관계가 있다. 판넨베르크가 암시하듯이, 경륜적 삼위일체는 "계시의 삼위일체"(Trinity of revelation) 또는 "계시적인 삼위일체"(revelational Trinity)[81]가 표현하기를 의도하는 바에 대략적으로 상응한다. 반면 내재적 삼위일체는 주로 "하나님 안의 내재적인 관계들"(immanent relations in God),[82] "삼위일체 하나님의 내적인 삶"(intratrinitarian life of God),[83] "하나님의 삶의 내재성"(immanence of the divine life)[84]을 가리킨다. 그는 내재적 삼위일체가 신학의 역사에서 몇몇 다른 용어들, 곧 "영원한 삼위일체"(eternal Trinity) 또는 "본질적인 삼위일체"(essential Trinity)[85] 같은 용어에 가깝다고 여긴다. 그는 경륜적 삼위일체와 내재적 삼위일체를 이런 방식으로 구별한다. 경륜적 삼위일체는 구원의 경륜 안에서 하나님께서 우리와 맺으시는 관계들에 관심을 기울이는 반면에, 내재적 삼위일체는 삼위일체 하나님 안에서의 내적인 관계들에 관심을 기울인다.

경륜적 삼위일체와 내재적 삼위일체의 관계에 관하여, 판넨베르크는

---

80) Wolfhart Pannenberg, *Systematic Theology Vols. I-III*, trans. Geoffrey W. Bromiley (Grand Rapids: Williams B. Eerdmans, 1988-1993), I, 5, 327 그리고 331.

81) Pannenberg, *Systematic Theology*, I, 5, 291 그리고 300.

82) Pannenberg, *Systematic Theology*, I, 5, 294.

83) Pannenberg, *Systematic Theology*, I, 5, 313.

84) Pannenberg, *Systematic Theology*, III, 15, 646.

85) Pannenberg, *Systematic Theology*, I, 5, 291 그리고 313.

라너의 동일성의 규칙을 긍정적으로 그리고 비판적으로 검토한다. 그는 동일성의 규칙을 검토하면서 경륜적·내재적 삼위일체 관계에 관한 자신의 입장을 드러낸다. 그는 그것을 긍정적으로 평가하면서도, 또한 자신만의 해석을 제시한다.

> 이 명제(라너의 동일성의 규칙)는 단지 삼위일체 교리가 **예수 그리스도 안에서 드러난 하나님의 계시**에서 시작하여 **영원한 본질 안에 있는 삼위일체**로 나아간다는 점을 의미하는 것이 아니다. 계시를 하나님의 신성과 무관한 것이라고 여길 수 없기에, 삼위일체 교리는 **하나님의 영원한 본질 안에 있는 삼위일체를 하나님의 역사적인 계시와 항상 연결시켜야** 함을 의미한다.[86]

판넨베르크의 견해에 따르면, 라너의 동일성의 규칙은 예수 그리스도 안에서 드러난 하나님의 계시와 하나님의 영원한 본질 사이의 부단한 연관성을, 또는 하나님의 계시와 하나님의 신성 사이의 부단한 연관성을 확고하게 붙들고 있다는 점에서 바람직하다.

그러나 판넨베르크는 라너의 동일성의 규칙에 관하여 몇 가지 비판적인 언급들을 제시한다. 첫째, 라너의 동일성의 규칙은 협소하게 로고스의 성육신의 경우에만 한정되어 있다. 판넨베르크는 신적 로고스와 인간적 예수와의 위격적 연합이 독특하다는 점에서는 라너에게 동의하지만, 라너의 동일성의 규칙은 확대되어야 하며 세계 속에서 활동하시는 삼위일체 하나님의 경륜 전체의 더 광범위한 상황 속에서 라너의 동일성의 규칙을 고려해야 한다고 제안한다.[87] 여기서 우리는 판넨베르크에게 구원의 경륜은 단순히 성자의 성육신과 성령의 강림만이 아니라는 것을 주목해

---

86) Pannenberg, *Systematic Theology*, I, 5, 328.
87) Pannenberg, *Systematic Theology*, I, 1, 328.

내재적 삼위일체와 경륜적 삼위일체

야 한다. 판넨베르크에게 구원의 경륜은 하나님께서 경륜의 모든 활동을 통해 세계와 맺으시는 관계들과도 광범위하게 관련이 있다.

둘째, 판넨베르크는 라너의 동일성의 규칙이 내재적 삼위일체가 경륜적 삼위일체 안으로 용해된다는 의미로 해석될 수 있다는 독일의 로마가톨릭 추기경 발터 카스퍼(Walter Kasper, 1933-)의 염려에 공감한다.[88] 그러나 이 두 신학자의 해결책은 서로 매우 다르다. 카스퍼는 내재적 삼위일체가 지니는 부정신학적(apophatic) 특성에 호소한다. 그는 부정신학을 통해 내재적 삼위일체가 모든 언어와 개념을 벗어나며, 그래서 내재적 삼위일체는 경륜적 삼위일체 안에서 영원히 "엄밀한 의미로서의 신비"(mysterium stricte dictum)라고 주장한다. 게다가 그는 경륜적 삼위일체에서 일종의 추론을 통해 내재적 삼위일체를 이끌어내는 것이 불가능하다고 주장한다.[89] 그러나 판넨베르크는 카스퍼와 달리 내재적 삼위일체와 경륜적 삼위일체의 구별을 끈질지게 주장하면서, 경륜적 삼위일체와의 분리 속에서는 내재적 삼위일체를 볼 수 없다는 점을 강조한다.

마지막으로 판넨베르크는 라너와 카스퍼를 모두 비판한다. 그들이 내재적 삼위일체에 관한 어떤 지식을 처음부터 전제한다고 판단했기 때문이다. 판넨베르크는 라너가 예수 그리스도 안에서 드러난 하나님의 계시와는 별개인 하나님의 영원한 본질에 관한 무언가를 이미 스스로 전제하

---

88) Pannenberg, *Systematic Theology*, I, 5, 331. 발터 카스퍼는 라너의 동일성의 규칙을 꼼꼼하게 논의한다. Walter Kasper, *The God of Jesus Christ*, trans. Matthew J. O'Connell (New York: Crossroad, 1984), 275-276.

89) Kasper, *The God of Jesus Christ*, 276. 여기서 카스퍼는 라너의 규칙을 다음과 같이 말을 바꾸어 표현한다. "삼위일체의 내적인 자기전달은 경륜적 자기전달을 통해 새로운 방식으로, 곧 역사적인 말들, 표지들, 행동들의 베일 아래에서 세계 안에 현존하고, 궁극적으로는 나사렛의 인간 예수 안에 현존한다." 이러한 방식으로, 카스퍼는 경륜적 삼위일체의 케노시스적 특성과 자유로운 은혜적 특성을 정당하게 다룰 뿐만 아니라, 내재적 삼위일체도 정당하게 다루고 있다고 주장한다.

고 있음을 다음과 같이 지적한다.

> 라너는 하나님의 영원한 자기 정체성이 성자 및 성령의 구원-역사적 활동들
> 에서 독립적으로 개념화될 수 없다는 결론을 아직 도출하지 않았다. 정반대
> 로 라너의 견해에 따르면, 하나님의 영원한 자기 정체성이 지닌 독립성은 확
> 고부동한 전제로 남아 있다.[90]

이런 점에서 더 나아가, 판넨베르크는 라너가 하나님의 영원한 자기 정
체성과 예수 그리스도 안에서 드러난 하나님의 계시 사이에 부단한 연관
성을 확보하기 위한 어떤 개념적인 틀도 제시하지 않았다고 지적한다.[91]
긍정적이든 비판적이든, 라너의 동일성의 규칙에 대한 판넨베르크의
언급들은 그의 신학적 방법의 관점에서 접근할 때에 가장 잘 이해된다.[92]
판넨베르크가 자신의 작품 『조직신학』(Systematic Theology)에서 신학의
개념을 하나님의 진리에 대한 탐구로 정의하는 데서 시작한다는 점은 주
목할 만하다. 그런 후에 그는 하나님의 진리에 대한 우리의 지식이 하나
님에 의해서 가능하고, 그 결과 계시에 의해서 가능해진다는 점을 주장한
다.[93] 하나님에 대한 우리의 지식이 신적인 계시에 의존한다는 점이 그의
신학 개념을 구성하는 것이다.[94] 판넨베르크는 하나님께서 자신을 내어

---

90) Wolfhart Pannenberg, "Problems of a Trinitarian Doctrine of God," *Dialog* Vol. 26
No.4 (Winter 1987): 251. 이후로는 "Problems of a Trinitarian Doctrine"로 표기함.
91) Pannenberg, "Problems of a Trinitarian Doctrine," 251.
92) 그렌츠는 판넨베르크의 책 전체를 간결하면서도 압축적으로 정리한다. 그는 각각의 주
제를 개관하고 그것의 쟁점들을 순서대로 검토한다. Stanley J. Grenz, *Reason for Hope:
The Systematic Theology of Wolfhart Pannenberg* (Oxford: Oxford University Press,
1990).
93) Pannenberg, *Systematic Theology*, I. 1. 2.
94) Pannenberg, *Systematic Theology*, I, 1, 4.

주셔야 우리가 하나님을 알 수 있다고 말한 바르트에게 동의한다. 그러나 바르트와는 달리 그는 계시가 지닌 간접적인 특성을 더 강조한다. 판넨베르크가 1961년에 출간한 『역사로서의 계시』(Revelation as History)에서 제시한 첫 번째 명제에 따르면, 성서의 증언들에서 드러난 하나님의 자기계시는 신현(theophany)과 같은 의미의 직접적인 유형이 아니다. 오히려 하나님의 자기계시는 하나님의 역사적인 행동들에 의해 일어나기 때문에 간접적이다.[95] 이러한 명제의 귀결로서 판넨베르크는 계시에 대한 어떠한 정적인 개념도 거부한다.

계시의 간접적인 특성에 관한 이러한 견해는 판넨베르크 신학의 몇몇 특징을 결정한다. 『역사로서의 계시』의 두 번째 명제는 그것들을 발아적으로 표현한다. 두 번째 명제에 따르면, 계시는 처음에 완전히 파악되지 않고 계시의 역사 끝에서 파악된다. 역사의 끝에 있을 하나님의 최종적인 계시를 통해, 하나님의 진리와 그 내용에 관한 최종적인 지식이 생겨날 것이다.[96] 이 점에 대해 판넨베르크는 하나님에 관한 신학적 진술들은 본질적으로 역사적이고, 잠정적으로 가설적이며, 궁극적으로 종말론적이라고 주장한다.

판넨베르크는 그의 신학의 모든 특징을 통해 하나님의 신성을 통치(rule)와 주권(lordship)으로 이해하는 입장으로 나아간다. 이러한 입장은 "판넨베르크의 원리"(Pannenberg's Principle)로 명명된다.[97] 이 원리에 따

---

95) Wolfhart Pannenberg, *Revelation as History*, trans. David Granskou (New York: The Macmillan Company, 1968), 125. 판넨베르크가 중심적인 역할을 담당했던 소위 "하이델베르그 학파"(Heidelberg Circle) 또는 "판넨베르크 학파"(Pannenberg Circle)가 1961년에 처음으로 이 책을 출간했다.

96) Pannenberg, *Systematic Theology*, I, 1, 16.

97) "판넨베르크의 원리"(Pannenberg's Principle)라는 용어를 처음으로 만든 이는 로저 올슨(Roger E. Olson)이다. Roger E. Olson, "Wolfhart Pannenberg's Doctrine of the Trinity," *Scottish Journal of Theology* Vol.43 No.2 (1990), 199. 스탠리 그렌츠도 이러

르면, 세계에 대한 하나님의 주권이 가시적일 때, 곧 하나님 나라가 임할 때 하나님의 신성은 계시된다. 이러한 원리는 만약 하나님께서 하나님 자신을 세계의 주님으로 증명하시지 않는다면 하나님께서는 세계의 하나님이 되지 못할 것임을 함축한다.[98] 이러한 측면에서 판넨베르크의 원리는 하나님의 신성 또는 본질이 철저하게 역사 속에서 창조세계에 의존해 있다는 점을 의미한다. 게다가 하나님은 자신의 주권을 실행하실 때만 하나님이 되시고, 또한 하나님의 주권의 충만한 완성은 미래적인 어떤 것으로 정해지기 때문에, 판넨베르크는 이러한 의미에서 하나님은 미래성이며 **"존재의 질로서의 미래성"**(Seinsbeschaffenheit)이라고 말한다.[99] 더 나아가 그는, 하나님은 미래의 권능이시기 때문에 하나님에 관한 모든 언어와 개념을 항상 벗어난다고 말한다.[100]

이러한 신학적 방법이 함의하는 바들을 따르면서 판넨베르크는 삼위일체 교리를 설명하고 발전시킨다.[101] 특히 예수 그리스도에 관한 자신의 이해까지도 포함하여, 예수 그리스도를 하나님의 역사적 자기계시로 이해하는 관점에서 삼위일체 교리를 설명하고 발전시킨다. 판넨베르크

---

한 점을 확증한다. Grenz, *Rediscovering the Triune God*, 96; 판넨베르크의 원리는 가장 이르게는 1967년에 발견된다. Wolfhart Pannenberg, "Theology and the Kingdom of God," Una Sancta Vol.24 No.2 (Pentecost, 1967), 6-7. 이 논문은 다음의 책 *Theology and the Kingdom of God* ed. Richard John Neuhaus Philadelphia: The Westminster Press, 1969, 51-71에 포함되어 있다.

98) Wolfhart Pannenberg, "The God of Hope," in *Basic Questions in Theology: Collected Essays Vols. I-II*, trans. George H. Kehm (Philadelphia: Fortress Press, 1971), II, 242. 이 책은 판넨베르크의 1967년도 책 *Grundfragen systematischer Theologie: Gesammelte Aufsätze* (Göttingen: Vandenhoeck & Ruprecht, 1967)을 번역한 것으로, 1959-1965에 행한 여러 강연들과 논문들로 구성되어 있다.

99) Pannenberg, "The God of Hope," II, 240.

100) Pannenberg, "The God of Hope," II, 242.

101) 판넨베르크의 삼위일체론 요약에 관해서는 로저 올슨의 논문 "Pannenberg's Doctrine of the Trinity"를 참고하라.

내재적 삼위일체와 경륜적 삼위일체

에 따르면, 예수 그리스도는 "창조세계와 역사를 위한 하나님의 계획의 정수이며, 종말적이지만 이미 선취적인 계시의 정수"다.[102] 판넨베르크에게 예수 그리스도는 한편으로 성부와의 상호적인 자기구별(mutual self-differentiation)을 통해 자신을 성자로서 드러내고, 다른 한편으로 성령과의 상호적인 자기구별을 통해 자신을 성자로서 드러낸다. 이 이야기가 판넨베르크에게 삼위일체 교리의 "기초" 또는 "출발점"이 된다는 점은 매우 주목할 만하다.[103] 다른 말로 표현하면, 판넨베르크에게 하나님의 상호적인 자기구별들(reciprocal self-distinctions)은 삼위일체 위격들의 신성을 구성한다.[104]

성부와 성자 사이의 상호적인 관계에 관하여, 판넨베르크는 다음과 같이 진술한다.

정확하게 말하면 예수는 자신을 성부와 구별함으로써, 성부의 피조물로서 자신을 성부의 뜻에 복종시킴으로써, 그리고 다른 이들로 하여금 자신이 선포한 하나님의 주권에 양보하라고 말씀하신 것처럼 예수 자신이 신성을 주장하시는 아버지의 주장에 양보함으로써, 예수는 자신이 하나님의 아들임을 보여주었고 자신을 보내셨던 성부와 하나임을 보여주었다(요 10:30). …

하나님의 아버지 되심에 상응하는 자로서 예수는 성자다. 그리고 바로 여

---

102) Pannenberg, *Systematic Theology*, I, 4, 257. 여기서 판넨베르크는 삼위일체론을 예수 그리스도 안에서 하나님의 말씀으로 드러난 하나님의 자기계시의 함의를 설명하는 것이라고 간주한다.

103) Pannenberg, *Systematic Theology*, I, 5, 272-273.

104) Wolfhart Pannenberg, "The God of History: The Trinitarian God and the Truth of History," trans. M. B. Jackson, *The Cumberland Seminarian* Vol.19 No.2-3 (Winter-Spring, 1981), 36. 이것의 본래 독일어 논문은 다음과 같다. "Der Gott der Geschichte: Der trinitarische Gott und die Wahrheit der Geschichte," *Kerygma and Dogma* Vol.23 (1977): 76-92.

기서 영원한 하나님이 성부로서 계시되며, 그리고 성자와의 관계 속에서 성부가 되시는 한에 있어서 모든 곳에서 아버지가 되시기 때문에, 성자는 성부의 영원한 상대자로서 성부의 신성을 공유한다.[105]

판넨베르크의 주장에 따르면, 예수가 자신을 성부와 구별하는 자기구별은 예수가 영원한 하나님과 맺는 교제를 구성할 뿐만 아니라, 또한 성부와 관계를 맺고 있는 영원한 성자를 구성한다. 성부의 편에서 보면, 성부로서의 하나님은 예수가 성부와 맺는 관계 속에서만 드러나며, 그러므로 성부가 성자로서의 예수와 가지는 영원한 만남 속에서만 드러난다. 여기에 성부와 성자 사이의 진정한 상호의존성이 드러난다. 또한 이러한 상호의존성은 "성부께서 자신의 주권을 성자에게 양도하시고 성자가 성부에게 그것을 되돌려주시는 모습" 속에서 분명하게 드러난다.[106] 마찬가지로 진정한 상호의존성은 성부와 성자와 성령 사이에서도 적용된다. 왜냐하면 예수의 사역에서 드러난 혹은 성자가 성부와 누리는 교제에서 드러난 하나님의 현존에 성령이 항상 참여하고 있기 때문이다. 따라서 성부와 성자와 성령 사이에 존재하는 상호의존성의 관계가 각각의 위격보다 우선적이다. 이러한 점에 근거하여 판넨베르크는 필리오케(*Filioque*)를 거부한다. 판넨베르크에게 필리오케는 성령이 성부와 성자에게 종속되어 있음을 함축하는 것처럼 보이기 때문이다.[107]

이러한 상호적인 자기구별의 개념을 경륜적·내재적 삼위일체 관계에 적용함으로써, 판넨베르크는 세 위격들의 상호적인 자기구별이 내재적

---

105) Pannenberg, *Systematic Theology*, I, 5, 310.

106) Pannenberg, *Systematic Theology*, I, 5, 313.

107) Pannenberg, *Systematic Theology*, I, 5, 317.

내재적 삼위일체와 경륜적 삼위일체

삼위일체와 경륜적 삼위일체의 일치를 위한 토대가 된다고 주장한다.[108] 성부의 신성은 성자의 역사적 활동과 성령의 종말론적 활동에 의존한다. 그러므로 하나님의 활동은 종말에 이르러서야 완성에 이른다. 다른 말로 표현하면, 창조세계에 대한 하나님의 주권 또는 하나님의 통치는 종말에 이르러서야 완성된다. 이러한 의미에서 판넨베르크는 경륜적 삼위일체와 내재적 삼위일체의 일치가 종말론적으로 일어난다고 분명하게 표현한다.

게다가 판넨베르크에 따르면, 종말은 한편으로는 현재 역사의 끝을 의미하고, 다른 한편으로는 현재 역사의 완성 또는 성취를 의미한다. 그러므로 하나님 나라는 단지 역사의 끝에 일어나는 것이 아니라, 오히려 현재에 영향을 미치고 심지어 현재를 구성하기도 한다. 하나님의 나라는 영원이 시간 속으로 들어가는 것이다.[109] 이러한 측면에서 판넨베르크의 종말론은 현재와 미래 사이의 밀접한 관계성을, 더 나아가 시간과 영원 사이의 밀접한 관계성을 주장한다. 달리 말해, 현재는 드러남(manifestation)의 한 형태로서 그리고 되어감(becoming)의 한 과정으로서 간주될 수 있으며, 또한 미래는 현재의 실재를 전적으로 상이하게는 만나지 않는다고 간주될 수 있다.[110] 미국의 퍼시픽 루터신학교의 조직신학자 테드 피터스(Ted Peters, 1941-)도 이러한 점을 확증한다. 피터스의 설명에 따르면, 판넨베르크에게 영원은 단순히 자신만의 실재를 발생시키는 무시간성을 뜻하는 것이 아니다. 오히려 그의 영원은 종말론적인 이행의 시점에서 시간적인 창조세계를 영원 자체 안으로 이끌어 올림을 말한다.[111]

더 나아가, 경륜적 삼위일체와 내재적 삼위일체의 관계를 다루는 판넨

---

108) Pannenberg, "Problems," 252.

109) Pannenberg, *Systematic*, III, 15, 595.

110) Pannenberg, *Systematic*, III, 15, 605.

111) Ted Peters, "Wolfhart Pannenberg," in *A New Handbook of Christian Theologians*, eds. Donald W. Musser & Joseph L. Price (Nashville: Abingdon Press, 1996), 373.

베르크의 논의는 하나님과 창조세계의 관계에 대한 논의와 항상 관련이 있다. 그래서 경륜적 삼위일체와 내재적 삼위일체의 종말론적 일치는 세계를 향한 하나님의 사랑이라는 핵심과 불가피하게 연결되어 있다. 따라서 판넨베르크는 자신의 『조직신학』을 다음과 같이 인상적인 구절로 끝맺는다.

> 창조에서 시작해 화해를 거쳐 구원의 종말론적 미래로 나아가는 도상 전체에서, 하나님의 구원 경륜의 진행은 하나님의 영원한 미래가 피조물들의 구원으로 진입하는 것의 표현이다. 따라서 그것은 하나님의 사랑의 드러남이다. 여기에 하나님께서 **하나님 자신의 삶의 내재성** 밖으로 나오셔서 **경륜적 삼위일체**가 되시는 것의 기초가 있다. 그리고 이것에 의해 피조물들이 중재됨으로써 하나님의 삼위일체적 삶 안으로 통합되어지는 것의 기초가 있다. **내재적 삼위일체와 경륜적 삼위일체**의 구별과 일치는 하나님의 사랑의 심장박동을 형성한다. 그리고 그러한 단 하나의 심장박동을 통해 하나님의 사랑은 피조물들의 온 세계를 포함한다.[112]

## 3. 젠슨: 시간적 내러티브 속에서의 종말론적 일치

1969년에 발표한 논문에서[113] 미국의 대표적인 루터파 조직신학자이자 칼 바르트 신학자인 로버트 젠슨(Robert W. Jenson, 1930-)은 내재적 삼위일체와 경륜적 삼위일체 각각에 관한 자신의 개념과 양자의 관계에 관한 자신의 개념의 몇몇 특징들을 밝힌다. 여기서 젠슨은 자신만의 독창적인

---

112) Pannenberg, *Systematic Theology*, III, 15, 646.

113) Robert W. Jenson, "The Futurist Option in Speaking of God," *Lutheran Quarterly* Vol.21 No.1 (Fall 1969): 17-25. 이후로는 "The Futurist Option"로 표기함. 또한 다음의 책을 참고하라. *The Futurist Option*, eds. Carl E. Braaten and Robert W. Jenson (New York: Newman Press, 1970).

내재적 삼위일체와 경륜적 삼위일체

방식으로 하나님 자신 안에 있는 하나님(God in Godself)과 우리를 위한 하나님(God for us)을 구별한다.

> 삼위일체 교리는 태어났다.…그리고 삼위일체 교리가 주장하는 바는 다음과 같다. 곧 **"하나님 자신"**(God himself) **안에서** 우리가 발견할 것은 다른 어떤 시간성이 아니라, 하나님께서 **하나님 자신의 "경륜"** 안에서, 곧 시간 속에서의 하나님 자신의 사건 속에서, 우리를 위해 사시는 시간성이다. 하나님은 우리를 위해 사건으로 일어난다.…삼위일체 교리는 하나님께서 우리를 위해 사건으로 일어나듯이, 그렇게 하나님이 존재하신다고, 곧 하나님이 자신 안에서 그렇게 존재하신다고 말한다.[114]

여기서 하나님 자신 안에 있는 하나님은 내재적 삼위일체와 관련이 있으며, 경륜 안에서 드러나는 우리를 위하는 하나님은 경륜적 삼위일체와 연결된다. 젠슨에게 내재적 삼위일체와 경륜적 삼위일체의 구별은 하나님 자신 안에 있는 하나님과 우리를 위하는 하나님의 구별과 일치한다.

그러나 이러한 구별에도 불구하고 젠슨은 두 개의 분리된 수준에서의 존재들, 곧 영원한 삼위일체(eternal Trinity)와 시간적 삼위일체(temporal Trinity)가 있는 것은 아니라고 단호하게 강조한다. 그 대신 위에서 인용한 구절이 알려주듯이, 젠슨은 내재적 삼위일체와 경륜적 삼위일체는 **"동일한 실재를 기술하는 두 개의 방식들"**(two ways of describing the *same* reality)임을 고려해야 한다고 제안한다. 왜냐하면 하나님 자신 안에 있는 하나님은 다름 아닌 바로 우리를 위하는 하나님이시기 때문이다. 그래서 내재적 삼위일체는 다름 아닌 바로 경륜적 삼위일체다. 이러한 점을 명

---

114) Jenson, "The Futurist Option," 23-24.

확히 설명하기 위해서, 젠슨은 자신만의 용어, 곧 "삼위일체의 내재적 교리"(immanent doctrine of the Trinity)와 "삼위일체의 경륜적 교리"(economic doctrine of the Trinity)[115]를 고안했다.

다음으로, 젠슨은 1982년에 출간한 『삼위일체 정체성: 복음에 따른 하나님』(The Triune Identity: God According to the Gospel)에서 내재적·경륜적 삼위일체 관계에 관한 두 가지 규칙을 지지한다고 주장한다.[116] 첫 번째 규칙은 경륜적 삼위일체와 내재적 삼위일체의 동일성을 주장하는 라너의 동일성 규칙이다. 두 번째 규칙은 하나님의 자유하심의 규칙이다. 젠슨에 따르면 두 번째 규칙은 다음과 같은 것을 의미한다. 곧 그것은 비록 창조가 없었다고 하더라도 내재적 삼위일체가 경륜적 삼위일체일 수 있다는 것이다.[117] 젠슨은 두 번째 규칙을 경륜적·내재적 삼위일체를 구별하기 위한 신학적으로 정당한 이유라고 간주한다. 그러나 젠슨은 이 두 가지 규칙들을 인정함에도 불구하고, 그것들이 서로 조화를 이루는

---

115) Jenson, "The Futurist Option," 25.

116) Robert W. Jenson, *The Triune Identity: God According to the Gospel* (Eugene: Wipf and Stock Publishers, 2002), 139-140. 이후로는 *The Triune Identity*로 표기함. 이 책은 1982년에 포트리스 출판사(Fortress Press)에 의해서 처음으로 출판되었다. 또한 그가 1975년에 발표한 "Three Identities of One Action"이라는 논문에 많은 영향을 받았다. 그 논문은 *Scottish Journal of Theology* Vol.28 No.1 (1975), 1에 실렸다. 젠슨은 이 논문을 더 발전시켜서 1982년에 출간한 *The Triune Identity* 안에 포함시켰고, 다음의 글에도 실었다. "Second Locus: The Triune God" in *Christian Dogmatics* Vol.I-II eds. Carl E. Braaten and Robert W. Jenson (Philadelphia: Fortress Press, 1984): I, 79-191.

117) Jenson, *The Triune Identity*, 139. 젠슨 자신의 표현으로는 다음과 같다. "창조가 없다고 하더라도, 타락한 피조세계의 구원이 없다고 하더라도, 또한 삼위일체적 역사가 실제로 없다고 하더라도, '자신 안에 있는' 하나님(God "in himself")은 현재와 같이 동일한 분이실 수 있었을 것이며, 그런즉 삼위일체적 하나님이실 수 있었을 것이다." 하나님의 자유하심에 관한 젠슨의 개념은 그가 1969년도에 발표한 논문에 이미 분명하게 표현되어 있다. "하나님은 예수로서가 아닌, 또는 예수의 아버지와 예수의 미래로서가 아닌 다른 방식으로 삼위일체 하나님이실 수 있었을 것이다. 하나님은 그렇게 될 수 있었을 것이지만, 실제로 그렇지 않으신다." Jenson, "The Futurist Option," 25.

내재적 삼위일체와 경륜적 삼위일체

데 항상 어려움이 있을 수 있음을 인정한다. 이러한 어려움을 극복하고 두 가지 규칙이 상호 양립 가능해지도록 하기 위해 그는 자신의 종말론적 명제를 제안한다.

나는 두 가지 규칙들이 양립 가능하다는 점을 제안한다. 다만 "**경륜적**"·"**내재적**" 삼위일체의 정체성이 종말론적인 경우에만, 그리고 **내재적 삼위일체**가 순전히 **경륜적 삼위일체**의 종말론적 실재인 경우에만 양립 가능하다.[118]

종말론적인 명제에 따르면, 내재적 삼위일체는 경륜적 삼위일체의 종말론적 실재다. 혹은 판넨베르크의 해석에 따르면, 내재적 삼위일체는 "경륜적 삼위일체가 종말론적으로 명확히 드러난 형태다."[119] 그리고 경륜적 삼위일체와 내재적 삼위일체의 동일성은 **종말**에 일어난다.

젠슨의 종말론적 명제는 그의 신학적 방법의 관점으로 볼 때 가장 잘 이해된다. 그는 자신의 신학적 방법과 관련해서 하나님의 정체성을 파악하는 것을 신학의 주요한 과제로 설정했다.[120] 그렌츠의 평가에 따르면, 젠슨의 신학적 방법에는 "신학의 내러티브적 특성", "하나님의 자기계시가 지니는 철저히 시간적인 특성", "하나님 이야기가 지니는 종말론적인 특성"이 있다.[121]

첫째, 구약학자이자 고대 근동학 전문가인 조지 어니스트 라이트

---

118) Jenson, *The Triune Identity*, 140. 저자 자신의 강조체임.

119) Pannenberg, *Systematic Theology*, I, 5, 330.

120) Jenson, "Three Identities of One Action," 1; Robert W. Jenson, *Systematic Theology Vols. I-II* (Oxford: Oxford University Press, 1997-1999), I, 42.

121) Stanley J. Grenz, "The Divine Fugue: Robert Jenson's Renewed Trinitarianism: A Review Essay," *Perspectives in Religious Studies* Vol.30 No.2 (Summer 2003): 211-216. 이후로는 "The Divine Fugue"로 표기함.

(George Ernest Wright, 1909-1974)[122]와 성서 해석학자이자 신약학자 한스 프라이(Hans Frei, 1922-1988)[123]에 근거하여 젠슨은 내러티브를 성서의 포괄적인 장르라고 논증한다. 그는 전체로서의 성서가 하나님의 행동들과 행위들의 이야기이기 때문에,[124] 성서의 내러티브를 통해서 하나님의 정체성을 파악할 수 있다고 말한다. 더 구체적으로 말하면, 성서 안에 있는 연속적인 사건들의 특정한 구성을 통해 하나님의 정체성을 파악할 수 있다는 얘기다. 젠슨에 따르면, 구약에서는 하나님의 정체성을 이집트에서 이스라엘을 구원하셨던 분으로 파악하고, 신약에서는 예수를 죽은 자 가운데서 다시 살아나게 하셨던 분으로 파악한다.[125] 구약의 하나님과 신약의 하나님은 동일한 하나님이시다. 예수를 죽음에서 다시 살아나게 하셨던 하나님이 이전에는 이집트에서 이스라엘을 살려내셨기 때문이다.[126] 또한 신약에서는 하나님의 정체성을 삼위일체 하나님으로 파악한다. 곧 하나님의 고유한 이름은 "성부·성자·성령"이다. 젠슨은 "성부·성자·성령"이라는 구절이 하나님의 정체성을 드러내는 성서 전체의 내러티브를 매우 압축적으로 전달하고 있다고 진술한다.[127]

둘째, 젠슨은 내러티브가 "일상 언어의 시제-구조"(tense-structure of ordinary language)를 사용하기 때문에, 내러티브는 본질적으로 시간적이라고 주장한다. 성서의 내러티브도 하나님의 시간성을 사용한다. 구약성서에서 하나님은 이스라엘을 이집트에서 구조하셨고, 신약성서에서는

---

122) George Ernest Wright, *God Who Acts: Biblical Theology as Recital* (London: SCM, 1952).
123) Hans Frei, *The Eclipse of Biblical Narrative* (New Haven: Yale University Press, 1974).
124) Jenson, *Systematic Theology*, I, 57.
125) Jenson, *The Triune Identity*, 1-18; *Systematic Theology*, I, 44-45.
126) Jenson, *Systematic Theology*, I, 63.
127) Jenson, *Systematic Theology*, I, 46.

내재적 삼위일체와 경륜적 삼위일체

예수를 다시 살리셨기 때문이다.[128] 이러한 시간적인 특성은 하나님의 신성과 영원성에 관한 젠슨의 이해에 상당한 영향력을 행사한다. 여기서 주목할 점은 젠슨이, 서구신학이 신성과 인성을 무시간성(timelessness)으로 이해하는 그리스적 이해에 사로잡혀 있다고 여기고, 이런 그리스적 이해에서 서구신학을 해방시키려고 한다는 점이다. 예를 들면 젠슨은 "**인간이 되지 않은 로고스**"(*Logos asarkos*)라는 개념을 거부한다. 왜냐하면 이러한 개념은 선재적으로 따로 분리된 존재가 있음을 암시하기 때문이다. 곧 선재적으로 따로 분리된 존재가 항상 하나님 안에 있다가, 이후에야 육체를 입고 우리에게로 보냄을 받은 자가 됨을 암시하기 때문이다. 젠슨에 따르면 "인간이 되지 않은 로고스"라는 개념은 성자의 출생을 무시간적인 것으로 여기고 예수의 성육신을 시간적인 것으로 여김으로써 이 양자를 분리하는 쪽으로 불가피하게 나아간다. 그리고 "인간이 되지 않은 로고스" 개념은 출원(*processio*)을 무시간적인 것으로 여기고 파송(*missio*)을 시간적인 것으로 여김으로써 이 양자를 분리하는 쪽으로 불가피하게 나아간다. 따라서 젠슨은 하나님의 신성을 무시간성으로서가 아니라 내러티브의 최종적인 결과로서 해석해야 한다고 주장하고, 하나님의 영원성을 무시간성이 아니라 신실성(faithfulness)으로 이해해야 한다고 주장한다.[129]

마찬가지로, 젠슨은 경륜적·내재적 삼위일체의 구별에 관하여 시간을 무시간성으로 이해하는 그리스적 해석은 내재적 삼위일체와 경륜적 삼위일체의 분리를 초래한다고 지적한다. 그리스적 해석은 마치 양자가 삼위일체적 관계들을 가리키되 뚜렷이 구별되는 두 개의 다른 집합들인 것처럼 양자 사이의 분리를 초래한다는 것이다.[130] 그러므로 젠슨은 전통적인

---

128) Jenson, *The Triune Identity*, 21 그리고 34.

129) Jenson, *The Triune Identity*, 140.

130) Jenson, *The Triune Identity*, 125.

삼위일체 용어들을 시간화하려는 시도를 한다. 곧 그는 출생(begetting), 출생됨(being begotten), 출원(proceeding)과 같이 소위 하나님의 내적인 관계들을 가리키는 용어들은 단지 성서의 내러티브 구조를 요약해주기 위해서 주로 사용되는 용어들일 뿐이라고 여겼다. 이 점에 관하여 젠슨은 성서의 내러티브에서 드러난 경륜적 삼위일체와 따로 떨어져 존재론적으로 분리된 다른 삼위일체는 없다고 주장한다.

마지막으로 젠슨의 신학적 방법이 지니는 내러티브적 특성과 시간적 특성은 그의 신학적 방법이 지니는 종말론적 특성으로 수렴된다. 하나의 이야기가 이야기되는 사건들의 결과에 의해서 구성되듯이, 하나님의 정체성은 신적인 사건들의 결과에 의해서 파악된다. 하나님의 자기정체성은 신적인 사건들의 시작에서가 아니라 끝에서 파악된다. 게다가 연속적인 사건들로 구성된 내러티브는 열린 미래를 가지고 있기 때문에 이전에 이야기되었던 것으로부터 각각의 현재 단계를 자유하게 하는 것처럼, 하나님은 사건들 각각의 순간마다 항상 새롭다. 젠슨은 이러한 점을 다음과 같이 설명한다.

주님의 자기정체성은 내러티브의 극적인 일관성 속에서 구성되기 때문에, 시작에서가 아니라 끝에서 성립되며, 출생에서가 아니라 죽음에서 성립된다. 그것은 지금까지의 것들을 **고집하는 것**에서가 아니라, **앞으로의 것**을 예기하는 것에서 성립된다. 성서의 하나님은 고집스럽게 시작을 구체화한다는 의미에서 영원히 자기 자신이 되시는 것이 아니다. 이 시작에서 하나님께서 장차 되실 모든 것이 이미 되어버렸다고 여기는 것은 잘못이다. 성서의 하나님은 무제한적으로 끝을 예기하신다는 의미에서 영원히 자기 자신이시다. 그 끝에서

내재적 삼위일체와 경륜적 삼위일체

하나님은 자신이 되실 수 있는 모든 것이 되실 것이다.[131]

젠슨은 다음과 같이 계속 진술한다.

참으로 삼위일체는 단순히 말하자면 성부, 인간 예수, 그리고 이들의 성령이다. 이 성령은 믿는 자들의 공동체의 영이다. 이러한 "경륜적" 삼위일체는 **종말론적**으로 하나님 "자신"이시며 "내재적" 삼위일체다. 이러한 주장에는 아무런 문제가 없다. 왜냐하면 하나님은 영이시기에 오직 종말론적으로만 자신이 되시기 때문이다.[132]

경륜적 삼위일체는 종말론적으로 하나님 자신 안에 있는 하나님이며 내재적 삼위일체다. 젠슨은 자신의 종말론적인 명제가 하나님의 자유하심을 참되게 이해한다고 주장한다. 왜냐하면 자신의 종말론적인 명제는 하나님의 진정한 자유하심을 미래에 대해 열려 있는 가능성의 실재로서 여기기 때문이다.[133]

---

131) Jenson, *Systematic Theology*, I, 66. 젠슨 자신의 강조임.
132) Jenson, *The Triune Identity*, 141. 젠슨 자신의 강조임.
133) Jenson, *The Triune Identity*, 141.

**제6장**

# 내재적·경륜적 삼위일체 관계에 관한
# 현대의 논의들 II

## I. 보프와 피턴저: 훨씬 더 큼

브라질 신학자 레오나르도 보프(Leonardo Boff, 1938-)와 성공회 사제 윌리엄 노만 피턴저(William Norman Pittenger, 1905-1997)는 신학적인 방법에서 현격한 차이를 보임에도 불구하고, 내재적·경륜적 삼위일체 관계에 관해서는 입장이 같다. 보프는 경륜적 삼위일체가 내재적 삼위일체이지만 내재적 삼위일체 전부는 아니라고 주장한다. 피턴저는 내재적 삼위일체가 초기 그리스도인들이 경험했던 팔레스타인 삼위일체(Palestinian Trinity)에 한정되지 않는다고 주장한다. 비록 보프와 피턴저 각각의 관점에는 차이가 있지만, 둘은 내재적 삼위일체가 경륜적 삼위일체보다 훨씬 더 크다는 입장에서 한 목소리를 내고 있다.

## 1. 보프: 경륜적 삼위일체가 내재적 삼위일체의 전부는 아니다!

### 1) 보프의 근본 명제: 페리코레시스

보프는 1986년에 출간한 『삼위일체와 사회』[1]에서 억압의 상황 속에서 해방을 추구하는 이상적인 사회모형을 제시하기 위한 목적으로, 삼위일체를 세 위격의 완전한 연합으로 이해하려는 시도를 한다. 보프의 삼위일체론의 가장 두드러진 특징은 상호내주(mutual indwelling, co-inherence) 혹은 상호침투(interpenetration)를 뜻하는 그리스어 페리코레시스(perichoresis, 라틴어로는 circumincessio 또는 circumincessio)를 삼위일체 신학의 사유의 전면에 내세우는 것이다.[2] 페리코레시스는 성부와 성자와 성령이 서로 안에 거하며 서로 안으로 침투한다는 점을 의미한다. 보프는 『삼위일체와 사회』첫 부분부터 페리코레시스가 삼위일체를 해명하는 자신의 중심 작업이라고 선언한다. 게다가 보프는 하나님의 삼위들 안에 완전한 페리코레시스가 성립한다는 점을 "근본 명제"(basic thesis)로 삼는다. 따라서 이 책에서 나는 이것을 "보프의 근본 명제"(Boff's basic thesis)라고 명명한다. 더 나아가 보프는 자신의 근본 명제를 삼위일체 신학의 "구조적 원리"(structuring principle)로 간주한다.[3] 이 원리는 특별히 신앙의 원초적인 경험, 삼위들의 일치, 위격(person)의 대안들 등에 적용된다.

그러면 보프가 어떤 방식으로 이러한 입장에 도달하였는지 살펴보

---

1) Leonardo Boff, *Trinity and Society* trans. Paul Burns (Maryknoll: Orbis Books, 1988). 이후로는 *Trinity and Society*로 표기함. 1986년에 포르투갈어로 출판된 본래의 책 제목은 *A Trindade, a Sociedade e a Libertasâo*이다. 영문판은 1988년에 포르투갈어 3판으로부터 번역되었는데, 이것의 본래 포르투칼어 제목이 *A Trindade e a Sociedade*이다. 이 책은 1988년에 일반인이 읽을 수 있도록 축약되어 *Santíssima Trindade é a melhor comunidade*로 출간되었고, 2000년에 영어로 번역되었다. Leonardo Boff, *Holy Trinity, Perfect Community* trans. Phillip Berryman (Maryknoll: Orbis Books, 2000).

2) Boff, *Trinity and Society*, 123.

3) Boff, *Trinity and Society*, 5.

자. 첫째, 보프의 출발점은 신앙에 대한 원초적인 경험이다. 이것은 곧 나사렛 예수의 첫 제자들이 자신들의 기도와 설교에서 성부와 성자와 성령을 선포했고, 하나님은 성부와 성자와 성령으로 계시는 삼위일체 하나님이라고 고백했던 원초적인 신앙 경험이다. 보프의 지적에 따르면, 이러한 원초적인 신앙 경험은 단일신론(monotheism)도 아니고 다신론(polytheism)도 아니었다. 전자는 신성의 홀로 있음을 의미하고, 후자는 신성의 복수성을 의미한다. 이와는 반대로 보프는 원초적인 신앙 경험이 일치성 속의 다양성을, 동시에 다양성 속의 일치성을 인식했다고 주장한다. 바로 이러한 원초적 신앙 경험이 "세 위격들로 계시는 한 분 하나님"(one God in three Persons), "하나의 본성과 세 위격들"(one nature and three hypostases), 또는 "독특한 세 존재들과 하나의 연합"(three uniques and one communion)이라는 삼위일체론의 고전적인 정식들을 일으켰다. 보프는 마지막 정식을 선호한다.[4]

둘째, 보프는 삼위일체의 일치성을 완전한 페리코레시스적 관계를 맺고 있는 세 위격들의 연합에서 발견한다. 이 점에 있어서 그는 자신이 그리스 교부들이나 라틴 교부들 모두를 따르지 않는다고 주장한다. 보프에 따르면, 전자는 성부의 위격 안에서 일치성을 발견한다. 성부는 성자와 성령의 기원이고 근원이지만 성부 자신은 기원과 근원이 없는 분이시기 때문이다. 후자는 각각의 위격이 신적이게 하는 신적인 본질(divine essence) 안에서 일치성을 확인한다. 그러나 보프는 두 가지 입장 모두를 반대한다. 전자는 종속론(subordinationism)을 끌어들일 위험이 있고, 후자는 양태론(modalism)에 빠질 위험이 있기 때문이다. 이러한 위험들을 피하기 위한 목적으로 보프는 페리코레시스의 개념을 받아들이고 지지한

---

4) Boff, *Trinity and Society*, 2-3.

다. 성부와 성자와 성령이 페리코레시스를 통해 연합과 일치에 이른다고 여기기 때문이다. 게다가 보프는 삼신론(tritheism)을 초래할 위험을 피하기 위한 목적으로 경륜적 페리코레시스의 개념을 영원한 페리코레시스로 확장한다. 곧 성부와 성자와 성령 사이의 연합은 영원부터 존재했으며 하나님의 세 위격들은 연합 안에서 영원히 항상 함께 존재했다.[5]

마지막으로 보프는 바르트와 라너가 대안적으로 제안한 위격의 개념들이 불충분하다고 판단한다. 그에 따르면, 바르트의 "존재의 양식"(mode of being)과 라너의 "존재의 구별된 양식"(distinct mode of subsistence)은 세 위격들의 일치성을 확보한다는 장점은 있지만, 세 위격들의 다양성을 진지하게 고려하는 점에 있어서 그리고 세 위격들의 상호관계성을 효과적으로 다루는 점에 있어서 심각한 한계를 내재한다. 따라서 보프는 전통적인 용어인 위격의 개념을 고수하되, 동시에 페리코레시스를 전면에 내세움으로써 삼신론의 위험을 제거하고자 한다. 그래서 그는 "항상 우리의 출발점은 세 위격들 사이에서 연합과 영원한 사랑을 누리는 삼위성이다"라고 진술한다.[6]

## 2) 용어의 쓰임새

하나님의 세 위격들 사이에서의 완전한 페리코레시스에 몰두한 보프는 내재적 삼위일체와 경륜적 삼위일체 각각에 관하여 다음과 같이 정의 내린다.

> "경륜적 삼위일체"는 하나님의 세 위격이 우리의 구원의 목적을 위해서 함께든 구별되든 인간의 역사 안에서 드러나는 것(성자와 성령의 경우에 자기전달)

---

5) Boff, *Trinity and Society*, 4-6.
6) Boff, *Trinity and Society*, 52.

내재적 삼위일체와 경륜적 삼위일체

을 의미한다. "내재적 삼위일체"는 하나님의 세 위격들 자체 내에서 내적으로 영원한 삶을 누리고 있는 성부와 성자와 성령을 의미한다.[7]

이와 같은 정의에 따르면, 경륜적 삼위일체는 역사 안에서 드러난 성부와 성자와 성령을 지칭하며, 내재적 삼위일체는 영원 안에서 내적인 삶을 누리는 성부와 성자와 성령을 가리킨다. 내재-경륜의 구별은 역사-영원의 구별과 일치하며, 삼위일체의 외적인 삶과 내적인 삶의 구별과도 일치한다. 주목할 만한 점은, 보프가 경륜적 삼위일체에서든 내재적 삼위일체에서든 성부와 성자와 성령이 함께 존재하는 공존에 우리의 관심을 기울이게 한다는 점이다.

경륜적 삼위일체와 관련한 보프의 진술에 따르면, 비록 어느 한 위격이 하나님의 어떤 사역을 전유하긴 하지만, 하나님의 세 위격들은 근본적으로 함께 사역한다. 예를 들면 창조 사역은 성부에게 돌려지지만, 성부는 성령 안에서 성자를 통해 창조하신다. 성육신의 사역은 성자에게 돌려지지만, 성자는 성부에게 보냄을 받고 생명을 주는 성령에 의해 육신이 되신다. 성화의 사역은 성령에게 돌려지지만, 성령은 성자의 요청으로 성부로부터 보냄을 받고 동정녀 마리아에게 임재하신다. 성부와 성자와 성령은 역사 안에서의 하나님의 모든 사역에서 함께 존재하고 함께 일하신다.

내재적 삼위일체와 관련한 보프의 진술에 따르면, 성부는 성령의 품 안에서 성자를 낳으신다. 성부와 성자는 함께 성령을 내쉬신다. 성자는 성령 안에서 성부를 사랑하신다. 성령은 성자를 통해 성부를 계시하신다. 보프의 기술에서 주목할 만한 점은, 하나님의 세 위격들이 서로 밀접한 내적인 관계를 맺고 있을 뿐만 아니라 각 위격이 다른 위격들의 기원

---

7) Boff, *Trinity and Society*, 232-233.

에 적극적으로 참여하고 있다는 점이다. 보프에게 있어서 "안에서"와 "통해"는 위격의 기원에서 이차적인 역할을 의미하지 않는다. 정반대로 보프는 각 위격이 다른 위격들의 기원에 참여할 뿐만 아니라 일차적인 역할을 담당한다고 주장한다. 이렇게 하여 보프는 필리오케(*Filioque*)뿐만 아니라, 파트레케(*Patreque*)와 스피리투케(*Spirituque*)까지도 모두 인정한다. 필리오케는 문자적으로 "그리고 아들로부터"를 뜻하며, 성령이 성부와 성자에 의해 내쉬어짐을 의미한다. 이것은 성자가 성령의 기원에 성부와 함께 참여함을 함의한다. 스피리투케[8]는 문자적으로 "그리고 성령으로부터"를 뜻하며, 성령이 성자의 출생에 성부와 함께 참여함을, 그리고 성자와 함께 성부를 인정함을 의미한다. 마찬가지로 파트레케[9]는 문자적으로 "그리고 성부로부터"를 뜻하며, 이것은 성부가 성령의 기원에 성자와 함께 참여함을 의미하고 성령과 함께 성자를 사랑함을 의미한다. 세 위격들이 함께 영원히 존재하고 기원에 있어도 동시적이기 때문에, 보프는 하나님의 세 위격들의 관계에 "삼위일체적 균형"(*trinitarian equilibrium*)[10]이 있음을 제안했다.

앞서 언급했듯이, 보프에게 경륜적 삼위일체는 창조, 성육신, 성화와 같이 역사 안에서 드러난 성부와 성자와 성령을 지칭한다. 그리고 내재적 삼위일체는 필리오케, 스피리투케, 파트레케와 같이 영원 안에서 내적인 삶을 누리는 성부와 성자와 성령을 가리킨다. 보프는 경륜적 삼위일체와 내재적 삼위일체의 구별을 전통적인 용어인 파송과 출원의 구별과 연관시킨다. 곧 하나님의 세 위격들이 역사 안에서 드러나는 것을 파송이라고 여기고, 세 위격들의 내적인 관계들을 출원이라고 여기는 것이다. 그런데

---

8) Boff, *Trinity and Society*, 204.
9) Boff, *Trinity and Society*, 241.
10) Boff, *Trinity and Society*, 6.

　　　　　　　　　　　　내재적 삼위일체와 경륜적 삼위일체

여기서 주목할 만한 점은 파송과 출원에 관한 보프의 개념들도 그의 근본 명제인 완전한 페리코레시스에 많은 영향을 받고 있다는 점이다. 그래서 성자의 파송과 성령의 파송만을 인정하는 전통적인 입장과는 달리, 보프는 성부의 파송도 인정한다. 곧 성부도 창조세계 안에서 나타나고 드러난다는 점에서 성부의 파송을 인정하는 것이다.[11] 마찬가지로 성자의 출원과 성령의 출원만을 인정하는 전통적인 입장과는 달리, 그는 출원을 성부에게도 적용한다. 다만 성부의 출원을 인과적인 의미로서가 아니라 동등성의 의미로서 이해한다. 보프는 자신의 입장을 다음과 같이 진술한다.

> 위격들의 "출원", 곧 **기원이 없는** 성부, **출생하신** 성자, **발출되신** 숨(성령). 이러한 표현들은 (성부 편에서의) 인과성의 원리와 (성자와 성령 편에서의) 인과적 의존성의 원리를 삼위일체적 사고 안으로 자연스럽게 들이는 것처럼 보인다. 이러한 언어적 용법을 공의회들에서 사용한 다른 종류의 용법과 결합하는 것은 어렵다. 공의회들에서 사용한 다른 종류의 용법에 따르면, 삼위일체 중 누구도 더 먼저이거나 더 나중이 아니며, 더 크거나 더 작지 않으며, 더 우월하거나 더 열등하지 않다. 그리고 하나님의 세 위격이 함께 영원하며, 또한 동등하게 위대하고 전능하다. 그러므로 우리는 "출원"을 암시하는 표현들을 신중하게 사용할 필요가 있다. 그러한 표현들은 위격들의 상호관계성을 표현하는 것을 목적으로 삼는 기술적인 용어들임을, 또한 위격들 사이의 차이점들을 보호하는 것을 목적으로 삼는 기술적인 용어들임을 항상 의식할 필요가 있다. 전통과 교도권을 따르기에, 나는 그러한 표현들을 여기서 사용하지만, 항상 이렇게 기본적으로 망설이면서 사용할 것이다.[12]

---

11) Boff, *Trinity and Society*, 174.
12) Boff, *Trinity and Society*, 7. 보프 자신의 강조체임.

### 3) 두 차원: 경륜적 차원과 내재적 차원

앞서 언급했던 것처럼, 보프는 경륜적 삼위일체를 하나님의 세 위격이 역사 속에서 드러나는 것이라고 여긴다. 그리고 내재적 삼위일체는 하나님의 세 위격들이 영원 안에서 맺는 내적인 관계로 여긴다. 경륜적 삼위일체와 내재적 삼위일체를 하나님의 세 위격의 두 차원(dimensions), 수준(levels), 측면들(aspects)이라고 여기는 것이다.

마찬가지로 각 위격도 경륜적 차원과 내재적 차원, 혹은 경륜적 측면과 내재적 측면을 지닌다. 첫째, 성부 하나님과 관련하여, 경륜적 차원에서 성부는 성육신한 성자에 의해 구원의 역사에서 계시된다. 내재적 차원에서 성부는 "삼위일체의 품 안에서"(in the bosom of the Trinity) 성자 및 성령과 내적인 관계를 맺고 있다.[13] 둘째, 성자 하나님과 관련하여, 경륜적 차원에서는 나사렛 예수에 의해 드러나고 계시된다. 내재적 차원에서 성자는 "삼위일체의 품 안에서" 성부의 독생자다.[14] 마지막으로 성령 하나님과 관련하여, 경륜적 측면에서 성령은 구원의 역사 안에 현존한다. 내재적 측면에서 성령은 "삼위일체의 품 안에서" 성부 및 성자 모두에 의해 영원히 발출된다.[15]

### 4) 내재적·경륜적 삼위일체 관계

보프의 주장에 따르면, 경륜적 삼위일체와 내재적 삼위일체는 하나님의 세 위격의 두 측면 혹은 두 차원으로서 서로 밀접한 연관성을 지닌다.[16] 경륜적 삼위일체는 내재적 삼위일체 안에서 내적인 관계들을 맺고 있는

---

13) Boff, *Trinity and Society*, 164.
14) Boff, *Trinity and Society*, 183.
15) Boff, *Trinity and Society*, 191.
16) Boff, *Trinity and Society*, 219.

내재적 삼위일체와 경륜적 삼위일체

세 위격이 드러나는 것이며, 내재적 삼위일체는 경륜적 삼위일체로서 드러난 세 위격의 내적인 관계들을 가리킨다. 더 나아가 보프는 "밀접한 연관성"을 경륜적 삼위일체와 내재적 삼위일체 사이의 상관관계로도 규정한다.[17] 곧 경륜적 삼위일체는 내재적 삼위일체의 표출이며 드러남이기에 내재적 삼위일체와 상관관계를 맺고 있다. 역으로, 내재적 삼위일체는 경륜적 삼위일체의 상호관계성으로서 작용하기 때문에 경륜적 삼위일체와 상관관계를 맺고 있다. 이런 점에서 보프는 삼위일체의 내적인 관계들인 발출들과 삼위일체의 역사적·구원적 표현들인 파송들 사이에는 항상 상관관계가 존재한다고 진술한다.[18]

그러나 보프의 "밀접한 연관성" 또는 "상관관계"는 매우 폭넓고 느슨한 개념이다. 왜냐하면 이 개념들은 경륜적 삼위일체와 내재적 삼위일체를 구체적으로 연결시켜주는 방식을 제시하지 못하고 있기 때문이다. 게다가 이 개념들은 "밀접한 연관성" 또는 "상관관계"를 일방적인 방향으로만 지지하는 것처럼 보이기 때문이다. 경륜적 삼위일체를 내재적 삼위일체의 드러남으로 여기는 한에 있어서는 그렇다. 그렇지만 이러한 귀결이 보프가 확증하기 원하는 바는 아니다. 왜냐하면 그는 실제로 라너의 동일성의 규칙을 수용한다고 주장하면서 다음과 같이 말했기 때문이다.

그러므로 우리는 삼위일체에 관한 반성에서 논의되는 기본적인 규칙을 다음과 같이 정식화할 수 있다. 곧 **"경륜적 삼위일체는 내재적 삼위일체이고, 내재적 삼위일체는 경륜적 삼위일체다."**[19]

---

17) Boff, *Trinity and Society*, 215.
18) Boff, *Trinity and Society*, 207.
19) Boff, *Trinity and Society*, 114. 보프 자신의 강조임.

그리고 보프는 라너의 동일성의 규칙을 자신의 방식으로 다음과 같이 표현했다.

구원의 경륜에서 자신들을 계시하신 연합 안에 있는 세 독특한 존재들은 내재적 삼위-일체(Tri-unity)이며, 그 역도 성립한다.[20]

라너의 정식을 수용하고 이것을 자신의 형태로 표현한 것을 고려할 때에, 보프가 경륜적 삼위일체와 내재적 삼위일체와의 동일성을 확증하고자 함을 분명하게 알 수 있다. 그러나 그의 이러한 언급들에도 불구하고, 그는 라너의 의도에는 미치지 못한다. 적어도 라너의 공식에 관한 보프의 해석은 그의 입장이 라너의 입장과는 조금 다르다는 사실을 증거한다. 보프의 해석에 따르면, 라너의 공식은 하나님께서 인간을 만나시는 방식이 하나님께서 존재하시는 방식이라는 점을 의미하기 때문이다.[21] 예를 들면 성자가 위격적 연합을 통해 성부를 고유하게 드러내는 방식은 성자가 성부의 형상과 모양으로서 성부로부터 태어나는 방식이기 때문이다. 그러나 "밀접한 연관성" 또는 "상관관계"와 같은 보프 자신의 개념들은 그러한 보프의 해석이나 라너의 의도와는 정반대된다. 왜냐하면 보프의 개념들은 경륜적 삼위일체와 내재적 삼위일체 사이에 틈을 허용하고 있고, "연관성"과 "상관관계"에서 실제로는 일방적인 방향만을 말하고 있기 때문이다.

그러므로 보프는 그러한 틈을 끌어들이는 것을 피해야만 했다. 그래서 그는 또 다른 개념인 "상응"(correspondence)의 개념을 사용한다. 곧 경륜적 삼위일체와 내재적 삼위일체 사이에 상응의 관계가 존재한다고 주장

---

20) Boff, *Trinity and Society*, 214.
21) Boff, *Trinity and Society*, 95.

내재적 삼위일체와 경륜적 삼위일체

하는 것이다. 그러나 보프는 이러한 개념으로도 동일한 문제에 직면한다. 보프의 『삼위일체와 사회』를 세밀하게 검토해보면, 보프가 오직 일방적인 상응을, 곧 경륜적 삼위일체가 내재적 삼위일체에 상응한다는 점만을 확증하고 있는 것처럼 보일 뿐, 그 역에 대해서는 그렇지 않는 것처럼 보인다. 보프가 다음과 같이 진술한 바를 살펴보자.

> 삼위일체는 우리에게 하나님을 있는 그대로, 곧 삼위일체로 계시하신다. 그리고 삼위일체 그 자체로 존재하시는 것을 통해 우리를 구원하신다. 이것은 다음과 같은 것을 의미한다. 우리가 역사에서 볼 수 있는 구원, 곧 삼위일체 하나님이 역사 속에서 표출하시는 구원은—성부가 세상의 신비로서 계시되는 것과 성자가 성육신하신 것과 성령이 우리의 마음에 부어지는 것과 마리아에게 임재하신 것—삼위일체 하나님이 실제로 계시는 바에 상응한다.[22]

> 여기서 성자와 성령의 자기전달은 참으로 영원이 시간 안에 현존함을 의미하며, 하나님의 위격(Person)이 인간의 실재 안에 있는 "인격"(person)에 현존함을 의미한다. 지상에서 일어나는 바는 천상에서 존재하는 바에 정확하게 상응한다.[23]

일방적인 상응, 곧 경륜적 삼위일체가 내재적 삼위일체에 상응한다는 입장은 양자의 동일성의 입장과는 동일하지 않다.

이러한 난제를 해결하기 위해 보프는 최종적으로 새로운 구별을 시도해야 했다. 곧 한편으로는 성자가 성육신 하시면서 드러난 것과 성령이 마리아에게 임재하시면서 드러난 것을 구별했고, 다른 한편으로는 세

---

22) Boff, *Trinity and Society*, 214.
23) Boff, *Trinity and Society*, 215.

위격이 드러나는 경우를 구별했다. 전자의 경우에 대해서 보프는 라너를 의지하면서 성자와 성령의 드러남을 "하나님의 자기전달"(God's self-communication)이라고 불렀다. 왜냐하면 내재적 삼위일체 안에 있는 성자와 성령이 그 자체들로서 경륜적 삼위일체 안에서 성육신과 성령의 임재를 통해 위격적으로 전달되기 때문이다. 이 경우에는 경륜적 삼위일체가 내재적 삼위일체이며, 그 역도 성립한다. 동일성의 입장은 성자의 성육신과 성령의 임재 안에서만 일어난다. 곧 성자는 비유적이나 은유적으로가 아니라 실재적으로 예수 그리스도의 인격 안에서 성자로서 현존하고, 성령은 또한 마리아에게 실재적으로 임재하기 때문이다.[24] 이러한 의미로, 보프는 성육신과 성령의 임재의 경우에는 상응의 관계가 완전하게 성립된다고 주장한다. 또한 이러한 의미로, 보프는 자신의 다른 책 『거룩한 삼위일체, 완전한 공동체』에서 의도적으로 다른 방향의 상응의 관계, 곧 내재적 삼위일체가 경륜적 삼위일체에 상응한다는 점을 추가했다.

> 지상의 삼위일체는 천상의 삼위일체에 상응한다. 또한 우리는 그 역으로도 말할 수 있다. 곧, 천상의 삼위일체는 지상의 삼위일체에 상응한다.[25]

그러나 후자의 경우에 대해서, 곧 하나님의 세 위격이 성육신과 성령의 임재 이외에 드러나는 경우에 대해서, 보프는 경륜적 삼위일체와 내재적 삼위일체 사이에 동일성이 아닌 단지 "밀접한 연관성", "상관관계", "상응"이 존재한다는 점을 말하는 것으로 만족하고 있는 것처럼 보인다.

우리는 성자의 성육신과 성령의 파송에 관해서만 경륜적 삼위일체는 내재적

---

24) Boff, *Trinity and Society*, 114-115, 그리고 215.
25) Boff, *Holy Trinity, Perfect Community*, 100.

내재적 삼위일체와 경륜적 삼위일체

삼위일체이며 그 역도 성립한다고 말할 수 있다. 이러한 역사적·구원적 사건들 이외에 관해서만, 내재적 삼위일체는 불가해한 신비로 남는다.[26]

전자의 경우와 후자의 경우를 함께 고려하면, 보프는 경륜적 삼위일체는 내재적 삼위일체이지만 그렇다고 경륜적 삼위일체가 내재적 삼위일체의 전부는 아니라고 주장하고 있다. 곧 보프에게는 내재적 삼위일체가 경륜적 삼위일체보다 훨씬 더 크다. 이러한 주장의 귀결로서, 보프는 내재적 삼위일체 전부가 경륜적 삼위일체인 것은 아니라고 덧붙인다.[27] 그러나 이러한 귀결은 성자의 성육신 및 성령의 파송에 대한 그의 이해들에 역으로 영향을 미친다. 그래서 경륜적 삼위일체와 내재적 삼위일체의 동일성을 인정한다는 자신의 의도와는 상관이 없이, 이러한 귀결이 불가피하게 양자 간의 동일성을 느슨하게 만든다. 설상가상으로, 라너의 동일성의 규칙과 비교하면, 양자 간의 동일성에 대한 보프의 인정은 경륜적 삼위일체가 존재하는 방식이 내재적 삼위일체가 존재하는 방식과 어떻게 관련되는지에 관하여 더 이상의 어떠한 지식도 알려주지 않는다. 보프의 이러한 주장은 양자 간의 어느 정도 느슨한 관련성만을 알려줄 뿐이다.

## 2. 피턴저: 내재적 삼위일체가 팔레스타인 삼위일체보다 훨씬 더 크다!

### 1) 삼위일체에 관한 과정신학의 관점들

현대과학의 발전과 함께 과학적 세계관의 영향과 자극을 받아 등장한 신학 중 하나가 과정신학이다. 특히 과정신학은 하버드 대학교의 철학자 알프레드 노스 화이트헤드(Alfred North Whitehead, 1861-1947)의 "유

---

26) Boff, *Trinity and Society*, 233.
27) Boff, *Trinity and Society*, 215.

기체 철학"(Philosophy of Organism)[28])과 그의 제자 찰스 하트숀(Charles Hartshorne, 1897-2000)의 "초상대주의"(Surrelativism)[29]) 같은 철학적 저작들에게서 강한 영향을 받았다. 화이트헤드와 하트숀 두 사람은 서로 차이점도 있지만 동시에 공통된 입장도 많이 가지고 있어서 과정철학을 대표하는 철학자로 널리 알려져 왔다. 이들의 신관이 지니는 두드러진 특징은 신의 본성의 양극성 구조(dipolar structure of God's nature)에 대한 이해다. 그것은 기존의 고전적인 신의 무감동성(impassibility)이라는 개념을 극복하고 신과 세상의 관계를 이어주기 위해 제시된 것이다. 화이트헤드는 신의 원초적 본성(primordial nature of God)과 신의 결과적 본성(consequent nature of God)을 구별한다.[30]) 하트숀은 신의 추상적 본질(abstract essence of God)과 신의 구체적 현실(concrete actuality of God)로 신의 양극성을 구분한다.[31])

---

28) Alfred North Whitehead, 『과정과 실재』(Process and Reality: An Essay in Cosmology, New York: Macmillan, 1929), v. 이후로는 Process and Reality로 표기함. 이 책은 1927-1928년에 에딘버러 대학교에서 행하였던 기포드 강연에 토대를 둔다.

29) Charles Hartshorne, The Divine Relativity: A Social Concept of God (New Haven: Yale University Press, 1948), vii. 삼위일체에 관하여 하트숀은 지나가는 말로 삼위일체론이 완전한 인격들 사이에서의 사회적 관계를 제공할 수 있다고 언급한다. 하지만 그는 막상 삼위일체론이 아무런 소용이 없다고 주장한다. 그는 다음과 같이 언급한다. "삼위일체는 하나님에게 사랑의 대상을 주어야 하는 요구들을 충족시키는 것으로 여겨진다. 사랑의 대상을 주면서도 하나님 자신의 절대적인 자기충족성과는 일치한다. 하나님에게 주어지는 사랑의 대상은 하나님 자신과 같이 완전한 사랑으로써 사랑될 수 있는 '가치'가 있는 사랑의 대상이다. 이러한 일은 사랑하는 자와 사랑받는 자를 동일하면서도, 그러나 동일하지 않게 만듦으로써 이루어진다. 그러나 이러한 관념이 지닌 진리가 어떠하든지 간에—이것의 의미는 나에게 그 진리성만큼이나 문제가 많은 것처럼 보인다. 왜냐하면 넌센스는 넌센스일 뿐이기 때문이다. 넌센스 주위에 후광을 두른다고 하더라도 넌센스는 넌센스일 뿐이기 때문이다—이러한 관념은 하나님의 사랑이 지닌 본질적인 문제를 해결하지 못한다." Hartshorne, Man's Vision of God and the Logic of Theism (Chicago: Willett, Clark & Company, 1941), 26 그리고 164.

30) Whitehead, Process and Reality, 521-524.

31) John B. Cobb, Jr. and David Ray Griffin, Process Theology: An Introductory Exposi-

내재적 삼위일체와 경륜적 삼위일체

신의 양극적 구조라는 개념에 큰 영향을 받은 과정신학자들은 세상에 대한 신의 초월성(transcendence of God to the world)과 세상 속에 있는 신의 내재성(immanence of God in the world)과의 관계에 주된 관심을 두었고, 신의 내적인 구별들에 대해서는 소홀히 했다. 클레어몬트 신학교의 은퇴교수 존 캅(John B. Cobb, Jr., 1925-)이 인정하듯이, "과정신학은 전통적인 삼위일체의 개념들에 부합하기 위해 신의 내적인 구별들을 정식화하는 것에 대해서는 별 관심이 없다."[32] 캅 자신은 화이트헤드의 양극성 구조로부터 심대한 영향을 받아서 신의 창조적 사랑(creative love of God)과 신의 반응적 사랑(responsive love of God)을 구별한다. 그리고 이와 같은 구별이 가장 우선적이고 중요한 구별이라고 주장한다. 게다가 그는 이위일체(Binity), 사위일체(Quaternity), 또는 오위일체(Quintity)를 제안함으로써 삼위일체 개념을 상대화하기까지 한다.[33] 예를 들면 캅은 이위일체

---

*tion* (Louisville: Westminster John Knox Press, 1976), 47. 이후로는 *Process Theology*로 표기함. Gregory A. Boyd, *Trinity and Process: A Critical Evaluation and Recon-struction of Hartshorne's Di-Polar Theism Towards a Trinitarian Metaphysics* (New York: Peter Lang, 1992), 205. 여기서 보이드는 다음과 같이 말한다. "핵심적으로 말하자면, 이것은 하나님의 양극성(di-polarity)에 관한 신고전주의적 이해다. 추상적인 것은 어떠한 하나님의 현실적인 상태가 예시되어지든지 간에 하나님의 현실성을 필연적으로 특성화해야만 하는 것이다. 구체적인 것은 이러한 추상적인 특성이 어느 순간에 주어진 우연하게 예시되어지고 있는 구체적인 방식이다."

32) John B. Cobb, Jr. and David Ray Griffin, *Process Theology*, 110.

33) John B. Cobb, Jr., "Relativization of the Trinity," in *Trinity in Process: A Relational Theology of God*, eds. Joseph A. Bracken and Marjorie Hewitt Suchocki (New York: Continuum, 1997), 21, 이후로는 *Trinity in Process*로 표기함. 여기서 캅은 다음과 같이 진술한다. "우리는 우리의 신론을 전통적인 방식처럼 세 가지 요소로, 또는 두 가지 요소로 분석할 수 있다. 또한, 우리는 화이트헤드의 본문이 제안하는 것처럼 사중적인 구별을 행할 수도 있다. 곧 근원적 본성(Primordial Nature), 근원적 본성의 자기초월체(Superject of the Primordial Nature), 결과적 본성(Consequent Nature), 결과적 본성의 자기초월체(Superject of the Consequent Nature)로 구별할 수도 있다. 이 사중적인 구별은 신학적인 언어로 쉽게 번역될 수 있다. 그리고 우리가 원한다면, 이 네 가지 모두를 하나로 묶을 수 있는 다섯 번째 이름을 추가할 수 있다."

와 관련하여 세상에 대한 신의 초월성과 세상 내에서 신의 내재성 구별은 이위일체를 의미하고, 이위일체가 존재론적·인식론적으로 실재적이라고 주장한다. 전자는 신의 본성을 고려하는 관점에서 실재적이며, 후자는 인간에 의한 신의 인식의 관점에서 실재적이다.[34]

이와는 반대로, 몇몇 과정신학자들은 비록 상호 간에 다소 차이점들이 있긴 하지만 과정신학의 틀 안에서 삼위일체론을 해명하려는 시도를 했다.[35] 윌리엄 노만 피턴저(William Norman Pittenger)는 1967년도에 출간한 『과정 중에 계신 하나님』[36]과 1977년도에 출간한 『하나님의 삼위일체』[37]에서 과정신학과 관련하여 삼위일체에 대한 역사적·체계적 이해를 충분히 제시한다. 그리고 조셉 브라켄(Joseph A. Bracken),[38] 루이스 포드

---

34) Cobb, "Relativization of the Trinity," 12.

35) 중대한 책인 *Trinity in Process: A Relational Theology of God*은 9명의 다른 과정신학자가 쓴 9개의 논문으로 구성되어 있다. 공동편집자 중 한 사람인 수코키는 자신도 놀랍게 이 책에는 9개의 매우 다른 삼위일체 이해들이 있음을 인정한다. Suchocki, "God, Trinity, Process," *Dialog: A Journal of Theology* Vol.40 No.3 (Fall 2001), 173.

36) William Norman Pittenger, *God in Process* (London: SCM Press, 1967).

37) William Norman Pittenger, *The Divine Triunity* (Philadelphia: United Church Press, 1977). 피턴저는 "trinity"라는 용어 대신에 "triunity"라는 말을 사용한다. 왜냐하면 그는 "trinity"라는 용어가 삼신론적인 견해, 곧 성부 하나님, 성자 하나님 또는 말씀, 그리고 성령 하나님의 삼신론적인 견해를 제시하는 것처럼 보인다고 판단하기 때문이다. 반면에, 그는 "triunity"라는 용어는 삼위성과 일치성을 동시에 언급할 수 있기에 신적 본성 안에 있는 풍성한 복잡성과 충만성을 더 잘 가리킨다고 주장한다.

38) Joseph A. Bracken, "The Holy Trinity as a Community of Divine Persons I," *The Heythrop Journal: A Quarterly Review of Philosophy and Theology* Vol.15 No.2 (April 1974): 166-182. 이후로는 "The Holy Trinity I"로 표기함. "The Holy Trinity as a Community of Divine Persons II," *The Heythrop Journal: A Quarterly Review of Philosophy and Theology* Vol.15 No.3 (July 1974): 257-270. 이후로는 "The Holy Trinity II"로 표기함. *What Are They Saying about the Trinity?* (New York: Paulist Press, 1979); *The Triune Symbol: Persons, Process and Community* (Lanham: University Press of America, 1985), 이후로는 *The Triune Symbol*로 표기함. "Process Perspectives and Trinitarian Theology," *Word & Spirit - A Monastic Review 8: Process Theology and the Christian Doctrine of God*, ed. Santiago Sia (Petersham: St. Bede's Publications,

내재적 삼위일체와 경륜적 삼위일체

(Lewis Ford),[39] 마조리 휴잇 수코키(Marjorie Hewitt Suchocki),[40] 윌리엄 파워(William L. Power),[41] 그레고리 보이드(Gregory A. Boyd)[42]는 과정신학의 틀 내에서 신적 실재의 삼중적 구조를 포착하려고 함으로써 삼위일체 탐

---

1986), 51-64; *Society and Spirit: A Trinitarian Cosmology* (Selingsgrove: Susquehanna University Press, 1991); "Panentheism from a Trinitarian Perspective," *Horizons* Vol.22 No.1 (Spring 1995): 7-28; "Panentheism from a Process Perspective," in *Trinity in Process*, 95-113; "Trinity: Economic And Immanent," *Horizons* Vol. 25 No.1 (1998): 7-22.

39) Lewis Ford, "Process Trinitarianism," *Journal of the American Academy of Religion* Vol. 43 No.2 (June 1975): 199-213. 이 논문은 그의 책에 포함되어 있다. *The Lure of God: A Biblical Background for Process Theism* (Philadelphia: Fortress Press, 1978), 99-111; "A Naturalistic Trinity" in *Trinity in Process*, 23-40 "Contingent Trinitarianism," in *Trinity in Process*, 41-68.

40) Marjorie Hewitt Suchocki, *God-Christ-Church: A Practical Guide to Process Theology* (New York: Crossroad, 1982). 1989년에 출간된 새로운 개정판의 제목은 다음과 같다. *God, Christ, Church: A Practical Guide to Process Theology* (New Revised Edition) (New York: Crossroad, 1989). 이후로는 *God, Christ, Church*로 표기함. "John Cobb's Trinity: Implication for the University," in *Theology and the University: Essays in Honor of John B. Cobb, Jr.*, eds. David Ray Griffin and Joseph C. Hough, Jr. (Albany: State University of New York Press, 1991): 148-165; "Sunyata, Trinity, and Community," in *Divine Emptiness and Historical Fullness*, ed. Christopher Ives (Valley Forge: Trinity PressInternational, 1995): 136-149; "Spirit in and through the World," in *Trinity in Process*, 173-190. 이 논문은 존 캅의 삼위일체에 관한 그의 1991년도 논문을 확장한 것이다. "God, Trinity, Process," *Dialog: A Journal of Theology* Vol.40 No.3 (Fall 2001): 169-174. 이후로는 "God, Trinity, Process"로 표기함.

41) William L. Power, "The Doctrine of the Trinity and Whitehead's Metaphysics," *Encounter* Vol.45 No.4 (Fall 1984): 287-302.

42) Gregory A. Boyd, *Trinity and Process: A Critical Evaluation and Reconstruction of Hartshorne's Di-Polar Theism Towards a Trinitarian Metaphysics* (New York: Peter Lang, 1992). 이 책은 그의 박사학위 논문에 토대를 두고 있다. "The A Priori Construction of the Doctrine of God in the Philosophy of Charles Hartshorne: A Critical Examination and Reconstruction of Di-Polar Theism Twoards a Trinitarian Metaphysics"(Ph.D. diss., Princeton Theological Seminary, 1988); "The Self-Sufficient Sociality of God: A Trinitarian Revision of Hartshorne's Metaphysics," in *Trinity in Process*, 73-94.

구를 위한 여러 가지 시도를 했다.[43] 예를 들면 포드는 화이트헤드 신관의 삼중구조, 곧 신의 창조적 행위, 신의 원초적 본성, 신의 결과적 본성을 포착한다.[44] 수코키는 과정신학이 신을 삼중적인 방식으로, 곧 원초적 본성, 결과적 본성, 초월적 본성으로 이해한다고 주장한다.[45] 그리고 파워는, 성부는 신의 원초적 본성, 성자는 영원한 대상들, 성령은 신의 결과적 본성을 가리킨다고 제안한다.[46]

더 나아가 피턴저, 브라켄, 수코키는 내재적 삼위일체와 경륜적 삼위일체의 관계를 충분히 논의하고 있기에, 이 책에서는 과정신학자 중 이 세 사람을 집중적으로 다룬다. 다만 내재적·경륜적 삼위일체에 관한 입장 차이가 있으므로, 4절에서는 피턴저를, 5절에서는 브라켄을, 6절에서는 수코키를 다룬다. 이 장에서 부차적으로 보여준 것처럼 비록 과정신학의 틀로 신학 작업을 한다고 하더라도, 내재적·경륜적 삼위일체 관계에 관한 과정신학자들 각각의 입장은 서로 다를 수 있다.

## 2) 피턴저: 내재적 삼위일체가 팔레스타인 삼위일체보다 훨씬 더 크다!

성공회 사제였던 윌리엄 노만 피턴저(1905-1997)는 1967년에 『과정 중에 계신 하나님』(God in Process)을 출간했다. 그는 3장 "성령과 하나님의 삼

---

43) 도로시 메리 엠넷(Dorothy Mary Emmet, 1904-2000). 맨체스터 대학교의 철학자로서 1932년에 출간한 책에서 화이트헤드의 형이상학에 있는 신적 실재의 삼중적 구조에 관심을 불러일으켰다. 그리고 창조성, 하나님의 원초적 본성, 하나님의 결과적 본성은 성부의 창조적 권능, 로고스, 성령에 각각 유비적이라고 제안했다. 2판은 1966년에 동일한 출판사에 의해 동일한 제목으로 출간되었다. Emmet, *Whitehead's Philosophy of Organism* (London: Macmillan, 1966), 253-255.

44) Ford, "Process Trinitarianism," 200 그리고 205.

45) Suchocki, *God, Christ, Church*, 215.

46) Power, "The Doctrine of the Trinity and Whitehead's Metaphysics," 296.

내재적 삼위일체와 경륜적 삼위일체

위일체"에서 단초적으로, 그리고 1977년에 출간한 『하나님의 삼위일체』(*The Divine Triunity*)[47])에서 더 종합적으로 삼위일체론을 과정신학의 틀로 이해하고자 한다. 그러나 피턴저는 다른 삼위일체론적 과정신학자들과는 달리 신의 삼중적 구조를 신의 원초적 본성과 신의 결과적 본성에서 추론하지 않는다. 그는 전자를 성부로, 후자를 말씀인 성자 혹은 성령으로 일컫는 것은 어리석은 일이라고 주장한다. 왜냐하면 성부·성자·성령은 신의 전체적·구체적 현실에 적용되는 용어들이기 때문이다. 피턴저는 다음과 같이 진술한다.

> 삼위일체적 사상이 언급하곤 하는 신적 존재와 신적 활동의 세 양태들 중에서 어느 하나를 신성의 이 두 "측면"(aspect)에게 구체적으로 돌리는 것은 선뜻 이해가 되지 않는다.[48])

그 대신 피턴저는 신의 실재에 대한 인간의 경험에 호소함으로써 신의 삼중적 구조를 주장한다. 그는 신의 실재에 대한 인간의 경험은 필연적으로 삼중적이라고 주장한다. 왜냐하면 그것은 "단지 둘이 아닌 세 가지 면, 양식, 혹은 방식들", 곧 "신의 초월성"(divine transcendence)", "신의 내재성"(divine immanence)", "신의 공존성"(divine concomitance)이 있기 때문이다. 피턴저에게 신의 공존성은 성육신을 가리키는 용어다. 달리 표현하면, 그는 신의 실재의 세 가지 측면을 각각 "자신 안에 계시는 분으로서의 하나님", "세상 안에서 행동하시는 또는 세상에 자신을 계시하는 분으로서의 하나님", "하나님의 행동과 계시에 대해 적절하게 반응하거나 대답하도

---

47) Pittenger, *God in Process*, 40-51.

48) Pittenger, *The Divine Triunity*, 113-114.

록 세상을 이끄시고 가능케 하시는 분으로서의 하나님"을 가리킨다고 본다.[49] 그런 후에 첫 번째 측면을 성부 하나님에게로, 두 번째 양식을 성령에게로, 세 번째 방식을 로고스 또는 말씀에게로 돌린다.[50] 피턴저는 이와 같은 삼중적 경험이 삼위일체 정식을 위한 자료가 된다고 주장한다.[51]

이처럼 삼위일체론을 현저하게 다루고 있음에도 불구하고, 피턴저는 내재적 삼위일체와 경륜적 삼위일체의 관계라는 주제를 명시적으로 다루지는 않고 다만 암시적으로 자신의 입장을 드러낼 뿐이다. 곧 그는 내재적 삼위일체와 경륜적 삼위일체 사이에는 상응의 관계가 있으나, 내재적 삼위일체가 경륜적 삼위일체보다 훨씬 더 크다는 입장을 드러낸다. 그의 입장은 다음과 같은 구절에서 드러난다.

> 이러므로 영원한 성부, 영원한 성자 또는 말씀, 영원한 성령은 인간이 경험하는 것보다 더 크다. 하나님의 삶 그 자체의 심연 속에는, 하나님의 실재의 바로 그 중심에는 삼중성이 있는데, 이것은 하나님의 활동에 대한 인간의 경험 안에 있는 삼중성에 상응한다.[52]

여기서 피턴저는 내재적 삼위일체란 하나님의 실재의 심연 속에 있

---

49) Pittenger, *The Divine Triunity*, 69-70. 이 점에 관하여 피턴저는 뉴욕 유니온 신학교의 교수였던 시릴 리차드슨(Cyril C. Richardson)의 결론을 비판한다. 리차드슨은 신성 안에 필연적인 삼위성이 없다고 결론을 내린다. 그리고 삼위일체론은 인공적 구조물이라고 결론을 내린다. 왜냐하면 신성은 일차적으로 이중적인 구별, 곧 하나님의 절대적 초월성과 하나님의 친밀한 내재성 두 가지를 구별하고 있기 때문이다. Cyril C. Richardson, *The Doctrine of the Trinity* (New York: Abingdon Press, 1958), 146-148.

50) Pittenger, *The Divine Triunity*, 76.

51) Pittenger, *The Divine Triunity*, 101.

52) Pittenger, *God in Process*, 48.

내재적 삼위일체와 경륜적 삼위일체

는 삼중성이고, 경륜적 삼위일체란 하나님의 실재에 대한 인간의 경험 속에 있는 삼중성이라고 암시한다. 내재적 삼위일체는 하나님의 실재의 한 중심에 있는 영원한 성부, 영원한 말씀, 영원한 성령을 가리키고, 경륜적 삼위일체는 하나님의 실재에 대한 우리의 삼중적 경험에 있는 성부, 말씀, 성령을 가리킨다. 하나님의 실재에 대한 인간의 경험이 피턴저에게 내재적 삼위일체와 경륜적 삼위일체를 구분하는 경계선이라는 점이 눈에 띈다.

그렇다면 피턴저는 어떻게 경륜적 삼위일체와 내재적 삼위일체를 연결하고 있는가? 더 구체적으로, 피턴저는 경륜적 삼위일체가 내재적 삼위일체에 상응하고 있음을 어떻게 주장하고 있는가? 그에 따르면, 초대교회의 그리스도인들은 유일하신 한 분 하나님을 "신적 실재"(divine Reality)라고 주장했다.[53] 그리고 그들은 처음에는 예수를 선생과 스승으로 인식했는데, 예수의 죽음과 부활을 경험하면서 그를 하나님 나라를 세운 메시아 또는 하나님의 최고의 대표자로 부르기 시작했다. 다음으로 그들은 하나님께서 예수 안에서 하나님의 백성을 구원하셨다고 고백하게 되었다. 마지막으로 유대교 사상과 그리스 사상에 근거하여 그들은 예수를 하나님의 말씀이라고 일컬었다. 하나님의 말씀이란 신적 실재의 "자기표현"(Self-Expression)[54]이거나, 하나님께서 집중적이고 결정적으로 현존해 있는 "신적 활동"(Divine Activity)[55] 또는 "신적 행동"(divine Action)[56]임을 의미했다. 동시에 그들은 성령을 그들로 하여금 기독교 공동체 내에

---

53) Pittenger, *God in Process*, 15.
54) Pittenger, *God in Process*, 20-21.
55) Pittenger, *God in Process*, 24.
56) Pittenger, *God in Process*, 42.

서 예수에게서 드러난 하나님의 신적 행동에 반응하도록 해주는 "신적 반응"(divine Response)[57]으로 이해했다.

피턴저의 판단에 따르면, 엄격한 단일신론자였던 초대교회의 그리스도인들에게는 이와 같은 삼중적인 경험이 삼신론을 의미할 수 없었다. 더욱이 이러한 경험들이 단순히 신적 실재의 일시적인 면들만을 드러낸다고 생각하는 것은 그들에게 불가능했기에 이와 같은 삼중적인 경험은 양태론을 의미할 수도 없었다.[58] 이 점에서 피턴저는 경륜적 삼위일체와 내재적 삼위일체의 구별을, 그리고 양자 사이에 어떤 상응하는 관계를 주장하고 있다고 볼 수 있다.

> 그러나 하나님께서 창조 속에서 활동하시는 방식이 하나님 자신의 내적인 모습을 **진정으로** 계시한다면, 창조세계 속에서 알려지는 성부, 말씀 또는 성자, 성령과, 하나님 자신의 바로 그 실재 사이에는 어떤 **상응관계**가 필연적으로 존재해야 한다고 주장된다. 이 점을 형식적인 말로 표현하면, 삼위일체는 "**경륜적**"일 뿐만 아니라, 곧 신적 기능들 혹은 활동들의 문제일 뿐만 아니라, 신적 존재 그 자체에 대해서 "**본질적**"(essential)인 것이다. 곧 어떤 존재론적 토대를 가져야만 한다.[59]

여기서 경륜적 삼위일체는 창조 속에서의 하나님의 활동 방식과 관련이 있으며, 반면에 본질적 삼위일체(essential Trinity), 곧 내재적 삼위일체는 하나님의 참된 실재의 방식과 관련이 있다. 경륜적 삼위일체는 세상

---

57) Pittenger, *God in Process*, 43.
58) Pittenger, *God in Process*, 47.
59) Pittenger, *The Divine Triunity*, 39.

내재적 삼위일체와 경륜적 삼위일체

속에서 경험되어지고 알려진 삼위일체이며, 내재적 삼위일체는 신적 존재 그 자체 속에 존재하는 삼위일체이다. 그리고 경륜적 삼위일체와 내재적 삼위일체 양자 사이에는 어떤 상응 관계가 존재한다. 왜냐하면 세상 속에서의 신적 활동의 방식이 신적 실재의 방식을 참되게 드러내기 때문이다. 경륜적 삼위일체는 내재적 삼위일체를 드러내며, 내재적 삼위일체는 경륜적 삼위일체의 존재론적 근거다. 그러나 피턴저는 양자의 관계가 동일성의 관계라고 주장하는 데까지 나아가지는 않는다. 그 대신 어떤 상응 관계가 있다고 언급하는데, 그에게서 상응이란 양자 사이의 어떤 느슨한 관계를 암시하는 것처럼 보인다.

이와 같은 세심한 관찰은 위에서 언급한 피턴저의 입장, 곧 내재적 삼위일체가 경륜적 삼위일체보다 더 크다는 입장과 일치한다. 그리고 이 점은 그의 일관된 주장, 곧 내재적 삼위일체는 초대교회의 그리스도인들이 경험한 "팔레스타인 삼위일체"(Palestinian Trinity)[60]에 한정되지 않는다는 주장으로도 뒷받침된다. 피턴저에 따르면, 신적 실재는 소진될 수 없다는 의미에서 신적 실재로서의 하나님은 창조계에 초월적이며, 하나님은 창조계 속에서 만물을 통해 활동하신다는 의미에서 세계 속에 내재적이다. 그리고 이러한 신적 실재는 신적 행동과 신적 반응을 통해 세계 속에서 활동한다.[61] 예수 그리스도 또는 하나님의 말씀은 신적 실재의 자기 표현으로서의 신적 행동이다. 그러나 신적 행동은 예수에게 제한되지 않는다. 하나님은 예수 안에서 집중적으로, 최고로, 결정적으로 행동하신다. 그러나 신적 행동은 예수 그리스도라는 역사적 인물에게만 한정되지 않

---

60) Pittenger, *God in Process*, 48.
61) Pittenger, *God in Process*, 17.

는다.[62] 마찬가지로 성령은 초대교회 그리스도인들로 하여금 예수 안에서 드러난 신적 행동에 반응하도록 도와주는 신적 반응이다. 그러나 신적 반응은 기독교 공동체 내의 성령으로만 국한되지 않는다.[63]

그러므로 피턴저는 예수 그리스도 안에 드러난 신적 실재의 집중적 현시를 통해 세상 속에 드러난 보편적·편재적인 신적 행동을 보도록 우리를 촉구하고 있다. 또한 기독교 공동체 안에 드러난 신적 반응의 집중적 계기를 통해 창조계에 드러난 편재적·포괄적인 신적 반응을 인식하도록 우리를 촉구한다. 다른 한편, 피턴저는 우리가 신적 본성의 내적 활동에 관하여 완전한 지식을 소유할 수 없음을 말한다. 그리고 우리가 신적 본성의 암시들과 단서들을 말하는 것에 만족해야 함을 제안한다.[64] 따라서 경륜적 삼위일체와 내재적 삼위일체의 관계에 관한 피턴저의 입장은 내재적 삼위일체가 그리스도인들이 경험하는 경륜적 삼위일체 속에 최고로 잘 표현되지만 독점적인 것은 아니라는 점이다.


## II. 브라켄의 침지

예수회 소속의 미국 철학자이자 과정신학자인 조셉 브라켄(1930-)은

---

62) Pittenger, *God in Process*, 19-20; Pittenger, *The Divine Triunity*, 43-44 and 112. 여기서 피턴저는 두 종류의 신학적 실수를 피해야 한다고 언급한다. 하나는 말씀으로서의 하나님의 활동을 기독교 공동체에 알려진 예수 그리스도에게만 한정하는 것이다. 다른 하나는 세상을 향한 하나님의 사랑이 이런 저런 계기들에게서만 배타적으로 인정된다고 생각하는 것이다. 피턴저는 첫 번째 실수를 "기독론적인 오류"(Christological error)라고 명명하여 하나님의 말씀 또는 신적 행동을 전적으로 성자와 동일시하는 것에 반대한다. 이렇게 하여 그는 하나님의 말씀과 하나님의 성자를 주의 깊게 구별할 것을 제안하며, 하나님의 성자는 하나님의 성육하신 말씀에게 적용하는 것이 더 적절하다고 제안한다.

63) Pittenger, *God in Process*, 47.

64) Pittenger, *The Divine Triunity*, 18.

　　　　　　　　　　　　　내재적 삼위일체와 경륜적 삼위일체

1974년에 발표한 논문 「신적 위격들의 공동체로서의 거룩한 삼위일체 I, II」(The Holy Trinity as a Community of Divine Persons I and II)[65]에서 삼위일체를 위격들의 사회로서 이해하려고 시도한다. 그리고 하나님의 세 위격은 공동체 속에서 일치성을 유지하고 계시기에 한 분 하나님이라고 제안한다. 다음으로 1979년과 1985년에 출간한 삼위일체에 관한 책들에서는 삼위일체에 대한 최근의 여러 입장을 탐색하면서, 신(新)화이트헤드적 신(神)-세상 관계의 틀을 바탕으로 삼위일체에 대한 과정신학적인 공동체적 이해(processive and communitarian understanding of the Trinity)를 제시한다.[66] 그리고 1991년에 출간한 삼위일체적 우주론(Trinitarian cosmology)에 관한 책에서는 더 나아가 신-세상의 관계를 자기장 중심형의 관점에서 이해할 것(field-oriented understanding of the God-world relationship)을 제안한다.[67] 이후 그는 여러 논문에서 과정신학적 범재신론과 관련하여 삼위일체 이해를 추구해오고 있다.[68] 마지막으로 1998년에 발표한 「삼위일체: 경륜적 **그리고** 내재적」(Trinity: Economic And Immanent)이라는 논문에서는 내재적 삼위일체와 경륜적 삼위일체의 관계를 충분히 다룬다.

내재적·경륜적 삼위일체 관계에 관한 논문에서 브라켄은 다음과 같

---

65) Bracken, "The Holy Trinity I," 166-182: "The Holy Trinity II," 257-270.

66) Bracken, *What Are They Saying about the Trinity?* (New York: Paulist Press, 1979) and *The Triune Symbol: Persons, Process and Community* (Lanham: University Press of America, 1985). 이 책의 2장은 개정되어 다음의 논문에 실려 있다. "Process Perspectives and Trinitarian Theology," 51-64. 1979년에 출간한 책에서 브라켄은 위르겐 몰트만, 대니얼 데이 윌리엄스, 헤리베르트 뮐렌, 에버하르트 융엘, 후안 루이스 세군도, 조시아 로이스, 칼 융, 조안 샤우프를 다른 사람으로서 탐구했다.

67) Bracken, *Society and Spirit: A Trinitarian Cosmology* (Selingsgrove: Susquehanna University Press, 1991).

68) Bracken, "Panentheism from a Trinitarian Perspective," 7-28, 그리고 "Panentheism from a Process Perspective," 95-113.

은 결론에 도달한다.

> 삼위일체를 "우리를 위하시는 하나님"으로 재인식하려고 시도할 때 우리는
> 내재적 삼위일체라는 개념이 지니는 방법론적 중요성을 상실하지 말아야 한
> 다. 아무리 불완전하고 임시적으로 이해된다고 하더라도, **내재적 삼위일체라**
> **는 개념은…경륜적 삼위일체 혹은 "우리를 위하시는 하나님"**을 이해하기 위
> 한 객관적인 준거점을 보증해주기 위해서 필수불가결한 개념이다.[69]

여기서 경륜적 삼위일체는 우리를 위하시는 하나님을 가리키며, 내재
적 삼위일체는 하나님 자신으로서의 하나님을 가리킨다. 경륜적 삼위일
체는 구원의 경륜 속에 있는 창조세계와 관련된 삼위일체이며, 내재적 삼
위일체는 하나님 자신 안에 있는 하나님의 내적인 삶이다. 이런 식으로
양자는 서로 구별된다.

그러나 브라켄에게 있어 양자가 전적으로 상호 무관한 것은 아니다.
왜냐하면 내재적 삼위일체라는 개념은 경륜적 삼위일체에 관한 이해를
돕는 객관적 준거점으로서의 필요불가결한 보증으로서 기능하기 때문이
다. 달리 표현하면, 내재적 삼위일체라는 개념이 경륜적 삼위일체라는 개
념에 존재론적으로 필수적인 토대라는 점에서 양자는 상호연관성을 맺고
있다. 이렇게 보면, 브라켄은 양자 간의 상관관계의 입장을 주장하고 있
는 것처럼 보인다.

브라켄은 자신의 상관관계의 입장을 카파도키안 교부들과 아퀴나스
에 대한 그의 평가 속에서 더 정교하게 다듬는다. 그에 따르면, 그들은
내재적·경륜적 삼위일체의 상관관계에 깊은 관심을 가졌다. 카파도키

---

69) Bracken, "Trinity: Economic And Immanent," 21-22.

내재적 삼위일체와 경륜적 삼위일체

안 교부들은 성자의 출생과 성령의 발출을 성자의 파송과 성령의 파송에 각각 밀접하게 연결시키고 있으며, 아퀴나스도 성자와 성령의 파송들(missions)의 근거를 성자와 성령의 발출들(processions)에 매우 의식적으로 두고 있기 때문이다. 따라서 브라켄에 따르면, 그들 모두는 내재적 삼위일체를 경륜적 삼위일체와 동떨어져 홀로 그 자체로 존재하는 실재로서 이해하지 않는다. 그 대신 그들 모두는 양자의 상관관계를 인정한다. 그러나 브라켄은 그들 모두는 상관관계를 오로지 발출과 파송의 관계에만 배타적으로 제한시키고 있으며, 그로 인해 삼위일체 하나님과 창조세계와의 친밀한 관련성을 효과적으로 제시하지 못하고 있다고 지적한다.[70] 이러한 지적은 브라켄 자신이 내재적·경륜적 삼위일체 관계를 신-세계의 관계성과 불가피하게 연결되어 있는 것으로서 이해하고 있음을 알려준다.

브라켄은 내재적·경륜적 삼위일체의 상관관계에 관한 자신의 이해를 그의 초기 책과 논문 속에서 더 상세하게 묘사했다. 그는 다음과 같이 설명한다.

신성 안에서의 삶과 존재의 근원으로서의 성부는 자신을 전적으로 성자에게 소통해준다. 성자는 이제 성부의 주도권에 완벽하게 반응한다. 성부와 성자 사이의 매개자, 곧 양자 사이의 삶과 사랑의 교환을 용이하게 해주는 자는 바로 성령이다. 성령은 그 자체로서 자기희생의 사랑의 과정을 일으키며, 이러한 사랑은 양자의 공통적인 본성으로서 사랑의 필수적인 절정 혹은 완전에 도달한다.[71]
성부는 각각의 잠재적인 유한 존재자에게 생명력을 전달한다. 이 생명력

---

70) Bracken, "Trinity: Economic And Immanent," 12-13.
71) Bracken, *The Triune Symbol*, 37-38; "Process Perspectives and Trinitarian Theology," 53.

은 사실상 자기 결정을 위한 철저한 힘이며, 그 힘을 행사하기 위해 주어진 방향성이다.…성자는 자신에게 삶과 사랑을 제공하시는 성부에 대한 자신의 반응 속으로…성부의 "시초적 목적"에 대한 유한 존재자의 반응을 통합시킨다. 이 모든 일은 성령의 권능 안에서 그리고 권능을 통해 성취된다. 성령은 신적 공동체 내에서 성부와 성자 사이를 매개하는 인격적 원리로 작용하면서 어떤 순간에도 성부, 성자, 그리고 유한적 계기들의 세계 사이에 매개하는 인격의 원리로서 작용한다.[72]

여기서 브라켄은 삼위의 각 위가 하나님 자신 안에서와 창조세계를 향해 모두 "동일한 방식으로"(in the same way)[73] 활동하신다는 점에서 내재적·경륜적 삼위일체의 상관관계를 주장하고 있는 것처럼 보인다. 성부는 자신의 존재를 성자에게 소통해주시고, 이와 동일한 방식으로, 곧 자신의 존재를 성자에게 제공하시는 것을 통해, 성부는 모든 유한적 존재자에게 내적인 자기 형성의 힘과 그 힘을 사용하기 위한 방향성을 제공해주신다. 성자는 성부에게 반응하며, 모든 유한적 존재자도 성부에게 동일한 방식으로 반응한다. 곧 성부에 대한 그들의 반응이 성부에 대한 성자 자신의 반응 속으로 통합되면서 반응한다. 성령은 성부와 성자의 관계성을 용이하게 한다. 이와 동일한 방식으로 성령은, 우선 성부에게 반응하는 성자의 반응 속에서 모든 유한자와 성자와의 관계를 용이하게 하며, 다음으로

---

72) Bracken, *The Triune Symbol*, 46; "Process Perspectives and Trinitarian Theology," 57-58.
73) Bracken, "Process Perspectives and Trinitarian Theology," 57. "동일한 방식으로"(in the same way)라는 구절은 브라켄 자신이 다음의 구절에서 사용하고 있다. "그러나 내 체계에서 모든 유한한 존재가 하나님의 세 위격들의 공동적 삶에 참여하는 한, 나는 더 나아가 다음과 같이 명확히 말할 수 있다. 곧 성부가 성자에게 존재와 삶을 전달하는 것과 동일한 방식으로(in the same way), 이러한 자기 창조성의 권능은 성부 하나님으로부터 나온다."

내재적 삼위일체와 경륜적 삼위일체

성자를 통해 모든 유한자와 성부와의 관계를 용이하게 한다.

그러나 브라켄의 진술들을 면밀하게 검토하면 그의 상관관계의 입장이 그가 기대하는 대로 완전하게 작동하고 있지 않음을 분명히 알 수 있다. 상관관계의 입장이 완전하게 작동하지 않는 주된 이유는 내재적 삼위일체의 활동 방식이 경륜적 삼위일체의 활동 방식과는 질적으로 다르기 때문이다. 성부는 자신을 전적으로 성자에게 내어주시지만, 모든 유한한 존재자에게 간접적으로, 곧 성자에게 자신의 존재를 내어주심을 통해 시초적 목적(initial aim)을 주신다. 성자는 성부에게 직접적으로 그리고 완전하게 반응하지만, 모든 유한한 존재자는 성부에게 간접적으로, 곧 성자가 성부에 대한 성자 자신의 완전한 반응 속에 그들의 반응을 통합시킴으로써 반응한다. 성령은 성부와 성자를 직접 이어주지만, 성부와 세상을 간접적으로, 곧 성자를 통해 매개한다. 여기서 세상 속에서의 경륜적 삼위일체의 활동들은 내재적 삼위일체에 의해 간접적으로 실행된다는 사실을 볼 수 있다. 그 결과로 세상은 성령의 권능 안에서 성부와 성자의 계속적인 삶의 흐름의 일부가 되며, 동시에 세상 속에서의 경륜적 삼위일체의 활동들은 내재적 삼위일체의 활동들 속으로 담기지고 있다.

경륜적 삼위일체가 내재적 삼위일체 속으로 전체적으로 침지된다고 보는 입장에 추가하여, 브라켄은 경륜적 삼위일체가 내재적 삼위일체에 영향을 미칠 수 있음도 인정하는 것처럼 보인다. 브라켄에 따르면, 모든 유한자는 성부께서 제공하여주시는 시초적 목적에 반응하며, 이러한 반응은 성부에 대한 성자의 반응 속으로 통합된다. 그 결과 모든 유한자의 어떤 반응은 성부에 대한 성자의 반응에 영향을 미칠 수 있는 가능성이 있다. 그는 다음과 같이 설명한다.

예를 들면 모든 순간에 인간은 태어나고 죽는다. 다른 변화들이 자연의 세계에서 발생한다. 결과적으로 성자와 자연 세계의 관계 그리고 성자와 인류 구성원과의 관계는 계속적으로 변하고 있으며, 이것은 신적 공동체의 삶 안에서 성자와 성부와의 관계, 그리고 성자와 성령과의 관계에 영향을 미친다.[74]

세상은 성자와의 관계를 통해 성부·성자·성령이라는 신적 공동체의 내재적 관계에 영향을 미칠 수 있는데, 바로 이러한 방식으로 경륜적 삼위일체가 내재적 삼위일체에 영향을 미칠 수 있음이 브라켄에게 가능하다. 그러나 이러한 가능성은 상당히 제한되어 있어서, 세상이 신의 공동체적인 삶의 일부라는 점과 경륜적 삼위일체가 내재적 삼위일체 속으로 담가지고 있다는 점을 바꾸지는 못한다. 이 가능성이 발생한다고 하더라도 실제로는 경륜적 삼위일체가 내재적 삼위일체 속으로 통합된다. 브라켄은 과정신학에 근거하여 범재신론을 옹호하는 맥락에서 이러한 점을 언급한다. 그는 다음과 같이 진술한다.

간략하게 말하면, 세 신적 위격과 모든 창조물은 공동의 삶을 공유하기 때문에 범재신론의 교리가 옹호된다. 곧 이 세계 내에 있는 현실적 계기들로 구성되는 무수한 하위계들은 모두 함께 전체로서 우주에 적합한 활동의 장을 구조화하는 데 기여한다. 그러나 이 거대한 그렇지만 여전히 유한한 활동의 장 그 자체는, 역동적인 상호관련을 맺고 있는 세 신적 위격들의 훨씬 더 포괄적인 활동의 장으로 통합된다.[75]

그러므로 브라켄의 입장을 단순히 상관관계의 입장으로 여기는 것보다는, 경륜적 삼위일체가 내재적 삼위일체 속으로 담가진다고 여기는 입

---

74) Bracken, "Process Perspectives and Trinitarian Theology," 57.
75) Bracken, "Panentheism from a Process Perspective," 102.

내재적 삼위일체와 경륜적 삼위일체

장으로 규정하는 것이 더 낫다. 이와 같은 입장으로 인하여 브라켄은 내재적 삼위일체의 개념을 단지 사변으로만 간주하고서 경륜적 삼위일체에 배타적으로 집중하는 신학자들을 비판할 수 있다.[76] 예를 들면 미국의 예수회 신학자 로저 헤이트(Roger Haight, 1936-)는 1988년에 발표한 논문 「삼위일체 신학의 요점」(The Point of Trinitarian Theology)에서 하나님은 실제적으로 예수와 성령 안에서 경험되는 분으로서의 하나님이라고 제안한다. 헤이트의 이런 언급은 다음과 같은 것을 의미한다. 첫째, 아우구스티누스, 아퀴나스, 라너에게 하나님 내에서의 실재적인 내적 구별들을 다루는 내재적 삼위일체는 순전히 사변적인 것이다. 둘째, 하나님은 오로지 경륜적 삼위일체의 예수와 성령을 통해 경험되는 분이시다.[77] 라쿠나는 1991년에 출간한 『우리를 위하시는 하나님: 삼위일체와 기독교적 삶』(God for Us: The Trinity and Christian Life)에서 성공회 신학자 모리스 와일즈(Maurice Wiles, 1923-2005)와 하버드 신학대학교 교수였던 고든 카우프만(Gordon D. Kaufmann, 1925-2011)에 부분적으로 동의해, 경륜적 삼위일체와 내재적 삼위일체, 곧 대외적 삼위일체(the Trinity ad extra)와 대내적 삼위일체(the Trinity in se)를 구별할 필요가 없으며, 따라서 내재적 삼위일체의 개념이 불필요함을 주장했다.[78]

---

76) Bracken, "Trinity: Economic And Immanent," 7 각주 1.

77) Roger Haight, "The Point of Trinitarian Theology," Toronto Journal of Theology Vol.4 No. 2 (Fall 1988), 201-202. 여기서 헤이트는 삼위일체 교리의 핵심에 관하여 다음과 같이 요약한다. 곧 "하나님은 절대적으로 및 유일무이하게 한 분이시고, 예수와 성령 안에서 하나님의 구원 행동이 실재적이다. 따라서 본연의 하나님은 구원의 하나님이시다."

78) LaCugna, God for Us, 225-227 그리고 234 각주 6.

# III. 수코키와 라쿠나: 흡수

미국의 클레어몬트 신학교 교수인 마조리 휴잇 수코키(1933-)와 노틀 담 대학교의 교수였던 여성신학자 캐서린 모리 라쿠나(1952-1997)는 신학적인 방법에서 차이가 남에도 불구하고, 여러 형태의 관계적 존재론(relational ontology)을 제안한다는 점에서는 공통점이 있다. 이러한 점으로 인하여 수코키와 라쿠나는 내재적·경륜적 삼위일체 관계에 대해 동일한 입장을 가지고 있다고 수렴한다. 수코키와 라쿠나는 각각 자신의 뚜렷한 관점과 상이한 함의를 지니고 있지만, 불가피하게 내재적 삼위일체를 경륜적 삼위일체 안으로, 또는 경륜(*oikonomia*) 안으로 흡수(absorbing)하는 방향으로 나아간다. 수코키는 내재적 삼위일체를 "세계-안에-내재하는 경륜적 삼위일체"(immanent-in-the-world economic Trinity)로 여긴다. 라쿠나는 존재론적으로 다른 두 개의 수준에 속한 삼위일체들을 가정하는 것에 분명히 반대하면서 밖으로 나아가는 하나님의 엑스타시적인 운동 하나를 제안한다.

## 1. 수코키: 세계-안에-내재하는 경륜적 삼위일체

1982년에 처음으로 출간하고 1989년에 개정한 자신의 책 『하나님, 그리스도, 교회: 과정신학에 대한 실제적 지침』(*God, Christ, Church: A Practical Guide to Process Theology*)에서, 수코키는 화이트헤드에 근거하여 "관계적 신학"(A Relational Theology)의 하나님은 "우리를 위하시는 하나님"(God for Us)이라고 주창한다. 그녀에 따르면, 모든 존재, 곧 모든 계기는 본질적으로 관계적이다. 왜냐하면 존재한다는 것은 다른 것에 영향을 미친다는 것이기 때문이다. 존재의 각각의 요소는 이 존재의 과거로부터 전달된 에너지들에게서 힘을 얻으며, 이것들을 창조적 운동 속으로 결

내재적 삼위일체와 경륜적 삼위일체

합시켜 새로운 현실성으로 나아간다. 다른 모든 존재와 마찬가지로 하나님도 세상과 관련되어 있는데, 단순히 외적인 관계가 아니라 내적 관계를 맺고 있다. 이 점은 하나님이 단지 세상에 영향을 미치는 것만이 아니라 하나님 자신도 세상에 의해 영향을 받고 있음을 암시한다. 하나님이 시초적 목적을 제공함으로써 세상에 영향을 미치고, 또한 세상의 영향을 하나님 자신에게 수용하고 있음을 의미하는 것이다.[79]

더 나아가 수코키는 그러한 관계성의 하나님은 계시의 하나님이라고 진술한다. 왜냐하면 하나님이 세상에 제공하는 시초적 목적이, 하나님에 대한 본성의 지식을 전달하는 수단이 되기 때문이다. 이와 같이 하나님 본성의 지식은 간접적이며 모호하다. 하지만 세상에 시초적 목적을 제공하는 것을 통해 세상 속에서 이루어지는 하나님의 활동들은 하나님의 어떤 본성을 보여주는 계시가 된다. 수코키는 이러한 관계적·계시적 하나님이 세상 속에 있는 우리로 하여금 하나님을 현존(Presence), 지혜(Wisdom), 권능(Power)으로 경험하도록 이끈다고 강조한다.[80] 여기서 하나님은 우리 인간 경험의 차원에서 경험되는 현존, 지혜, 권능으로서의 삼위일체다. 동시에 하나님에 대한 이러한 삼중적 경험은 우리로 하여금 하나님의 내적인 삼중성을 이해하도록 이끈다. 수코키는 하나님의 외적인 행동들이 하나님의 내적인 본성에 관하여 알려주는 것처럼 우리는 하나님의 내적인 본성에 관하여 삼중적인 방식으로 말할 수 있다고 주장한다. 곧 하나님은 원초적 본성, 초월체적 본성, 결과적 본성이 있다. 하나님의 이러한 삼중적 본성은 전통적인 용어인 성부·성자·성령에 각각 병행

---

79) Suchocki, *God, Christ, Church*, 12 그리고 33-34.

80) Suchocki, *God, Christ, Church*, 49-84. 수코키에 따르면, 인간은 외로움의 곤경에 대한 응답으로써 하나님의 현존을 경험하며, 일시성의 곤경에 대한 응답으로써 하나님의 지혜를 경험하고, 부정의에 대한 응답으로써 하나님의 권능을 경험한다.

하고 있으며, 경륜적인 관점에서 말한다면 현존의 하나님, 지혜의 하나님, 권능의 하나님에 각각 상응하고 있다.

여기서 경륜적 삼위일체는 현존, 지혜, 권능으로 우리에게 경험되는 삼위일체 하나님을 가리킨다. 내재적 삼위일체는 원초적 본성, 초월체적 본성, 결과적 본성을 내적으로 가지고 계신 삼위일체 하나님을 가리킨다. 경륜적 삼위일체는 내재적 삼위일체의 현시이며, 내재적 삼위일체는 경륜적 삼위일체의 토대다. 경륜적 삼위일체의 삼중적 구조는 내재적 삼위일체의 내적인 삼중성에 토대를 두고 있으며, 내재적 삼위일체의 내적인 삼중성은 현존, 지혜, 권능이 되시는 우리를 위하시는 하나님에 대한 우리 경험의 전제가 된다. 이렇게 하여 수코키에게 경륜적 삼위일체와 내재적 삼위일체의 상관관계와 상응관계가 성립한다.

그러나 이러한 관계를 더 면밀하게 고찰해보면, 수코키에게는 내재적 삼위일체가 본질적으로 이미 세상과의 관계를 맺고 있는 삼위일체임을 알 수 있다. 그녀에 따르면, 하나님의 원초적 본성은 세상의 모든 가능성의 토대다. 그리고 하나님의 결과적 본성은 세상의 모든 반응을 수용한다. 그리고 하나님의 자기초월체적 본성은 결과적 본성이 세상으로부터 수용하는 반응들을 하나님의 원초적 본성이 상상하는 바 속으로 통합시킨다.[81] 이런 점에서 내재적 삼위일체는 단순히 경륜적 삼위일체와 구별된 삼위일체가 아니라, 도리어 세상 속에 본질적으로 내재하고 있는 삼위일체다. 수코키는 자신이 "내재성"(immanence)이라는 용어의 이중적인 의미들을 사용하고 있음을 인정하면서 다음과 같이 설명한다.

기독교 전통에서 "내재성"(immanent)은 이중적 의미를 지닌다. 한편으로는

---

81) Suchocki, "God, Trinity, Process," 171-172.

하나님의 내적인 구조를 의미하며, 다른 한편으로는 하나님이 세상 속에 계심을 의미한다. "내재적" 삼위일체는 세상 속에 내재하시는 하나님의 경륜적 활동(immanent-in-the-world economic work of God)을 이루어내신다. 그리고 이러한 활동은 신적 삶 속으로 편입된다.[82)]

이것으로 볼 때, 수코키에게 내재적 삼위일체는 이미 세상 속에 내재하고 있는 경륜적 삼위일체다. 곧 그녀에게 내재적 삼위일체는 세상 속에서 내재적으로 활동하고 있는 경륜적 삼위일체인 것이다.

이와 같은 관찰들을 고려하면, 수코키가 진술한 몇몇 군데에서 내재적 삼위일체와 경륜적 삼위일체를 의도적으로 구별하고 있음에도, 내재적 삼위일체는 경륜적 삼위일체 속으로 불가피하게 흡수되고 있어서 오직 두 종류의 경륜적 삼위일체만이 있는 것처럼 보인다. 곧 그것은 현존, 지혜, 권능으로 우리에게 경험되는 경륜적 삼위일체와, 세상 속에 내재하는 경륜적 삼위일체다. 우리에게 경험되는 경륜적 삼위일체는 세상 속에서 내재적으로 활동하는 경륜적 삼위일체의 현시이며, 세상 속에 내재하는 경륜적 삼위일체는 우리가 경험하는 경륜적 삼위일체의 전제다. 이 둘의 경륜적 삼위일체들은 서로에게 상관적이며 상응적이다. 따라서 수코키의 입장은 내재적 삼위일체를 경륜적 삼위일체로 "흡수"하는 입장으로 규정하는 것이 더 적절하다.

## 2. 라쿠나: 경륜

### 1) 삼위일체에 관한 라쿠나의 궤적

캐서린 모리 라쿠나(Catherine Mowry LaCugna)는 1979년 한스 큉(Hans

---

82) Suchocki, "Spirit in and through the World," 186.

Küng)에 관한 자신의 박사학위 논문을 완성한 이후[83] 삼위일체 교리의 회복에 관심을 집중했다. 1984년에 발표한 「삼위일체를 구원의 신비로서 재인식하기」(Re-conceiving the Trinity as the Mystery of Salvation)[84]라는 논문에서 그녀는 다음과 같은 근본적인 질문을 제기한다. 오늘날 재정식화된 삼위일체 교리는 경륜적 삼위일체, 곧 구원 역사와 어떤 관련이 있을까? 다른 말로 표현하면, 오늘날 재정식화된 삼위일체 교리는 어떻게 하나님을 우리를 위한 하나님으로 전달하는가?[85] 이후에 라쿠나는 관계-안에 있는-하나님(God-in-relation)에 관한 삼위일체적 모형이 기독교의 구원 경험을 해명하는 데 적절한 틀이라는 결론을 내린다.[86]

그런 다음 라쿠나는 1985년에 「관계적인 하나님: 아퀴나스와 그 이후」(The Relational God: Aquinas and Beyond)[87]라는 논문을 발표하고, 이 논문에서 아퀴나스가 저술한 『신학대전』(Summa Theologiae)에 나오는 관계의 범주를 세밀하게 검토한다. 이후 그녀는 아퀴나스에게 관계성(being-related)은 하나님께서 하나님이 되신다는 것이 의미하는 바의 핵

---

83) Catherine Mowry LaCugna, "The Theological Methodology of Hans Küng"(Ph. D. Diss., Fordham University, 1979). 이 논문은 1982년에 미국종교학회(American Academy of Religion)에서 출간되었다. LaCugna, *The Theological Methodology of Hans Küng* 「AAR Academy Series No.39」(New York: Scholars Press, 1982).

84) 이 논문은 본래 1984년에 대학신학협의회(College Theology Society)에서 발표되었고, 1985년에 「스코틀랜드신학지」(*Scottish Journal of Theology*)와 1987년 대학신학협의회(College Theology Society)에 의해 출간되었다. "Re-conceiving the Trinity as the Mystery of Salvation," *Scottish Journal of Theology* Vol. 38 (1985): 1-23. 이후로는 "Re-conceiving the Trinity"로 표기함; "Re-conceiving the Trinity as Mystery of Salvation," in *Rising from History: U.S. Catholic Theology Looks to the Future* (*The Annual Publication of the College Theology Society* Vol.30 [1984]), ed. Robert J. Daly (Lanham: University Press of America, 1987).

85) LaCugna, "Re-conceiving the Trinity," 2.

86) LaCugna, "Re-conceiving the Trinity," 14.

87) LaCugna, "The Relational God: Aquinas and Beyond," *Theological Studies* Vol.46 No.4 (December 1985): 647-663. 이후로는 "The Relational God"으로 표기함.

심 그 자체라고 논증한다.[88] 라쿠나는 아퀴나스를 더 밀고 나아가서 하나님은 창조세계와 "실재적인" 관계를 맺고 계시는 분이라고 다시 생각하도록 한다. 그리고 관계의 형이상학(relational metaphysics)에 비추어 삼위일체 교리를 제안한다.[89] 마찬가지로 1986년에 발표한 「삼위일체에 관한 철학자들 및 신학자들」(Philosophers and Theologians on the Trinity)[90]이라는 논문에서는 삼위일체 신학이 근본적으로 확증하는 바는 하나님의 본성 그 자체가 관계성을 맺는다는 점이며, 따라서 우리는 하나님에 대한 우리의 경험과 동떨어져서 하나님을 고찰할 수는 없다고 단언한다.[91]

이런 일련의 논문을 통해[92] 라쿠나는 구원 역사에서 드러난 우리를 위하시는 하나님에게 집중함으로써 삼위일체 교리를 우리의 신앙과 우리의 삶에서 회복하려고 시도했다. 그녀는 그런 회복을 위해 하나님의 관계적인 특성을 강조한다. 그러면서 관계들의 존재론(ontology of relations) 또는 관계적 형이상학(relational metaphysics)을 제안한다. 존재론과 형이상학의 틀이 자신의 신학적 기획에 더 적합한 틀이라고 판단한 것이다.

---

88) LaCugna, "The Relational God," 649.

89) LaCugna, "The Relational God," 661-662.

90) LaCugna, "Philosophers and Theologians on the Trinity," *Modern Theology* Vol. 2 No. 3 (April 1986): 169-181.

91) LaCugna, "Philosophers and Theologians on the Trinity," 177.

92) 이 논문들 외에도 라쿠나는 다음과 같은 논문들에서 삼위일체론을 다룬다. "The Trinitarian Mystery of God," in *Systematic Theology: Roman Catholic Perspectives*, eds. Francis Schüsler Fiorenza and John P. Galvin Vol. I (Minneapolis: Fortress Press, 1991), 151-193; "God in Communion with Us: The Trinity," in *Freeing Theology: The Essentials of Theology in Feminist Perspective*, ed. Catherine Mowry LaCugna (San Francisco: HarperSanFrancisco, 1993); "The Doctrine of the Trinity," in *Commentary on the Catechism of the Catholic Church*, ed. Michael J. Walsh (London: Geoffrey Chapman, 1994).

## 2) 경륜적·내재적 삼위일체 구별의 거부

라쿠나는 1991년에 출간한 『우리를 위하시는 하나님: 삼위일체와 기독인의 삶』(*God for Us: The Trinity and Christian Life*)에서 현대 삼위일체 신학이 대개 경륜적 삼위일체와 내재적 삼위일체의 구별을 중심으로 논의되고 있음을 인정한다. 이 책에서 그녀는 "경륜적 삼위일체"와 "내재적 삼위일체"라는 용어가 오늘날 어떻게 사용되고 있는지를 다음과 같이 요약한다.

> "경륜적 삼위일체"와 "내재적 삼위일체"라는 용어는 하나님의 삶과 활동에 관해 말하는 방식들이다. "**경륜적 삼위일체**"라는 구절은 성부·성자·성령이라는 이름들과 상호연관되어 있으며, 세계 안에서 하나님의 활동이 드러나는 세 "얼굴"(face) 또는 세 표현(manifestation)을 가리킨다. 특히 **경륜적 삼위일체**는 구원 및 신성화의 활동 속에서 성자와 성령의 파송들(missions), 곧 하나님에 의해 보냄 받음을 지칭한다.
>
> "내재적 삼위일체"라는 용어는 또한 "**본질적**" 삼위일체("essential" Trinity)라고도 불리는데, 이는 경륜 속에서 드러난 하나님의 삶과 활동을 가리킨다. 그러나 이는 "내재적인" 관점에서 본 하나님의 삶과 활동을 가리킨다. 내재적이라는 용어는 내적인 것 또는 안에 본질적으로 있는 것을 의미한다. 예를 들면 "앎의 행동과 사랑함의 행동은 서로 내재적인 활동들이다."…그러므로 "내재적 삼위일체"는 세계 속에서의 하나님의 활동과는 독립적으로 고려되는 것으로서 성부·성자·성령이 서로에 대하여 맺는 상호적인 관계들을 가리킨다.[93]

라쿠나의 요약에 따르면, 경륜적 삼위일체는 성부 하나님께서 성자와

---

93) LaCugna, *God for Us*, 211-212.

내재적 삼위일체와 경륜적 삼위일체

성령을 통해 역사 속에서 드러남을 지칭한다. 반면 내재적 삼위일체는 성부와 성자와 성령 사이에 존재하는 내적인 관계들을 가리킨다. 특히 경륜적 삼위일체는 성부께서 성자와 성령을 세계 속으로 보내시는 파송들을 의미한다. 반면 내재적 삼위일체는 하나님 자신 안에서의 성자 및 성령의 출원들을 의미한다. 경륜적 삼위일체는 외적으로 나타나는 삼위일체 (Trinity *ad extra*)의 삶과 활동을 가리키는 반면, 내재적 삼위일체는 내적으로 일어나는 삼위일체(Trinity *ad intra*)의 삶과 활동을 가리킨다. 경륜적 삼위일체는 우리를 위한 삼위일체를 가리키는 반면, 내재적 삼위일체는 자신 안에 있는 삼위일체를 가리킨다. 경륜적 삼위일체는 우리를 위한 하나님(God *pro nobis*)과 관련이 있는 반면, 내재적 삼위일체는 자신 안에 있는 하나님(God *in se*)과 연관이 있다.

그러나 라쿠나는 내재적 삼위일체와 경륜적 삼위일체라는 용어들이 오늘날 사용되고 있는 쓰임새와 관련해서 오해의 소지가 있다고 지적한다. 첫째, 경륜적 삼위일체와 관련하여, 구원의 경륜에서 드러난 파송들은 셋이 아니라 둘이다. 곧 성자의 보냄과 성령의 보냄만이 있다. 따라서 라쿠나는 엄격하게 말하자면 경륜적 삼위일체(economic Trinity)가 아니라 경륜적 이위일체(economic Binity)가 존재한다고 주장한다. 이러한 의미로 그녀는 "경륜적 삼위일체"라는 용어 사용을 피해야 한다고 제안한다.[94]

둘째, 내재적 삼위일체와 관련하여, 라쿠나는 삼위일체 하나님의 내적인 관계들을 다루는 내재적 삼위일체라는 용어가 종종 하나님의 내적인 삶 또는 하나님의 내면 상태를 의미하는 것으로 부정확하게 사용된다고 주장한다. 이것은 하나님에게 내적인 삶이 먼저 존재하고, 그런 다음에 우리가 이러한 내적인 삶에 접근할 수 있다는 인상을 준다. 내재적 삼

---

94) LaCugna, *God for Us*, 234.

위일체를 이렇게 부정확하게 사용함으로써, 하나님 자체 안에 있는 하나님(God *in se*)과 우리를 위한 하나님(God *pro nobis*) 사이에 존재론적인 구별이 생겨나게 된다. 그런데 이러한 존재론적 구별은 성서의 계시, 초대교회의 신조들, 기독교의 기도와 예배에 일치하지 않기 때문에 라쿠나는 이러한 구별을 비판한다.[95] 그녀는 내재적 삼위일체 신학은 하나님의 내적인 삶에 관한 것이 아니라 구원 역사에서 드러난 하나님의 자기표현(self-expression)의 구조 혹은 양태에 관한 것이라고 주장한다.[96] 마지막으로 라쿠나는 하나님의 삶은 하나님에게만 속한 어떤 것이 아니며, 하나님의 삼위일체적 삶은 우리의 삶까지도 포함한다고 주장한다.[97]

이러한 두 가지 고려를 바탕으로, 첫째, 라쿠나는 내재적 삼위일체와 경륜적 삼위일체 사이의 구별은 존재론과 아무런 관련이 없음을 인식한다. 그녀에게 양자의 구별은 존재론적인 것이 아니라 인식론적인 것이다.

> 존재론적으로 구별된 두 개의 삼위일체들이 있는 것이 아니다. 삼위일체 하나님의 단 하나의 신비가 있을 뿐이며, 이러한 신비를 두 가지 측면들에서 고려할 수 있을 뿐이다. 경륜적·내재적 삼위일체의 구별은 인식론적인 것이지 존재론적인 것이 아니다. 왜냐하면 하나님의 "내재적" 신학은, 비록 비(非)-경륜적 관점으로부터 고려된다고 하더라도 다름 아닌 경륜의 신학이기 때문이다. 이것이 함의하는 바는 내재적 삼위일체가 신적인 본질과 동일하지 않다는 점이다.[98]

---

95) LaCugna, *God for Us*, 6.
96) LaCugna, *God for Us*, 225.
97) LaCugna, *God for Us*, 228.
98) LaCugna, "The Trinitarian Mystery of God," 174-175.

내재적 삼위일체와 경륜적 삼위일체

둘째, 이러한 고려들은 라쿠나가 보기에 "경륜적 삼위일체"라는 용어와 "내재적 삼위일체"라는 용어를 고수해야 할 필요성을 제거한다. 이점에 관하여 그녀는 시릴 리차드슨(Cyril R. Richardson), 고든 카우프만(Gordon Kaufmann), 지오프리 윌리엄 휴고 람페(Geoffrey William Hugo Lampe), 모리스 와일즈(Maurice Wiles)의 입장에 동의한다. 그들은 경륜적 삼위일체와 내재적 삼위일체 사이의 구별 자체를 거부하기 때문이다.[99] 예를 들면 와일즈는 내재적 삼위일체 교리는 필수적이지 않다고 지적한다. 왜냐하면 니케아 회의 이전의 신학은 삼위일체적(Trinitarian)인 것만큼 또한 이위일체적(Binitarian)이었기 때문이다. 또한 하나님의 외적인 행동들(God's actions *ad extra*)은 하나라고 말하는 아우구스티누스의 규칙이 우리가 하나님의 존재 안에 있는 구별들에 대한 어떤 지식을 가지는 것을 허용하지 않기 때문이다. 게다가 카우프만은 경륜-내재의 구별이 사이비(似而非) 구별이라고 주장한다. 왜냐하면 그가 보기에 우리는 계시 안에 드러난 하나님의 존재에 관해서만 말할 수 있으며, 하나님의 존재의 내적인 삶에 대해서는 인식론적으로 접근하지 않기 때문이다. 비록 라쿠나가 이들의 모든 점에 동의하는 것은 아니지만, 그럼에도 불구하고 이들 모든 신학자가 공유하는 큰 염려는 동일하다. 그들은 경륜-내재 사이의 인식론적인 구별이 존재론적인 구별로 바뀌어서, 본래의 구별이 구원 역사에 두고 있는 토대를 상실하게 될 것이라고 크게 염려한다.

## 3) 오이코노미아와 테올로기아

"경륜적 삼위일체"와 "내재적 삼위일체" 같은 용어들을 오도하여 부정확하게 사용하는 대신에, 라쿠나는 "오이코노미아"(*oikonomia*)라는 용어와

---

99) LaCugna, *God for Us*, 225-227 그리고 234 각주 6.

"테올로기아"(*theologia*)라는 용어의 사용을 재활성화해야 한다고 제안한다. 그녀는 이 용어들에 대한 자신의 정의를 다음의 구절에서 제시한다.

> **오이코노미아**는 외적으로 나타난 삼위일체(Trinity *ad extra*)가 아니라, 창조 때부터 완성에 이르는 하나님의 포괄적인 계획이다. 여기서는 하나님과 모든 피조물이 사랑 및 연합의 신비 안에서 함께 존재하도록 예정되어 있다. 마찬가지로 **테올로기아**는 내적으로 자신 안에 있는 삼위일체(Trinity *in se*)가 아니라, 훨씬 더 신중하게, 단순하게 말하면 하나님의 신비다.[100]

위에서 인용한 구절이 알려주듯이, 라쿠나에게 오이코노미아는 외적으로 나타나는 삼위일체가 아니며, 테올로기아는 내적으로 일어나는 삼위일체(Trinity *ad intra*)가 아니다. 오이코노미아는 우리를 위한 삼위일체(Trinity *pro nobis*)가 아니며, 테올로기아는 자신 안에 존재하는 삼위일체가 아니다. 이러한 부정들을 통해 라쿠나가 강조하고자 하는 것은, 두 개의 분리된 삼위일체들이 존재하는 것이 아니라는 점이다. 또한 외적으로 그리고 내적으로, 혹은 우리를 위해 그리고 자신 안에 있는 두 개의 상이한 수준들의 삼위일체가 존재하는 것이 아니라는 점이다. 그녀가 진정으로 의미하고자 하는 바는, 오이코노미아와 테올로기아 사이의 구별이 존재론적인 것이 아니라 다만 개념적인 것일 뿐이라는 점이다. 라쿠나에게 오이코노미아는 세계를 향한 하나님의 포괄적인 계획을 가리키며, 테올로기아는 하나님의 신비를 가리킨다.

이 점과 관련하여 라쿠나는 라너의 입장에 동의하지 않는다.[101] 비록 그녀가 라너의 동일성의 규칙을 출발점으로 삼아 시작하며 이 규칙에서

---

100) LaCugna, *God for Us*, 223.
101) LaCugna, *God for Us*, 221.

내재적 삼위일체와 경륜적 삼위일체

도출되는 여러 가지 함의를 인정한다고 주장하지만, 라쿠나는 라너의 동일성의 규칙이 두 개의 상이한 수준의 삼위일체를, 또는 두 개의 분리된 삼위일체를 전제한다고 여긴다. 곧 자신 안에 존재하는 하나님의 자기전달(God's self-communication *in se*)과 외적으로 나타나는 하나님의 자기전달(God's self-communication *ad extra*)을 전제한다고 여긴다. 그녀는 라너의 동일성의 규칙이 다음을 의미한다고 지적한다. 즉 외적으로 나타나는 하나님의 자기전달은 하나님 자신 안에 존재하는 하나님의 자기전달 안의 구별들에 존재론적으로 근거하고 있음을 의미한다는 것이다. 그래서 라쿠나는 라너의 동일성의 규칙이 최종적으로 니케아 공의회 이후의 난제에 의해 질식되었다고 판단한다. 곧 외적으로 나타나는 하나님의 자기전달과는 별개로, 하나님 자신 안에 존재하는 하나님의 자기전달에만 몰두하게 된 것에 의해 질식되었다고 판단한다. 따라서 라쿠나의 평가에 따르면, 라너의 동일성의 규칙은 내재적 삼위일체와 경륜적 삼위일체 사이의 공리적 일치성을 주장함에도 불구하고 양자 사이의 연결성을 혼동스럽게 만들고 있다.

존재론적으로 상이한 두 개의 수준에 속한 삼위일체를 가정하는 대신에, 라쿠나는 하나님께서 외적으로 나아가시는 하나의 엑스타시적인 운동(one ecstatic movement of God outward), 곧 성부로부터 시작하여 성부에게로 나아가는(*a Patre ad Patrem*) 하나의 엑스타시적인 운동을 제안한다. 하나님이 외적으로 나아가는 역동적인 운동은 발산(emanation)과 복귀(return)에 의해, 곧 나감(*exitus*)과 되돌아옴(*reditus*)에 의해 교차적으로 구성된다. 이러한 운동은 성부 하나님으로부터 시작하여 성부 하나님에게로 나아가는 하나의 포물선 운동을 형성한다. 라쿠나에 따르면, 만물은 성부 하나님으로부터 시작하여 예수 그리스도를 거쳐 성령의 권능 안에서 기원한다. 그리고 만물은 성령 안에서 예수 그리스도를 통해 성부 하나님에게로 돌아간다. 이와 같은 하나님의 역동적인 운동 안에서는 경륜적 삼위일체와 내재적 삼위일체 사이에 아무런 구별이 없다. 그러나 오직 오이코노미아가 존재한다. 곧 시간, 공간, 역사, 인격 안에서 테올로기아의 신비가 구체적으로 실현되는 오이코노미아가 존재한다. 오이코노미아는 하나님의 내적인 관계들로 이루어진 은폐된 영역을 반사시켜주는 거울이 아니다. 그리고 테올로기아는 정적이고 무역사적이며 초(超)-경륜적인 영역이 아니다.

라쿠나에게 오이코노미아는 세계를 위한 하나님의 포괄적인 계획이며, 테올로기아는 하나님의 신비다. 오이코노미아와 테올로기아는 존재론적으로 상이한 두 개의 수준이 아니다. 하나님의 자기전달은 오직 하나일 뿐이며, 하나님의 신비도 오직 하나일 뿐이다. 또한 오이코노미아와 테올로기아는 하나의 실재에 있는 두 개의 측면이 아니며, 하나님의 하나의 자기전달에 있는 두 개의 양식도 아니다. 이런 측면에서 오이코노미아와 테올로기아는 서로 분리될 수 없다. 이렇게 하여 라쿠나는 자신만의 원리를 공식화한다. 곧 테올로기아는 오이코노미아 안에서 충만하게 계시되고 수여되며, 오이코노미아는 테올로기아의 형언할 수 없는 신비를 참으로 표현한다.[102]

## IV. 이정용의 상호포월

### 1. 비동일성적 구별

미국 드루 대학교의 조직신학 교수였던 이정용(1935-1996)은 1996년에 출

---

102) LaCugna, *God for Us*, 221.

내재적 삼위일체와 경륜적 삼위일체

간한 『아시아의 관점에서 본 삼위일체』(*The Trinity in Asian Perspective*, 대한기독교서회 역간, 1998)에서 칼 라너의 동일성의 규칙이 수정되어야 한다고 주장한다. 그가 수정한 정식은 다음과 같다. "내재적 삼위일체는 경륜적 삼위일체 **안에** 있고, 경륜적 삼위일체는 내재적 삼위일체 **안에** 있다."[103] 라너의 상호적 동일성의 규칙과는 달리, 이정용은 내재적 삼위일체와 경륜적 삼위일체가 동일하지 않다고 주장한다. 그의 의도는 양자 사이에 적절한 구별을 짓는 것이다. 이정용은 라너의 상호적 동일성의 규칙이 양자 간의 적절한 구별을 결여하고 있음과, 이를 통해 어느 하나가 다른 것에 쉽게 병합될 수 있음을 크게 우려한다.

이정용은 경륜적 삼위일체와 내재적 삼위일체를 적절하게 구별해야 하는 필요성을 끈질기게 주장하기 위해 가족의 유비(analogy of family)에 호소한다.[104] 그의 설명에 따르면, 가족과 함께 있는 내 삶과 가족이 없는 내 삶이 동일하지 않은 것처럼 경륜적 삼위일체는 내재적 삼위일체와 동일하지 않다. 가족과 함께 있는 내 삶과 가족이 없는 내 삶은 모두가 내 삶이지만, 전자는 새로운 차원의 관계성을 포함한다. 마찬가지로 경륜적 삼위일체와 내재적 삼위일체는 모두가 삼위일체 하나님의 삶이지만, 전자는 새로운 차원의 관계성을 포함한다. 이런 점에서 경륜적 삼위일체는 내재적 삼위일체와 동일하지 않다.

이정용의 가족의 유비를 면밀하게 분석하면, 이정용이 왜 라너의 규칙을 전적으로 수용하지 못하는지 그 이유가 드러난다. 그것은 그가 내재적 삼위일체가 포함하지 못하는 새로운 차원의 관계성을 경륜적 삼위일체에게 확보해주려고 의도했기 때문이다. 새로운 차원의 관계성이란 경륜적

103) Jung Young Lee, *The Trinity in Asian Perspective* (Nashville: Abingdon Press, 1996), 68. 이정용 자신의 강조임. 이후로는 *The Trinity in Asian Perspective*로 표기함.
104) Lee, *The Trinity in Asian Perspective*, 67.

삼위일체가 세계와 함께 맺는 관계성이다. 달리 표현하면, 내재적 삼위일체는 하나님 자신 안에 있는 삼위일체이며, 경륜적 삼위일체는 세계와 관계 맺고 있는 삼위일체다. 이런 식으로 이정용은 하나님께서 세계와 관계 맺고 있는 삼위일체 하나님임을 분명히 강조하고자 한다.

더 나아가 이정용은 세계와 관계를 맺고 있는 삼위일체 하나님은 세계로부터 영향을 받는 하나님이라는 점을 논증한다. 그의 사고에 따르면, 만약 삼위일체 하나님이 세상으로부터 아무런 영향을 받지 않는다면, 내재적 삼위일체가 경륜적 삼위일체와 동일하다는 주장이 가능할 것이고, 라너의 상호적 동일성의 규칙도 타당할 것이다. 그렇게 되면, 하나님은 세상에 대하여 무변동과 무감동의 하나님이 될 것이다. 그러나 이정용은 이와 같은 무감동성의 하나님에 관한 사고를 분명히 거부한다. 그에게 있어 세계와 관계를 맺고 있는 삼위일체 하나님은 변화와 감동과 변동의 하나님이시다. 따라서 이정용의 수정적 정식은 하나님을 변동과 감동과 변화의 삼위일체 하나님으로 이해하는 그의 신론에 토대를 두고 있음을 발견할 수 있다.

## 2. 하나님의 감동성

위에서 언급한 것처럼 이정용은 만약 삼위일체 하나님이 세상으로부터 영향을 받는다면 경륜적 삼위일체가 내재적 삼위일체와 동일하지 않는다고 논증한다. 여기서 두 가지 질문이 생긴다. 첫째는 하나님이 감동성을 지니고 계신지 아닌지에 관한 질문이고, 둘째는 경륜적 삼위일체와 직접적으로 연관된 하나님의 감동성이 내재적 삼위일체와도 연관이 되는지에 관한 질문이다.

이정용이 신학 여정을 시작할 때부터 씨름했던 주제가 첫 번째 질문인 하나님의 감동성(divine πάθος)이다. 그는 1968년에 하나님의 고통에 관한 박사학위 논문을 작성했다.[105] 그리고 1973년에는 「하나님은 변화 그 자체가 될 수 있는가?」(Can God Be Change Itself?)라는 논문을 발표했다.[106] 그다음 해인 1974년에는 자신의 박사학위 논문을 바탕으로 해서 하나님의 감동성이라는 주제를 깊고 광범위하게 다룬 『우리를 위해 고통당하시는 하나님: 하나님의 감동성 개념에 관한 조직신학적 탐구』(God Suffers for Us: A Systematic Inquiry into a Concept of Divine Passibility)를 출간했다.[107]

이정용에 따르면, 궁극적 실재로서 하나님의 본성은 아가페(ἀγάπη)다.[108] 하나님의 아가페는 단지 하나님의 여러 속성 중 하나가 아니라 하나님의 본성 그 자체다.[109] 그것은 하나님의 감정이입(empathy)을 통해 표현되며, 하나님의 감정이입은 아가페의 방법이다. 하나님은 감정이입을 통해 세계에 깊이 참여하시고 그러면서도 신의 본질적 본성을 상실하지 않으신다. 그래서 세계 역시 자신의 본질적 본성을 상실하지 않으면서 하나님의 참여 속에 참여할 수 있게 된다. 하나님의 감정이입으로 인하여 하나님과 세계는 참된 인격적 관계, 또는 나-너라는 참여의 관계가 가능해진다.[110] 그런데 세계의 죄로 인하여 아가페로서의 하나님은 자신의 감정이입 속에서 고통을 느끼신다.[111] 이런 식으로 이정용은 하나님이 감동

---

105) Jung Young Lee, "The Suffering of God: A Systematic Inquiry into a Concept of Divine Passibility"(Th.D. diss., Boston University, 1968).

106) Jung Young Lee, "Can God Be Change Itself?" *Journal of Ecumenical Studies* Vol.10 No.4 (Fall 1973): 752-770. 이후로는 "Change"로 표기함. 이 논문은 다음의 책에 포함되어 있다. *What Asian Christians Are Thinking: A Theological Source Book* (1st edition), ed. Douglas J. Elwood (Quezon: New Day Publishers, 1976): 173-193.

107) Jung Young Lee, *God Suffers for Us: A Systematic Inquiry into a Concept of Divine Passibility* (The Hague: Martinus Nijhoff, 1974). 이후로는 *God Suffers for Us*로 표기함.

108) Lee, *God Suffers for Us*, 6.

109) Lee, *God Suffers for Us*, 7.

110) Lee, *God Suffers for Us*, 13.

111) Lee, *God Suffers for Us*, 19.

성의 하나님이라고 논증한다. 그 결과 그에게 하나님은 세계로부터 멀리 떨어져 홀로 계시는 분이 아니라 세계와 새로운 관계를 맺으시고, 세계 속에 참여하시며, 자신의 감정이입 속에서 고통을 느끼시는 분이시다. 이런 점에서 이정용은 경륜적 삼위일체가 내재적 삼위일체와 동일하지 않다고 논증한다.

### 3. 하나님의 감동성과 내재적 삼위일체

그러나 이정용이 경륜적 삼위일체가 내재적 삼위일체와 동일하지 않다고 논증할 때, 그는 또 다른 심각한 문제에 직면한다. 그것은 곧 경륜적 삼위일체와 내재적 삼위일체가 어떻게 하나의 일치를 이루는지에 관한 문제다. 하나님의 감동성의 관점에서 이 문제를 달리 표현한다면, 경륜적 삼위일체와 직접적으로 연관된 하나님의 감동성이 내재적 삼위일체와 어떻게 관련될 수 있을까? 비록 이정용은 아가페가 하나님의 본성 그 자체라고 주장하지만, 그럼에도 하나님의 아가페, 하나님의 감정이입, 그리고 하나님의 세계 참여는 일차적으로 경륜적 삼위일체를 통해 이루어지고 있다. 그러면 내재적 삼위일체와는 어떤 관련성이 있는가? 하나님의 세계 참여는 오직 경륜적 삼위일체만의 세계 참여를 의미하고 내재적 삼위일체의 세계 참여는 배제함을 의미하는가? 하나님의 감정이입은 세계에 대하여 오직 경륜적 삼위일체만의 감정이입을 의미하고 내재적 삼위일체의 감정이입은 배제함을 의미하는가? 비록 이정용은 아가페가 하나님의 본성 그 자체라고 주장하지만, 하나님의 사랑은 오직 경륜적 삼위일체만의 세계 사랑을 의미하고 내재적 삼위일체의 세계 사랑은 배제함을 의미하는가? 만약 그렇다면, 서로 다르고 완전하게 분리된 두 개의 삼위일체가 존재하게 될 것이다. 그러나 이러한 결과는 이정용이 인정하고 싶지 않은 바다.

이와 같은 문제를 해결하기 위해 이정용은 우선 바르트의 상응설의

내재적 삼위일체와 경륜적 삼위일체

입장에 호소한다.[112] 바르트의 구별에 따르면, 경륜적 삼위일체는 성서에서 증언된 하나님의 계시 속에 드러난 삼위일체이며, 내재적 삼위일체는 하나님 자신 안에 선행적으로 존재하는 삼위일체다. 그런데 경륜적 삼위일체는 내재적 삼위일체에 상응하며, 내재적 삼위일체는 경륜적 삼위일체의 불가결한 전제다. 하나님의 아가페와 관련하여 말하자면, 하나님의 아가페는 하나님 자신 안에 있는 하나님의 대내적 사랑과, 세계를 향한 하나님의 대외적 사랑으로 구성되어 있다. 전자는 성령을 통해 이루어지는 성자에 대한 성부의 사랑을 가리키며, 후자는 성령 안에서 성자를 통해 이루어지는 세계에 대한 성부의 사랑을 가리킨다. 하나님 자신 안에 있는 사랑은 세계를 향한 하나님의 사랑의 원형이며, 세계를 향한 하나님의 사랑은 하나님 자신 안에 있는 하나님의 사랑에 상응한다.[113]

더 나아가 이정용은 바르트의 상응설의 입장이 함의하는 바들을 상세하게 설명한다. 특히 그리스도 안에서 하나님의 성육신, 예수 그리스도의 삶과 죽음, 그리고 오순절에 보혜사 성령의 강림과 관련한 내용에 대해 상세하게 설명한다. 곧 역사 내에서 일어나는 하나님의 운동들은 하나님 자신 안에서 이루어지는 내적·삼위일체적 운동들을 상응적으로 재연하게 되어 있다. 먼저 그리스도 안에서 하나님의 성육신은 성부로부터 성자에게로 나아가는 성령의 내적·삼위일체적 수용을 재연한다. 그리고 예수 그리스도의 삶과 죽음은 성자 안에서 이루어지는 성령의 내적·삼위일체적 내주를 재연한다. 오순절에 보혜사 성령이 강림함은 성자로부터 성령으로 나아가는 성령의 내적·삼위일체적 파송을 재연한다.[114] 마찬가지로 세계를 위한 하나님의 고통은 하나님 자신 안에서 이루어지는 내적·삼위

---

112) Lee, *God Suffers for Us*, 71.
113) Lee, *God Suffers for Us*, 71.
114) Lee, *God Suffers for Us*, 72-73.

일체적 고통을 상응적으로 재연한다. 곧 예수 그리스도가 당하신 고통은 하나님 자신 안에서 이루어지는 하나님의 고통에 상응한다.[115] 이렇게 하여 이정용은 바르트의 상응설의 입장의 도움을 받아 하나님의 감동성과 내재적 삼위일체 사이에 긴밀한 연결성을, 그리고 함의적으로 경륜적 삼위일체와 내재적 삼위일체 사이에 긴밀한 연결성을 확립한다. 이러한 긴밀한 연결성 덕택에 이정용은 경륜적 삼위일체와 내재적 삼위일체 양자 사이의 적절한 일치를 주장할 수 있게 된다. 이런 점에서 이정용은 양자의 구별성뿐만 아니라 일치성을 성공적으로 확립한 것처럼 보인다.

## 4. 상응으로서의 일치?

그러나 경륜적 삼위일체와 내재적 삼위일체 양자 사이의 구별성과 일치성을 확립하려는 이정용의 노력이 성공하는 것처럼 보인다고 할지라도, 그는 여전히 또 다른 심각한 문제에 직면한다. 그것은 곧 상응으로서의 일치성이 진정한 일치가 될 수 있는가에 관한 문제다. 이러한 문제는 경륜적 삼위일체가 내재적 삼위일체에 완벽하게 상응함을 보증해주지 못하기 때문에 생겨난다. 이것은 이정용만의 난제가 아니라 또한 바르트 자신의 문제이기도 하다. 왜냐하면 바르트의 상응설의 입장은 궁극적으로 바르트 자신의 신학 방법론과 관련이 있기 때문이다.

바르트의 방법론은 성서에서 증언된 계시의 실재로부터 출발한다. 예수 그리스도를 중심으로 하는 성서적 계시의 분석을 통해 바르트는 삼위일체론을 지시하는 여러 개념을 산출한다. 곧 성부·성자·성령 사이에서 이루어지는 훼손되지 않은 일치성의 개념과 구별성의 개념, 그리고 하나님의 한 본질에 관한 개념과, 한 본질 안에서 구별되는 세 존재방식들

---

115) Lee, *God Suffers for Us*, 75.

내재적 삼위일체와 경륜적 삼위일체

(Seinsweisen)에 관한 개념들을 산출한다. 이를 근거로 바르트는 성서적 계시가 암시적으로 혹은 명시적으로 삼위일체론을 가리킨다고 주장한다. 그리고 이런 의미로 계시를 삼위일체론의 뿌리 또는 토대라고 간주한다.

그러나 바르트가 성서적 계시를 인간의 입장에서 분석해 산출한 개념들을 살펴보면, 그것들은 여전히 인식론적인 취약성을 갖고 있다. 이 취약성은 하나님을 인식하는 인간의 내적 한계성, 그리고 무엇보다도 세상에 대한 하나님의 자유하심과 주님 되심 때문에 생긴다. 물론 바르트는 하나님의 계시 속에서 하나님의 본성과 인간 존재와의 대면과 사귐이 있기에 하나님의 자유하심은 인간의 인식론적 가능성을 전적으로 배제하는 것이 아님을 인정한다. 그리고 그는 하나님의 자유로운 사랑의 행동을 통해 인간이 하나님의 말씀의 수용자가 될 수 있음을 인정한다. 그럼에도 바르트는 하나님께서 항상 새롭게 우리에게 말씀하시기 때문에 하나님의 말씀하심에 완벽하게 상응하는 인간의 앎은 존재하지 않고, 하나님의 본성을 인간의 앎으로 전적으로 전환하는 것도 불가능하다고 끈질기게 주장한다.[116]

따라서 바르트에게는 경륜적 삼위일체와 내재적 삼위일체 양자 사이에 완벽한 상응이 있음을 알려주는 보증이 없는 셈이다. 그 대신에 양자 사이에는 늘 긴장과 틈이 존재한다. 바르트는 이 문제를 해결하기 위해 또 다른 구별을 짓는다. 곧 그는 하나님의 일차적 객관성(God's primary objectivity)과 하나님의 이차적 객관성(God's secondary objectivity)을 구별한다. 하나님의 일차적 객관성은 하나님 자신에 관한 하나님 자신의 지식을 가리키며, 하나님의 이차적 객관성은 하나님에 관한 인간의 지식을 의미한다. 바르트는 이 양자 사이에는 어떠한 질적 차이도 없음을 주장한

---

116) Barth, *CD*, I/1, 132.

다. 하나님께서 하나님 자신을 아시는 대로 하나님 자신을 우리에게 내어주셔서 우리가 하나님을 알게 된다는 점에서, 하나님의 이차적 객관성은 하나님의 일차적 객관성과는 진리의 정도가 구별이 되지 않는다. 하나님의 이차적 객관성은 하나님의 일차적 객관성에 상응하며 그것에 토대를 두고 있기 때문에 온전하게 진리다.[117] 하나님의 이차적 객관성은 하나님의 일차적 객관성에 상응하고, 하나님의 일차적 객관성은 하나님의 이차적 객관성의 토대다. 그러나 이러한 종류의 구별은 위에서 언급한 신학적 난제를 완전히 해결해주는 것이 아니라 단지 지연시킬 뿐이다.[118]

## 5. 상호포월로서의 일치

위에서 언급한 신학적 난제에 대한 바르트의 해결책과 다르게 이정용의 최종 해법은 상호포월의 원리를 의미하는 논리틀, 곧 "A는 B 안에 그리고 B는 A 안에"(A in B and B in A)라는 논리틀을 재발견하는 것이다. 이정용은 상호포월의 원리를 수용하여 라너의 동일성의 공식을 다음과 같이 수정한다. 경륜적 삼위일체는 내재적 삼위일체 **안에** 있고, 내재적 삼위일체는 경륜적 삼위일체 **안에** 있다. 이정용은 자신이 수정한 공식이 경륜적 삼위일체와 내재적 삼위일체의 구별성뿐만 아니라 일치성까지도 확보한

---

117) Barth, *CD* II/1, 16.
118) 바르트에게 많은 영향을 받은 융엘은 하나님의 자기-관계성은 하나님의 성육신에서 전례 없는 방식으로 일어났으며 이 성육신은 동시에 하나님과 인간과의 관계성이라고 언급한다. Eberhard Jüngel, *God as the Mystery of the World: On the Foundation of the Theology of the Crucified One in the Dispute Between Theism and Atheism*, trnas. Darrell L. Guder (Edinburgh: T&T Clark, 1983), 372. 융엘의 진술은 그의 관계유비(*analogia relationis*)라는 개념에 토대를 두고 있다. 곧 하나님께서 우리와 맺으시는 관계성은 하나님 자신의 내적 관계성에 상응하며 그것을 반복한다. 전자는 존재론적 힘을 후자로부터 받으며, 후자는 전자를 구성한다. Eberhard Jüngel, *God's Being Is in Becoming: The Trinitarian Being of God in the Theology of Karl Barth*, trans. John Webster (Edinburgh: T&T Clark, 2001), 119-121.

다고 주장한다. 그에 따르면 "A는 B 안에 그리고 B는 A 안에"라는 논리
틀은 상호포월을 뜻한다. 상호포월의 관계에서 내재적 삼위일체가 경륜
적 삼위일체 안에 있기 때문에 내재적 삼위일체는 세계로부터 동떨어져
있지 않다. 그리고 상호포월의 관계에서 경륜적 삼위일체가 내재적 삼위
일체 안에 있기 때문에 경륜적 삼위일체는 하나님의 내적인 삶에 참여하
는 것을 배제하지 않는다.[119]

이정용은 『역경』(易經)으로 알려진 『주역』(周易)을 연구하면서 "A는 B
안에 그리고 B는 A 안에"라는 논리 구조를 재발견하게 된다. 역경은 변화
에 관한 책인데, 영어로는 *The Book of Changes*로 표현된다.[120] 이정용
은 "A는 B 안에 그리고 B는 A 안에"라는 논리 구조를 음(陰)과 양(陽)의 포
월적 관계로부터 이끌어낸다. 양은 문자적으로 언덕(구, 丘)의 양지바른 곳
을 뜻하며, 음은 문자적으로 언덕의 그늘진 곳을 뜻한다. 양은 태양, 남쪽,
빛, 낮, 빨강, 건조, 더움, 봄-여름 등을 의미하고, 음은 달, 북쪽, 어둠, 밤, 검
정, 습기, 추움, 가을-겨울 등을 의미한다. 양은 상승운동, 긍정성, 남성성,
활동성, 운동성 등을 상징하며, 음은 하강운동, 부정성, 여성성, 휴식성, 정
지성 등을 상징한다. 양과 음은 우주에서 일어나는 모든 변화를 일으키는
양극적 원리들(bipolar principles)이다.[121]

양과 음의 양극적 원리들은 서로 구별되며 심지어 성격상 상반된다.

---

119) Lee, *The Trinity in Asian Perspective*, 68.

120) 이정용은 주역 연구를 일찍 시작했다. 1971년에 *The I: A Christian Concept of Man*
(New York: Philosophical Library, 1971)을 저술했다. 몇 년 후 주역에 관한 종합적
인 개론서로 *The I Ching and Modern Man: Essays on Metaphysical Implications of
Change* (Secaucus: University Books, 1975)를 저술했다. 그 다음 해인 1976년에는 주
역의 저작권 문제를 다루는 논문을 발표했다. "Some Reflection on the Authorship of
the I Ching," *Numen: International Review for the History of Religions* Vol.17 No.3
(December 1976): 200-210.

121) Lee, *The Trinity in Asian Perspective*, 25.

그러나 양과 음은 상호배타적이지 않다. 이정용의 설명에 따르면, 주역에서 변화를 뜻하는 표의문자 역(易)은 태양(일[日])과, 달(월[月])의 고어형태인 물(勿)로 구성된다. 여기서 중요한 점은, 변화(역[易])는 해가 지는 동시에 달이 뜰 때에, 혹은 달이 지는 동시에 해가 뜰 때에 발생한다는 것이다. 곧 변화는 양과 음이 동시에 작용하여 발생한다. 이정용은 여기서 의미심장한 원리를 도출한다. 첫째, 태양이 항상 달과 연관되어 있듯이, 양은 항상 음과 연관되어 있다. 양과 음은 항상 서로 관련되어 있으며 연합되어 있다. 둘째, 태양은 달 없이 존재하지 않으며 달은 태양 없이 존재하지 않는다. 태양과 달이 늘 공존하듯이, 양과 음은 늘 공존한다.

양과 음은 구별되고 상반되지만, 서로 배타적이지는 않다. 이 둘은 연합적이며, 상관적이며, 공존적이며, 포월적이다. 양은 단절되지 않은 선(―), 곧 양효로 상징화되며, 음은 단절된 선(- -), 곧 음효로 상징화된다. 본래 양은 밝은 점(○)으로 표상화되며, 음은 어두운 점(●)으로 표상화된다. 그리고 양과 음의 상호포월적 관계는 태극(the Great Ultimate)의 그림(☯)을 통해 표현된다. 태극의 그림에서 음을 가리키는 어두운 점(●)은 양이라는 밝은 반쪽 면에 포함되어 있다. 그리고 태극의 그림에서 양을 가리키는 밝은 점(○)은 음이라는 어두운 반쪽 면에 포함되어 있다. 곧 양은 음 안에 있고, 음은 양 안에 있다. "안에"(in)는 양과 음을 내적으로 연결해주는 원리이고, "그리고"(and)는 양과 음을 외적으로 연결해주는 원리다.[122]

---

122) 이정용은 이와 같은 음양의 포월의 관계를 예수님의 말씀 속에서도 찾아낸다. "내가 아버지 안에 거하고 아버지께서 내 안에 계신다"(요 14:11), "나와 아버지는 하나이니라"(요 10:30). 더 나아가 이정용은 "안에"(in)는 성령을 가리킨다고 진술한다. "아버지와 아들은 그들의 '안에 있음'(inness)에서 하나이며 동시에 셋이다. '안에'는 성령을 가리키며 그 자체로 존재할 수 없는 내적인 연결 원리를 의미한다." Lee, *The Trinity in Asian Perspective*, 58-59.

내재적 삼위일체와 경륜적 삼위일체

여기서 양과 음은 상호적으로 포월한다.[123] 이러한 상호포월성은 음양관계의 가장 주목할 만한 특징이다. 이와 같은 종류의 관계성은 구별성을 포함할 뿐만 아니라 관계적 일치성도 함축한다. 이렇게 하여 이정용은 음양적 사고방식의 틀을 이용하여 자신의 신학적 난제에 대한 해결책을 발견한다. 이정용은 다음과 같이 말한다.

> 동일성의 관계가 아니라 이와 같은 포월성의 관계로, 우리는 라너의 규칙을 수정한다. 내재적 삼위일체는 경륜적 삼위일체 **안에** 있고, 그리고 경륜적 삼위일체는 내재적 삼위일체 **안에** 있다. 이렇게 수정된 정식은 양자의 일치성뿐만 아니라 양자의 구별성 모두를 잘 확보할 수 있도록 도와줄 것이다.[124]

## V. 제5장과 제6장의 요약

이 책의 제5장과 제6장에서는 11명의 현대 신학자들을 검토하면서, 이들의 입장을 내재적 삼위일체와 경륜적 삼위일체와의 관계에 관한 상이한 일곱 가지 입장들로 분류했다. 각각의 입장은 아래와 같이 요약할 수 있다. 제5장과 제6장의 검토와 논의는 제7장에서 이루어지는 비판적 분석을 위한 자료가 된다.

첫째, 바르트의 상호상응의 입장은, 경륜적 삼위일체는 내재적 삼위일체로 나아가는 인식론적 관문임을 의미하고, 내재적 삼위일체는 경륜적 삼위일체를 위한 존재론적 원형임을 의미한다. 우리는 경륜적 삼위일체를 통해 영원한 성부, 영원한 성자, 영원한 성령을 인식하는 데로 나아

---

123) Lee, *The Trinity in Asian Perspective*, 26.
124) Lee, *The Trinity in Asian Perspective*, 68.

간다. 내재적 삼위일체는 우리에게 아버지가 되시는 창조주 하나님, 예수 그리스도, 성령의 존재론적 기초와 방식과 이유가 된다.

둘째, 라너의 동일성의 규칙은 경륜적 로고스가 내재적 로고스이며 그 역도 성립함을 의미한다. 또한 이 규칙은 우리가 구원 역사에서 경험하는 성령은 삼위일체 안에 계신 영이며 그 역도 성립함을 의미한다. 따라서 이 규칙은 성부 하나님께서 성자의 성육신과 성령의 강림을 통해 하나님 자신을 전달하심을 의미한다.

셋째, 종말론적 일치의 입장을 주장한 신학자 중 몰트만은 경륜적 삼위일체가 종말론적으로 내재적 삼위일체이며, 내재적 삼위일체는 송영적으로 경륜적 삼위일체임을 주장한다. 판넨베르크는 자신의 미래주의적 형이상학을 토대로 삼아, 하나님의 활동은 종말(eschaton)에 완성되며, 그러기에 경륜적 삼위일체와 내재적 삼위일체의 일치는 종말론적으로 일어난다고 논증한다. 젠슨은 하나님의 정체성을 성서의 내러티브들을 통해 파악하는 자신의 신학적 방법을 근거로, 내재적 삼위일체가 경륜적 삼위일체의 종말론적 실재라는 의미로서 경륜적 삼위일체와 내재적 삼위일체의 동일성은 종말론적이라고 주장한다.

넷째, 피턴저는 과정신학자이고 보프는 해방신학자라는 점에서 양자가 신학적으로 뚜렷한 차이점을 보이고 있음에도 불구하고, 이 두 신학자는 내재적 삼위일체가 경륜적 삼위일체보다 훨씬 더 크다는 점에서 공통된 입장을 가진다. 보프는 성자의 성육신과 성령 강림의 경우에서 경륜적 삼위일체가 내재적 삼위일체이며 그 역도 성립한다고 주장한다. 하지만 이러한 역사적·구원적 사건들 이외에는 내재적 삼위일체가 경륜적 삼위일체보다 훨씬 더 크다고 주장한다. 피턴저는 내재적 삼위일체가 경륜적 삼위일체 안에서 지고하게 표현되지만 그렇다고 배타적으로 표현되는 것은 아니라고 주장한다. 이러한 주장은 하나님께서 예수 그리스도 안에서 결정적이고 집중적으로 행동하시지만 이러한 신적 행동이 예수 그리스도라는 역사적 인물에게만 한정되는 것은 아님을 함의한다. 또한 그것은 성령이 초기 그리스도인들로 하여금 예수 그리스도 안에서 드러난 신적 행동에 응답할 수 있도록 해주는 신적 응답의 역할은 하지만 그렇다고 이러한 신적 응답이 기독교 공동체 내의 성령에게만 제한되는 것은 아님을 함의한다.

다섯째, 브라켄은 되어감의 형이상학(metaphysics of becoming)과 사회적 존재론(ontology of society)을 전개하면서 경륜적 삼위일체를 내재적 삼위일체 안으로 "침지"시키는 경향을 강하게 보이고 있다. 내재적 삼위일체의 활동 방식이 경륜적 삼위일체의 활동 방식과는 질적으로 다를 뿐만 아니라, 내재적 삼위일체가 경륜적 삼위일체를 내재적 삼위일체 자신의 활동들 안으로 포함시키고 있기 때문이다.

여섯째, 수코키와 라쿠나는 관계적 존재론(relational ontology)을 매우 강조하기 때문에 내재적 삼위일체를 경륜적 삼위일체 안으로 "흡수"하는 쪽으로 불가피하게 나아간다. 수코키에게 내재적 삼위일체는 세상-안에-존재하는 경륜적 삼위일체(immanent-in-the world economic Trinity)로서 세계와 이미 본질적으로 관계를 맺고 있다. 다른 한편, 라쿠나는 존재론적으로 서로 다른 두 개 수준에 속한 삼위일체들을 가정하는 것을 단호하게 반대하고, 하나님께서 밖으로 나아가는 하나의 엑스타시적 운동, 곧 성부로부터 성부로 이르는 운동(a Patre ad Patrem)을 제안한다. 여기에는 오직 하나의 오이코노미아(oikonomia)만이 존재한다. 곧 테올로기아(theologia)의 구체적인 실현으로서의 하나의 오이코노미아가 존재한다. 오이코노미아는 하나님의 내적인 관계들의 감추어진 영역을 반사하는 거울이 아니며, 테올로기아는 무(無)-역사적·초(超)-경륜적인 정적 영역이 아니다.

마지막으로, 이정용은 하나님의 감동성(pathos)에 대한 신학적인 관심을 가지고 있었기에 본래부터 라너의 동일성 규칙에 많은 관심을 가졌고, 바르트처럼 경륜적 삼위일체와 내재적 삼위일체의 구별과 일치성을 모두 주장했다. 그러나 바르트의 상호상응의 입장이나 라너의 동일성의 규칙 대신에, 이정용은 내재적 삼위일체와 경륜적 삼위일체의 일치성을 양(陽)과 음(陰)의 양극적인 상호포월성에 근거시킨다. 이러한 근거를 바탕으로 이정용은 경륜적 삼위일체가 내재적 삼위일체 안에 존재하며 그 역도 성립한다고 주장한다.

## 제7장

# 현대적 논의들의 비판적 분석

## 존재론, 인식론, 신비

제7장에서는 제5장과 제6장에서 확인했던 내재적·경륜적 삼위일체 관계에 관한 상이한 일곱 가지 입장을 비판적으로 분석하고자 한다. 이것은 존재론, 인식론, 신비의 개념이라는 관점에서 비판적으로 분석될 것이다. 존재론은 존재의 실재에 관한 탐구이며, 인식론은 존재의 실재에 관한 지식을 탐구하는 것이다. 제7장에서 존재론은 대체로 내재적 삼위일체와 경륜적 삼위일체 각각의 존재론적 지위와 연관되며, 인식론은 대략적으로 내재적 삼위일체와 경륜적 삼위일체 각각에 관한 우리의 지식과 연관된다. 여기서 나는 비판적 분석을 통해 다음의 두 가지를 증명하고자 한다. 첫째, 존재론과 인식론이 내재적·경륜적 삼위일체 관계에 관한 현대적 논의들 각각의 입장에 깊이 엮여 있다는 점과, 둘째, 신적 신비의 개념이 각각의 입장 속에서 드러나는 존재론적 긴장들 혹은 인식론적 긴장들을 해소하는 기능을 담당하면서 현대적 논의들 각각의 입장에 깊이 연루되어 있다는 점을 증명하고자 한다.

# I. 바르트의 상호상응

제5장에서 확인했던 것처럼, 바르트의 상호상응의 입장은 경륜적 삼위일체가 내재적 삼위일체로 나아가는 인식론적 통로라는 점과 내재적 삼위일체가 경륜적 삼위일체의 존재론적 원형이라는 점을 의미한다. 한편, 인식론적인 측면에서 우리의 창조주 하나님 또는 하나님 우리 아버지는 우리가 영원한 아들의 영원한 아버지에게로 나아가게 한다. 계시 속에서 드러난 예수 그리스도는 우리가 영원한 아버지의 영원한 아들을 인식하도록 하고, 성령은 우리가 성부 및 성자의 영원한 영을 인식하도록 한다. 따라서 경륜적 필리오케는 우리가 내재적 필리오케를 보도록 이끈다. 다른 한편, 존재론적인 측면에서 하나님 자신 안에 선행적으로 있는 세 가지 신적인 존재 양식은 계시 속에서 드러난 세 가지 존재 양식의 존재론적인 원형이다. 영원한 아버지는 우리의 창조주 하나님 및 우리 아버지 하나님의 존재론적인 이유다. 영원한 아들은 우리의 화해주의 존재론적인 방식이고, 영원한 성령은 우리의 구속주의 존재론적인 기초다. 따라서 내재적 필리오케는 경륜적 필리오케의 존재론적인 원형이다.

그런데 내재적 삼위일체가 경륜적 삼위일체의 존재론적 원형이라는 바르트의 입장은, 존재론적으로 다른 두 개의 삼위일체가 있다는 잘못된 인상을 불가피하게 심어준다. 이러한 인상 때문에 몰트만[1]과 판넨베르크[2]를 비롯한 여러 신학자들은 내재적 삼위일체와 경륜적 삼위일체를 폴

---

1) 몰트만 자신의 표현으로는 다음과 같다. "내재적 삼위일체와 경륜적 삼위일체의 구별에서, 바르트는 무엇보다도 플라톤적 개념의 상응을 고수한다. 곧 하나님께서 예수 그리스도 안에서 자신을 계시하셨던 바가 하나님께서 영원 속에 '그 자신이 선행하여' 존재한 바다." Moltmann, *The Trinity and the Kingdom*, 159.
2) 판넨베르크는 1977년에 발표한 논문에서 헤겔과 바르트의 일치점과 차이점을 평가할 때 바르트에 관하여 어느 정도 긍정적으로 논평한다. 그는 다음과 같이 말한다. "하나님 자신 안에

　　　　　　　　　　　　　　　내재적 삼위일체와 경륜적 삼위일체

라톤적인 이원론으로 구별한다고 바르트의 입장을 비판한다. 하지만 바르트 자신의 내재-경륜의 구별은 형상($\epsilon\iota\delta o\varsigma$, idea or form)과 현상($\phi\alpha\iota\nu\acute{o}$-$\mu\epsilon\nu o\nu$)을 나누는 플라톤의 구별과는 동일하지 않다. 플라톤에게 현상은 형상의 복사본이며 이 둘은 정도 면에서 차이가 난다. 반면 바르트에게는 경륜적 삼위일체와 내재적 삼위일체가 비록 형식에 있어서는 다르다고 하더라도, 내용에 있어서는 동일성과 일치성을 지니고 있다.[3] 게다가 바르트 자신의 영원-시간의 구별은 플라톤의 영원-시간의 구별과도 동일하지 않다.[4]

---

서 하나님의 한 역사로서의 삼위일체를 설명하는 헤겔의 입장이…칼 바르트에 의해 새롭게 되었다.…그러나 바르트는 헤겔과 다른 점들이 있다.…헤겔은 하나님의 본질과 세상에서의 하나님의 활동을, 변증법적인 일치로서의 하나님의 역사가 가지는 이상과 직접 연관이 있는 것으로 인식했다. 반면 바르트는…헤겔의 변증법을 플라톤적 개념의 상응개념으로 수정했다. 그러므로 그리스도 사건은, 태초의 창조 사건과 마찬가지로, 하나님의 삼위일체 내적인 역사와 유비적인 것으로 여겨지게 된다. 바르트의 수정 작업은 결코 사소한 것이 아니다. 이 작업의 목적은 일리가 있다." Wolfhart Pannenberg, "The God of History: The Trinitarian God and the Truth of History," trans. M. B. Jackson, *The Cumberland Seminarian* Vol.19 No.2-3 (Winter-Spring 1981), 34. 이후로는 "The God of History"로 표기함. 독일어 논문은 "Der Gott der Geschichte: Der trinitarische Gott und die Wahrheit der Geschichte," *Kerygma and Dogma* Vol.23 (1977): 76-92이다. 반면 판넨베르크는 티모시 브래드쇼(Timothy Bradshaw)에게 보낸 1983년의 편지에서, 바르트에 대해서 비판적인 입장을 취하여 다음과 같이 쓴다. "…바르트가 만약 예수 그리스도 안에서의 하나님의 계시가 삼위일체적 구조를 포함한다면, 그러면 창조 이전에도, 하나님 자신의 영원한 실재 안에 삼위일체적 구조가 있어야만 한다고 주장한다면, 이러한 그의 주장은 옳다. 그러나 다른 한편, 내재적 삼위일체는 역사의 과정에 (그러므로 경륜적 삼위일체에) 의존적이다. 단지 인식의 순서(*in the ordo cognoscendi*)에서뿐만 아니라, 세계가 존재하기 시작한 바로 그 순간부터 존재에서(in its very being) 의존적이다. 나는 이러한 상관관계가 바르트에게서는 과소평가되어왔다고 생각한다. 그 이유는 그가 플라톤주의에 의존한다는 데 있다. 나는 바르트의 경우에, 내재적 삼위일체의 구조를 반복하면서 그 밖에 있는 실재에 내재적 삼위일체를 연결시켜주는 것은 오로지 예정론뿐이라고 생각한다." Timothy Bradshaw, *Trinity and Ontology: A Comparative Study of the Theologies of Karl Barth and Wolfhart Pannenberg* (Edinburgh: Rutherford House Books, 1988), 402. 이후로는 *Trinity and Ontology*로 표기함.

3) Barth, *CD*, I/1, 479.
4) Barth, *CD*, III/2, 437.

그러나 바르트가 플라톤적인 이원론의 의미로서 내재적 삼위일체와 경륜적 삼위일체를 구별하지는 않는다고 하더라도, 내재적 삼위일체가 경륜적 삼위일체로부터 존재론적으로 떨어져 있고 존재론적으로 선행한다는 점은 불가피하게 함축한다. 하나님은 그 자체로 선행적으로 아들의 아버지로서 존재하시기 때문에, 자신을 우리의 창조주로 계시하시는 하나님은 우리를 위한 성부 하나님이 되신다. 하나님은 그 자체로 선행적으로 성부 하나님의 아들과 말씀이기 때문에, 자신을 우리의 화해주로 계시하시는 하나님은 우리를 위한 성자 하나님이 되신다. 하나님은 그 자체로 선행적으로 아버지와 아들의 사랑으로 존재하시기 때문에, 자신을 우리의 구속주로 계시하시는 하나님은 우리를 위한 성령 하나님이 되신다. 이런 점에서, 그 자체로 선행하여 있는 하나님의 세 위격은 계시 속에서 드러난 하나님의 세 위격에 비하여 존재론적으로 선행한다.

내재적 삼위일체가 경륜적 삼위일체로부터 존재론적으로 떨어져 있으며 더 앞서 있다는 점은 『교회교의학』에 있는 바르트 자신의 진술들로 분명하게 입증된다. 첫째, 하나님은 이미 아들의 아버지이기 때문에 우리의 아버지가 되신다. "하나님께서 자신을 우리의 아버지로 계시하신다는 사실을 떠나서조차도"[5] 하나님은 아들의 아버지이시다. 둘째, 예수 그리스도는 계시의 사건에서 비로소 처음으로 하나님의 아들 혹은 하나님의 말씀이 된 것이 아니다. 예수 그리스도는 "이러한 계시의 사건 이전에, 심지어 이 사건과 떨어져서도"[6] 이미 하나님의 아들이다. 셋째, 성령도 계시의 사건에서 비로서 처음으로 성령 하나님이 된 것이 아니다. 성령은 "신성의 가장 깊은 심연 속에서도"[7] 이미 성령 하나님이다.

---

5) Barth, *CD*, I/1, 390.
6) Barth, *CD*, I/1, 414.
7) Barth, *CD*, I/1, 466.

내재적 삼위일체의 존재론적 독립성 또는 존재론적 우선성은 바르트의 다른 저작들에 의해서도 인정된다. 첫째, 바르트는 자신의 친구 에두아르트 투르나이젠(Eduard Thurneysen, 1888-1974)에게 1924년에 보낸 서신에서, 내재적 삼위일체를 가리키면서, 자신은 힘든 싸움을 거친 후에 마침내 신학의 참된 열쇠를 발견했다고 밝힌다. 그에게 신학의 참된 열쇠란 "존재의 삼위일체이지 경륜적 삼위일체가 아니다."[8] 둘째, 바르트는 몰트만에게 보낸 1964년의 서신에서 몰트만에 대한 염려를 표현한다. 바르트는 몰트만이 독일 철학자 에른스트 블로흐(Ernst Bloch, 1885-1977)의 희망의 원리에 세례를 줌으로써 종말론이 신학의 모든 면을 포괄해버렸음을, 심지어 신학이 대체로 종말론적 원리의 문제가 되어버렸음을 염려한다. 따라서 바르트는 내재적 삼위일체에 주의를 환기하고자 "내재적 삼위일체론을 수용하는 것이 현명하지 않는가?"[9]라고 쓴다. 그는 몰트만이 내재적 삼위일체론을 받아들임으로써 삼차원적 사고의 자유를 달성할 수 있으리라고, 곧 종말의 개념이 신학의 중심을 이루면서도 자연과 은총의 나라들을 여전히 동일하게 존중할 수 있으리라고 보았다.

하지만 내재적 삼위일체의 존재론적 독립성 혹은 존재론적 우선성은 바르트의 신학 방법과는 양립 불가능한 것이다. 왜냐하면 바르트는 성서에서 증언되고 교회에서 선포된 계시의 실재를 출발점으로 삼는다고 주장하기 때문이다. 이러한 신학 방법에도 불구하고, 삼위일체론과 관련해서, 적어도 내재적 삼위일체와 관련해서 그는 처음부터 내재적 삼위일체적인 무언가를 실제로 전제하고 있다. 곧 계시의 실재가 있기 전에라도,

---

8) Karl Barth and Eduard Thurneysen, *Revolutionary Theology in the Making: Barth-Thurneysen Correspondence* (1914-1925), trans. James D. Smart (Richmond: John Knox Press, 1964), 176. 이후로는 *Revolutionary Theology*로 표기함.

9) Karl Barth, *Letters 1961-1968*, trans. Geoffrey W. Bromiley (Grand Rapids: Eerdmans, 1980), 175-176.

혹은 계시의 실재와 떨어져서라도 존재하는 영원한 아버지, 영원한 아들, 영원한 성령의 존재론적 지위를 바르트는 상정하고 있다. 그런데 이러한 전제는 이제 바르트 신학에 잘못된 인상을 준다. 곧 모든 것이 영원 전에 이미 발생하였음을, 그리고 여기에는 과거가 함축적으로 포괄되고 있다는 잘못된 인상을 준다. 이런 측면을 고려하면, 바르트가 과거를 지향하고 있다고 지적하는 몇몇 비판들이 전적으로 부적절한 것만은 아니다.[10]

바르트의 신학 방법에 관해서 주목할 만한 점은, 바르트가 예수 그리스도이신 계시의 실재로부터 출발하여 계시의 성서적 개념을 분석함으로써 계시 속에 나타난 삼위일체, 곧 경륜적 삼위일체의 개념들로 나아가고, 마지막으로 하나님 자신 안에 있는 삼위일체, 즉 내재적 삼위일체의 개념들로 나아간다는 것이다.[11] 이런 점을 고려하면, 바르트의 신학 방법은 바르트의 상호상응의 입장이 지니는 인식론적 측면의 순서와 더 잘 일치한다고 볼 수 있다. 바르트에 따르면 우리는 계시 속에서만 하나님을 알 수 있고, 계시되고 기록되고 선포된 하나님의 말씀 속에서만 하나님의 삼위일체를 알 수 있기 때문에,[12] 경륜적 삼위일체가 내재적 삼위일체로 나아가는 인식론적 통로이지 그 역은 아니라고 말하는 바르트의 주장은 타당하다. 따라서 경륜적 삼위일체가 우리를 이끌어 내재적 삼위일체를 인식하게 한다는 것은 맞지만, 그 역은 성립하지 않는 것이다.

하지만 이와 같은 일치에도 불구하고, 바르트의 상호상응의 입장이 지

---

10) Colin E. Gunton, *Becoming and Being: The Doctrine of God in Charles Hartshorne and Karl Barth* (New Edition) (London: SCM Press, 2001), 182. 여기서 건톤은 Henri Bouillard, G. C. Berkower, J. D. Bettis, Robert W. Jenson이 바르트의 입장에 관하여 비판적으로 다룬다고 언급한다.

11) 한편, 바르트가 계시의 실재로부터 시작하는 한, 그는 하나님의 계시의 현실성을 중심으로 하는 일종의 실재주의 입장을 취한다. 다른 한편, 바르트가 삼위일체 그 자체가 아니라, 삼위일체에 관한 개념들에게로 나아가고 있는 한, 그는 일종의 관념주의를 취한다.

12) Barth, *CD*, I/1, 172.

내재적 삼위일체와 경륜적 삼위일체

니는 인식론적 측면이 전적으로 자신의 신학 방법에 들어맞는 것은 아니다. 바르트 입장의 인식론적 측면은, 계시 속에 드러난 하나님의 존재의 세 양식이 인식론적으로 우리를 이끌어 하나님 자신 안에 있는 하나님의 존재의 세 양식을 인식하게 함을 뜻한다. 반면 바르트의 신학 방법은 인식론적 가능성에 대해 매우 신중하여, 성서에 드러난 계시가 암시적이든 혹은 명시적이든 이는 단순히 삼위일체론을 가리키는 "지시체"(a pointer)일 뿐이라고 주장한다. 그리고 계시에 대한 분석을 통해서 우리는 경륜적 삼위일체에 대한 "우리의 개념들"에게, 그리고 더 나아가 내재적 삼위일체에 대한 우리의 개념들에게 도달할 뿐이라고 말한다.[13] 이런 점에서 바르트의 상호상응의 입장이 가지는 인식론적 측면과 바르트의 신학 방법 사이에는 질적인 틈이 존재한다. 따라서 바르트의 기본규칙은 내재적 삼위일체가 경륜적 삼위일체와 똑같다고 말하지 않고, 그 대신 내재적 삼위일체에 관한 "진술들"(statements)이 경륜적 삼위일체에 관한 "진술들"과 내용 면에서 다를 수 없다고 말하고 있는 것이다.[14]

이러한 인식론적인 틈 때문에, 바르트는 또 다른 구별을 하지 않을 수 없는데, 바로 하나님의 일차적 객관성(God's primary objectivity)과 하나님의 이차적 객관성(God's secondary objectivity)의 구별이다. 그리고 그는 후자가 궁극적으로 전자에 정초하고 있다고 암시한다. 하나님의 일차적 객관성은 하나님 자신에 대한 하나님 자신의 지식을 가리키며 따라서 내재적 삼위일체와 관련된다. 반면 하나님의 이차적 객관성은 하나님에 관한 우리의 지식을 지칭하며 따라서 경륜적 삼위일체와 연관된다. 바르트의 설명에 따르면, 하나님의 이차적 객관성은 우리에게 적합한 어떤 특정한 피조적 형식을 지닌다는 사실에 의해서만 하나님의 일차적 객관

---

13) Barth, *CD*, I/1, 333.
14) Barth, *CD*, I/1, 479.

성과 하나님의 이차적 객관성이 구별된다. 곧 하나님은 하나님 자신에게
는 객관적으로 즉자적(immediate)이지만, 우리에게는 객관적으로 매개적
(mediate)이다. 하나님의 일차적 객관성은 직접적(direct)이지만, 하나님의
이차적 객관성은 간접적(indirect), 곧 하나님 자신과는 다른 피조물들의
사인과 베일로 옷 입혀진 것이다.

바르트는 하나님 자신에 대한 하나님의 지식과 계시 속에 드러난 하
나님에 대한 우리의 지식 사이에는 어떠한 질적인 차이도 있지 않다고 끈
질기게 주장한다. 하나님께서 하나님 자신을 아시는 대로 우리에게 하나
님 자신을 내어주셔서 우리에게 알려지는 것이기 때문에, 하나님의 이차
적 객관성은 하나님의 일차적 객관성과는 진리의 사소한 정도 면에서도
상호 구별되지 않는다. 하나님의 이차적 객관성도 온전히 진리다. 그럼에
도 바르트는 하나님의 이차적 객관성의 궁극적인 근거를 하나님의 일차
적 객관성에 위치시킨다. 그렇게 하기 위해서, 그는 하나님의 이차적 객관
성이 하나님의 일차적 객관성과 상응관계를 이룬다고 주장한다.[15)]

지금까지 이 글은 바르트의 상호상응이라는 입장이 다음 두 가지 긴
장으로 얽혀 있음을 발견했다. 곧 그의 입장의 존재론적 측면과 신학적
방법론 사이에 있는 긴장과, 그의 인식론적 측면과 신학 방법 사이에 있
는 긴장이다. 이러한 긴장들은 근원적으로 그의 신학 방법, 곧 계시의 실
재에서 출발하고 이것을 분석하여 삼위일체의 여러 개념으로 나아가는
신학 방법 때문에 나타난다. 그의 신학 방법은 이러한 긴장들을 양산하지
만, 해결하지는 못한다. 오히려 그의 신학 방법은 이러한 긴장들을 하나
님의 절대적 자유, 하나님의 주님 되심, 그리고 하나님의 주권에 문제들
을 연기하거나 해소하려고 할 뿐이다.[16)] 이와 같은 개념들은 바르트의 신

---

15) Barth, *CD*, II/1, 16.

16) 티모시 브래드쇼는 바르트의 신론에서 자유가 중심사상이라고 인정한다. Bradshaw, *Trin-*

내재적 삼위일체와 경륜적 삼위일체

학에서 항상 전면에 위치한다. 비록 바르트가 후기에 이르러 하나님과 우리의 관계 그리고 하나님이 우리에게 다가오심을 의미하는 "하나님의 인간성"(humanity of God)에 더 많은 강조점을 둔다고 할지라도, 이와 같은 개념들은 전면에서 기능한다.[17]

바르트에게 "성서의 하나님 됨은 자유를 의미하며, 이것은 곧 존재적 자율성과 인식적 자율성을 의미한다."[18] 이 모든 개념은 존재적·인식적 의미로서의 하나님의 주체성(subjectivity of God)으로 수렴된다. 존재적으로, 성서의 하나님은 세상의 창조주로서 세상과는 다르시다. 인식적으로, 계시 속에 드러난 하나님은 본질적으로 불가해하며 감추어진 분이시다. 하나님은 계시의 하나님(*Deus revelatus*)이신 동시에 은폐의 하나님(*Deus absconditus*)이시다.[19] 심지어 자기 계시에서조차, 하나님은 끊임없이 우리에게 새롭게 말씀하시므로 하나님의 말씀에 정확하게 상응하는 인간의 앎이란 없으며, 하나님의 본질을 인간의 앎으로 전적으로 취하는 것은 불가능하다.[20] 계시에서 드러난 하나님이라도 객관화되기는 거부하신다.[21] 따라서 바르트는 자신이 오랫동안 탐구했던 신학의 "열쇠", 곧 "단지 경륜적 삼위일체"가 아니라 "존재의 삼위일체"(Trinity of being)를 발견한 두

---

*ity and Ontology*, 64.

17) Karl Barth, *The Humanity of God*, trans. John Newton Thomas (Richmond: John Knox Press, 1960), 37-38. 본래의 독일어 강의인 "Die Menschlichkeit Gottes"는 1956년에 이루어졌다. 이 강의와 자신의 초기 저작에서 바르트는, 하나님의 인간성이 중심으로부터 주변으로, 그리고 강조되는 주절부터 덜 강조된 종속절로 밀려났음을 인정한다. 그래서 그는 자신의 초기 저작의 문제점은 하나님의 신성에 관한 지식에서 하나님의 인간성에 관한 지식을 이끌어내는 것이었다고 인정한다.

18) Barth, *CD*, I/1, 307.

19) Barth, *CD*, I/1, 320-321.

20) Barth, *CD*, I/1, 132.

21) Karl Barth, *The Göttingen Dogmatics: Instruction in the Christian Religion*, ed. Hannelotte Reiffen, trans. Geoffrey W. Bromiley (Grand Rapids: William B. Eerdmans, 1991), I, 327.

달 후에 삼위일체를 "계시 속에서 드러난 하나님의 양도할 수 없는 주체성의 문제"로 이해한다.[22] "하나님의 계시는 실재성과 진리성을 전적으로, 그리고 모든 측면에서 존재적·인식적으로 ─ 그 자체 안에서 지니고 있다."[23] 계시 속에 존재적 실재성과 인식적 진리성을 지니고 있는 하나님의 주체성 개념은 바르트로 하여금, 한편으로는 내재적 삼위일체와 경륜적 삼위일체의 연결을 위해 "유비"[24] 개념, 곧 존재의 유비(analogia entis)가 아니라 믿음의 유비(analogia fidei)와 관계의 유비(analogia relationis)에 의존케한다. 다른 한편으로는 이 유비의 개념이 "신비"[25]를 폐기하는 것이 아니라 도리어 신비를 지칭하는 것으로 여기게 된다. 이 점에서 바르트에게 유비와 신비는 병행하는 개념이며, 더 궁극적으로는 "알 수 없음"(ignoramus)과도 병행하는 개념이다. 예를 들어, 내재적 삼위일체와 관련된 것에 관하여 우리는 하나님의 발출들과 하나님의 존재의 양식들이 "어떻게" 이루어지는지에 대해서 확정적으로 말할 수 없고, 성부·성자·성령을 규정할 수도 없다고 바르트는 인정한다. 그 대신 우리는 단지 하나님의 발출들이 있다는 사실과 존재의 양식들이 있다는 사실을 말할 수 있을 뿐이라고 바르트는 진술한다. 그는 다음과 같이 계속 언급한다.

하나님에 관하여 말해져야만 하는 것은, 반드시 하나님 자신에 의해서만, 그리고 계시 속에서 서로를 제한하시는 한 분 하나님의 세 위격에 의해서만 분명하게 말하여질 것이다.…출생(begetting)과 호흡(breathing)을 우리가 구별해야 하는데, 이것과 관련하여 우리가 고백해야 하는 "알 수 없

22) Barth and Thurneysen, *Revolutionary Theology*, 185.
23) Barth, *CD*, I/1, 305.
24) Barth, *CD*, I/1, 372.
25) Barth, *CD*, I/1, 373.

내재적 삼위일체와 경륜적 삼위일체

음"(*ignoramus*)은 바로 삼위일체 전 교의와 관련하여, 곧 계시의 신비와 관련하여, 그리고 하나님의 신비와 관련하여 우리가 고백해야 하는 "알 수 없음"이다.[26]

## II. 라너의 동일성

제5장에서 논의했던 것처럼, 라너의 동일성의 규칙은 경륜적 로고스 (economic Logos)가 내재적 로고스(immanent Logos)이며 그 역도 성립함을 의미한다. 그리고 구원 역사에서 우리가 경험하는 성령이 삼위일체 내의 성령이며 그 역도 성립함을 의미한다. 따라서 이것은 성부 하나님께서 성자의 성육신과 성령의 강림을 통해 하나님 자신을 전달하심을 의미한다. 바르트의 상호상응의 입장에서 다룬 것처럼, 라너의 동일성의 규칙에 대해서도 존재론적인 측면과 인식론적인 측면에서 비판적으로 접근할 수 있다.

존재론적인 측면과 관련하여, 라너의 동일성의 규칙은 내재적 삼위일체가 경륜적 삼위일체임을, 내재적 로고스는 경륜적 로고스임을, 더 나아가 경륜적 로고스의 위격적 연합은 내재적 로고스를 표현하는 구성적 방식임을 주장한다. 라너가 이러한 존재론적 주장을 자기 상징의 존재론(an ontology of symbol)에 토대를 둔다는 점은 주목할 만하다. 상징의 존재론을 위해 라너는 존재의 유비(*analogia entis*)와 토마스 아퀴나스의 존재론에서 몇몇 통찰들을 이끌어내었다.[27]

라너에 따르면 상징의 존재론에는 두 가지 기본적인 원리들이 있다.

---

26) Barth, *CD*, I/1, 476-477.

27) Rahner, "The Theology of the Symbol," 231-232.

첫 번째 기본 원리는 다음과 같다. "모든 존재는 본질상 상징적이다. 왜냐하면 모든 존재는 자신의 본성을 획득하기 위해 필수적으로 자신을 '표현해야' 하기 때문이다."[28] 이러한 점은 인식론적인 의미로도 적용된다. 그러나 라너는 여기서 멈추지 않는다. 그 대신 라너는 단순히 자의적인 상징들(merely arbitrary symbols)과 실재적으로 진정한 상징들(really genuine symbols)을 구별한다. 전자에는 표지들(signs), 신호(signal), 암호(codes)가 포함되는데, 그것들은 "상징적 표상들"(symbolic representations)이다. 반면에 후자는 "상징적 실재들"(symbolic realities)이다. 그런 후에 라너는 상징적 실재의 "가장 최고의 방식과 가장 태고의 방식"(highest and most primordial manner)을 추구한다. 그는 "이러한 태고적이고 지고한 표상"을 상징이라고 명명한다. "태고적이고 지고한 표상 안에서 하나의 실재가 또 다른 실재를 현존하도록 한다(일차적으로는 '자신을 위해', 그리고 오직 이차적으로 '타자를 위해'). 상징은 또 다른 실재가 '존재하도록' 허용하는 표상이다."[29]

이러한 첫 번째 원리로부터 두 번째 기본 원리가 나온다. "엄밀한 의미에서 상징(곧 상징적 실재)은 존재가 또 다른 존재 안에서 자기실현을 하는 것이다. 이러한 자기실현이 그것의 본질을 구성한다."[30] 이러한 방식으로, 상징에 관한 라너의 개념은 인식론적인 의미뿐만 아니라 존재론적인 의미도 함축한다. 라너에 따르면 "하나의 존재는 스스로 존재적으로(ontically, 그 자체로[in itself]) 상징적인 한에 있어서 알려질 수 있고 또한 그렇게 알려진다. 왜냐하면 하나의 존재는 존재론적으로(ontologically, 그 자체를 위해[for itself]) 상징적이기 때문이다." 다른 말로 표현하면, "본질

28) Rahner, "The Theology of the Symbol," 224.
29) Rahner, "The Theology of the Symbol," 225.
30) Rahner, "The Theology of the Symbol," 234.

내재적 삼위일체와 경륜적 삼위일체

은…정확하게 말하면 자신의 현상을 통해서만 존재한다."[31] 이러한 상징의 존재론의 관점에서 보자면, 라너의 동일성의 규칙은 내재적 로고스는 성부의 상징임을, 인성과의 위격적 연합을 이루고 있는 경륜적 로고스는 내재적 로고스의 상징임을, 더 나아가 경륜적 로고스와의 위격적 연합을 이루고 있는 인성이 "로고스 자신의 구성적·실재적 상징임"(constitutive, real symbol [Realsymbol] of the Logos himself)을 집중적으로 의미한다.[32]

그러나 라너의 이러한 논의를 세밀하게 분석하면, 그의 상징의 존재론 안에 일종의 존재론적 긴장이 잠복해 있음을 알 수 있다. 라너에 따르면, 존재가 자신을 표현하면서, 이 존재는 그 자체로 다중적이며 일치성 안에서 복수성을 이룬다. 일치성 안에서의 복수성을 알려주는 최고의 양식이 바로 삼위일체다. 일치성 안에서의 복수성은 유한성 및 결핍성과 관련하여 부정적인 무언가를 알려주지만, 삼위일체의 경우에는 일치성 안에서의 복수성이 긍정적인 무언가를 알려준다.[33] 그러므로 삼위일체 내에서 로고스, 곧 내재적 로고스는 성부의 상징인데, 여기서 로고스와 성부는 다중적이지만 일치성을 이룬다. 정반대로 경륜적 로고스는 복수성 안에서의 일치성을 넘어선다. 최소한도로 말하자면, 로고스와 위격적 일치를 이루고 있는 인성은 로고스를 외면화하며, 따라서 성부를 외면화한다.

라너 자신의 구별에 따르면, 내재적 로고스는 "내향적 상징"(the inward symbol)이다. 곧 내재적 로고스는 자신이 상징화하는 것으로부터 구별되지만 여전히 그 안에 머무른다. 반면에 경륜적 로고스는 "외향적 상징(the outward symbol)이다.[34] 제5장에서 언급한 것처럼, 라너는 하나님의 모든

---

31) Rahner, "The Theology of the Symbol," 230-231.
32) Rahner, *The Trinity*, 33.
33) Rahner, "The Theology of the Symbol," 227-229.
34) Rahner, "The Theology of the Symbol," 236.

위격이 위격적 연합을 취할 수 있다는 아우구스티누스의 입장을 단호하게 비판한다. 왜냐하면 아우구스티누스의 입장이 맞다면 경륜적 로고스는 로고스에 관하여 아무것도 고유하게 계시하지 못할 것이고 따라서 성부에 관하여 아무것도 고유하게 계시하지 못할 것이기 때문이다. 이러한 비판을 고려하면, 라너의 의도는 최소한 이해할 만하다. 곧 그의 의도는 내향적 상징과 외향적 상징 사이에 연결성과 연속성을 확립하는 것이다.

> 말씀이 성부를 상징한다는 점이 외적으로 드러난 하나님의 행동(God's action *ad extra*)에 어떤 의미를 갖고 있다는 사실을 생각하는 데 어려움을 느낄 필요는 없다.
>
> 하나님께서는 내향적으로 자신을 "표현해야만" 하며, 바로 이러한 이유 때문에 하나님은 또한 자신을 외향적으로 말씀하실 수 있다. 외적으로 드러난 발화는 유한적이고 피조된 표현이며, 이것은 "형상과 모양"의 내재적인 구성의 연속이다. 이것의 대상이 유한하기 때문에, 이것은 자유로운 연속이다. 그리고 외적으로 드러난 발화는 사실 로고스를 "통해" 일어난다(요 1:3).…하나님의 내적인 상징적 실재와 하나님의 외적인 상징적 실재 사이에 존재하는 이러한 연관성을 우리는 거의 생략할 수 없다.[35]

그러나 라너의 이러한 의도에도 불구하고, 그의 동일성의 규칙에 잠복되어 있는 존재론적 긴장에 관한 질문은 여전히 대답되지 않았으며 심지어 해소될 수도 없다. 아래에서 살펴볼 것이지만, 설상가상으로 이러한 존재론적 긴장은 라너의 동일성의 규칙의 인식론적인 측면에 불가피하게 영향을 끼친다.

---

35) Rahner, "The Theology of the Symbol," 236-237.

내재적 삼위일체와 경륜적 삼위일체

인식론적 측면과 관련하여, 라너의 동일성의 규칙은 경륜적 삼위일체는 내재적 삼위일체임을, 경륜적 로고스는 내재적 로고스임을, 구원 역사에서 우리가 경험하는 성령이 삼위일체 내에서 성부 및 성자의 영임을, 따라서 우리는 성자의 성육신과 성령의 강림을 통해 성부 하나님을 경험함을 의미한다.

이러한 인식론적인 주장을 제시하기 위해 라너는 하나님의 삼중적 자기전달(threefold self-communication of God)에 호소한다. 라너에 따르면, 하나님의 자기전달은 "작용인적 인과관계"(efficient causality)라기보다는 "유사 형상인적 인과관계"(quasi-formal causality)에 해당한다.[36] 라너의 이러한 진술은 하나님께서 창조되지 않은 은혜, 곧 하나님 자신을 주심을 의미한다. 곧 이것은 하나님께서 피조물에게 피조된 유한한 실재들을 주시는 것이지 하나님 자신의 어떤 부분만을 간접적으로 주시는 것이 아님을 의미한다. 이러한 점에서 하나님의 자기전달은 선물로서 주어질 뿐만 아니라, "인간이 이러한 선물을 수용할 수 있게 해주는 필수적인 조건"으로서 주어진다."[37] 그래서 하나님의 자기전달은 "초자연적 실존"(supernatural existential)이다. "초자연적 실존" 안에서 우리는 하나님께서 우리에게 제공하시는 하나님의 자기전달에 대하여, 비록 비(非)-주제적이지만 초월적인 지향성(transcendental, though unthematic, orientation)을 갖는다. 그리고 "초자연적 실존" 안에서 우리는 잠재적 순종(potential obedience)을 행할 수 있으며, 이를 통해 하나님의 창조되지 않은 은혜를 수용한다.[38] 따라서 라너에게는 "자기를 전달하시고, 은혜로우시며, 자기

---

36) Rahner, *The Trinity*, 36.
37) Karl Rahner, *Foundations of Christian Faith: An Introduction to the Idea of Christianity*, trans. William V. Dych (New York: Crossroad, 1978), 128. 이후로 *Foundations* 로 표기함.
38) Rahner, *Foundations*, 126-129.

를 주시는 하나님의 활동과 의롭게 된 자들이 이러한 은혜를 받아들이는 수용 사이에" 인식론적인 거리를 만들 가능성이 전혀 없다.[39] 하나님이 삼위일체 안에서, 곧 성령 안에서 로고스를 통해 내향적으로 표현되시기에, 우리는 성령의 은혜 안에서 로고스의 성육신을 통해 외향적으로 전달되는 하나님 자신을 경험할 수 있다.

그러나 라너에게는 그의 동일성의 규칙에 내재되어 있는 존재론적 긴장으로부터 심각한 문제가 생겨난다. 인식론적으로 볼 때, 우리는 하나님께서 제공하시는 삼중적인 자기전달을 통해 하나님 자신을 수용할 수 있는 초월적 가능성이 있다. 정반대로 존재론적으로 볼 때, 경륜적 로고스, 곧 경륜적 로고스의 인성은 복수성 안에서의 일치성을 넘어서며, 내재적 로고스의 외면화를, 그러므로 성부 하나님의 외면화를 이룬다. 따라서 우리는 내재적 로고스가 성부 하나님을 존재론적으로 상징하는 것과 동일한 하나님 자신을 수여받을 수 없다.

이러한 존재론적인 긴장으로 인하여, 그리고 이것이 인식론적 가능성과 양립할 수 없음으로 인하여, 라너는 로고스의 성육신과 성령의 강림이 전적으로 하나님의 실재 전체라는 점을 확증하는 것에 있어서 머뭇거릴 수밖에 없게 된다. 비록 라너가 하나님께서는 로고스의 성육신과 성령의 강림을 통해 하나님 자신을 전달하신다고 주장하고 있음에도 불구하고, 그는 그것들을 단지 "절대적 근사치"(absolute proximity)라고 간주할 수밖에 없게 된다. 그는 다음과 같이 진술한다.

그러므로 우리가 언약, 곧 하나님의 "도래"의 절대적 근사치의 지점(the point of absolute *proximity*)에 도달할 때, 하나님께서는 자신의 상대자에게 구속

---

39) Catherine Mowry LaCugna, "Re-conceiving the Trinity," 7.

내재적 삼위일체와 경륜적 삼위일체

력을 가지고 철저하게 그리고 실재적으로 자신을 전달하신다.[40]

하나님의 하나의 자기전달 안에서 내적으로 상호연관된 계기들을 통해, 하나님(성부)께서는 자신을 세계로 전달하셔서 절대적 근사치가 되게 하신다.[41]

더욱이 이러한 존재론적 긴장으로 생겨나는 문제를 해소하기 위해 라너는 자신의 전체 신학 전면에 하나님의 신비(mystery of God)라는 개념을 내세운다. 그러나 라너에게는 신비의 개념이 단순히 인식론적인 의미의 신비만을 의미하지 않음을 주목해야 한다. 그에 따르면, 1869년부터 1870년까지 교황 비오 9세가 주관한 제1차 바티칸 공의회에서 대표적으로 제시된 기존의 통상적인 개념으로서의 신비는 이성(ratio)에 대한 불가분리적인 지향을 그 특징으로 한다. 제1차 바티칸 공의회는 처음부터 신비를 명제들의 특성으로서 이해한다. 그래서 신비는 잠정적으로 불가해한 진리들과 함께 증가할 수 있다. 게다가 이러한 개념으로서의 신비는, 진술들과 주장을 한다는 통상적인 의미로서의 계시에 정확하게 일치한다.[42] 라너는 이러한 인식론적인 의미로서의 신비 개념은 하나님의 은혜에 의해 제거될 것이라고 주장한다.

이와 같이 진부한 개념의 신비에 반대하면서 라너는 하나님께서는 지복직관(visio beatifica)의 상태에서도 불가해한 신비로 남으신다는 주장을 근거로 "신비의 근원적인 개념"(primordial concept of mystery)을 파악하고자 시도한다.[43] 이러한 점에서 라너 자신의 신비 개념은 본래의 초월적

---

40) Rahner, *The Trinity*, 41. 라너 자신의 강조체(이탤릭체)임.
41) Rahner, *The Trinity*, 85.
42) Karl Rahner, "The Concept of Mystery," 37-39.
43) Rahner, "The Concept of Mystery," 41 그리고 53.

경험 안에서 존재론적으로 만날 수 있는 것이다. 이러한 연유로 라너는 신비를 "불가해하며 형언할 수 없는 신비"(incomprehensible and ineffable mystery)라고 여길 뿐만 아니라 또한 "거룩한 신비"(holy mystery)[44]라고 간주한다. 따라서 라너는 경륜적 삼위일체와 내재적 삼위일체의 동일성을 해설하는 글의 끝부분에서, 자신의 동일성의 규칙이 하나님의 불가해한 신비와 균형을 이루도록 다음과 같이 진술한다.

바로 이러한 교리(기독교의 삼위일체 교리)를 통해 우리는 전적으로 진지하면서도 아무런 제한이 없이 주장할 수 있는 것이 있다. 이것은 한편으로는 매우 불가해하면서도 다른 한편으로는 너무나 자명하고 단순한 진술이다. 곧 거룩하고 지속적인 신비이시며 인간의 초월적 존재의 불가해한 근거이신 하나님 자신이 무한한 거리에 멀리 계신 하나님이실 뿐만 아니라, 또한 참된 자기 전달 안에서 우리와 절대적으로 가까이 계시는 분이 되시기도 한다.…여기에 삼위일체 교리의 진정한 의미가 있다.[45]

---

44) Rahner, "The Concept of Mystery," 53; Rahner, *Foundations*, 136.

45) Rahner, *Foundations*, 137. 프랑스의 가톨릭 사제이자 신학자였던 이브 콩가르(Yves Congar, 1904-1995)는 라너의 동일성의 규칙을 수용하지만, 이 규칙이 지니는 절대적인 특성을 제한하고, 이 규칙의 후반부를 명료하게 만들기 원했다. 그는 자유로운 신비(free mystery)와 필연적인 신비(necessary mystery)를 구별하는 것과 관련된 두 가지 이유를 제시한다. 첫 번째 이유는 "경륜의 자유로운 신비"가 "삼위일체의 필연적인 신비"와 동일하지 않다는 점이다. 두 번째 이유는 하나님의 자기전달이 종말에서의 지복적인 봄때까지는 충만해지지 않을 것이기 때문이다. Yves Congar, *I Believe in the Holy Spirit*, trans. David Smith (New York: The Seabury Press, 1983), III, 13-15.

내재적 삼위일체와 경륜적 삼위일체

## Ⅲ. 몰트만, 판넨베르크, 젠슨: 종말론적 일치

### 1. 몰트만: 송영적·종말론적 일치

송영적·종말론적 일치를 주장하는 몰트만의 입장에 따르면, 경륜적 삼위일체는 종말론적으로 내재적 삼위일체이며, 내재적 삼위일체는 송영적으로 경륜적 삼위일체다. 경륜적·내재적 삼위일체 관계에 대하여 몰트만은 구원 역사를 세 신적 주체들의 십자가 사건에서 시작하며, 여기서 경륜적 삼위일체와 내재적 삼위일체를 발견한다. 하지만 다음과 같은 사실은 상당히 주목할 만하다. 곧 몰트만은 경륜적 삼위일체를, 단지 선행적으로 존재하는 내재적 삼위일체 그 자체가 단순하게 드러나는 일종의 현현으로 간주하는 것을 반대한다. 그는 경륜적·내재적 삼위일체 관계를 단순히 "일방적인 관계, 곧 이미지와 반사의 관계, 이데아와 현상의 관계, 본질과 현현의 관계로" 이해하는 것을 단호하게 반대한다.[46]

그 대신 몰트만은 경륜적 삼위일체가 내재적 삼위일체에 소급적으로 영향을 끼친다는 점을 주장한다. 예를 들면 우리를 위해 십자가에서 성자를 내어주심은 성부에게도 소급적으로 영향을 끼쳐서 성부에게 무한한 고통을 초래한다. 하나님은 십자가에서 우리를 위해 외적으로 구원을 이루신다. 동시에 하나님은 하나님 자신 안에서 세계의 재앙을 내적으로 겪으신다. 이러한 의미로 하나님께서 세계와 맺으시는 관계는 하나님께서 하나님 자신과 맺으시는 관계에 소급적으로 영향을 끼친다. 십자가의 고통은 삼위일체 하나님의 영원부터 영원까지 이르는 내적인 삶을 결정한다. 다시 말하면 경륜적 삼위일체가 내재적 삼위일체를 결정한다.[47]

경륜적 삼위일체가 내재적 삼위일체에 소급적 영향을 끼친다는 개

---

46) Moltmann, *The Trinity*, 160-161.
47) Moltmann, *The Trinity*, 160.

념은 몰트만이 기존의 전통적인 입장, 곧 내재적 삼위일체와 경륜적 삼위일체 사이의 일방적인 관계를 교정하기 위해 의도적으로 제안한 것이다. 그러나 몰트만은 경륜적 삼위일체가 내재적 삼위일체에 끼치는 소급적 영향이 전부라고 주장하는 데까지 나아가지는 않는다. 오히려 그는 경륜적 삼위일체와 내재적 삼위일체 사이의 상호적인 관계성을 지지한다. 실제로 그는 경륜적 삼위일체가 내재적 삼위일체에 상응한다는 점도 인정한다. 예를 들면 몰트만이 구원 역사를 성부와 성자와 성령이 함께 존재하고 함께 참여하는 활동들로 이루어진 삼위일체적 역사로 이해할 때, 그는 하나님의 삼위일체적 역사가 삼위일체의 영원한 페리코레시스(*perichoresis*)에 상응한다는 점을 인정한다.[48] 몰트만은 다음과 같이 진술한다. "세계를 창조하신 때로부터 삼위일체의 외적인 활동들(*opera trinitatis ad extra*, 경륜적 삼위일체)은 삼위일체의 내적인 고통들(*passions trinitatis ad intra*, 내재적 삼위일체)에 상응한다."[49] 또한 몰트만은 다음과 같이 말한다. "하나님께서 세계와 맺는 관계(경륜적 삼위일체)는 하나님의 내적인 관계(내재적 삼위일체)에 의해 주로 결정된다."[50]

이러한 점들을 고려한다면, 경륜적 삼위일체가 내재적 삼위일체에 소급적 영향을 끼친다는 몰트만의 개념은 경륜적 삼위일체가 내재적 삼위일체에 상응한다고 여기는 자신의 주장과는 양립 불가능한 긴장을 이루고 있는 것처럼 보인다. 이러한 양립 불가능한 긴장을 몰트만은 어떻게 해소하는가? 한 가지 가능한 대답은 그가 고도로 세밀하게 제시하는 구별에 담겨 있다. 곧 인식론적 의미의 삼위일체와 존재론적 의미의 삼위일체를 구별하는 그의 작업 속에 담겨 있다는 얘기다. 사실 몰트만의 이러

---

48) Moltmann, *The Trinity*, 156-157.
49) Moltmann, *The Trinity*, 160.
50) Moltmann, *The Trinity*, 161.

내재적 삼위일체와 경륜적 삼위일체

한 구별은 많은 사람이 간과하고 있는 점이다. 실제로 몰트만은 경륜적 삼위일체 그 **자체**와 경륜적 삼위일체에 관한 우리의 **지식**을 구별하며, 마찬가지로 내재적 삼위일체 그 **자체**와 내재적 삼위일체에 관한 우리의 **지식**을 구별한다.

> 만약 내재적 삼위일체가 찬양의 내용에 상응하는 것이라면, (구원의 역사 및 경험을 구체화하는 것으로서의) 경륜적 삼위일체에 관한 지식이 내재적 삼위일체에 관한 지식에 선행한다. 존재의 순서에서는 그것(경륜적 삼위일체)이 그것(내재적 삼위일체)을 뒤따른다.[51]

인식론적인 측면에서 보면, 경륜적 삼위일체에 관한 우리의 지식은 내재적 삼위일체에 관한 우리의 지식에 앞서며, 또한 내재적 삼위일체에 관한 우리의 지식에 소급적으로 영향을 끼친다. 경륜적 삼위일체는 케리그마적 신학과 실천적 신학의 대상에 대한 우리의 지식이며, 내재적 삼위일체는 송영적 신학의 내용이다. 한편 존재론적인 측면에서 보면, 내재적 삼위일체는 경륜적 삼위일체에 선행한다. 경륜적 삼위일체는 주로 내재적 삼위일체에 의해 결정되며, 또한 내재적 삼위일체에 상응한다.

여기서 우리는 몰트만이 존재론의 관점에서뿐만 아니라 인식론의 관점에서 경륜적 삼위일체와 내재적 삼위일체를 구별하고 있음을 발견할 수 있다. 이러한 구별이 주로 몰트만의 신학적 방법 때문이라는 점은 주목할 만하다. 곧 몰트만은 골고다의 십자가에서 주어진 구원을 우리가 경험하는 것에서 시작하기 때문에, 페리코레시스 관계 속에서 활동하는 세 신적 주체를 발견한다. 따라서 이제 몰트만이 해야 하는 작업은 삼위일체

---

51) Moltmann, *The Trinity*, 152-153.

에 관한 우리의 바른 지식을 형성하는 것이며, 특별히 내재적 삼위일체에 관한 우리의 바른 지식을 형성하는 것이다. 그는 이러한 목적을 위해 내재적 삼위일체에 관한 몇몇 지식의 오류를 비판한다. 예를 들면 그는 하나님께서 우리에게 구원을 전달하시는 사랑이 없이 단지 홀로 존재하신다고 여기는 내재적 삼위일체의 개념을 단호하게 거부한다. 몰트만은 그러한 내재적 삼위일체의 개념은 하나님의 개념 속에 자의적인 요소를 들일 뿐이라고 지적한다.[52] 게다가 그는 구원의 경륜 안에 있는 십자가가 내재적 삼위일체 안에는 없다고 간주하는 그런 내재적 삼위일체 개념을 단호히 거부한다.[53] 이러한 이유들 때문에 그는 라너의 동일성의 규칙을 받아들인다. 왜냐하면 몰트만은 라너의 동일성의 규칙이 경륜적 삼위일체와 내재적 삼위일체 사이의 상호작용을 인정하고 있다고 여기기 때문이다. 그렇지만 그는 라너의 동일성의 규칙이 하나를 다른 하나로 용해시켜 버릴 수 있는 가능성을 열어둘 수 있다는 점을 염려한다.

지금까지 우리는 몰트만이 한편으로는 경륜적 삼위일체가 내재적 삼위일체에 소급적 영향을 끼친다는 자신의 개념과 다른 한편으로는 경륜적 삼위일체가 내재적 삼위일체에 상응한다는 자신의 개념 사이에 존재하는 양립 불가능한 긴장을 어떻게 해소하려고 시도하는지에 주목했다. 그러나 이러한 시도는 그 긴장을 완벽하게 해소시켜주지는 못한다. 왜냐하면 경륜적 삼위일체가 내재적 삼위일체에게 존재론적으로 소급적 영향을 끼침을 분명하게 가리키는 몇몇 구절이 있다는 엄연한 사실 때문이다. 대표적인 예를 든다면, 몰트만은 성부가 십자가에서 우리를 위해 성자를 내버리심은 성부에게 소급적으로 영향을 끼칠 뿐만 아니라 성부에게 무한한 고통을 초래한다고 진술한다.

---

52) Moltmann, *The Trinity*, 151.
53) Moltmann, *The Trinity*, 160.

내재적 삼위일체와 경륜적 삼위일체

그러므로 몰트만은 이러한 긴장을 조금 더 해소하기 위해 송영적·종말론적으로 삼위일체에 접근하는 자신의 이해를 제안한다. 이러한 이해는 우리로 하여금 변혁을 겪게 함으로써 경륜적 삼위일체가 내재적 삼위일체에게 존재론적으로 끼치는 소급적 영향을 볼 수 있도록 한다. 그런데 이러한 송영적·종말론적 이해는 여전히 우리 자신의 관념과 개념들과 어떤 관련이 있다. 그럼에도 이러한 이해는 경륜적 삼위일체에 대한 우리의 경험에서 나오는 내재적 삼위일체에 관한 우리의 지식을 포함할 뿐만 아니라, 또한 경륜적 삼위일체가 내재적 삼위일체에게 존재론적으로 끼치는 소급적 효과를 볼 수 있도록 하는 우리의 가능성을 제공한다. 송영적 측면에서 보면, 몰트만은 내재적 삼위일체에 관한 우리의 지식의 **삶의 정황**(Sitz im Leben)이 교회의 찬양 및 예배로서의 송영에 있다고 언급한다. 동시에 그는 경륜적 삼위일체의 송영 안에서 우리가 내재적 삼위일체라는 하나님의 내적인 삶에 충만하게 참여한다는 점을 강조한다.[54] 그리고 이러한 송영적 측면은 종말론적 측면과도 연결되어 있다. 왜냐하면 우리가 성령을 통해 경륜적 삼위일체에 대해 보이는 우리의 송영적 응답이 내재적 삼위일체의 내적인 삶을 결정하기 때문이다. 그러므로 몰트만에게 경륜적 삼위일체는 종말론적으로 자신을 완성하고 온전케 하여 내재적 삼위일체가 되며, 또한 경륜적 삼위일체는 종말에 내재적 삼위일체로 고양되고 초월된다.[55]

삼위일체에 대한 이러한 송영적·종말론적 이해는 최종적으로 신비에 대한 몰트만의 개념으로 나아가게 한다. 몰트만에게 신비는 단순히 인식론적으로 불가해한 신비가 아니다. 오히려 그에게 신비는 살아 있는 신비로서 인식론적인 지식의 가능성, 그리고 존재론적인 만남의 가능성과 밀

---

54) Moltmann, *The Trinity*, 152; Moltmann, *The Spirit of Life*, 302.
55) Moltmann, *The Trinity*, 161.

접하게 엮여 있는 신비다. 몰트만은 이 점을 다음과 같이 진술한다.

> 이러한 종말론적인 의미로 **삼위일체는 신비다.** 이러한 신비는 오직 구원의
> 경험 안에서 우리에게 현시된다. "삼위일체의 신비"에 관하여 말하는 것은 어
> 떤 불가해한 모호함이나 해결할 수 없는 수수께끼를 가리키는 것이 아니다.
> 그것은 우리의 얼굴을 드러내면서 역사의 모호함 속에서도 지금 여기서 삼위
> 일체 하나님의 영광을 인정하는 것이며, 언젠가는 삼위일체 하나님을 얼굴과
> 얼굴을 대면하여 볼 것을 소망하면서 그를 찬양하는 것이다.[56]

삼위일체의 신비는 구원의 경험 속에서 우리에게 현시된다. 그러나
삼위일체의 신비는 또한 우리가 종말에 얼굴과 얼굴을 대면하여 볼 것을
기대하는 우리의 소망 안에 있다. 그러는 동안에 삼위일체 하나님에 대
한 우리의 지식, 관념, 용어 및 개념들은 "의미의 전환"(transformation of
meaning)[57]을 경험하게 되고, 이를 통해 우리는 삼위일체를 얼굴과 얼굴
을 대면하여 만날 수 있다.

## 2. 판넨베르크: 미래주의적·종말론적 일치

경륜적 삼위일체와 내재적 삼위일체의 관계에 관한 판넨베르크의 입장은
하나님의 활동이 종말에 완성되기 때문에 양자의 일치가 종말론적으로
일어난다고 말한다. 이러한 입장을 내세우기 위해 판넨베르크는 하나님
의 세 신적 주체들, 곧 성부와 성자와 성령 사이에서 이루어지는 상호적
인 자기구별(reciprocal self-differentiation)에 관한 성서의 진술에 호소한
다. 곧 성부의 신성은 성자의 역사적 활동과 성령의 종말론적 활동에 의

---

56) Moltmann, *The Trinity*, 161.
57) Moltmann, *The Trinity*, 162.

존한다.

한편, 판넨베르크의 입장은 성부의 신성이 성자의 자기구별에 의존하는 것처럼 내재적 삼위일체가 경륜적 삼위일체에 의존한다는 점을 함의한다. 경륜의 역사 안에 있는 경륜적 삼위일체 없이 미리 전제된 내재적 삼위일체는 존재하지 않는다.[58] 경륜적 삼위일체와 따로 떨어진 채로 내재적 삼위일체를 고려할 수는 없다. 그렌츠의 표현에 따르면 "내재적 삼위일체가 경륜적 삼위일체로부터 흘러나온다."[59] 다른 한편, 판넨베르크의 입장은 성부의 종말론적 신성이 성자의 자기구별의 근거가 되는 것처럼 완성의 종말론적 실재로서의 내재적 삼위일체가 경륜적 삼위일체에 비하여 우선적이라는 점을 함의한다. 여기서는 내재적 삼위일체가 경륜적 삼위일체에 영향력을 행사한다.[60]

지금 판넨베르크의 입장이 그의 초기 형이상학적 사상들에 불가분하게 근거하고 있다는 점은 주목할 만한 가치가 있다. 특히 본질의 순서(ordo essendi)와 인식의 순서(ordo cognoscendi), 존재론과 인식론, 실재와 진리, 혹은 존재와 지식에 관한 그의 초기 형이상학적 사상들에 불가분하게 근거하고 있다. 판넨베르크는 신학적 담론과 형이상학적 성찰 사이에는 분리할 수 없는 관계가 있다고 주장하기 때문에,[61] 경륜적 삼위일

---

58) Pannenberg, *Systematic Theology*, III, 13, 193. 여기서 판넨베르크는 경륜적 삼위일체와 내재 삼위일체의 관계를 유비로 삼아서 이웃 사랑과 하나님 사랑의 관계를 설명한다. "경륜적 삼위일체의 활동들이 내재적 삼위일체의 삶으로부터 나오듯이, 이웃 사랑은 하나님 사랑으로부터 나오고, 따라서 신앙으로부터 나온다. 신앙은 이웃 사랑의 활동들에 앞선다.…경륜적 삼위일체 없이 내재적 삼위일체가 있을 수 없는 것처럼, 이웃 사랑의 활동 없이 신앙이 있을 수 없다."

59) Granz, *Rediscovering the Triune God*, 95.

60) Olson, "Pannenberg's Doctrine of the Trinity," 200.

61) Wolfhart Pannenberg, *Metaphysics and the Idea of God*, trans. Philip Clayton (Grand Rapids: William B. Eerdmans, 1990), 6. 이후로는 *Metaphysics*로 표기함. 1988년 괴팅겐에서 출판된 본래의 독일어 제목은 *Metaphysik und Gottesgedanke* (Göttingen:

체와 내재적 삼위일체의 관계에 관한 그의 입장은 이러한 방법론적인 입장들을 떠나서는 고려할 수가 없다.

첫째, 제5장에서 이미 드러났듯이 판넨베르크는 처음부터 방법론적인 강조점을 역사에 둔다.

> 역사는 기독교 신학의 가장 포괄적 지평이다. 모든 신학적인 질문과 대답은 오직 역사의 틀 안에서만 의미가 있다. 하나님께서는 인간과 함께하는 역사를 가지시며, 또한 인간을 통해 창조세계 전체와 함께하는 역사를 가지신다. 이러한 역사는 미래를 향해 나아간다. 곧 역사는 예수 그리스도 안에서 이미 계시되었지만 여전히 세계로부터 감추어져 있는 미래를 향해 나아간다.[62]

역사에 대한 이러한 방법론적인 집중으로 인하여 판넨베르크는 계시를 하나님의 역사적인 행동들로 규정하면서 계시의 비간접적인 특성을 분명하게 표명한다. 더 나아가 그는 계시가 역사의 시작에서가 아니라 오직 끝에서야 완전하게 파악될 수 있을 뿐이라고 주장한다.[63]

둘째, 역사에 대한 이러한 방법론적인 집중 덕택에 판넨베르크는 이데아(*eidos*, idea or form)와 현상(*phenomenon*, appearance)의 비분리적인 관계, 혹은 본질과 실존의 비분리적인 관계를 고수할 수 있다. 존재와 현상의 플라톤적인 이원론을 비판하는 판넨베르크는, 헤겔의 다음 의견에

---

Vandenhoeck & Ruprecht, 1988)이다. 동일한 쪽에서 판넨베르크는 형이상학이 결여된 신학적 신론은 케리그마적 주관주의 혹은 철저한 비신화화의 위험에 빠질 우려가 있으며, 때때로 두 가지 모두의 위험에 빠질 우려가 있다고 지적한다.

62) Pannenberg, "Redemptive Event and History," in *Basic Questions in Theology: Collected Essays Vols. I-II*, trans. George H. Kehm (Philadelphia: Fortress Press, 1971), I, 15. 이후로는 "Redemptive Event and History"로 표기함. 본래의 강연은 1959년에 행해졌다.

63) Pannenberg, *Revelation as History*, 125.

내재적 삼위일체와 경륜적 삼위일체

동의한다. 헤겔은 현상이 본질을 가리킨다고 말할 뿐 아니라, 본질은 현상 뒤에 혹은 현상 너머에 존재하지 않는다고 말한다. 그러나 현상에 비하여 본질이 갖는 존재론적인 우선성을 주장한 헤겔과는 달리, 판넨베르크는 칼 바르트의 형인 철학자 하인리히 바르트(Heinrich Barth, 1890-1965)가 존재로서의 현상이 본질에 비하여 우선성을 갖는다고 말한 것에 동의한다.[64] 그 결과 판넨베르크는 세계 속에 계시는 하나님의 존재의 관점에서, 곧 세계를 다스리시는 하나님의 통치의 관점에서 하나님의 본질을 인식해야 한다고 제안하며, 역으로 인식해서는 안 된다고 제안한다.[65]

셋째, 판넨베르크는 예수 그리스도의 메시지와 삶에서 드러난 하나님 나라를 직접 주석하면서, 본질에 대하여 현상이 가지는 존재론적인 우선성을 발전시킨다. 그에 따르면 하나님 나라는 먼 미래에 있지 않다. 오히려 하나님 나라는 너무나 임박해 있기 때문에 도래하는 하나님 나라의 미래가 우리 현재의 존재에 상당한 영향력을 행사한다. 미래는 현재에 대하여 명령법적인 주장을 하며, 심지어 과거와 현재를 창조하기도 한다. 또한 미래는 예기(anticipation)를 통해 현재 안에서 활동한다. 이 미래는 의미와 진리를 위한 필수적인 조건이 된다.[66] 여기서 판넨베르크가 하나님 나라에 대한 자신의 해석에서 두 개의 두드러진 통찰들을 이끌어내고 있음은 주목할 만하다. 첫 번째 통찰은 현상이 미래의 도래라고 말하는 그의 독창적인 공식이다. 두 번째 통찰은 종말론적 미래가 지니는 존재론적인 우선성을 내세우는 그의 도발적인 제안이다. 따라서 그의 존재

---

64) Wolfhart Pannenberg, "Appearance as the Arrival of the Future," *Journal of the American Academy of Religion Vol.35* No.2 (June 1967), 104-106. 이 논문은 또한 다음의 책에 실려 있다. *Theology and the Kingdom of God*, ed. Richard John Neuhaus (Philadelphia: The Westminster Press, 1969): 127-143.

65) Pannenberg, "Problems," 254.

66) Pannenberg, *Metaphysics*, x.

론은 미래의 존재론(ontology of future) 또는 미래주의적 존재론(futurist ontology)[67]이라고 명명된다.

마지막으로, 판넨베르크의 미래성(futurity) 개념은 그의 영원성(eternity) 개념에 대해 상당한 함의들을 지닌다. 판넨베르크는 하나님 나라의 미래성이라는 자신의 개념이 단지 하나님의 본질을 미래로 투사하는 것이 아님을 단호하게 주장한다. 또한 마치 하나님의 본질에 관한 본체론적 개념이 과거까지 거슬러가는 것과는 다르다고 주장한다. 그는 이러한 점을 다음과 같이 표현한다.

> 그것(미래성의 개념)은 하나님이 오직 미래에만 존재한다거나 과거에만 존재했다거나 혹은 현재에만 존재한다는 점을 의미하지 않는다. 이와는 정반대로, 미래의 권능으로서의 하나님이 가장 먼 과거까지도 다스리심을 의미한다.[68]

판넨베르크에게 미래성의 하나님은 영원하시다. 왜냐하면 하나님은 우리 현재의 미래이실 뿐만 아니라 과거 모든 시대의 미래이셨기 때문이다. 판넨베르크는 영원성에 대한 플라톤의 개념이 아무런 변화가 없는 지속적인 현재를 함축하기 때문에 플라톤의 개념을 비판한다. 그 대신, 그에게 있어서 하나님은 궁극적인 미래의 권능이시기 때문에 하나님의 영원성의 본질 자체는 또한 시간을 함축한다.[69]

이러한 점들을 고려하면, 판넨베르크의 삼위일체 교리가 존재론 및 인식론과 밀접하게 엮여 있음을 알 수 있다. 옥스포드 대학교의 조직신학

---

67) Pannenberg, "Theology and the Kingdom of God," 5.
68) Pannenberg, "Theology and the Kingdom of God," 11.
69) Pannenberg, "Theology and the Kingdom of God," 11.

내재적 삼위일체와 경륜적 삼위일체

교수 티모시 브래드쇼(Timothy Bradshaw)는 이 점에 관하여 판넨베르크를 매우 높이 평가하면서 다음과 같이 말한다.

> 그러므로 판넨베르크의 삼위일체 교리는 자신의 존재론과 인식론의 토대가 된다. 이것은 하나님께서 통합적인 방식으로 세계와 관계를 맺고 있음을 생각하게 하는 진정한 조건이며, 또한 하나님께서 미래를 지향하고 계심을 생각하게 하는 진정한 조건이다. 판넨베르크에게 삼위일체 교리는 존재론과 인식론을 묶어주며, 또한 신적인 초월성과 창조세계 안에서 내재성을 묶어준다.[70]

본질 질서와 인식 질서의 밀접한 관계를 확보한 덕택에 판넨베르크가 삼위일체 교리와 관련하여 하나님의 신비 개념에 거의 의존하지 않음은 주목할 만하다. 바르트, 라너, 몰트만과 비교하면, 신비에 관한 판넨베르크의 논의는 한 가지 두드러진 사실을 제외하고는 매우 드물게 나타난다. 곧 판넨베르크에게 신비는 전적으로 예수 그리스도를 가리키거나 또는 예수 그리스도 안에서 계시된 하나님의 구원 계획을 가리킨다. 판넨베르크는 신약에서 예수 그리스도 자신이 "신비"[71]이며 "하나님의 신비의 정수"(quintessence of the mystery of God)[72]임을 강하게 논증한다. 예수 그리스도는 "인격 안에서 드러난 구원이라는 하나님의 신비"[73]이며, "하나님의 구원 계획을 실행하는 구원의 신비의 구현"[74]이고, "하나님의 하나의 구원 신비"[75]다. 세례와 성만찬과 같이 신비들로 불리는 다른 것들

---

70) Bradshaw, *Trinity and Ontology*, 332.
71) Pannenberg, *Systematic Theology*, III, 13, 40.
72) Pannenberg, *Systematic Theology*, III, 13, 238, 그리고 364.
73) Pannenberg, *Systematic Theology*, III, 13, 43.
74) Pannenberg, *Systematic Theology*, III, 13, 44.
75) Pannenberg, *Systematic Theology*, III, 13, 345. 또한, 다음을 참고하라. I, 4, 211; I, 4,

은 오직 이차적이며 파생적인 의미에서 사용되는 신비다.

판넨베르크가 예수 그리스도의 신비를 종말론적이라고 이해하는 것과, 예수 그리스도 안에서 이미 선취적으로 계시된 역사적인 구원 계획이 종말론적이라고 이해하는 것은 더 주목할 만한 점이다. 곧 그는 예수 그리스도의 신비가 "그리스도가 주시는 성령을 통해" 분명하게 드러나며, 그러므로 "역사의 결과를 기대하는 중에" 드러난다고 이해한다.[76] 이러한 측면에서 출생, 십자가 처형, 부활과 같이 예수 그리스도의 역사에서 드러난 모든 사건은 인간 역사의 미래에 나타날 종말론적인 완성을 가리킨다. 이러한 까닭에 그것들은 사도 이후 시대의 신비들이라 불린다. 또한 세례와 성만찬을 통해 우리가 예수 그리스도의 종말론적 구원에 접근할 수 있다는 점에서 세례와 성만찬은 신비들로 불린다.[77]

## 3. 젠슨: 시간적 내러티브를 통한 종말론적 일치

경륜적 삼위일체와 내재적 삼위일체의 관계에 관한 젠슨의 종말론적 명제에 따르면, 경륜적 삼위일체와 내재적 삼위일체 사이의 동일성은 종말론적이고, 내재적 삼위일체는 경륜적 삼위일체의 종말론적 실재다. 제5장에서 살펴보았던 것처럼 젠슨의 종말론적 명제는 자신의 신학적 방법, 곧 시간적이며 종말론적인 성서의 내러티브를 통해 하나님의 정체성을 파악하는 것을 과제로 삼는 신학적 방법에 근거한다. 그러나 젠슨의 종말론적 명제는 자신의 신학적 방법 안에 내재한 두 가지 긴장들을 지니고 있다. 첫 번째는 존재론적인 긴장이다. 젠슨의 신학적 방법은 시간 안에서 성서의 사건들을 통한 하나님의 자기정체성을 파악하는 것으로부터, 하나님

---

216; I, 6, 440; II, 9, 312.

76) Pannenberg, *Systematic Theology*, I, 6, 440.

77) Pannenberg, *Systematic Theology*, III, 13, 347.

내재적 삼위일체와 경륜적 삼위일체

이 그 사건들을 자신과 동일시하는 것으로 이행하는 것에 관심을 가지고 있기 때문이다. 그리고 두 번째는 인식론적 긴장이다. 이 긴장은 하나님의 자기정체성으로부터 인간이 성서의 내러티브를 통해 신적 인격의 드라마(*dramatis dei personae*)[78]를 파악하는 것으로 이행하는 것과 관련이 있다.

먼저 첫 번째 이행과 관련하여, 젠슨은 "시간 안에서 성서의 사건들을 **통해** 하나님의 자기정체성을 파악하는 것으로부터, 하나님이 그러한 사건들과 자신을 동일시하는 것으로 개념적인 이행이 이루어져 왔다"고 언급한다."[79] 그는 이러한 이행을 더 상세하게 설명하지 않고, 다만 이러한 이행이 신학적으로 정당화될 수 있다고 주장한다. 그에 따르면, 만약 하나님과 사건들을 동일시하지 않는다면, 하나님의 정체성을 파악하는 것은 단지 하나님에 관하여 무엇인가만을 계시하는 것이 되며, 이것은 하나님 자신과는 존재론적으로 다른 것이 될 것이기 때문이다. 곧 계시적인 사건들은 단지 "하나님을 알려주는 단서들" 또는 "신성을 알려주는 지시체"가 될 뿐이지 하나님 자신은 되지 못할 것이기 때문이다.[80] 그러므로 젠슨에게는 하나님의 정체성을 파악할 수 있는 사건들이 존재론적인 의미에서 하나님 자신과 똑같아야만 한다. 만약 우리가 젠슨의 의도를 고려한다면, 곧 그리스적 영원화의 경향에 확고하게 반대하는 그의 의도를 고려한다면, 이러한 이행은 이해될 수 있다. 젠슨이 보기에, 본질과 실존, 존재와 현상, 영원과 시간을 이원론적으로 분리하는 그리스적 영원화의 경향은 하나님의 정체성을 파악할 수 있는 사건들이 단지 하나님에 관한 무엇인가만을 가지고 있으며 하나님 자신이 아님을 의미하기 때문이다.

---

78) Jenson, *Systematic Theology*, I, 89.
79) Jenson, *Systematic Theology*, I, 59. 젠슨 자신의 강조체임.
80) Jenson, *Systematic Theology*, I, 59-60.

그렇지만 성서의 사건들과 하나님을 동일시하는 것은 불가피하게 존재론적 긴장을 초래한다. 곧 계시적 사건들 그 자체들이 존재론적으로 하나님과 똑같은 것인지 또는 똑같은 것이 아닌지에 관한 몇 가지 논란을 초래한다. 첫째, 젠슨은 구약이 하나님의 정체성을 이집트에서 이스라엘을 구원하셨던 분으로 파악하고, 신약은 하나님의 정체성을 죽은 자로부터 예수를 살리셨던 분으로 파악한다고 주장한다.[81] 여기서 하나님의 정체성은 하나님이 이집트에서 이스라엘을 구원하는 것과 죽은 자로부터 예수를 부활하게 한 것에 참여하시는 분이라는 점을 의미한다. 그러나 더 나아가 여기서 하나님의 정체성은 이스라엘과 예수의 하나님이 이스라엘을 구원한 사건과 동일하며, 또한 부활의 사건과 동일하다는 점을 의미한다. 만약 하나님이 다른 무엇보다도 사건 그 자체라고 한다면,[82] 이것은 행위자와 사건 사이의 존재론적인 구별을 없앨 수도 있으며, 최종적으로는 행위자로서의 하나님을 행동들 안으로 흡수하는 쪽으로 나아갈 수도 있다.

둘째, 성서의 사건들과 하나님을 동일시하는 것은 세 신적 위격들 사이의 존재론적인 구별을 흐리게 할 위험성이 있다. 젠슨 자신의 표현으로는, "세 정체성들"(three identities), 곧 성자 예수, 예수가 아버지라고 부르는 이스라엘의 하나님, 예수와 성부의 미래인 성령 사이의 존재론적인 구별을 흐리게 할 위험성이 있다.[83] 성부는 신적인 삶의 과거적 연원이며, 성령은 신적인 삶이 나아가는 미래의 방향이며, 성자는 하나님의 과거와 미래가 하나의 삶 안에서 연합하는 현재다. 이 점에서 세 정체성들은 존재

---

81) Jenson, *The Triune Identity*, 1-18; *Systematic Theology*, I, 44-45.
82) 젠슨은 하나님의 특징을 네 가지로, 곧 "사건"(event), "위격"(person), "결정"(decision), "대화"(conversation)로 열거한다. Jenson, *Systematic Theology*, I, 221-223.
83) Jenson, *Systematic Theology*, I, 108.

내재적 삼위일체와 경륜적 삼위일체

론적으로 구별된다.[84] 그러나 이렇게 하나님을 사건들과 동일시하는 것은 세 정체들 혹은 세 신적 위격들을 단순한 비인격적·구조적 관계들로 환원시키는 경향이 있다. 사실 젠슨은 하나님이 관계들 안에서 구성되고, 구조 안에서 인격적이되는 하나의 사건이라고 진술한다.[85] 따라서 젠슨은 출생, 출생됨, 출원 등과 같이 하나님의 내적인 관계들을 가리키는 용어들은 성서의 내러티브의 구성을 요약하는 말들일 뿐이라고 간주한다.[86] 더 나아가 젠슨은 인격적인 의식을 성부나 성자나 성령에게 돌리지 아니하고, 오로지 삼위일체적 사건 자체에게만 돌린다.

> 하나님은 근대적인 의미로서 참으로 인격적이라고 기술할 수 있다. 그러나 이것이 적용되는 것은 삼위일체적 사건 자체이지, 단순히 성부로서의 하나님이 아니다. 의식인 위격이 곧 삼위일체다. 삼위일체는 자신의 대상-실재(object-reality)인 성자 예수에 의해 하나의 중심적이며 가능한 신실한 자기의식으로 형성된다.[87]

이러한 의미에서 젠슨은 심지어 성자 예수를 단지 "개별적이며 인격적인 것"(individual personal thing)[88]으로 간주한다. 마찬가지로 "성자 하나님이신 예수의…출생에 존재론적으로 선행하는 것은 곧 출생할 것이라는 내러티브 양식이다. 영원 안에서 성자의 출생에 선행하는 것은…성육신의 사건 안에 있는 운동 양식이다."[89]

---

84) Jenson, *Systematic Theology*, I, 218.
85) Jenson, *The Triune Identity*, 161.
86) Jenson, *Systematic Theology*, I, 108.
87) Jenson, *The Triune Identity*, 175.
88) Jenson, *The Triune Identity*, 175.
89) Jenson, *Systematic Theology*, I, 141.

두 번째 이행과 관련해서, 하나님의 자기정체성으로부터 인간이 성서의 내러티브를 통해 신적 인격의 드라마(*dramatis dei personae*)를 파악하는 것으로 이행하는 것은 인식론적인 긴장을 초래한다. 엄밀하게 말하면, 사건들을 통한 하나님의 자기정체성은 우리가 성서의 내러티브를 통해 하나님의 정체성을 파악하는 것과 완벽하게 일치하지는 않는다. 왜냐하면 젠슨도 인정하듯이, 우리는 피조물로서 우리 자신의 행동들 각각에 대하여 신실성이 결여되었기 때문이다. 또한 타락한 피조물로서 우리 자신들에 대한 일관성조차도 저버림으로써 우리 스스로가 부조리함에 의해 위협을 받고 있기 때문이다.[90]

젠슨은 이러한 인식론적 긴장을 해소하기 위해 두 가지를 주장한다. 첫 번째로 그는 하나님이 알려져 있기 때문에, 그리고 오로지 그런 이유 때문에 하나님은 알려질 수 있다고 주장한다. 그는 이 점을 다음과 같이 설명한다.

> 하나님은 먼저 자신에 의해서 알려진다. 왜냐하면 성부는 성령에 의해 자유해짐으로써 자신을 성자 안에서 발견하기 때문이다. 그리고 성자는 자신이 성부에 의해 사랑을 받고 있음을 성령 안에서 발견하며 그렇게 함으로써 성부를 알기 때문이다. 성령은 자신이 성부 및 성자에게로 가져오는 사랑을 알기 때문이다.[91]

이러한 설명을 통해 젠슨은 하나님에 대한 인간의 인식론적인 지식의 근거를 성부와 성자와 성령의 상호관계적인 삶 안에서 하나님의 자기지식에 두는 것처럼 보인다.[92] 그러나 이 점은 근본적인 구조에 있어서 젠슨

---

90) Jenson, *Systematic Theology*, I, 222.

91) Jenson, *Systematic Theology*, I, 227.

92) Jenson, *Systematic Theology*, I, 228.

내재적 삼위일체와 경륜적 삼위일체

자신이 단호하게 비판했던 그리스적 영원화의 경향과 다르지 않다. 따라서 이것은 젠슨의 입장에 인식론적 난관이 된다.

두 번째로 젠슨은 이러한 인식론적 긴장을 해소하기 위해 다음과 같은 사실, 곧 하나님이 실제로 하나님 자신을 아시는 삼위일체적 삶은 "실제로 우리와 함께하시는 삶"(in its actuality a life with us)이라는 점에 호소한다.[93] 젠슨에게 하나님은 하나님과 우리 사이에서 일어나는 사건이며, 하나님의 이야기는 바로 우리의 이야기다. 그러나 이러한 시도조차도 인식론적 긴장을 모두 해소하지는 못한다. 이 점에 관하여 동방정교회 신학자이자 미국의 버지니아 대학교와 여러 대학교에서 강의하는 데이비드 하르트(David B. Hart, 1965- )는 그리스도 안에서 드러난 우리의 구원 사건과 삼위일체로서 하나님의 삶의 사건 사이에 존재하는 유비적인 간격을 젠슨이 와해시킬 수도 있다고 우려한다.[94]

설상가상으로, 그러한 인식론적인 난제는 실제로 젠슨 자신의 인식적 존재론(epistemic ontology)에 근거하고 있다. 자신의 책 『삼위일체 하나님의 정체성』(The Triune Identity)의 끝부분에서 젠슨은 "존재한다는 것은 무엇인가?"라는 존재론적 질문에 대답한다. 그에 따르면 존재한다는 것은 시간 속에서의 관계성, 곧 인식론적으로 해석할 수 있는 관계성이다. 여기서 젠슨은 자신의 인식적 존재론의 관점에서 하나님과 피조물 사이의 질적인 차이를 드러낸다.

하나님이 된다는 것은 하나님 자신이신 타자와의 관계성, 곧 무궁무진한 해석적 관계성으로 미래의 자신을 예기하는 것이다. 반면에 피조물이 된다는

---

93) Jenson, *Systematic Theology*, I, 228.
94) David B. Hart, "The Lively God of Robert Jenson," *First Things* No.156 (October 2005), 31.

것은 피조물 자신이 아닌 타자와의 관계성, 곧 유한한 해석적 관계성에 의해 미래의 자신을 예기하는 것이다.[95]

하나님과 피조물 사이의 이런 질적인 차이는 오히려 하나님과 피조물 사이의 간격을 더 넓게 만든다. 그 결과 하나님의 자기정체성이 우리가 성서의 내러티브를 통해 신적 인격의 드라마(*dramatis dei personae*)를 파악하는 것과 인식론적으로 일치하다는 것을 인식할 만한 어떠한 보증도 존재하지 않게 된다.

지금까지 우리는 젠슨의 신학적 방법에 내재해 있는 두 가지 긴장에 주목했다. 하나는 존재론적 긴장이고 다른 하나는 인식론적 긴장이다. 동시에 이 두 가지 긴장이 젠슨 자신의 신학적 틀 안에서 해소되지 않음도 살펴보았다. 이 긴장이 해결되기 위한 가능성으로 오직 하나의 씨앗이 존재하지만, 아쉽게도 젠슨은 이것에 관하여 충분하게 논의하지 않는다. 해결의 가능성을 위한 오직 하나의 씨앗이란 젠슨이 명명하는 "최종적인 신비"(final mystery) 또는 "그[하나님]의 정체성의 가장 심오한 신비"(deepest mystery of his [God's] identity)다. 놀랍게도 젠슨은 자신의 책『조직신학』(*Systematic Theology*) 두 곳에서 신비의 개념을 논의한 것을 제외하면 다른 곳에서는 거의 다루지 않고 있다. 심지어 하나님의 은폐성(divine hiddenness)을 해설할 때도 그는 신비의 개념에 전혀 호소하지 않는다.[96]

---

95) Jenson, *The Triune Identity*, 182.

96) 젠슨에게 하나님의 고유한 은폐성(hiddenness)은 어떤 형이상학적인 거리가 아니라, 인지적이고 도덕적인 거리다. 젠슨은 다음과 같이 설명한다. "하나님께서 우리와 공유하시는 자기 지식의 일부를 보류하시기 때문에 하나님의 은폐성이 생기는 것이 아니다. 오히려, 하나님의 자기 지식이 생동적이고 움직이는 것이기 때문에, 그리고 이러한 자기 지식의 도덕적인 의도들을 우리가 따라갈 수 없기 때문에 생기는 것이다." Jenson, *Systematic Theology*, I, 233.

내재적 삼위일체와 경륜적 삼위일체

젠슨에게 가장 심오한 신비는 이스라엘 하나님의 정체성을 성자 및 성령의 성부에게 전이시키는 것이다.

> 이로써 우리는 최종적인 신비를 소개했다.···성자와 성령은 신적 위격의 드라마로서 나타나신다. 그뿐만 아니라 성부의 성자와 성령으로 존재하시는 하나님은 그분 자신을 하나의 위격을 가지신 하나님, 곧 성자의 성부와 성령의 파송자로 파악되신다. 이스라엘의 하나님은 자신이신 참된 하나님의 위격의 드라마 중 하나로서 스스로 나타나신다. 그것이 하나님이 가지신 정체성의 가장 심오한 신비이고, 삼위일체 교리의 최종적인 필수성이다.[97]

하나님이 가지신 정체성의 가장 심오한 신비의 핵심은, 예수가 성부하나님을 부르고 성부와 대화함으로써 성부의 인격성을 결정한다는 성서적 사실이다. 그래서 하나님의 존재는 대화와 연합이다. 젠슨은 이런 대화와 연합의 의미로서, 하나님이 가진 정체성의 가장 심오한 신비를 "연합을 위한 가장 우선적이고 토대적인 신비" 또는 "연합을 위한 태고적인 신비"라고 표현한다. 그는 삼위일체 하나님의 대화가 이 신비 안에서 우리에게 개방되어서 우리가 역사적 실재인 인간 공동체 안에 있는 하나님의 대화 자체가 되도록 한다.[98] 이런 점에서 젠슨이 자신의 신비 개념을 존재론적·인식론적 긴장들에 대한 대답으로 발전시키지 않은 것은 매우 안타까운 일이다.

---

97) Jenson, *Systematic Theology*, I, 89.
98) Jenson, *Systematic Theology*, II, 250, 그리고 270-271.

## IV. 보프와 피턴저: 훨씬 더 큼

### 1. 보프: 경륜적 삼위일체가 내재적 삼위일체의 전부는 아니다!

라너의 동일성의 정식을 받아들인다고 의도함에도 불구하고, 보프의 실제적인 입장은 내재적 삼위일체가 경륜적 삼위일체보다 훨씬 더 크다는 것이다. 보프의 의도와 그의 실제적인 입장 사이에 불일치가 초래되는 가장 현저한 이유는 무엇인가? 그의 책을 세밀하게 검토해보면 이러한 불일치는 바로 삼위일체의 "신비"에 관한 그의 강한 집중에서 기인함을 알 수 있다. 여기서 신비는 그 존재론적인 의미와 인식론적인 의미를 모두 함축한다. 이 점에서 보프의 삼위일체론은 신비에 매우 두드러지게 집중하고 있음을 알 수 있다. 이런 특징은 아마도 보프가 로마가톨릭 내에서도 프란시스코 수도회 전통에 속해 있기 때문일 것이다.

보프는 자신의 책 『삼위일체와 사회』의 서두에서 예수의 첫 제자들이 경험한 신앙의 신비에 대해 이야기하며 글을 시작한다. 그들은 예수 그리스도를 만나서 그와 함께 살았고, 그를 통해 성부와 성자와 성령을 고백하고 선포한다. 이러한 "큰 신비의 경험"[99] 안에서 그들은 일치성과 다양성을 인식한다. 이후 원초적 신앙 경험을 해명하면서 초기 그리스도인들은 경륜적 삼위일체, 곧 역사 안에서 드러나고 계시된 삼위일체에 관하여 명료하게 표현했다. 그리고 그들은 원초적 신앙 경험이 지닌 신비로 말미암아 경륜적 삼위일체에서 내재적 삼위일체로 나아갔다. "형언할 수 없는 큰 신비"(ineffable Mystery)[100]에 직면한 초기 그리스도인들은 인간의 개념들과 표현들이 부적절함을 깨달았고, 그것들은 오직 유비적임을 인정했다. 이렇게 하여 그들은 드러나고 계시된 것 이외에 다른 어떤 것이 있다

---

99) Boff, *Trinity and Society*, 3.
100) Boff, *Trinity and Society*, 3.

내재적 삼위일체와 경륜적 삼위일체

고, 곧 경륜적 삼위일체 이외에 내재적 삼위일체가 있다고 생각하게 되었다. 페리코레시스에 관한 보프의 근본 명제로 표현하자면, 경륜적 페리코레시스 이외에 경륜적 페리코레시스에 상응하는 내재적 페리코레시스가 있다는 것이다. 삼위일체론의 이러한 발전들을 통해서 신비의 개념은 존재론적·인식론적으로 상당한 영향력을 행사했다.

신비에 관한 보프의 두드러진 집중은, 삼위일체는 우리에게 신비일 뿐만 아니라 그 자체로도 신비라고 말하는 다음과 같은 그의 주장에서 잘 드러난다.

> 삼위일체는 그 자체로 우리의 범위를 넘어서며, 불가해한 신비 안에 숨어 있다. 이러한 신비는 영생의 지복 안에서 우리에게 부분적으로 계시될 것이며, 항상 우리의 온전한 파악을 벗어날 것이다. 왜냐하면 삼위일체는 인간에게뿐만 아니라 그 자체로서 신비이기 때문이다.[101]

여기서 보프가 말한 신비는 존재론적인 의미와 인식론적인 의미를 모두 포함한다. 삼위일체는 존재론적으로 우리의 범위를 넘어서 있으며, 인식론적으로 우리에게 감추어져 있고 불가해하다. 삼위일체의 신비가 우리에게 드러난다고 하더라도, 그것은 어디까지나 부분적으로 계시되는 것일 뿐이다. 삼위일체는 항상 우리의 온전한 파악을 벗어난다. 삼위일체는 불가해하고 은폐되어 있기 때문에, 보프에게는 경륜적 삼위일체가 내재적 삼위일체의 전부가 아니다. 그리고 내재적 삼위일체는 경륜적 삼위일체로 그 전부가 드러나지도 않는다.

따라서 보프에게 삼위일체의 신비는 존재론적인 측면과 인식론적인

---

101) Boff, *Trinity and Society*, 215.

측면 모두 "엄격한 의미로서 신비 그 자체"(*mysterium stricte dictum*)다. 라너처럼 보프는, 제1차 바티칸 공의회가 제안했던 것과 같이 일방적이고 인식론적인 의미의 신비는 거부한다. 보프에 따르면, 제1차 바티칸 공의회는 삼위일체의 신비가 인간의 인식론적인 가능성을 초월하기에 실증적으로 이해될 수 없다고 주장했다. 보프는 이러한 이해가 옳다고 인정하면서도, 그렇게 인식론적으로 일방적인 의미의 신비 개념은 합리주의에 대항하기 위한 논증, 곧 계시된 진리를 인간의 이성과 언어의 단순한 산물들로 바꾸어버리려는 합리주의에 대항하기 위한 논증으로서 제시된 것일 뿐이라고 주장한다. 계속해서 그는 그런 불균형적인 신비 개념은 삼위일체 앞에서 우리의 찬양과 존경을 일으키는 데 아무런 도움이 되지 않는다고 지적한다. 그러므로 그는 존재론적인 측면과 인식론적인 측면을 모두 포함하는 더 균형 잡힌 신비 개념을 정식화한다. 한편으로 보프는 삼위일체의 신비를 "계시된 신비"와 "성례적 신비"(sacramental mystery)로 간주한다. 왜냐하면 삼위일체의 신비는 예수 그리스도의 행동들 속에서 그리고 성령의 현시들 속에서 계시되었고 전달되었기 때문이다. 다른 한편으로 그는 하나님의 신비가 계시된 진리보다도 더 크다는 점을 강조한다. 하나님은 "본질적인 신비"(the intrinsic mystery)이시기에 앞으로도 영원히 신비로 남을 것이다.[102]

하지만 신비에 강하게 집중하는 보프의 입장은 경륜적 삼위일체와 내재적 삼위일체의 관계에 몇 가지 불가피한 영향을 미친다. 첫째, 신비에 대한 이러한 집중은 신비의 궁극적인 토대를 찾아 거슬러 추적하는 경향을 불가피하게 지닌다. 그것은 비록 무한소급은 아니지만, 삼위일체의 신비까지도 넘어서서 계속 추적하는 경향을 지닌다. 예수 그리스도를

---

102) Boff, *Trinity and Society*, 160.

내재적 삼위일체와 경륜적 삼위일체

통해 가지는 신비에 대한 원초적 신앙 경험은 경륜적 삼위일체의 신비로 나아가며, 또한 그것은 경륜적 삼위일체를 통해서 내재적 삼위일체의 신비로 나아간다. 보프는 여기서 멈추지 않고 삼위일체의 신비는 "무한자"(Infinite)가 내주하는 신비이며, 곧 우리는 삼위일체의 신비라는 "문을 통해서 하나님의 무한성까지 나아간다"라고 말한다.[103]

그렇다면 하나님의 무한성은 어디에 있는가? 보프는 그것을 성부 하나님 안에 있다고 대답하는 것 같다. 『삼위일체와 사회』 9-11장에서 성부 하나님, 성자 하나님, 성령 하나님을 논의하면서, 보프는 성부 하나님만을 "불가해한 신비"(unfathomable mystery)[104]라고 여겼으며, 성자와 성령이 신비라는 점에 대해서는 아무런 언급도 하지 않는다. 보프의 다른 설명에 따르면, 내재적 삼위일체의 신비 내에서도 성부는 "가장 심오하고 가장 은밀한 신비"(deepest and darkest mystery)이며, 성자와 성령은 정도 면에서 떨어진 신비다. 곧 성자는 "빛나는 신비"(shining mystery)이고, 성령은 "성부와 성자를 연합시켜주는 신비"다. 결국 이렇게 소급하여 나아가는 동안, 마침내 보프는 신비와 관련하여 성부를 성자 및 성령과 정도 면에서도 구별하게 되었다. 이러한 입장은 보프 자신의 근본 명제인 완전한 페리코레시스와 모순된다.

둘째, 신비에 강하게 집중하는 보프의 입장은 경륜적 삼위일체와 내재적 삼위일체의 "밀접한 연관성", "상관관계" 그리고 심지어는 "상응"을 느슨하게 풀어주는 위험성을 지니고 있다. 우리는 보프의 느슨한 관계를 어느 정도는 공감하고 이해할 수 있다. 그는 삼위일체의 신비가 성자의 성육신과 성령의 강림에서만이 아니라 "창조세계와 역사 속에서 수천 가지 상이한 방식들로 드러나 있으며", 그래서 "우주는 형언할 수 없는 신비로

---

103) Boff, *Trinity and Society*, 159-160.
104) Boff, *Trinity and Society*, 165.

가득 차 있다"는 점을 말하길 원한다.[105]

　내재적 삼위일체와 경륜적 삼위일체 사이에서 이렇게 느슨해진 관계는 불가피하게 보프 자신의 본래 입장에 부정적인 영향을 미친다. 이러한 까닭에 보프는 삼위일체의 신비가 온전히가 아니라 부분적으로 우리에게 계시되고 드러난다고 진술한다.[106] 그리고 경륜적 삼위일체가 내재적 삼위일체로 나아가는 관문으로 여겨진다고 하더라도, 그것은 단지 내재적 삼위일체를 "희미하게 보여줄" 뿐이라고 진술한다.[107] 이 점에 관하여 테드 피터스는 신비에 대한 보프의 집중과 내재적 삼위일체의 영원성에 관한 보프의 강조를 올바로 비판한다. 곧 피터스의 지적에 따르면, 그러한 집중과 강조로 인하여 보프는 라너의 동일성의 규칙이 가진 함의들과 불일치할 수밖에 없었다. 또한 그는 지고한 삼위일체가 영원한 신비에 둘러싸여 있기에 지고한 삼위일체를 인정하는 것으로부터도 후퇴할 수밖에 없었다.[108] 테드 피터스는 보프의 논의 안에 도사리고 있는 모순을 다음과 같이 지적한다.

　비록 보프는 신적 사회와 인간 사회의 상관관계를 비위계질서적인 방식으로 사용하기를 원하지만, 그가 말하고 있는 신적 사회는 사실상 군주사회다. 이러한 군주사회는 우리가 살고 있는 시간과는 분리된 영원한 신비로 둘러싸여 있기 때문에, 신적 사회와 인간사회의 참된 상관관계를 확보할 수 없다.[109]

　이러한 까닭에 보프는 오직 성육신을 통해서만 하나님의 신비를 인

---

105) Boff, *Trinity and Society*, 226.
106) Boff, *Trinity and Society*, 215.
107) Boff, *Trinity and Society*, 163.
108) Peters, *GOD as Trinity*, 113.
109) Boff, *Trinity and Society*, 114.

식할 수 있다고 주장할 수 없었다. 그 대신 그는 성육신뿐만 아니라 예수의 인간적인 삶의 다양한 표현들을 통해서, 곧 예수의 "감사 기도, 복음 선포, 가난한 자들에 대한 관심, 바리새인들과의 만남, 치유와 축사의 이적들, 사도들과 함께 사는 삶"을 통해서도 하나님의 신비를 인식한다고 진술한다.[110]

마지막으로 경륜적 삼위일체와 내재적 삼위일체의 연관성은 보프가 의도하는 것만큼 그렇게 가깝지가 않기 때문에, 그의 입장은 "사회적 관계들에서의 변혁을 추구하는" 유명한 "사회적 기획"(social project) 또는 "해방의 프로그램"(liberation program)을 심각하게 약화시킨다.[111] 달리 말해, 삼위일체에 대한 신앙이 현재의 경제적 불평등과 정치적 억압의 상황 속에서 해방의 가능성을 드러낼 수 있다는 보프의 신학적 전망은, 신비에 대한 보프 자신의 두드러진 집중으로 인해 끝내 실패로 나아갈 수밖에 없다.[112] 테드 피터스는 삼위일체의 영원한 신비에 대한 보프의 집중 속에 도사리고 있는 또 다른 모순적인 요소를 지적하면서 다음과 같이 말한다.

보프가 신적 사회와 인간사회 사이의 비(非)-위계질서적인 기초에 근거하여 양자 간의 상관관계를 제시하기를 원하지만, 그가 말하고 있는 신적 사회는 사실상 군주제다. 그리고 이러한 군주제는 우리가 살고 있는 시간적인 영역과는 떨어져 있는 영원한 신비 속에 둘러싸여 있기 때문에, 신적 사회와 인간 사회 사이에는 진정으로 어떠한 상관관계도 형성될 수 없다.[113]

---

110) Boff, *Trinity and Society*, 162.
111) Boff, *Holy Trinity, Perfect Community*, xiii-xvii.
112) Boff, *Trinity and Society*, 11-13.
113) Peters, *GOD as Trinity*, 114.

## 2. 피턴저: 내재적 삼위일체가 팔레스타인 삼위일체보다 훨씬 더 크다!

피턴저는 내재적·경륜적 삼위일체 관계에 어떤 상응의 관계가 있음을 주장하지만, 동시에 내재적 삼위일체가 팔레스타인 삼위일체에 한정되지는 않는다고 주장한다. 더 구체적으로 말한다면, 피턴저의 입장은 하나님의 말씀으로서의 예수 그리스도가 신적 실재에 대한 자기표현으로서의 신적 행동을 의미한다는 것이다. 하지만 이 신적 행동은 예수 그리스도에게만 한정되지는 않는다. 다른 한편, 성령은 초기 그리스도인들이 예수 안에 드러난 신적 행동에 반응할 수 있도록 해주는 신적 반응을 의미한다. 그러나 이러한 신적 반응은 기독교 공동체 내의 성령에게만 제한되지는 않는다.

피턴저는 주로 인간 경험에 대한 분석을 통해 삼위일체론에 접근하는데, 이 접근법은 신적 실재의 신비를 인정한다. 그는 다음과 같이 설명한다.

> 나는 인간이 광범위한 경험론적 의식이라고 불리는 것을 통해서 삼위일체적 사상으로 나아가는 접근법을 가지고 있다고 믿는다.…인간의 경험 전체에는 신비에 대한 지각(sense of mystery)이 있다. 이 신비 속에서 인간이 자연과 역사의 사건들 속에, 그리고 우리가 잘 아는 구체적인 현실 속에 주어져 있는 것에 대해 반응하면서 그 의미를 밝힐 수 있다고 믿는 것이다.[114]

피턴저는 자신의 입장을 토마스 아퀴나스(Thomas Aquinas)와 프랑스의 철학자 가브리엘 마르셀(Gabriel Marcel, 1889-1973)로부터 이끌어낸다.[115] 그에 따르면 아퀴나스는 만물이 신비로 나아간다(omnia abeunt in mysterium)라고 말하면서 인간 경험에 관하여 심오한 통찰, 곧 인간 경험

---

114) Pittenger, The Divine Triunity, 50-51.
115) Pittenger, The Divine Triunity, 51-52.

내재적 삼위일체와 경륜적 삼위일체

에 인간의 이성으로 설명할 수 없는 요소가 남아 있다는 통찰을 제공한다. 피턴저는 아퀴나스에 동의하면서 우리가 신비 한가운데서 살고 있다고 주장한다. 게다가 마르셀은 신비란 우리에게 해답될 수 없는 궁극적인 질문들을 제시하는 것이라고 이해하면서 우리의 경험에는 해결될 수 있는 것보다 해결될 수 없는 더 많은 것, 곧 신비가 항상 남는다고 암시한다. 마르셀이 아버지 됨과 아들 됨 같은 가족관계가 신비를 드러낸다고 이해하듯이,[116] 마찬가지로 피턴저는 인간관계들을 신비의 탁월한 예로 여긴다.[117]

삼위일체론과 관련하여, 피턴저는 모든 형태의 종교가 신적 실재라는 신비에 대한 반응이라고 인정하면서 팔레스타인의 종교 경험을 다음과 같이 분석하기 시작한다.

우리를 둘러싸고 있는 신비가 있다. 이 신비는 도처의 인간에게 간절히 사랑을 호소하면서, 곧 나사렛의 인간 속에서, 가장 결정적으로 (그리스도인들은 대담하게 이렇게 말한다) 우리에게 드러난다.[118]

피턴저에게 팔레스타인의 종교 경험은 신적 실재라는 신비의 삼중적인 구조, 곧 하나님, 예수 그리스도 안에서의 신적 행동, 그리고 성령을 통한 신적 반응을 포착한다.[119] 피턴저는 이와 같은 삼중적 형태가 자신이

---

116) Gabriel Marcel, *The Mystery of Being, Vol. 1 Reflection & Mystery; Vol. 2 Faith & Reality*, trans. G. S. Fraser and René Hague (London: The Harvill Press, 1950-1951), I, 204. 1권은 계시의 개념에 집중하고 있으며 이를 토대로 2권이 발전하고 있다. 이 책은 마르셀이 1949년과 1950년에 행한 기포드 연설을 바탕으로 출간된 것이다.

117) Pittenger, *The Divine Triunity*, 53-54.

118) Pittenger, *The Divine Triunity*, 59.

119) Pittenger, *God in Process*, 42-43.

"팔레스타인의 삼위일체"[120]라고 부르는 삼위일체론을 정식화하기 위한 기본적 자료가 된다고 주장한다.

　　그러나 피턴저가 팔레스타인의 삼위일체를 신적 실재 그 자체와 동일시하고 있지 않음에 주목할 필요가 있다. 양자 사이에는 어느 정도의 상관관계가 있지만, 여전히 조그마한 간격이 존재한다. 그것은 바로 피턴저가 인간의 경험에서 출발하여 그것을 분석하고 신비를 인식하는 데까지 나아가는 방법 때문이다. 신비에 대한 이런 경험적·인식적 접근은 양자의 관계를 동일시하지 못하도록 여지를 남겨둔다. 그러나 비-동일적 관계는 다시 양자 사이의 존재론적인 차이를 더 확대시킨다.

　　피턴저는 팔레스타인의 삼위일체를 신적 실재의 신비와 동일시하는 대신에, 팔레스타인의 삼위일체로부터 삼중적 구조를 추론한 후에, 이 삼중적 형태를 신적 실재의 신비에 이식한다. 이런 식으로 그는 경륜적 삼위일체의 삼중적 구조와 내재적 삼위일체의 삼중적 구조를 차별화한다. 이 점과 관련해서 미국의 덴버 신학교 교수인 브루스 데머리스트는 다음과 같은 것을 지적한다. 피턴저는 "창조와 관계를 맺고 있는 하나님에게 해당되는 것이 하나님 자신에게도 그대로 해당된다"[121]고 주장하면서 논리적 비약을 드러낸다. 피턴저에게 경륜적 삼위일체의 삼중적 구조는 하나님, 예수 그리스도, 성령을 가리키고, 내재적 삼위일체의 삼중적 구조는 하나님, 신적 행동(divine Action), 신적 반응(divine Response), 또는 신적 초월(divine transcendence), 신적 공존(divine concomitance), 신적 내재(divine immanence)를 가리킨다. 아니면 영원한 성부(Eternal Father), 영원한 성자(Eternal Son), 영원한 성령(Eternal Spirit)을 가리킨다.[122]

---

120) Pittenger, *God in Process*, 48.
121) Bruce A. Demarest, "Process Trinitarianism," 26-27.
122) Pittenger, *God in Process*, 48.

이 같은 추론적 차별화의 귀결로서, 피턴저는 예수 그리스도와 영원한 성자, 곧 영원한 말씀 사이를 구별하며 심지어 분리시키는 경향으로 엄연히 나아간다. 다른 한편 그는 성령과 영원한 성령 사이를 구별하고 심지어 분리시키는 경향으로 엄연히 나아간다. 여기서 그는 예수 그리스도를 성육신한 말씀으로 간주하지만, 영원한 말씀 그 자체로는 여기지 않는다. 이 점에서 피턴저는 하나님이 예수 안에서 전적으로 완전히 현존하고 계시다는 점을 부인하며, 이것은 "기독론적 오류"(christological error)[123]라고 명명한다. 그 대신에 그는 하나님이 집중적이고 결정적으로 예수 그리스도 안에서 현시되어 있음을 주장하며, 영원한 말씀의 성육신은 인간 예수에게만 한정되지 않는다고 반복하여 말한다. 그는 이와 같은 논리를 성령에게도 동일하게 적용한다. 하나님은 기독교 공동체가 경험하는 성령을 통해 역사하시지만 이것은 전적으로 완전한 것이 아니며, 영원한 성령은 교회의 성령에게만 제한되지는 않는다.

피턴저는 자신의 경험적·인식적 개념으로서의 신비가 압도적으로 우세하여, 자신이 경륜적 삼위일체와 내재적 삼위일체 사이에 어떤 상응관계가 있다고 주장하고 있음에도 불구하고, 실제적으로는 내재적 삼위일체가 경륜적 삼위일체보다, 곧 우리가 팔레스타인 삼위일체에서 경험하는 것보다 훨씬 더 크다는 점을 주장한다. 그러므로 그는 우리가 신적 본성의 내적인 활동들에 관한 지식을 전적으로 소유하고 있다는 교만한 주장을 할 수 없다고 말한다. 그 대신에 피턴저는 우리가 다만 신적 실재의 신비를 알려주는 암시들과 실마리들에 관해서만 이야기할 수 있을 뿐이라고 주장한다.[124] 이러한 의미로 기독교의 삼위일체론은 신적 실재를 드러내

---

123) Pittenger, *The Divine Triunity*, 43.

124) Pittenger, *The Divine Triunity*, 18.

는 "하나의 상징"[125]이며, 상징은 신적 실재의 신비를 보여주는 암시와 실마리를 제공할 뿐이다.


## V. 브라켄의 침지

내재적·경륜적 삼위일체 관계에 관한 브라켄의 입장은 경륜적 삼위일체를 내재적 삼위일체로 "침지"한다는 입장으로 엄연히 나아가는 경향을 보이고 있다. 성부는 자신의 존재를 직접 성자에게 전적으로 내어주며, 이를 통해 모든 유한한 존재자들에게 시초적 목적을 제공한다. 성자는 성부에게 직접적으로 완전하게 반응하며, 모든 유한한 존재자들의 반응을 성부에 대한 성자 자신의 완전한 반응 속으로 통합시킨다. 성령은 성부와 성자를 완벽하게 매개하며, 신적 공동체 내에서 성부-성자의 매개를 통해 매 순간 성부와 세계의 매개를 포함시킨다. 이런 식으로 내재적 삼위일체는 경륜적 삼위일체를 침지한다.

내재적·경륜적 삼위일체 관계에 대한 자신의 입장을 제안하기 위해, 브라켄은 존재의 형이상학에서 되어감의 형이상학(metaphysics of becoming)으로 변환을 시도한다.[126] 그리고 후자와 관련하여 피턴저는 카파도키안 교부들의 페리코레시스 개념, 토마스 아퀴나스의 실재적 관계성(subsistent relations)의 개념, 그리고 화이트헤드의 창조성의 원리를 창조적으로 전용함으로써[127] "사회적 존재론" 또는 "사회의 존재론"을 전개

---

125) Pittenger, *God in Process*, 50.

126) Bracken, "Trinity: Economic And Immanent," 8.

127) Bracken, "Trinity: Economic And Immanent," 14-16. 페리코레시스라는 그리스 개념에 대해 긍정적으로 파악하고 있음에도 불구하고, 브라켄은 카파도키아 교부들을 서방교회에 소개한 지지울라스에게 비판적이다. 왜냐하면 그는 지지울라스가 자연과 인격을 이

한다. 이 사회적 존재론에서는 관계성이 인격에 비하여 존재론적으로 우선성을 갖는다. 관계성은 실재에 우연적이거나 외부적이지 않으며, 관계성들이 실재를 구성할 정도로 실재 그 자체에 내재적이다. 그리고 존재는 개별적으로 인격적(individually personal)이거나 단순히 상호인격적이지 않으며 오히려 본질적으로 상호주체적이다.[128] 화이트헤드는 현실적 존재들(actual entities)이라는 개념을 주장했는데,[129] 이 현실적 존재들이란 세계를 구성하는 궁극적인 실재들(final real things)이다. 피턴저는 화이트헤드의 이 개념에 근거해서 "상호주체성"을 "둘 또는 그 이상의 주체들이 경험하기 위한 공통된 자기장적 활동"[130]이라고 규정한다.

따라서 브라켄의 사회적 존재론에서 궁극적 실재는 유한적이든 무한적이든 모든 존재자로 구성되는 "우주적 사회"[131]라고 그가 명명하는 것이다. 이 우주적 사회 속에서 하나님은 존재의 외적인 토대로서가 아니라 내적인 토대로서 유한한 현실에 사는 존재자들의 총체와 상호주체적으로 계속적인 관계를 맺고 있다. 여기서 하나님은, 세계에 나타나는 모든 현

---

원론적으로 암묵적으로 구별함으로써 하나님과 세상을 엄연히 분리하는 쪽으로 나아가고 있다고 주장하기 때문이다.

128) 브라켄은 현실적 계기들의 사회들이라는 화이트헤드적 개념을 자기장 중심형의 관점에서 해석함으로써 자신의 후기 활동기에서는 "상호주체적 형이상학"(a metaphysics of inter-subjectivity)을 다음의 책에서 전개시킬 수 있었다. *The One in the Many: A Contemporary Reconstruction of the God-World Relationship* (Grand Rapids: Eerdmans, 2001). 그리고 그는 이것을 다른 주제들과 관련하여 더 광범위하게 다룰 수 있었다. 예를 들면 다음과 같다. "Intersubjectivity and the Coming of God," Journal of Religion Vol.83 No.3 (July 2003): 381-400; "The Hiddenness of God: An Inter-Subjective Approach," Dialog Vol.45 No.2 (Summer 2006): 170-175. 이후로는 "The Hiddenness of God"으로 표기함. "Intentionality Analysis and Intersubjectivity," *Horizons* Vol.33 No.2 (Autumn 2006): 207-220; "Dependent Co-Origination and Universal Intersubjectivity," *Buddhist-Christian Studies* Vol.27 (2007): 3-9.

129) Whitehead, *Process and Reality*, 27.

130) Bracken, "The Hiddenness of God," 174.

131) Bracken, "Panentheism from a Trinitarian Perspective," 7, 그리고 19.

실적 계기의 복잡계(the complex society)를 가리키는 이름이다. 이러한 의미로 기존의 본체론적 신(神)개념들(substantial notions of God)이 전제하는 하나님-세계를 존재론적으로 명쾌하게 구별할 수는 없다. 무엇보다도 이러한 사회적 존재론에서는 심지어 하나님조차도 하나의 사회로서, 곧 신적인 세 위격의 사회로서 이해되며 이 신적 사회의 관계들은 페리코리시스적 일치를 이룬다. 그리고 공동체적 위격들의 존재론적 일치는 개별 본체보다는 더 고차원의 존재와 지성을 드러낸다. 따라서 삼위일체 하나님은 삼위 상호 간에 그리고 세계와의 관계에서 역동적으로 상호작용하신다. 이런 의미에서 하나님은 항상 과정 중에 있는 분이시다. 곧 세 신적 위격의 공동체는 상호 간에 그리고 세계와의 관계에서 사랑과 지식을 꾸준히 성장시키고 있는 것이다.

이러한 사정으로 브라켄에게는 하나님과 세상 사이의 존재론적 거리가 그리 멀지 않다. 비록 그가 하나님과 세상을 구별한다고 하더라도, 그것은 결코 분리가 아니다. 왜냐하면 그는 하나님을 세상의 외적인 근거가 아니라 내적인 근거로 이해하고 있기 때문이다. 다른 한편, 브라켄은 하나님과 세상 사이에 어느 정도의 인식론적 차이를 허용하는 것처럼 보인다. 그러나 이것은 항구적인 불가능성이 전혀 아니며, 단지 일시적인 "불인식"(incognitio)일 뿐이다. 브라켄은 우리가 비록 우리에게 제공된 시초적 목적을 인식하지 못한다고 하더라도 우리는 삼위일체 하나님으로부터 계속 진행되고 있는 방향성을 인식할 수 있으며, 이것을 우리 삶의 현실성 속으로 통합할 수 있다고 주장한다. 브라켄은 이 점을 다음과 같이 상술한다.

삶의 어느 순간에 우리는 더 높은 차원의 윤리적·종교적 가치들을 성취하도록 "유인"(lure)되는데, 여기서 "성부"의 현존을 느낄 수 있다. 마찬가지로 모

내재적 삼위일체와 경륜적 삼위일체

든 유한의 계기들은 종종 의식적으로 그러나 더 많은 경우에 무의식적으로, "성부"에 대한 "성자"의 계속되는 반응을 통해 "성자"와 연합된다는 점에서, "성자"는 참으로 우리 자신들을 위한, 그리고 전체로서의 세상 과정을 위한 임시적인 현실성의 원리가 된다. 그러나 [이것은] "성령"에 의한 더 높은 목표와 가치들을 성취하는 데 도움이 될 뿐이다. "성령"은 세상 과정을 위한 궁극적 현실성의 원리이며, 그럼으로써 매 순간의 각 계기에 주어지는 "성부"의 시초적 목적에 대한 장기적 목적이 된다.[132]

이러한 관찰들을 고려하면, 브라켄의 입장은 인식론적 의미든 존재론적 의미든 신비의 개념을 삼위일체론에 많이 허용하지 않는다. 만약 신비가 있다면, 그것은 발생할 거라고 이미 기대된 어떤 것이다. 이 점을 감추어진 하나님이라는 개념에 적용하면서, 그는 다음과 같이 진술한다.

예수의 인격 속에 있고, 구원사에서 하나님의 섭리 활동에 드러나 있는 하나님의 감추어짐(the hiddenness of God)이 전적으로 신비인 것만은 아니다 (not a total mystery). 그러나 그것은 역동적인 상관관계 속에 있는 경험의 주체들이 형성하는 세계에서 일어날 거라고 기대할 수 있는 어떤 것이다.[133]

더욱이 아래서 인용되는 것처럼 브라켄이 자신의 논문 「삼위일체: 경륜적 그리고 내재적」(Trinity: Economic *And* Immanent)에서 결론적으로 내린 언급은 내재적 삼위일체의 신비는 오히려 증명될 수 있는 어떤 것임을 함축한다.

---

132) Bracken, "Panentheism from a Process Perspective," 103.
133) Bracken, "The Hiddenness of God," 174.

하나님은 궁극적으로 불가해하다고 주장한다는 점에서, 기독교 신학 내에서의 부정신학의 전통이 옳다고 하더라도, 인간은 그러한 신적 신비를 증명하려는 시도를 결코 포기해서는 안 된다.[134]

## VI. 수코키와 라쿠나: 흡수

### 1. 수코키: 세계-안에-내재하는 경륜적 삼위일체

내재적·경륜적 삼위일체 관계에 관한 수코키의 입장은 내재적 삼위일체를 경륜적 삼위일체 속으로 엄연히 "흡수"하는 경향을 지닌다. 왜냐하면 내재적 삼위일체는 세상 속에 이미 내재하는 경륜적 삼위일체로서 우리가 경륜적 삼위일체, 곧 현존, 지혜, 권능으로서 경험되는 삼위일체 하나님을 체험하도록 해주기 때문이다. 존재론적 측면과 관련하여, 수코키는 화이트헤드에 근거하여[135] 내적 관계성의 존재론을 제안한다. 외적 관계

---

134) Bracken, "Trinity: Economic And Immanent," 16. 상당수의 과정신학자들이 신비의 개념을 다룬 것은 주목할 만한 일이다. 이 책에서 다루는 피턴저도 신비의 개념을 다루었다. 미국의 세인트 존스 대학교 교수였던 오웬 샤키(Owen Sharkey, 1917-2011)는 다음과 같은 논문을 썼다. "Mystery of God in Process Theology," in *God in Contemporary Thought* (New York: Learned Publisher, 1977): 683-725; 미국의 드루 신학교 교수 캐서린 켈러(Catherine Keller, 1953-)는 과정신학의 관점에서 신비에 접근한다. *On the Mystery: Discerning Divinity in Process* (Minneapolis: Fortress Press, 2008). 그리고 하나님과 세상과의 범재신론적 관계는 몇몇 과정신학자들로 하여금 과정사상에 비추어 신비주의를 탐색하도록 한다. 예를 들면 다음과 같다. Diana Culbertson, "Western Mysticism and Process Thought," *Listening* Vol.14 No.3 (Fall 1979): 204-222; Bruce Epperly, "A Mysticism of Becoming: Process Theology and Spiritual Formation," *Encounter* Vol.50 No.4 (Autumn, 1989): 326-336; Blair Reynolds, "Christian Mysticism as Approaching Process Theology," *Parish and Process* Vol.1 No.6 (February 1987): 6-13; Alfred P. Stiernotte, "Process Philosophies and Mysticism," *International Philosophical Quarterly* Vol.9 No.4 (December 1969): 560-571.

135) Suchocki, *God, Christ, Church*, 4, 그리고 12.

내재적 삼위일체와 경륜적 삼위일체

성이 아니라 내적 관계성의 존재론이 구체적으로 의미하는 바는, 심지어 하나님조차도 세상과 본질적인 관계를 맺고 있는 분이며, 그래서 세상 속에 내재하고 있는 하나님께서는 세상으로부터 영향을 받는 분임을 뜻하는 것이다. 존재한다는 것은 영향을 끼친다는 것이며, 이런 점에서 모든 현실성은 자신의 에너지를 모든 후속적 계기에게 전달한다.[136] 수코키는 이 점을 근거로 내재적 삼위일체가 그 자체로 폐쇄된 것이 아니라 세상 속에 내재하고 있다고 간주한다.

인식론적 측면과 관련해서 수코키는 삼위일체 하나님을 알 수 있는 가능성을 두 종류의 계시, 곧 일반계시와 특별계시에 호소한다. 그러나 그녀의 계시 개념은 위에서 아래로라는 전통적인 계시 개념의 방향과는 정반대로 아래에서 위로 향한다. 이런 계시 개념은 세상 속에서의 하나님의 활동이 하나님의 본성을 계시적으로 드러낸다는 그녀의 전제에 근거한다. 그녀에게 일반계시는 하나님께서 우리에게 제공해주시는 시초적 목적을 의미하며, 이것을 통해 우리는 하나님에 관하여 뭔가를 알 수 있다. 세상 속에 나타나는 하나님의 활동들은 하나님에 관한 어떤 본성을 알려주며, 따라서 감추어진 하나님의 어떤 장막을 제거할 수 있는 정도다. 수코키는 일반계시를 통해 나타나는 하나님의 지식이 간접적이고 심지어는 모호하다는 점도 인정한다. 그런데도 그녀는 어쨌든 우리가 하나님에 관한 지식을 갖는 것이 가능하다고 주장한다.

게다가 수코키는 일반계시는 우리로 하여금 "하나님을 세상에 충만하게 현존하는 분으로서 이해할 수 있도록, 곧 궁극적인 지혜로서 그리고 정의로운 권능자로서 이해할 수 있도록"[137] 우리를 움직이는 것이 가능하다고 주장한다. 그런데 그러한 움직임이 특별계시에 의존한다고는 말하

---

136) Suchocki, *God, Christ, Church*, 33.

137) Suchocki, *God, Christ, Church*, 47-48.

지 않는다. 수코키는 우리가 일반계시를 통해 하나님에 관하여 알 수 있는 바와 특별계시가 일치하며, 또한 이것을 확증할 수 있음을 인정한다. 여기서 그녀는 자신의 주장을 우리가 삶 속에서 하나님에 대해 경험하는 그 모든 사건들에 대부분 의존한다. 그녀에 따르면, 우리는 외로움이라는 곤경에 처해 있기 때문에 하나님을 나와 함께 현존하시는 분으로 경험할 수 있다. 우리는 일시성이라는 곤경에 처해 있기 때문에 하나님을 지혜로 우신 분으로 경험할 수 있다. 그리고 우리는 불의라는 곤경에 처해 있기 때문에 하나님을 권능이 있는 분으로 경험할 수 있다. 이와 같은 경험론적 접근으로 인하여 수코키는 하나님을 현존, 지혜, 권능으로서 이해하는 우리의 지식이 성서의 특별계시에 의존하지 않는다고 주장한다. 그녀는 나사렛 예수 안에서 강력하게 드러난 하나님의 현존이 기독교적인 특별계시임을 인정하더라도, 특별계시는 인간의식 안에 있는 하나님의 형상을 강력하게 강화함으로써 발생한다고 주장한다. 이런 점에서 그녀에게 특별계시와 성육신은 오직 한 번뿐인 현실적 계기가 아니라 연속적인 과정이며 일련의 다수의 계기인 것이다.

수코키의 존재론과 인식론에 내재된 몇몇 논리적 비약에도 불구하고, 수코키의 관계론적 존재론과 경험론적 인식론은 그녀로 하여금 하나님이 현존, 지혜, 권능으로서의 삼위일체임을 확증할 수 있도록 한다. 결론적으로, 그녀는 이런 삼위일체 하나님을 표현할 수 있는 가장 심오한 길이 "하나님은 우리를 위하시는 분이시다"(God is for us)라고 말하는 것이라고 주장한다. 그녀에게 "우리를 위하시는 하나님"은 삼위일체와 복음을 함께 전달해주는 표현이다. 달리 표현하면, 삼위일체와 복음은 최종적으로 바로 이러한 신비, 곧 하나님은 우리를 위하시는 하나님이시라는 신비다.[138]

---

138) Suchocki, *God, Christ, Church*, 235.

내재적 삼위일체와 경륜적 삼위일체

그러나 수코키는 신비의 성격에 대해서는 더 상세하게 다루지 않는다. 주된 이유는 현존, 지혜, 권능으로서의 삼위일체 하나님이 우리의 내적인 관계적 존재론에 이미 주어진 분이라는 데 있다. 그리고 이러한 삼위일체는 현재는 모호하게 인식될 수 있으나 우리의 경험을 통해 어쨌거나 장차 명시적으로 그리고 충분히 알려질 것이기 때문이다.

## 2. 라쿠나: 경륜

라쿠나는 "경륜적 삼위일체"와 "내재적 삼위일체"와 같이 부정확하고 오도적인 용어들을 사용하는 대신에, 오이코노미아(*oikonomia*)와 테올로기아(*theologia*)라는 용어들을 사용할 것을 제안한다. 라쿠나에게 오이코노미아는 세계를 위한 하나님의 포괄적인 계획을 의미한다. 반면 테올로기아는 하나님의 신비를 가리킨다. 라쿠나에게 오이코노미아는 외적으로 나타나는 삼위일체(the Trinity *ad extra*)가 아니며, 테올로기아는 내적으로 일어나는 삼위일체(the Trinity *ad intra*)가 아니다. 또 오이코노미아는 우리를 위한 삼위일체(the Trinity *pro nobis*)가 아니며, 테올로기아는 자신 안에 존재하는 삼위일체(the Trinity *in se*)가 아니다. 라쿠나는 이러한 부정들을 통해서 분리된 두 개의 삼위일체들이 존재하는 것이 아니라는 점을 강조하고자 한다. 그리고 외적·내적으로, 혹은 우리를 위해 및 자신 안에 있는, 두 개의 상이한 수준들의 삼위일체가 존재하는 것이 아니라는 점을 강조한다. 따라서 라쿠나는 경륜-내재의 구별과 본질-에네르기아의 구별이 지닌 본질적인 관심사들을 라쿠나의 원리(LaCugna's principle)로 설명한다. "테올로기아는 오이코노미아에서 온전히 계시되고 수여되며, 오이코노미아는 테올로기아의 형언할 수 없는 신비를 참되게 표현한다."[139]

---

139) LaCugna, *God for Us*, 221.

라쿠나의 원리에 따르면, 오이코노미아와 테올로기아는 서로 분리될 수 없으며, 이 둘 사이의 구별은 존재론적인 것이 아니라 단지 개념적이거나 인식론적인 것이다. 이러한 방식으로 라쿠나는 자신의 "방법론적 원리"를 확립했다고 주장한다. 곧 그는 "구원의 경륜과 하나님의 영원한 존재 사이의 근본적인 상관성"[140]을 주장한다.

라쿠나는 오이코노미아와 테올로기아의 관계성을 구조적 원리로 주장하려는 자신의 신학적 기획을 전개하기 위해 자신이 보기에 더 적합한 존재론을 제안한다. 곧 "관계 또는 연합의 존재론"(an ontology of relation or communion) 혹은 "관계적 존재론"(a relational ontology)[141]을 제안하는 것이다. 그녀는 이러한 목적을 위해 이전의 두 가지 존재론들을 단호하게 반대한다. 첫 번째는 존재론적으로 다른 두 개의 수준을 상정하는 존재론이다. 이 대표적인 예는 계시의 신학인데, 이것은 경륜적 삼위일체와 내재적 삼위일체를 불가피하게 존재론적으로 구별하게 된다. 그 결과 내재적 삼위일체를 확고하게 고수하게 되는 것이다. 반면 두 번째는 기능주의(functionalism)와 유명론(nominalism)과 쉽게 결부되는 존재론인데, 이것은 경륜을 위한 어떤 기초도 그 자체 너머에 있음을 부인한다.

라쿠나는 이 두 가지 존재론이 모두 부적합하다고 판단한다. 그 대신에 그녀는 관계의 존재론(an ontology of relation)을 제안한다. 이것은 오이코노미아와 테올로기아의 일치성을 보존하기 위해, 또한 신학적인 사변이 구원의 경륜 안에 근거할 수 있도록 의도된 것이다.

관계적 존재론은 하나님과 피조물 모두가 연합을 이루는 인격들로서 존재하고 만난다고 이해한다. 창조와 구원과 완성으로 이루어지는 경륜은 하나님과

---

140) LaCugna, *God for Us*, 249.
141) LaCugna, *God for Us*, 249-250.

피조물이 연합 및 상호의존이 일어나는 하나의 신비 안에서 함께 존재하는 것이다. 존재한다는 것(to-be)의 의미는 연합-안에서-인격이-된다는-것(to-be-a-person-in-communion)이다.…하나님의 존재(God's To-Be)는 관계성-안에서의-존재(To-Be-in-relationship)다. 그리고 우리와의-관계성-안에-계신-하나님의-존재(God's being-in-relationship-to-us)가 바로 하나님의 본질이다.[142]

위에서 인용한 구절이 알려주듯이, 라쿠나의 관계적 존재론은 하나님이 본질적으로 우리와 관계를 맺고 계신 분임을 주장한다. 하나님의 존재는 우리와 관계를 맺고 있는 것 그 자체이며, 우리와 관계를 맺고 있는 것 그 자체가 바로 하나님의 존재다. 그녀의 의도는 이러한 관계적인 존재론이 오이코노미아와 테올로기아의 불가분리적 상관관계를 확보하도록 하는 것이다. 그럼으로써 그녀는 우리로 하여금 하나님 그 자체(God in se)에게 혹은 하나님의 내적인 신성(God's intra-divinity)에게가 아니라, 우리를 위하시는 하나님에게 집중하도록 인도한다.

라쿠나의 관계적 존재론이, 인격을 연합과 관계로 이해하는 인격성의 존재론(ontology of personhood)에 근거하고 있음은 주목할 만하다. 인격성의 존재론을 제시하기 위해 라쿠나는 카파도키아 교부들의 통찰력에 크게 의존한다. 그들은 우시아(ousia)와 휘포스타시스(hypostasis)를 구별하면서도, 우시아를 세 신적 위격에서 따로 떨어진 본질에서가 아니라 휘포스타시스(hypostasis) 안에서, 곧 성부 하나님의 위격 안에서 확인한다.[143] 이점과 관련하여 라쿠나는 존 지지울라스의 의견에 동의한다. 지지울라스는 어떤 우시아도 휘포스타시스 없이, 곧 위격 없이는 존재하지 않으며, 따라

---

142) LaCugna, *God for Us*, 250. 라쿠나 자신의 강조체임.
143) LaCugna, *God for Us*, 243.

서 존재는 우시아가 아니라 휘포스타시스로부터 연원한다고 말했다.[144]

그러나 라쿠나의 관계의 존재론은 몇몇 장점을 가지고 있음에도 불구하고, 하나님을 우리와 맺는 관계들의 집합으로 용해시켜버리는 경향이 있다. 왜냐하면 라쿠나에게는 관계성 안에 있는 하나님의 존재가 하나님의 존재이며 하나님의 본질이기 때문이다. 그리고 그 역도 성립하기 때문이다. 라쿠나가 하나님과 우리 사이의 본질적인 차이점을 설명할 때, 그런 경향성은 더 확증된다. 곧 그녀가 "하나님의 자기표현은 항상 온전하고 충만하다"고 말하고, 또한 "하나님만이 행동으로 하나님 자신을 완전하게 표현할 수 있고, **심지어** 세계의 조건들 아래서도 그렇게 할 수 있다"[145]고 말하기 때문이다. 만약 하나님이 행동으로 하나님 자신을 완전하게 표현할 수 있다면, 그분은 관계들로 이루어진 집합으로 환원될 수 있을 것이다. 이러한 까닭에 여러 학자가 라쿠나에게 비판적인 반응을 보인다. 예를 들면 로마가톨릭 신학자 토마스 웨인안디(Thomas Weinandy, 1946-)는 라쿠나의 삼위일체가 경륜에 합병되거나 융합된다고 지적한다.[146] 콜린 건톤(Colin E. Gunton)은 라쿠나의 신학이 궁극적으로는 범신론으로 나아가고 있다고 주장한다.[147] 더욱이 미국 세인트 존스 대학교의 조직신학 교수인 폴 몰나르(Paul D. Molnar)는 라쿠나가 하나님을 경륜 안에 있는 존재로 축소하고 있다고 지적한다.[148]

만약 이러한 비판들이 옳다면, 라쿠나의 테올로기아는 최종적으로 오이코노미아로 완전히 융합될 것이다. 그러나 이런 결론은 라쿠나가 인정

---

144) Zizioulas, *Being as Communion*, 41-42.

145) LaCugna, *God for Us*, 304.

146) Thomas Weinandy, "The Immanent Trinity and the Economic Trinity," *Thomist* Vol. 57 (1993), 661.

147) Gunton, *Trinitarian Theology*, xviii-xix.

148) Molnar, *Divine Freedom*, 4.

내재적 삼위일체와 경륜적 삼위일체

하고 싶은 것이 아니다. 왜냐하면 그녀는 실제로 처음부터 오이코노미아와 테올로기아의 구별을 보존하려고 의도했기 때문이다. 또한 둘 사이의 불가분리적인 관계성 중에서도 라쿠나는 테올로기아를 오이코노미아 안으로 모조리 소진시키기를 원하지 않기 때문이다. 이러한 점에서 그녀는 오이코노미아와 테올로기아의 구별을 비(非)-환원적으로 보존할 것을 주장하면서 존재론적 긴장에 직면하게 된다.

그렇다면 라쿠나는 자신의 관계의 존재론 안에 잠복되어 있는 존재론적 긴장을 어떻게 해소하고, 또는 적어도 어떻게 감소시킬까? 그녀가 제시할 가능성이 있는 대답은 인격을 "형언할 수 없고 무궁무진한 신비"(ineffable and inexhaustible mystery)[149]로서 이해하는 개념 속에 놓여 있다. 인격은 또 다른 이에게 충만하게 전달되지는 않기 때문에 존재론적인 의미로서 무궁하다. 그리고 인격은 완전히 표현될 수도 없고 명명될 수도 없기 때문에 인식론적인 의미로는 형언할 수 없다. 이와 같은 신비로서의 인격 개념은 오이코노미아와 테올로기아의 구별을 비환원적으로 보존할 수 있는 여지를 남겨둔다. 비록 인격이 본질적으로 관계적·상호인격적·상호의존적·상호주관적이라고 하더라도, 그럼에도 인격은 존재론적·인식론적 관계들의 집합으로 모조리 소진되는 것이 아니다. 여기서 가장 주목할 만한 점은, 신비로서의 인격 개념을 통해 라쿠나가 존재론적 긴장을 인식론적 긴장으로 미묘하게 변환시키고 있다는 점이다.

실제로 형언할 수 없고 무궁무진한 신비로서의 인격이라는 개념은 "하나님의 절대적 신비"[150]에 궁극적인 토대를 두고 있다. 라쿠나에게 하나님의 절대적 신비는 존재론적인 특성보다는 인식론적인 특성을 더 많이 지니고 있다. 그녀는 하나님을 불가해하고 불형언한 신비

---

149) LaCugna, *God for Us*, 289.

150) LaCugna, *God for Us*, 322.

(incomprehensible and ineffable mystery)로서 여기는 그리스 신 개념에 아주 많은 영향을 받았다. 그러나 라쿠나는 자신만의 변증법적인 방식으로 논의한다. 다시 말해, 라쿠나가 설명하는 바와 같이, 하나님은 역사 속에서 자신을 계시할 때, 하나님의 계시 너머에 숨어 있는 하나님(*deus absconditus*)이 존재하지 않을 정도로 자신을 계시한다. 그렇기 때문에 하나님은 항상 그리고 영원히 불가해하며 불형언한 신비로 남는다. 여기서 존재론적 긴장이 인식론적 긴장으로 정교하게 변환된다. 비록 오이코노미아 이외의 다른 존재론적 테올로기아가 존재하지 않는다고 하더라도, 그럼에도 오이코노미아에서 계시된 테올로기아는 여전히 우리의 인식론적 이해와 정식을 뛰어넘는다. 비록 하나님이 예수 그리스도와 성령 안에서 계시된다고 하더라도, 성부 하나님은 여전히 우리의 이해 너머에 있는 "기원이 없는 근원"(Unoriginate Origin)[151]으로 남는다.

그렇다면 라쿠나는 이러한 인식론적 긴장을 어떻게 다루는가? 이와 같이 중요한 시점에, 라쿠나는 인식론적 긴장을 해소하기 위해 성상(icon)에 관한 송영적인 개념에 호소한다. 그녀에 따르면 하나님은 절대적 신비이시기 때문에, 오이코노미아에서 드러난 하나님의 신비로서의 테올로기아로 나아가는 유일하게 올바른 길은 바로 찬양이다. 송영에서 우리는 결코 테올로기아의 모든 특성을 정확하고도 명확하게 표현할 수 없다. 다만 우리는 하나님의 신비가 우리의 이해를 넘어서는 것임을 인정하는 것에서 만족해야 한다. 이러한 연유로 라쿠나는 삼위일체 교리를 하나의 성상에 비유한다. 그녀에 따르면, 성상은 "사진처럼 정확한 것이 아니라 하나의 이미지다. 곧 그것은 궁극적으로 인간의 모든 지식에도 포착되지 않고 오히려 찬양을 불러일으키는 어떤 실재를 관조하거나 꿰뚫어볼 수

---

151) LaCugna, *God for Us*, 321.

내재적 삼위일체와 경륜적 삼위일체

있도록 해주는 이미지다."[152] 이러한 의미로 라쿠나는 삼위일체 교리가 하나님의 신비를 보여주는 성상이며, 여기서 오이코노미아와 테올로기아가 함께 일치되어 있다고 주장한다.

이 모든 점을 고려하면, 라쿠나는 경륜적 삼위일체와 내재적 삼위일체와 같이 존재론적으로 다른 두 개의 수준을 가정하는 것에 단호하게 반대한다. 그 대신, 그녀는 하나의 존재론적 수준이 있음과 하나의 실재가 두 개의 측면 또는 두 개의 양상을 가지고 있음을 강하게 주장한다. 곧 하나님의 신비로서의 테올로기아와 우리를 위한 하나님의 포괄적인 계획으로서의 오이코노미아가 있을 뿐이라고 주장하는 것이다. 따라서 라쿠나는 여기서 더 나아가 성자의 영원한 출생과 성령의 영원한 발출을 단지 "풍성한 비유들"(rich metaphors)[153]일 뿐이라고 간주한다. 그리고 그것들은 하나님의 오이코노미아 안에서 일어난다고 주장하기까지 한다. 그러나 라쿠나는 한편으로는 오이코노미아와 테올로기아의 구별을 보존하고자 하는 자신의 의도와, 다른 한편으로는 그러한 의도에 더 잘 맞는다고 보여지기에 자신이 제안한 관계적 존재론 사이에 생겨나는 존재론적인 긴장에 직면할 수밖에 없다. 그런데 이러한 존재론적 긴장을 해소하지도 않은 채로 그녀는 다만 형언할 수 없고 무궁무진한 신비라는 또 다른 개념에 호소함으로써 그것을 인식론적 긴장으로 변환시킨다. 라쿠나에게 형언할 수 없고 무궁무진한 신비는, 하나님의 절대적 신비가 지니는 좀 더 인식론적인 특성에 궁극적 토대를 둔다.

결론적으로 라쿠나는 존재론적인 의미로서의 내재적 삼위일체를 경륜적 삼위일체 안으로 "흡수"(absorbing)시키는 쪽으로 불가피하게 나아간다. 동시에 그녀는 하나님의 절대적 신비라는 개념에 초점을 두는 것으

---

152) LaCugna, *God for Us*, 321-322.

153) LaCugna, *God for Us*, 354.

로 인하여 여전히 몇몇 인식론적 긴장에 직면한다. 이러한 인식론적 긴장들은 라쿠나로 하여금 삼위일체 교리를 하나님의 신비의 성상으로 간주하도록 한다.

## VII. 이정용의 상호포월

제6장에서 살펴보았던 것처럼, 이정용은 자신의 신학적 난제에 대한 해결책을 최종적으로 음(陰)-양(陽)적인 사고 속에서 발견한다. 그는 음과 양의 상호포월적 관계를 이용하여 자신의 독창적인 정식을 제시한다. 그러나 이것은 이정용이 『주역』(周易)으로부터 상호포월적 관계라는 논리적 구조만을 선별적으로 취했다는 점을 의미하지는 않는다. 오히려 그가 주역의 세계관에 확고하게 근거하고 있다는 점을 의미한다. 사실 그는 1979년에 "변화(역[易])의 신학"(A Theology of Change)[154]이라고 명명하는 자신의 구성신학을 제안했고, 그 이후 1996년에는 자신의 "변화의 신학"을 내재적·경륜적 삼위일체 관계라는 현대 조직신학의 쟁점에 적용했다. 따라서 여기서는 이정용의 "변화의 신학"에 관한 몇몇 특징들을 파악하는 것이 그의 정식을 이해하는 데 도움이 될 것이다.

### 1. 변화의 존재론

이정용은 신학 여정의 초창기부터 하나님에 대한 성서적 이해, 곧 유대-기독교의 신앙이 예배하는 하나님에 대한 이해를 추구했다. 특히 그는 구

---

154) Jung Young Lee, *The Theology of Change: A Christian Concept of God in an Eastern Perspective* (Maryknoll: Orbis Books, 1979). 이후로는 *The Theology of Change*로 표기함.

내재적 삼위일체와 경륜적 삼위일체

약성서의 출애굽기 3:1-15에 관한 자신의 주석에 근거하여 하나님에 대한 이해를 추구했다. 출애굽기의 말씀은 하나님을 "나는 스스로 있는 자니라"(YHWH)로 계시한다. YHWH의 하나님은 불가해하고 불가지하며, 인간의 언어로는 묘사될 수 없는 분이시다. 그래서 이정용은 YHWH의 하나님이 "있음-자체"(is-ness)[155]로만 표현될 수 있다고 말한다. 『주역』에 근거해서 이정용은 변화 그 자체로서의 하나님이라는 개념이, 그리스 철학으로부터 파생되었고 신학에서 더 우세하였던 여러 신 개념들보다는, 유대-기독교 전통에 더 일치한다고 주장한다.

이정용의 주장에 따르면, 『주역』[156]에서 궁극적 실재는 변화 그 자체다.[157] 이정용에게 궁극적 실재는 하나님이며, 도(道)와 태극(太極)에 해당한다. 여기서 변화는 절대적인 것으로 간주된다. 그리고 궁극적 실재로서의 변화 그 자체는 항상 양과 음의 양극적 과정에서 표현된다. 곧 변화 그 자체는 양과 음의 상호작용을 통해 움직이고, 이러한 운동으로부터 모든 종류의 변화들이 발생한다. 궁극적 실재가 변화 그 자체이기 때

---

155) Lee, "Change," 756. 이정용은 "있음-자체"(is-ness)라는 표현에서 있음(is)을 이탤릭체로 표기함으로써, 이 표현이 이전의 서구의 존재론적 사고와는 차별되는 것임을 말하고자 한다.

156) 주역에 관한 설명으로는 다음을 참조하라. Yu-Lan Fung, *A History of Chinese Philosophy: Vol.I The Period of the Philosophers*, trans. Derk Bodde (Princeton: Princeton University Press, 1983), 379-399. 이정용에 따르면, 주역의 주요 본문들은 64개의 상이한 괘(hexagrams)를 다룬다. 각각의 괘는 6개의 양효 또는 음효로 구성된다. 주요 본문들 외에도 이것들에 관한 주해서들이 부록으로 실려 있는데, 십익(十翼)으로 알려져 있다. 첫째와 둘째는 상전(上傳, the Commentary on the Judgments)이며, 셋째와 넷째는 상전(象傳, the Commentary on the symbols of hexagrams)이고, 다섯째와 여섯째는 대전(大傳, the Great Commentary)이며, 일곱째는 문언전(文言傳, the Commentary on Words of the Texts)이다. 여덟째는 설괘전(說卦傳, the Explanation of the 8 different trigrams)이며, 아홉째는 서괘전(序卦傳, the Commentary on the sequence of the hexagrams)이다. 마지막인 열 번째는 잡괘전(雜卦傳, the Commentary on the Miscellaneous Notes on hexagrams)이다.

157) Lee, "Change," 767; Lee, *The Theology of Change*, 38-42; Lee, *The Trinity in Asian Perspectives*, 26.

문에, 우주 속에 있는 모든 존재는 변화의 과정에 있으며, 모든 존재는 양과 음의 상호작용을 통해 변화한다. 좀 더 상세하게 말하면, 변화 그 자체는 두 가지 근원적인 괘들, 곧 하늘로 상징되는 근원적 양과 땅으로 상징되는 근원적 음을 만들어낸다. 전자는 건(乾)이고 후자는 곤(坤)이다. 이 근원적 양과 근원적 음이 겹쳐져서 네 개의 이문자(사상, duogram)를 만들고, 8개의 삼문자(괘, trigram)로 발전하며, 또한 겹쳐져서 64개의 육문자(괘, hexagram)로 발전한다. 이정용은『주역』이 이와 같은 여러 차원을 통해 세계의 모든 변화를 이해한다고 주장한다.[158]

　　존재론(Ontology)은 있음의 실재를 탐구한다. 여기서 주목할 점은 이정용의 "변화의 신학"(A Theology of Change)은 존재가 아니라 변화를 궁극적 실재로 간주한다는 점이다. 이정용에 따르면 변화는 창조성(양[陽]으로 표현)과 수용성(음[陰]으로 표현)으로 이루어진다. 그러므로 변화를 활동으로만 생각하는 것은 잘못이다. 변화는 활동과 무활동을 모두 포함한다. 왜냐하면 모든 것에 변화를 일으키는 변화 그 자체는 변화하지 않기 때문이다. 그리고 변화는 시간에 대한 순환적인 이해를 전제한다.[159] 변화의 존재론은 순환적 운동을 지지하고, 이 운동은 일반적으로 성장과 쇠퇴, 팽창과 수축, 들어옴과 나감, 운동과 휴식, 능동과 수동 등으로 표현된다. 그러나 이 순환적인 운동은 동일한 주기가 단순히 반복되는 운동이 아니다. 각 주기마다 최대치와 최소치가 무한할 정도로 다양하게 변화하기 때문이다. 예를 들어, 사계절은 계속 반복되지만, 매 계절 다른 모습을 보인다.

　　변화의 존재론(Ontology of Change)에서는 변화가 존재에 선행한다. 존재는 절대적이지 않으며 오직 변화에 상대적이다. 이런 점을 고려하여 이정용은 변화의 존재론이 그동안 서구의 사유 방식들을 지배했던 실체론적

---

158) Lee, *The Theoloy of Change*, 3-9.
159) Lee, *The Theoloy of Change*, 13-15.

　　　　　　　　　　　　　내재적 삼위일체와 경륜적 삼위일체

존재론(Ontology of Substance)과는 매우 상이하다고 말한다. 실체론적 존재론은 실체 또는 본체라고 일컬어지는 정적인 존재를 가정한다. 그리고 그것은 변화와 관계를 정적인 존재의 기능으로만 간주한다. 따라서 이정용은 실체론적 존재론이 변화를 적절하게 이해하지 못한다고 지적한다.

게다가 그는 변화의 존재론이 과정철학에서 긍정하는 되어감의 존재론(Ontology of Becoming), 혹은 과정의 존재론(Ontology of Process)과는 동일하지 않다고 주장한다. 그의 견해에 따르면, 과정철학에서 되어감(becoming)이라는 개념이 비록 동양적 세계관과 공유하는 점이 많지만, 이는 변화보다는 있음의 존재를 전제하고 있으며 직선적 시간관에 기초하고 있다. 그리고 과정철학에서 과정(process)이라는 개념은, 새로움으로 전진하는 창조성으로 이해되며 한쪽 방향으로의 전진만을 전제한다. 이와는 달리, 이정용이 주장하는 창조성은 변화 그 자체를 전제하고 있으며, 이 변화 그 자체는 창조성과 수용성으로 구성되어 있다. 따라서 창조성은 변화 과정에 있는 하나의 기능일 뿐이다.

## 2. 변화의 인식론

이제 변화의 인식론(Epistemology of Change)을 분석해보고자 한다. 이정용의 "변화의 신학"은 우주의 삼라만상이 변화 중에 있다고 이해한다. 그래서 "변화의 신학"에 걸맞은 변화의 인식론은 인간 중심적(anthropocentric)이기보다는 우주 중심적(cosmocentric)이다. 변화의 인식론은 인간론을 우주론의 한 부분으로 이해하면서 우주 중심론적 인간론을 내세운다. 반면에 존재의 인식론(Epistemology of Being)은 인간론을 통해 우주론을 이해하며 인간 중심적인 우주론을 주장한다.

게다가 우주의 삼라만상이 변화 중에 있으며, 그 변화는 양과 음의 상호작용에 의해 일어나기 때문에, 변화의 인식론은 있음의 실체를 깊이 연구하려는 실체론적 인식론을 충분히 수용하지 않는다. 그 대신에 변화의 인식론은 양과 음의 관계적 원리들을 통해 변화를 이해하고자 한다. 이런 점에서 변화의 인식론은 존재론적으로 존재하는 것들보다는 관계에 더 많은 우선권을 주고 있으며, 우주의 삼라만상이 서로 상관적이라고 주장한다.

우리는 변화의 인식론이 지닌 논리적 사유 구조에 더 주목해야 한다. 변화의 인식론이 근본적으로 정초하고 있는 인식론적 논리 구조는 "둘 모두의 사유"(the both and way of thinking)다. 우주의 삼라만상이 양과 음의 상호작용을 통해 변화하는 중에 있기 때문에, 변화의 인식론은 "양자택일적 사유"(the either or way of thinking)만을 인정하지 않는다. 이정용의 견해에 따르면, 그리스 철학과 그리스 철학의 영향을 받은 서구신학이 가진 근본적인 문제점은 바로 아리스토텔레스적 양자택일의 논리 구조다. 이러한 논리 구조는 실체론적 철학(philosophy of substance)에도 현존해 있고 심지어는 과정철학에도 잔존하고 있다. 양자택일적 논리 구조는 실체의 존재론에 궁극적인 바탕을 두고 있기 때문에, 이러한 논리 구조 내에서는 항상 A이거나 또는 항상 B인 어느 하나만을 선택해야만 한다. 하지만 이러한 양자택일적 사유 방식은 A에서 B로의 변화를, 그리고 B에서 A로의 변화를 설명해주지 못하는 한계점을 지니고 있다.

## 3. 신적 신비

마지막으로 이정용의 정식을 신적 신비의 관점에서 살펴볼 필요가 있다. 위에서 언급한 대로 이정용의 야웨 하나님(God of *YHWH*)은 불가해하고 불가지하며 인간의 언어로 묘사될 수 없는 분이시다. 그래서 이정용은 야웨 하나님을 "있음-자체"(*is*-ness)로 표현하자고 제안한다. 그에 따르면, "있음-자체"로서의 야웨 하나님은 변화 그 자체로서의 하나님이시다. 곧

내재적 삼위일체와 경륜적 삼위일체

하나님은 존재론적·인식론적 의미에서 신비이시다. 이러한 신적 신비의 개념이 이정용의 변화의 신학의 궁극적인 토대다.

　이정용은 자신의 변화의 신학의 기본 전제들을 다음과 같이 밝힌다.[160] 첫 번째 전제는 하나님은 전적으로 알려질 수 없는 신비라는 점이다. 하나님은 인간의 인식과 지각을 초월하며, 인간의 유한한 표현들로 범주화되지 않는다. 성서에서 드러난 야웨 하나님의 이름은 묘사될 수도 없고 명명될 수도 없는 것이다. 이러한 하나님은 『도덕경』(道德經)에서 말하는 도(道, the Way)와 공통점이 있다. 『도덕경』 제1장은 다음과 같이 말한다. "도가도 비상도 명가명 비상명"(道可道, 非常道 名可名, 非常名).[161] 그리고 이러한 하나님은 태극(太極, Great Ultimate) 혹은 무극(無極)과도 공통점이 있다.

　변화의 신학의 두 번째 전제는, 하나님은 우리에게 신비이시기 때문에 우리는 하나님의 실재에 관하여 말하면 안 되고, 단지 하나님에 대한 인간의 제한적인 상징적 이해만을 말할 수 있다는 점이다. 우리는 이정용의 신학 방법론이 하나님에 관한 유비론적 이해에서 상징론적 이해로 변화하고 있음에 주목할 필요가 있다. 이 변화는 이정용의 초점이 하나님의 계시에서 하나님의 신비로 변천한 결과다. 이정용은 1969년에 바르트의 유비의 용법에 관한 종합적인 연구 논문 「교회교의학에 나타난 칼 바르트의 유비의 용법」(Karl Barth's Use of Analogy in His Church Dogmatics)을 발표했다. 이 논문에서 그는 존재의 유비(*analogia entis*)를 비판하고 바르트의 신앙의 유비(*analogia fidei*)와 관계의 유비(*analogia relationis*)를 긍

---

160) Lee, *The Trinity in Asian Perspective*, 12-14.

161) "말하여질 수 있는 도는 항상 있는 도가 아니다. 명명될 수 있는 이름은 항상 있는 이름이 아니다." D. C. Lau, *Tao Te Ching: A Bilingual Edition* (Hong Kong: The Chinese University Press, 2001), 2-3.

정했다. 그런데 이정용은 그의 신학 여정 후반기에 이르러서는 하나님에 관한 상징들에 점점 더 많은 관심을 기울였다. 하나님에 관한 상징들은 하나님의 실재와 동일한 것이 아니라, 다만 하나님의 실재를 가리키거나 혹은 하나님의 실재에 참여한다고 간주되는 것들이다. 신학 방법론이 이런 식으로 점차 변화함과 더불어 이정용은 하나님의 신비에 더 많은 관심을 기울이게 되었다.

## VIII. 제7장의 요약

제7장에서는 존재론, 인식론, 신비 개념이라는 관점에서 상이한 일곱 가지 입장을 각기 비판적으로 분석했다. 위에서 살펴보았던 것처럼 존재론과 인식론은 각각의 입장 안에 존재하는 불가결한 요소들이다. 그러나 각각의 입장은 존재론적 긴장이든 인식론적 긴장이든, 혹은 두 가지 모두를 드러내고 있다. 동시에 제7장에서는 신비의 개념이 비록 단의적으로는 아니라고 하더라도 각각의 긴장들을 해소하기 위해 사용되고 있음을 살펴보았다. 따라서 각각의 입장 안에서 존재론, 인식론, 신비의 개념이 섞여 있는 모체(matrix)를 다음과 같이 요약할 수 있다.

첫째, 바르트의 상호상응의 입장은, 그가 비록 경륜적 삼위일체와 내재적 삼위일체의 내용적 일치성과 동일성을 확고하게 주장한다고 하더라도, 내재적 삼위일체의 존재론적 독립성 혹은 우선성을 불가피하게 함축한다. 이러한 점은 필연적으로 인식론적인 긴장을 초래한다. 따라서 바르트는 이러한 긴장을 해소하기 위해 하나님의 일차적 객관성(God's primary objectivity)과 하나님의 이차적 객관성(God's secondary objectivity)을 구별하며, 그런 후에 무지(*ignoramus*)로서의 신비 개념에 최종적으로

내재적 삼위일체와 경륜적 삼위일체

의존한다.

둘째, 라너의 동일성의 규칙은 우리의 초월적 경험에서 만나는 하나님이 바로 하나님 자신임을 강하게 확증한다. 왜냐하면 경륜적 로고스는 내재적 로고스이며, 역사 안에서 활동하는 성령은 하나님 안에 있는 영이기 때문이다. 그럼에도 자신의 동일성의 규칙 안에 내재한 존재론적 긴장으로 인하여, 라너는 존재론적인 의미에서 내재적 로고스를 "내적인 상징"(inward symbol)으로, 경륜적 로고스를 "외적인 상징"(outward symbol)으로 또 다시 구별한다. 그리고 하나님의 자기전달(God's self-communication)을 "절대적 근사치"(absolute *proximity*)로 간주한다. 라너는 하나님의 불가해한 신비를 자신의 신학 전체의 전면에 내세움으로써 이러한 존재론적 긴장을 최종적으로 해소한다.

셋째, 먼저 몰트만은 예수 그리스도의 십자가와 삼위일체 교리 사이의 불가분리적인 연관성을 주장함에도 불구하고, 경륜적 삼위일체가 내재적 삼위일체에 소급적 영향을 끼친다는 그의 개념이 경륜적 삼위일체가 내재적 삼위일체에 상응함을 인정하는 그의 주장과 양립 불가능한 긴장을 일으킨다. 이러한 긴장을 해결하기 위해, 몰트만은 한편으로 경륜적 삼위일체 자체와 경륜적 삼위일체에 관한 우리의 지식을 인식론적으로 구별하고, 또한 내재적 삼위일체와 내재적 삼위일체에 관한 우리의 지식을 인식론적으로 구별한다. 다른 한편으로 몰트만은 삼위일체에 관한 자신의 송영적 및 종말론적 이해로서 자신의 입장이 드러내는 존재론적 긴장을 해소한다. 삼위일체에 관한 몰트만의 송영적·종말론적 이해는 우리로 하여금 삼위일체의 살아 있는 신비를 만날 수 있도록 해준다.

다음으로 판넨베르크의 미래주의적 존재론은 본질의 질서(*ordo essendi*)와 인식의 질서(*ordo cognoscendi*) 사이의 친밀한 관계를 주장함으로써, 판넨베르크의 삼위일체 교리가 존재론·인식론과 밀접하게 엮일 수 있도록 해준다. 그러므로 판넨베르크에게는 심각한 긴장들이 드러나지 않는다. 따라서 그는 신비의 개념을 거의 논의하지 않고, 특히 내재적·경륜적 삼위일체 관계와 관련해서는 하나님의 신비 개념에 거의 의존하지 않는다. 그는 신약에서의 신비를 예수 그리스도로, 혹은 예수 그리스도 안에서 드러난 하나님의 구원 계획으로 분명하게 이해하고 있지만, 신비와 삼위일체의 밀접한 연관성을 더 탐구하지는 않는다.

마지막으로 성서의 내러티브 안에서 하나님의 정체성을 파악하고자 시도하는 젠슨의 종말론적인 명제는 존재론적인 긴장과 인식론적인 긴장을 모두 드러낸다. 이 긴장들은 젠슨의 신학적인 틀 안에서 해소되지 않는다. 따라서 젠슨은 그것들을 해소하기 위해 하나님의 정체성의 최종적인 신비(final mystery) 또는 가장 심오한 신비(deepest mystery)에 호소하는 것처럼 보인다. 그렇지만 젠슨은 이러한 신비 개념을 충분히 논의하지는 않는다.

넷째, 보프와 피턴저는 삼위일체 신비에 강하게 집중함으로써 내재적 삼위일체와 경륜적 삼위일체 사이의 간격을 더 넓게 만든다. 먼저 보프는 삼위일체 신비의 모든 것이 우리에게 드러나는 것이 아니라 부분적으로 나타난다고 진술한다. 그리고 보프는 경륜적 삼위일체는 내재적 삼위일체를 다만 어렴풋하게 알려줄 뿐이라고 말한다.

다음으로 피턴저는 내재적 삼위일체가 팔레스타인 삼위일체(Palestinian Trinity)보다 훨씬 더 크다고 간주한다. 그는 내재적 삼위일체가 경륜적 삼위일체로 가장 잘 표현되지만 그러나 독점적인 것은 아니라고 주장한다. 이러한 입장은 하나님께서 예수 그리스도 안에서 집중적이고 결정적으로 활동하시지만, 그의 신적 행동이 예수 그리스도라는 역사적 인물에게만 한정되는 것은 아님을 의미한다. 그리고 성령은 초대교회 그리스도인들로 하여금 예수 그리스도 안에 드러난 신적 행동에 반응할 수 있

내재적 삼위일체와 경륜적 삼위일체

도록 하는 신적 반응이지만, 이 신적 반응이 기독교 공동체 내에서 활동하는 성령에게만 제한되는 것은 아님을 의미한다.

다섯째, 브라켄은 되어감의 형이상학(metaphysics of becoming)과 사회적 존재론(ontology of society)을 발전시키면서 경륜적 삼위일체를 내재적 삼위일체로 "침지"하는 경향을 강하게 드러내고 있다. 이 입장에 따르면, 내재적 삼위일체 활동들의 방식은 경륜적 삼위일체 활동들의 방식과 단지 질적으로 다를 뿐만 아니라, 또한 전자가 후자를 자신의 활동들 속으로 통합시키고 있다. 여기서 브라켄은 삼위일체론에 신비의 개념을 말할 수 있는 여지를 조금도 두지 않는다. 그에게 항구적인 신비란 없으며, 단지 일시적인 불인식(incognitio)이 있을 뿐이다. 그리고 이것도 발생할 것이라고 이미 기대된 것이며, 최종적으로는 그것도 증명될 수 있는 어떤 것이다.

여섯째, 수코키와 라쿠나는 관계의 존재론에 대한 강한 집중으로 인하여 내재적 삼위일체를 경륜적 삼위일체 속으로 엄연히 "흡수"하는 경향을 보인다. 먼저 수코키에게 내재적 삼위일체는 세상 속에 내재하는 경륜적 삼위일체로서 이미 본질적으로 세상과 관련을 맺고 있는 삼위일체다. 하나님은 현존, 지혜, 권능의 삼위일체로 경험되는 분으로서, 우리를 위하시는 하나님이 바로 신비이시다. 그러나 이 신비는 경험될 수 있는 어떤 것이며 우리의 내적인 관계적 존재론 속에 이미 주어져 있는 어떤 것이다. 이런 점에서 이 신비는 비록 현재에는 모호하게 인식되고 있지만, 이후에는 명시적으로 충분히 우리의 경험을 통해 알려질 수 있는 어떤 것이다.

다음으로 라쿠나는 "경륜적 삼위일체"와 "내재적 삼위일체"와 같이 부정확하고 오도적인 용어들을 사용하는 대신에, 오이코노미아와 테올로기아라는 용어들을 사용할 것을 제안한다. 라쿠나에게 오이코노미아는 세계를 위한 하나님의 포괄적인 계획을 의미하고, 테올로기아는 하나님의 신비를 가리킨다. 그런데 라쿠나의 관계의 존재론 안에는 존재론적 긴장이 내재되어 있다. 이러한 긴장을 해소하기 위해 라쿠나는 인격을 형언할 수 없고 무궁무진한 신비로 이해하며, 이것은 또한 하나님의 절대적 신비에 궁극적으로 토대를 둔다.

일곱째, 이정용의 신학은 하나님의 감동성(pathos)에 대한 관심에서 출발한다. 이정용은 내재적 삼위일체와 경륜적 삼위일체의 관계에 관하여 라너의 동일성의 규칙과 바르트의 상응설에 많은 관심을 보였지만, 내재적·경륜적 삼위일체의 구별성과 일치성 모두를 온전하게 확보하기 위한 고민의 결과로서, 최종적으로 자신만의 독창적인 상호포월의 입장을 정식화했다. 이정용의 상호포월의 입장은 변화의 존재론과 변화의 인식론에 기초하고 있으며, 이러한 존재론과 인식론은 궁극적 실재를 변화 그 자체로 간주하며, 더 나아가 근본적으로는 불가해하고 불가지하며 불가명한 신비로서의 신에 대한 이해에 바탕을 두고 있다.

# 제8장
# 결론

현대 삼위일체 신학의 르네상스에서 가장 많이 다루어지고 있는 주제 중
하나가 바로 내재적 삼위일체와 경륜적 삼위일체의 관계다. 이 책의 제5
장과 제6장에서는 내재적·경륜적 삼위일체 관계를 다루었던 11명의 현
대 신학자의 저작을 검토하면서 일곱 가지 입장을 확인했다. 곧, (1) 바
르트의 상호상응(mutual correspondence), (2) 라너의 동일성(Rahner's
identity), (3) 몰트만, 판넨베르크, 젠슨의 종말론적 일치(eschatological
unity), (4) 보프, 피턴저의 더 큼(much more than, 내재적 삼위일체가 경륜적
삼위일체보다 더 크다), (5) 브라켄의 침지(immersing, 내재적 삼위일체가 경륜적
삼위일체를 침지한다), (6) 수코키와 라쿠나의 흡수(absorbing, 경륜적 삼위일체
가 내재적 삼위일체를 흡수한다), (7) 이정용의 상호포월(mutual inclusiveness)
의 입장을 확인했다.

그리고 제7장에서는 이런 일곱 가지 입장을 분석하되, 각각의 입장이
토대하고 있는 존재론과 인식론의 관점에서 분석했다. 이런 작업을 통해
서 이 책은 존재론과 인식론이 각각의 입장들 속에 필수불가결하게 개입
하고 있음을, 그리고 각각의 입장이 존재론적 긴장 혹은 인식론적 긴장

또는 양자를 노출하고 있으며 이러한 긴장을 해소하기 위해 신적 신비의 개념이 사용되고 있음을 밝혔다.

지금까지의 설명과 분석들을 고려하면서, 이 책의 마지막 제8장에서는 내재적·경륜적 삼위일체 관계에 관한 논의들이 앞으로 풍성한 열매를 맺기 위해 필요한 몇 가지 점들을 제안하고자 한다. 결론적으로 말한다면, 내재적·경륜적 삼위일체 관계에 관한 논의들에서 성서적인 신비의 개념을 전면에 내세워야 한다는 것이다. 성서적인 신비의 개념은 바로 예수 그리스도를 가리킨다. 단지 존재론적 긴장 혹은 인식론적 긴장 또는 양자를 해소하기 위한 장치로서 신적 신비의 개념을 사용할 것이 아니라, 성서적인 신비의 개념을 전면에 내세우되 이것이 존재론과 인식론 모두를 결정하도록 해야 한다

## I. 내재적·경륜적 삼위일체 구별의 불필요성의 주장들

이 책에서 다룬 일곱 가지 입장은 내재적 삼위일체와 경륜적 삼위일체의 구별을 강조하면서도 양자의 일치를 확보하려고 시도한다. 비록 각각의 입장이 동기, 방향, 방식에 있어서 서로 다르다고 할지라도, 구별성과 일치성을 동시에 확보하려는 점에서는 나름대로 하나의 신학 흐름을 형성하고 있다. 이 입장들은 내재적 삼위일체의 개념의 필요성을 제거하며 내재적 삼위일체와 경륜적 삼위일체의 구별을 비판하는 신학 흐름과는 뚜렷한 대조를 이룬다.

실제로 지난 20세기 후반에 내재적 삼위일체라는 개념이 부적절하며, 그래서 내재적·경륜적 삼위일체의 구별이 불필요하다고 주장하는 강력한 신학 흐름이 있었다. 예를 들면 모리스 와일즈는 1957년에 발표한 「삼

위일체론의 기원에 관한 몇 가지 성찰」이라는 논문에서 내재적·경륜적 삼위일체의 구별은 그리스 사상과 포로기 이후의 유대 사상의 산물일 뿐이라고 주장했다.[1] 그리고 삼위일체론은 "하나님의 활동에 대한 자의적인 분석일 뿐이며, 비록 기독교 사상과 경건에 가치가 있다고 하더라도 본질적으로 중요한 것은 아니다"라고 언급했다.[2] 따라서 와일즈는 경륜적 삼위일체 속에서 드러난 계시의 삼중적 특성을 근거로 우리가 내재적 삼위일체를 알 수 있다고 주장하는 것은 터무니없는 일이라고 지적했다.[3] 따라서 그는 신학이 내재적 삼위일체에 관하여 무엇인가를 주장하려고 시도하는 대신에, 우리가 경험할 수 있는 하나님의 활동의 효과들에만 집중할 것을 제안했다.[4]

다음으로 시릴 리차드슨(1909-1976)은 1958년도에 출간한 『삼위일체론』이라는 책에서 삼위일체론은 "인위적인 구성물"[5]이며, 내재적 삼위일체론에 관한 전통적인 진술들은 "불명료하고 불가사의하며 따라서 궁극적으로는 무의미한 것"[6]이라고 간주했다. 그리고 "하나님 안에 필연적인 삼중성은 없다"[7]고 결론을 내렸다. 마찬가지로 고든 카우프만은 1968년에 나온 『조직신학』에서 내재적·경륜적 삼위일체의 구별은 인간의 신지

---

1) Maurice F. Wiles, "Some Reflections on the Origins of the Doctrine of the Trinity," *The Journal of Theological Studies* Vol.8 Pt.1 (April 1957), 92. 이 논문은 와일즈의 1976년도 책의 1장이 되었다. Maurice F. Wiles, *Working Papers in Doctrine* (London: SCM Press, 1976): 1-17.

2) Wiles, "Some Reflections," 104.

3) Wiles, "Some Reflections," 94.

4) Maurice F. Wiles, *The Remaking of Christian Doctrine* (The Hulsean Lectures 1973) (London: SCM Press, 1974), 25.

5) Cyril C. Richardson, *The Doctrine of the Trinity* (Nashville: Abingdon Press, 1958), 148.

6) Richardson, *The Doctrine of the Trinity*, 148.

7) Richardson, *The Doctrine of the Trinity*, 149.

식이 지니는 관계론적 특성을 제대로 파악하지 못한 데서 연유한 "사이비적 구별"[8]이라고 여기면서, 신지식을 하나님의 외적 관계에만 엄격하게 제한했다. 그는 다음과 같이 말한다.

> 하나님과의 외적 관계의 구조를 우리의 경험에서 인식한다고 하더라도, 그것이 하나님의 내적인 심연의 존재 속에 있는 유사하면서도 좀 더 근원적인 삼중구조를 어느 정도 직접적으로 반사하고 있다고 주장할 어떤 근거도 없다. 역사 혹은 계시 속에서 우리는 하나님의 심연의 본질에 있는 내적 구조에 접근할 수 없으며, 그러기에 내적 구조에 관하여 무슨 말을 하더라도 그것은 순전히 사변일 뿐이다.[9]

따라서 카우프만은 삼위일체의 내적인 관계들, 곧 내재적 삼위일체에 관하여 진술하려는 어떤 시도도 거부해야 한다고 제안했다.[10]

---

8) Gordon D. Kaufman, *Systematic Theology: A Historical Perspective* (New York: Charles Scribner's Sons, 1968), 251 각주 6. 삼위일체에 관해서 다룬 그의 저서들은 다음과 같다. *God the Problem* (Cambridge: Harvard University Press, 1972); *An Essay on Theological Method* (Atlanta: Scholars Press, 1975 [1st edition], 1979 [2nd edition], 1995 [3rd edition]); *The Theological Imagination: Constructing the Concept of God* (Philadelphia: The Westminster Press, 1981); *In Face of Mystery: A Constructive Theology* (Cambridge: Harvard University Press, 1993); *God-Mystery-Diversity: Christian Theology in a Pluralistic World* (Minneapolis: Fortress Press, 1996); *In the beginning...Creativity* (Minneapolis: Fortress Press, 2004); *Jesus and Creativity* (Minneapolis: Fortress Press, 2006).

9) Kaufman, *Systematic Theology*, 102 각주 9.

10) Kaufman, *Systematic Theology*, 251 각주 7. 카우프만의 신학 방법론이 하나님의 궁극적으로 심오한 신비로부터 출발한다는 점은 주목할 만하다. 하나님은 신비이시기에 우리의 노력으로는 온전히 파악할 수 없음을 강조한다. 이러한 신학 방법론으로 인하여 카우프만은 신학의 언어들과 개념들이 단지 비유이거나 상징일 뿐이라고, 혹은 신학적 상상력의 구성물일 뿐이라고 간주한다(*God the Problem*, 95). 그는 본체와 위격과 같은 전통적인 삼위일체적 비유들을 사용하는 대신에 "절대성, 인간성, 현존성이라는 하나님의 세 원리들"(*The Theological Imagination*, 270-272) 또는 "기독교적 신이해의 세 동인들 또는 세 의도

이와 같은 경향은 기독론에 집중하면서 삼위일체론을 전적으로 기독론적인 개념들에 비추어 접근하는 학자들의 흐름과 병행했다. 예를 들면 네덜란드의 예수회 사제이자 신학자였던 피엣 슈넨베르크(1911-1999)는 1969년에 출간한 책[11]에서 기독론을 다룬다. 이후에 1973년의 논문에서는 앞서 다룬 기독론이 삼위일체론에 관하여 지니는 함의들을 설명했다. 하나님에 관한 우리의 모든 사유는 세상에서 출발하여 하나님께로 나아가는 것이지 그 역은 성립하지 않는다고 전제한 후에, 슈넨베르크는 내재적·경륜적 삼위일체의 구별이 동일한 실재의 다른 두 측면에 지나지 않다고 주장했고, 우리는 전적으로 경륜적 삼위일체로서만 내재적 삼위일체에 접근하는 것이 가능하다고 주장했다. 이런 주장의 결론으로, 경륜적 삼위일체와 구별되는 것으로서의 내재적 삼위일체에 관한 어떤 질문들도 필연적으로 대답되지 않았거나 심지어는 대답이 불가능한 것일 수밖에 없다.[12]

슈넨베르크의 영향을 상당히 많이 받은 로저 헤이트는 하나님의 영 안에서 예수를 통해 받은 구원의 경험으로부터 삼위일체론이 나온다는 점을 강조했다. 더 나아가 그는 삼위일체론이 기독론에서 파생된 교리일

---

들"(In Face of Mystery, 420-425), 혹은 "세 주제들"(God-Mystery-Diversity, 152-156) 이라는 표현을 사용한다. 카우프만은 그의 후기 활동에서 하나님의 심오한 신비를 창조성으로 이해하는데, 이 창조성은 창조성1, 창조성2, 창조성3(creativity1, creativity2, and creativity3)의 세 양식을 지닌다고 여긴다(In the Beginning...Creativity, 100; Jesus and Creativity, 52).

11) Piet J. A. M. Schoonenberg, *The Christ: A Study of the God-Man Relationship in the Whole of Creation and in Jesus Christ*, trans. Della Couling (New York: Herder and Herder, 1971). 이 책은 본래 1969년에 *Hij is een God van Mensen*이라는 제목으로 출판되었다.

12) Piet J. A. M. Schoonenberg, "Trinity - The Consummated Covenant: Theses on the Doctrine of the Trinitarian God," *Studies in Religion / Sciences Religieuses* Vol.5 No.2 (Fall 1975/1976): 111-112. 이 논문은 1973년에 스위스의 학술지인 *Orientierung*에 독일어로 발표되었으며, Robert C. Ware가 번역하고 이후에 슈넨베르크 자신이 다듬었다.

뿐이라고 결론지었다.[13] 또한 그는 하나님의 구원의 전달자로서의 예수를 경험하는 것에 완전히 의존한다는 점에서 삼위일체론을 기독론의 함수라고 보았다. 따라서 헤이트는 하나님의 내적인 구별들, 곧 내재적 삼위일체에 관한 언급은 순전히 하나의 가정일 뿐이라고 주장한다. 그는 자신의 이런 관점에 따르면 라너의 법칙이 인식론적인 "비약"을 내포하고 있다고 지적했다.[14]

케임브리지 대학교에서 신학을 가르쳤던 지오프리 램프(Geoffrey William Hugo Lampe, 1912-1980)는 1977년도에 출판한『영으로서의 하나님』(God as Spirit)에서 "영 기독론"을 제안했다. 영 기독론은 예수가 영으로 충만하다는 점에서 예수를 하나님으로 간주한다.[15] 램프에 따르면, 영으로서의 한 분 하나님이 예수 안에서 우리에게 자신을 결정적으로 계시하시듯이, 한 분 하나님이 오늘 여기서도 현존하신다. 이러한 시각에서 그는 내재적 삼위일체는 말할 것도 없고 삼위일체론은 기독교의 근본경험을 분명히 드러내는 데 있어 자신이 주창하는 영으로서의 하나님이라는 개념보다는 만족스럽지 못하다고 단언했다.[16] 따라서 램프는 하나님안의 내적인 구별들은, 자신의 책의 중심 주제인 "'어떤 의미에서 예수가오늘날에도 살아계신가?'라는 질문에 대하여 우리가 대답하려는 시도를오히려 혼동케 하는 경향이 있다"[17]라고 보았다.

---

13) Roger Haight, "The Point of Trinitarian Theology," *Toronto Journal of Theology* Vol.4 No.2 (Fall 1988), 192. 이 논문은 헤이트의 이후 책 16장 속에 포함되었다. Roger Haight, *Jesus: Symbol of God* (Maryknoll: Orbis Books, 1999).

14) Haight, "The Point of Trinitarian Theology," 201; *Jesus: Symbol of God*, 487.

15) Geoffrey W. H. Lampe, *God as Spirit* (Oxford: Clarendon Press, 1977), 33.

16) Lampe, *God as Spirit*, 228.

17) Lampe, *God as Spirit*, 33.

## II. 내재적·경륜적 삼위일체 구별의 입장들에 대한 평가

내재적 삼위일체와 경륜적 삼위일체의 구별성과 일치성을 모두 주창하는 신학의 흐름 아래에는 상보관계에 있는 두 가지 저류가 흐르고 있다. 피터스는 그것을 다음과 같이 압축적으로 표현했다. "세상과 맺으시는 하나님의 심원하고 철저한 관계"와 "하나님의 자유로우심의 확보"[18]라고 말이다. 따라서 하나님과 세상의 관계성과 하나님의 은혜의 자유하심 사이에서 균형을 유지하기 위해서는, 내재적 삼위일체와 경륜적 삼위일체의 구별성과 일치성을 동시에 인정할 필요가 있다.

이와 같은 핵심적 요소들을 인식한 피터스의 지적은 현대의 삼위일체 논의들을 분석한 그렌츠의 작업과 일맥상통한다. 그렌츠의 분석에 따르면, 현대의 삼위일체 논의들을 관통하는 황금실(golden thread)은 "내재적 삼위일체에 대한 경륜적 삼위일체의 중요성을 심각하게 고려하면서도, 내재적 삼위일체를 경륜적 삼위일체로 와해시키거나 혹은 영원한 하나님의 자유를 타협하지도 않는 방식으로" 내재적·경륜적 삼위일체 관계성을 어떻게 개념화하느냐와 관련된 질문이다.[19] 그렌츠의 분석을 면밀하게 살펴보면 황금실은 세 가지 범주를 제시하고 있는데, 곧 내재적 삼위일체에 대하여 경륜적 삼위일체가 중요하다는 점, 내재적 삼위일체를 경륜적

---

18) Peters, *GOD - The World's Future: Systematic Theology for a New Era* (2nd edition) (Minneapolis: Fortress Press, 2000), 112-113; *God as Trinity*, 22-23. 피터스는 이 두 가지 동인이 딜레마의 관계에 있음을 인정한다. "한편, 내재적·경륜적 구별을 인정하면 경륜적 삼위일체를 종속시키는 위험이 있으며 그리고 초월적 절대성을 보호하려다가 세상과의 진정한 관계성을 희생할 위험이 있다. 다른 한편, 내재적·경륜적 구별을 제거하면 하나님을 세상에 의존하게 해서 신적 자유와 독립이 상실된다." 피터스는 이러한 딜레마의 해결책으로, 몰트만, 판넨베르크, 젠슨과 같이 종말론적 일치를 주장한다. 그의 종말론적 일치의 핵심은 영원의 개념을 무시간성(timelessness)으로서가 아니라, 시간적 역사를 자신 안으로 끌어올리는 영속성(everlastingness)으로서 이해하는 것이다.

19) Grenz, *Rediscovering the Triune God*, 222.

삼위일체로 와해시키지 말아야 한다는 점, 그리고 하나님의 자유로우심을 타협하지 않아야 한다는 점이다.

피터스의 두 가지 핵심적 요소와 그렌츠의 세 가지 범주를 위에서 언급한 일곱 개의 입장에 적용하면, 어떤 입장들은 적절한 균형을 이루지 못하고 있음을 발견할 수 있다. 예를 들어, 보프와 피턴저는 경륜적 삼위일체보다는 내재적 삼위일체를 더 많이 강조했고, 그런 강조로 인해 둘 사이의 간격을 벌려 놓았다. 브라켄은 경륜적 삼위일체를 내재적 삼위일체 속으로 담그는 경향을 강하게 보이고 있는 반면에, 수코키와 라쿠나는 내재적 삼위일체를 경륜적 삼위일체 안으로 흡수하는 쪽으로 엄연히 나아가고 있다.

이러한 신학자들과는 다르게 몰트만, 판넨베르크, 젠슨은 종말론적 일치의 입장을 견지하는데, 피터스도 이러한 입장에 있다. 그렌츠도 종말론적 일치의 입장이 지니는 방향성에 기본적으로 동의하며, 더 나아가 어떠한 존재론이 그렌츠 자신의 세 범주에 일치하는지를 탐구하는 것이 앞으로의 과제가 되어야 한다고 주장한다. 사실 그렌츠가 현대의 삼위일체 논의들이 내재적·경륜적 삼위일체 관계에 관하여 어떤 합의점에 도달했고 언급했을 때, 그 합의점이 지향하는 "신학적 목표"는 내재적 삼위일체에는 "존재론적 우선성"을 그리고 경륜적 삼위일체에는 "인식론적 우선성"을 동시에 확보해주는 것이다.[20] 그리하여 그렌츠는 자신의 책 『기독교신학의 모체』 제2권에서 그러한 신학적 목표를 탐색하고, "삼위일체적 존재론"(Trinitarian ontology), 혹은 "신-존재론"(theo-ontology)이라고 명명한 존재론을 발전시키려고 시도했다.[21]

---

20) Grenz, *Rediscovering the Triune God*, 222.
21) Stanley J. Grenz, *The Matrix of Christian Theology Vol.2: The Named God and the Question of Being: A Trinitarian Theo-Ontology* (Louisville: Westminster John Knox

내재적 삼위일체와 경륜적 삼위일체

위에서 언급한 책에서 그렌츠는 다음과 같이 지적한다. 기독교 사상가들은 존재(being)라는 틀에 맞추어 하나님을 이해하려는 경향을 보였고, 그 결과 "존재-신학"(onto-theology)이라는 프로크루스테스의 침대를 만들어 하나님을 본체론적 존재론(substantialist ontology)이라는 틀 안에서 획일적으로 재단하여 종국적으로는 "존재-신학" 그 자체의 죽음을 초래했다.[22] 젠슨의 신학 방법론인 성서 이야기를 통한 하나님의 정체성 파악이라는 방법[23]에 큰 영향을 받은 그렌츠는 성서의 이야기 안에서 삼위일체 하나님의 자기명명이 전개되고 있음을 발견했다. 곧 모세에게 계시된 "나는 스스로 있는 자"(출 3:14)라는 이름에서 시작하여 예수 그리스도의 성육신을 통한 "나는 ~이다"(요 6:35; 8:12; 10:9,11-14; 11:25; 14:6; 15:1)라는 이름을 거쳐서, 성령 안에서 존귀함을 받은 예수 그리스도의 영원한 "나는 ~이다"(계 1:8; 1:17; 21:6)라는 이름에 이르기까지 삼위일체 하나님의 자기명명이 전개되고 있음을 발견한 것이다. 그래서 그는 삼위일체 하나님의 자기명명의 사건이 존재론 탐구에 어떤 함의들을 지니는지에 대해 연

---

Press, 2005), 292.

22) 본체론적 존재론에 근거한 고전적 유신론에 대한 비판이 많이 제시되어 왔다. 예를 들면 존 캅과 데이비드 레이 그리핀은 본체론적 존재론에 기반한다고 여겨지는 다섯 가지 개념을 거부한다. 첫째, 우주적 도덕주의자로서의 하나님; 둘째, 불변하며 무감동적 절대자로서의 하나님; 셋째, 통제하는 권력으로서의 하나님; 넷째, 현상유지를 인정하는 자로서의 하나님; 다섯째, 남성으로서의 하나님. John Cobb and David Ray Griffin, *Process Theology*, 8-9. 다른 예로, 콜린 건톤은 과정신학에서의 되어짐(becoming)으로서의 하나님 개념은 비판하지만, 바르트적인 의미의 되어감(becoming)으로서의 하나님 개념에 대해서는 좀 더 공감을 한다. 건톤은 고전적 유신론의 하나님 개념의 세 가지 특징들을 다음과 같이 지적한다. 첫째, 초자연주의적 하나님 이해; 둘째, 무시간성(timeless)으로서의 하나님 이해; 셋째, 위계질서적 실재론에 기반한 하나님 이해. Colin E. Gunton, *Becoming and Being: The Doctrine of God in Charles Hartshorne and Karl Barth* (New Edition)(London: SCM Press, 2001), 2-3.

23) Stnaley J. Grenz, "The Divine Fuge: Robert Jenson's Renewed Trinitarianism: A Review Essay," *Perspectives in Religious Studies* Vol.30 No.2 (Summer 2003): 211-216.

구했다.

그러나 그렌츠가 철저한 비판적 분석 작업과 건설적·주석적 창조 작업을 수행하고 있음에도 불구하고, 그의 소위 "신-존재론"이라는 기획은 내재적·경륜적 삼위일체 관계에 대하여 충분한 통합성을 제공해주지 못하는 것처럼 보인다. 첫째, 그렌츠의 "신-존재론"은 하나님의 자기명명에 출발점을 두고 있는데, 이러한 존재론은 그렌츠 자신이 원래 의도했던 "신학적 목표", 곧 내재적 삼위일체에게는 존재론적 우선성을 그리고 경륜적 삼위일체에게는 "인식론적 우선성"을 동시에 확보해주는 것과 일치하지 않는 것처럼 보인다.[24]

둘째, 그렌츠의 "신-존재론"은 경륜적 삼위일체론을 내재적 삼위일체 속으로 담그는 입장을 지지하는 것처럼 보이는데, 이는 기본적으로 브라켄의 입장과 유사한 것이다. 그렌츠에 따르면, 하나님의 자기명명이라는 사건 속에서 삼위일체 하나님의 세 구성원은 상호 명명하는 과정 속에 개입되어 있으며, 이러한 하나님의 사건이 세상으로 확대되어 모든 창조물을 하나님의 자기명명의 역동적 사건 속으로 통합시키고 있다.[25]

마지막으로, 그렌츠는 인식론적 측면을 충분히 탐색하지 못한 이유 때문에, 동방 정교회의 전통인 "부정 신학은 계시에 개방적이며, 그리고 세상도 함께 포괄하는 타자성의 범주를 실재의 중심적 특징의 위치로 고양시킨다"라고 말하면서 부정 신학에 대한 긍정적인 기대감을 드러내고 있다. 그럼에도 그가 그리스 신학의 대표적 특징이라고 간주하는 "하나님의 불가해성"을 다루는 해석 방식은 그의 기대에 결코 미치지 못하고 있다. 곧 그렌츠는 동방교회가 본질(ousia)과 작용(energeia)을 구별한 덕택에, 그리스 신학자들이 "하나님의 내적 존재, 곧 내재적 삼위일체가 구원

---

24) Grenz, *The Named God*, 342.
25) Grenz, *The Named God*, 343.

내재적 삼위일체와 경륜적 삼위일체

의 경륜에 드러난 하나님의 활동들, 즉 경륜적 삼위일체에 정확하게 상응할 필요는 없다"[26]라고 결론 내릴 수 있었다고 파악하고 있다. 이러한 이유 때문에, 그렌츠의 "신-존재론"은 내재적 삼위일체와 경륜적 삼위일체 사이의 틈을 부지불식중에 벌려 놓고 말았다.

사실 그렌츠의 황금실 분석에는 심각한 결함이 있다. 곧 현대의 삼위일체 논의들에 대한 그렌츠의 분석은 존재론이라는 스킬라(Scylla)[27]와 인식론이라는 카리브디스(Charybdis)[28] 사이에서 진퇴양난에 처해 있다. 이러한 결함은 위에서 언급한 일곱 입장들 모두에게 해당이 되는데, 특히 불균형을 보이고 있는 세 입장을 제외한 나머지 네 입장, 곧 상호상응, 동일, 종말론적 일치, 상호포월의 입장들에서는 더더욱 그러하다. 각각의 입장들은 존재론적 긴장, 혹은 인식론적 긴장, 혹은 양자 모두를 드러내고 있다. 설상가상으로 그러한 긴장들은 존재론과 인식론 그 자체들에 의해서는 완전히 해소되지 않는다. 이러한 이유로, 처음부터 존재론과 인식론의 관점에서 내재적·경륜적 삼위일체 관계의 통합을 추구하는 것은 삼위일체 논의를 더 이상 진전시키지 못하는 것이다.

그래서 실제로 각각의 입장들은 존재론적 혹은 인식론적 긴장들을 해소하기 위해, 비록 획일적인 의미는 아니라고 하더라도, 하나님의 신비의 개념을 끌어들이고 있다. 또한 하나님의 신비의 개념을 사용하지만 매우 제한적으로 사용하고 있으며, 그래서 내재적·경륜적 삼위일체 관계에 관

---

26) Grenz, The Named God, 11 그리고 319.

27) 스킬라는 그리스 신화의 카리브디스와 함께 2대 괴물 중 하나로 좁은 해협의 양옆에 살았다. 항해자들은 스킬라나 카리브디스의 위협을 받았다. 그녀는 원래 굉장한 미인이었으나, 바다 괴물인 글라우코스의 사랑을 거부하는 바람에 마녀 키르케의 저주를 받아 머리가 6개인 공포스러운 바다 괴물로 변했고 죽은 후에도 암초로 변해 항해자들을 괴롭혔다.

28) 카리브디스는 바다의 신 포세이돈과 땅과 창조의 여신이자 지모신인 가이아의 장녀다. 그녀는 스킬라와 함께 2대 바다 괴물이며, 스킬라가 배에 타고 있는 병사들을 먹으면, 카리브디스도 같이 바닷물을 먹었다가 뱉어냈다.

한 현대의 논의들은 신비의 개념을 부차적인 위치로 격하시켜서 단지 존재론과 인식론의 함수 정도로 간주하고 있다. 따라서 앞으로 더 풍성한 논의의 발전을 위해서는 존재론과 인식론을 먼저 다룰 것이 아니라 신비의 개념을 먼저 다루는 순서상의 발상 전환이 요청된다. 다시 말해, 신비의 개념을 단지 인식론적 혹은 존재론적 긴장들을 해소하기 위한 장치로서 배경에 두는 것이 아니라 전면에 두어 부각시키는 것이며, 아울러 하나님의 신비 개념이 나름대로의 존재론과 인식론을 결정짓도록 하는 것이다. 이런 점에서 앞으로 논의해야 할 중요한 질문은, 어떤 존재론과 인식론을 전제할 것인가가 아니라 어떤 개념의 신비를 출발점으로 삼을 것이며, 그다음으로 여기에 적합한 존재론과 인식론은 어떠하여야 하는지에 관해서다.

## III. 성서적 "신비" 개념

신약성서에서 신비 혹은 비밀을 뜻하는 미스테리온(μυστήριον)이라는 단어는 라틴어로는 사크라멘툼(Sacramentum)으로 번역되며 총 28번 사용되고 있다.[29] 대부분의 경우에 신비 혹은 비밀은 분명하게 예수 그리스도를 가리킨다.[30] 예를 들면 골로새서 1:25-27에서 바울은 자신이 "만세와 만대로부터 감추어졌던 것인데 이제는 그의 성도들에게 나타난" 비밀을 온전히 알려주기 위한 일꾼이 되었다고 설명하고 있다. 그리고 "하나님이

---

29) *EDT*, 803 and 1047; *TRE*, XXIII, 519-522.

30) 미국 예일 대학교의 크리스토퍼 빌리 교수의 분석에 따르면, 나지안조스의 그레고리오스는 신비가 예수 그리스도임을 분명하게 파악하였다. Christopher Beeley, *Gregory of Nazianzus on the Trinity and the Knowledge of God: In Your Light We Shall See Light* (Oxford: Oxford University Press, 2008), 125-126 그리고 239.

내재적 삼위일체와 경륜적 삼위일체

그들로 하여금 이 비밀의 영광이 이방인 가운데 어떻게 풍성한 것을 알게 하려 하심이라. 이 비밀은 너희 안에 계신 그리스도시니 곧 영광의 소망이니라"라고 말하고 있다. 계속해서 바울은 골로새서 2:2-3에서 선교의 궁극적인 목적을 천명하고 있는데, 곧 골로새의 성도들이 "원만한 이해의 부요에 이르러 하나님의 비밀인 그리스도를 깨닫게 하려 함이라. 그 안에는 지혜와 지식의 모든 보화가 감추어져 있느니라"고 말하고 있다. 그리고 에베소서 3:4에서 바울은 자신의 서신들을 읽음으로써 에베소의 성도들이 "그리스도의 비밀을 알 수 있으리라"는 기대감을 표출하고 있다. 이러한 의미에서 신비 혹은 비밀이라는 개념은 용이하게 계시(롬 16:25; 엡 3:3; 골 1:26)와 연관되며 경륜(*oikonomia*, 엡 1:9-10; 3:2, 9)[31]과도 연결된다.

내재적·경륜적 삼위일체 관계를 다루는 대부분의 현대적 논의들은 신비 혹은 비밀의 일차적인 의미를 예수 그리스도에게 두지 않고 하나님 혹은 성부 하나님께 두고 있는데, 이것은 신비 혹은 비밀이 예수 그리스도를 가리킨다는 성서적 의미와는 뚜렷한 대조를 이루는 것이다. 보프와 피턴저는 예수 그리스도를 언급하고는 있지만, 정작 예수 그리스도보다는 그를 통해 우리가 경험하는 하나님의 신비 경험을 매우 강조하면서 이것을 신학의 출발점으로 삼았다. 수코키는 하나님에 대한 우리의 삼중적인 경험, 곧 현존, 지혜, 권능이라는 삼중적인 경험 그 자체를 신비로 간주했다. 라쿠나는 자신이 제안하는 "관계적 존재론"을 그녀의 인격 개념, 곧 "말로 표현할 수 없고 무궁무진한 신비"로서의 인격 개념에 근거시키고 있고, 또한 이러한 인격 개념은 궁극적으로 "하나님의 절대적 신비"에 기반하고 있다. 이정용은 출애굽기 3:1-15의 주석에 근거하여 하나님은 불가지하고 불가명한 신비라고 강조했다.

---

31) Milton K. Munitz, *The Mystery of Existence: An Essay in Philosophical Cosmology* (New York: New York University Press, 1974), 24.

게다가 라너는 성부 하나님의 불가해한 신비를 확고하게 견지함으로써 예수 그리스도의 성육신을 절대적 근사치로 간주했다. 바르트는 예수 그리스도 안에서 나타난 계시의 신비와 하나님의 신적 신비를 모두 인정하지만, 후자가 더 우세하기 때문에 종국에는 신비를 불가지한 것(mystery as *ignoramus*)으로 간주하게 되었다.[32] 젠슨은 예수 그리스도의 정체성으로부터 출발하지 않고 하나님의 정체성에서 시작했다. 그는 이러한 출발점으로 인해 구약에 나타난 하나님이 신약에서 성부 하나님이라는 한 위격으로 전환되는 것을 최종의 신비 혹은 가장 심오한 신비라고 여길 수밖에 없었다. 이들 신학자들에 비하면, 몰트만과 판넨베르크는 상대적으로 더 나은 입장을 견지한다고 볼 수 있다. 왜냐하면 이 두 신학자는 예수 그리스도의 삶과 사역, 곧 십자가와 부활을 논의의 출발점으로 삼고 있기 때문이다. 그러나 보다 나은 입장이라고 하더라도, 그들의 입장 역시 나름대로 한계점을 지니고 있다. 몰트만은 하나님의 신비의 개념을 내재적·경륜적 삼위일체 관계에 관한 그의 논의의 말미에서 다루었고, 판넨베르크는 예수 그리스도로서의 신비의 개념을 삼위일체론과는 분리된 별도의 신론에서 다루고 있기 때문이다.

---

32) 카우프만과 데리다에게 지대한 영향을 받은 프린스턴 신학교의 윌리엄 스테이시 존슨은 신중심주의적 바르트 해석에 많은 주의를 기울인다. 이러한 접근방법은 바르트에 대한 기독론 중심주의적 접근 방법과는 대조된다. 존슨의 신중심주의적 바르트 읽기의 핵심은 하나님의 신비와 감추심을 두드러지게 강조하는 것이다. William Stacy Johnson, *The Mystery of God: Karl Barth and the Postmodern Foundations of Theology* (Louisville: Westminster John Knox Press, 1997), ix, 1 그리고 20-21.

내재적 삼위일체와 경륜적 삼위일체

## IV. 앞으로의 논의방향 제안

지금까지 논의했던 바들을 종합해 볼 때, 나는 내재적·경륜적 삼위일체 관계에 관한 현대신학적인 논의를 한층 더 진전시키기 위해 세 가지 방향성을 제안한다.

첫째, 하나님의 은혜의 자유하심과 하나님이 세상과 맺으시는 심원한 관계성 양자 간의 균형을 유지하기 위해서, 내재적 삼위일체와 경륜적 삼위일체의 구별성과 일치성을 동시에 주장하는 것이 필수적이다. 또한 이렇게 하는 것이 신학의 주된 전통과 일치하는 길이다. 둘째, 내재적 삼위일체와 경륜적 삼위일체의 더 충분한 통합적 관계를 추구하기 위해서는 하나님의 신비의 개념을 인식론적 긴장 혹은 존재론적 긴장을 해소하기 위한 방편으로 말미에서 다룰 것이 아니라 전면에서 다루는 것이 필수적이다. 이를 위해서는 신비 혹은 비밀이라는 개념의 성서적 의미가 일차적으로 예수 그리스도를 가리킨다는 점에 주목해야 한다. 이것은 신비 개념을 하나님에게 혹은 성부 하나님에게 두는 신학적 입장들과는 확연하게 차이가 난다.

셋째, 하나님의 신비 개념이 그 나름의 존재론과 인식론을 결정해야 하며, 그 역이 되면 안 된다. 이렇게 결정할 때, 우리는 두 개의 분리된 존재론적 차원들을 전제하는 본체론적 존재론(substantialist ontology)과 그 변형된 존재론들을 극복할 수 있는 적절한 신학 방법을 확보할 수 있다. 또한 우리는 정적인 종류의 인식론(static kind of epistemology)을 배제할 수 있으며, 더 나아가 예수 그리스도의 신비를 대면하면서 겪게 되는 인식론적 전환을 이해할 수 있는 영성적 인식론(spiritual epistemology)을 확보할 수 있다.

이 세 가지 제안점은 함께 합력하여 우리로 하여금 삼위일체 하나님

이 구원의 신비인 동시에 세상의 신비시라는 점을 깨달을 수 있도록 인도
할 수 있다.

# I. 칼 바르트

## 1. 일차자료

Barth, Karl. *Church Dogmatics*, trans. Geoffrey W. Bromiley, Edinburgh: T&T Clark, 1975.

_____. *The Epistle to the Romans* (6th edition), trans. Edwyn C. Hoskyns, Oxford: Oxford University Press, 1968.

_____. *The Göttingen Dogmatics: Instruction in the Christian Religion*, ed. Hannelotte Reiffen, trans. Geoffrey W. Bromiley, Grand Rapids: William B. Eerdmans, 1991.

_____. *The Humanity of God* (1956), trans. John Newton Thomas, Richmond: John Knox Press, 1960.

_____. *Die Kirchliche Dogmatik*, Zollikon: Evangelischer Verlag, 1947-1970.

_____. *Letters 1961-1968*, trans. Geoffrey W. Bromiley, Grand Rapids: Eerdmans, 1980.

_____. *The Theology of Schleiermacher: Lectures at Göttingen, Winter Semester of 1923/1924*, trans. Geoffrey W. Bromiley, Grand Rapids: William B. Eerdmans, 1982.

Barth, Karl, and Eduard Thurneysen. *Revolutionary Theology in the Making: Barth-Thurneysen Correspondence* (1914-1925), trans. James D. Smart, Richmond: John Knox Press, 1964.

The Digital Karl Barth Library (http://solomon.dkbl.alexanderstreet.com/)

## 2. 이차자료

Bradshaw, Timothy. *Trinity and Ontology: A Comparative Study of the Theologies of Karl Barth and Wolfhart Pannenberg*, Edinburgh: Rutherford House, 1988.

Bromiley, Geoffrey W. *An Introduction to the Theology of Karl Barth*, Grand Rapids: W. B. Eerdmans, 1979.

Busch, Eberhard. *The Great Passion: An Introduction to Karl Barth's Theology*, trans. Geoffrey W. Bromiley, Grand Rapids: W. B. Eerdmans, 2004.

Deddo, Gary W. *Karl Barth's Theology of Relations: Trinitarian, Christological, and Human: Towards an Ethic of the Family*, New York: Peter Lang Pulishing, 1999.

Gunton, Colin E. *Becoming and Being: The Doctrine of God in Charles Hartshorne and Karl Barth* (New Edition), London: SCM Press, 2001.

Hunsinger, George. *Disruptive Grace: Studies in the Theology of Karl Barth*, Grand Rapids: W. B. Eerdmans Publishing Company, 2000.

Jenson, Robert W. *Alpha and Omega: A Study in the Theology of Karl Barth*, New York: Thomas Nelson & Sons, 1963.

Johnson, William Stacy. *The Mystery of God: Karl Barth and the Postmodern Foundations of Theology*, Louisville: Westminster John Knox Press, 1997.

Jüngel, Eberhard. *God's Being Is in Becoming: The Trinitarian Being of God in the Theology of Karl Barth* (1965), trans. John Webster, Edinburgh: T&T Clark, 2001.

_____. *Gottes Sein ist im Werdn: Verantwortliche Rede von Sein Gottes bei Karl Barth. Eine Paraphrase*, Tübingen: J.C.B.Mohr (Paul Siebeck), 1965.

Kim, Kyun Chin. *Hegel and Barth*, Seoul: The Christian Literature Society of Korea, 1983.

Leslie, Benjamin C. *Trinitarian Hermeneutics: The Hermeneutical Significance of Karl Barth's Doctrine of the Trinity*, New York: Peter Lang Publishing, 1991.

McCormack, Bruce L. *Karl Barth's Critically Realistic Dialectical Theology: Its Genesis and Development 1909-1936*, Oxford: Clarendon Press, 1995.

내재적 삼위일체와 경륜적 삼위일체

_____. "The Unheard Message of Karl Barth" *Word & World* Vol.14 No.1 (1994): 59-66.

Migliore, Daniel L. "Karl Barth's First Lectures in Dogmatics: Instruction in the Christian Religion," in *The Göttingen Dogmatics: Instruction in the Christian Religion*, ed. Hannelotte Reiffen, trans. Geoffrey W. Bromiley, Grand Rapids: William B. Eerdmans, 1991: 15-62.

Powell, Samuel M. *The Trinity in German Thought*, Cambridge: Cambridge University Press, 2001.

Taylor, Iain. "In Defence of Karl Barth's Doctrine of the Trinity," *International Journal of Systematic Theology* Vol.5 No.1 (March, 2003): 33-46.

Thompson, John. "The Humanity of God in the Theology of Karl Barth," *Scottish Journal of Theology* Vol.29 No.3: 249-269.

Webster, John, ed. *The Cambridge Companion to Karl Barth*, Cambridge: Cambridge University Press, 2000.

Yoon, Chul-Ho. "A Christocentric Theology of Karl Barth and His Christology," *Jangshin Nondan*, Seoul: Presbyterian College & Theological Seminary Press, 1992: 180-211.

## II. 칼 라너

### 1. 일차자료

Rahner, Karl. "The Concept of Mystery in Catholic Theology" in *Theological Investigations Vol. IV: More Recent Writings*, trans. Kevin Smyth, Baltimore: Helicon Press, 1966: 36-73.

_____. *Foundations of Christian Faith: An Introduction to the Idea of Christianity* (1976), trans. William V. Dych, New York: Crossroad, 1978

_____. ed. "Divine Trinity" and "Trinity in Theology," *Encyclopedia of Theology: The Concise Sacramentum Mundi*, New York: Seabury Press, 1975: 1755-1771.

_____. ed. "Divine Trinity" in *Sacramentum Mundi: An Encyclopedia of Theology Vol.VI*, New York: Herder and Herder, 1968-1970: 295-303.

_____. "History of the World and Salvation-History," in *Theological Investigations Vol. V: Later Writings* trans. Karl-H. Kruger, Baltimore: Helicon Press, 1966: 97-114.

_____. "Oneness and Threefoldness of God in Discussion with Islam" in *Theological Investigations Vol. XVIII: God and Revelation*, trans. Edward Quinn, New York: Crossroad, 1983: 105-121.

_____. "On the Theology of the Incarnation," in *Theological Investigations Vol. IV: More Recent Writings*, trans. Kevin Smyth, Baltimore: Helicon Press, 1969: 105-120.

_____. "Remarks on the Dogmatic Treatise 'De Trinitate,'" in *Theological Investiagations Vol. IV: More Recent Writings*, trans. Kevin Smyth, Baltimore: Helicon Press, 1966: 77-102.

_____. "The Theology of the Symbol" in *Theological Investigations Vol. IV: More Recent Writings*, trans. Kevin Smyth, Baltimore: Helicon Press, 1966: 221-252.

_____. *The Trinity*, trans. Joseph Donceel, New York: Herder and Herder, 1970.

## 2. 이차자료

Carr, Ann. "Karl Rahner," in *A New Handbook of Christian Theologians*, eds. Donald W. Musser & Joseph L. Price, Nashville: Abingdon Press, 1996: 375-386.

Congar, Yves. *I Believe in the Holy Spirit Vols. I-III*, trans. David Smith, New York: Seabury Press, 1983.

Kasper, Walter. *The God of Jesus Christ* (1982), trans. Matthew J. O'Connell, New York: Crossroad, 1984.

Pekarske, Daniel T. *Abstracts of Karl Rahner's Theological Investigations I-XXIII*, Milwaukee: Marquette University Press, 2002.

## III. 위르겐 몰트만

### 1. 일차자료

Moltmann, Jürgen. *The Church in the Power of the Spirit: A Contribution to Messianic Ecclesiology* (1975), Minneapolis: Fortress Press, 1993.

_____. *The Coming of God: Christian Eschatology* (1995), trans. Margaret Kohl, Minneapolis: Fortress Press, 1996.

_____. *The Crucified God: The Cross of Christ as the Foundation and Criticism of Christian Theology* (1972), trans. R. A. Wilson and John Bowden, Minneapolis: Fortress Press, 1993.

_____. *History and the Triune God: Contributions to Trinitarian Theology* (1991), trans. John Bowden, New York: Crossroad, 1992.

_____. *The Spirit of Life: A Universal Affirmation* (1991), trans. Margaret Kohl, Minneapolis: Fortress Press, 1992.

_____. *The Trinity and the Kingdom: The Doctrine of God* (1980), trans. Margaret Kohl, Minneapolis: Fortress Press, 1993.

### 2. 이차자료

Conyers, A. J. *God, Hope, and History: Jürgen Moltmann and the Christian Concept of History*, Macon: Mercer University Press, 1988.

Willis, W. Waite. *Theism, Atheism, and the Doctrine of the Trinity: The Trinitarian Theologies of Karl Barth and Jürgen Moltmann in Response to Protest Atheism* (American Academy of Religion Academy Series No. 53), Atlanta: Scholars Press, 1987

# IV. 볼프하르트 판넨베르크

## 1. 일차자료

Pannenberg, Wolfhart. "Appearance as the Arrival of the Future," *Journal of the American Academy of Religion* Vol. 35 No.2 (June 1967): 107-118. This article is also included in *Theology and the Kingdom of God*, ed. Richard John Neuhaus, Philadelphia: The Westminster Press, 1969: 127-143.

_____. *Basic Questions in Theology: Collected Essays Vols. I-II* (1967), trans. George H. Kehm, Philadelphia: Fortress Press, 1971.

_____. "The God of History: The Trinitarian God and the Truth of History" (1977), trans. M. B. Jackson, *The Cumberland Seminarian* Vol.19 No.2-3 (Winter-Spring, 1981): 28-41.

_____. "Der Gott der Geschichte: Der trinitarische Gott und die Wahrheit der Geschichte," *Kerygma and Dogma* Vol.23 (1977): 76-92.

_____. *Metaphysics and the Idea of God*, trans. Philip Clayton, Grand Rapids: William B. Eerdmans, 1990.

_____. "Problems of a Trinitarian Doctrine of God," *Dialog: A Journal of Theology* Vol.26 No.4 (Winter 1987): 250-257.

_____. *Revelation as History* (1961), trans. David Granskou, New York: The Macmillan Company, 1968.

_____. *Systematic Theology Vols. I-III*, trans. Geoffrey W. Bromiley, Grand Rapids: Williams B. Eerdmans, 1988-1993.

_____. "Theology and the Kingdom of God," *Una Sancta* Vol.24 No.2 (Pentecost, 1967): 3-19.

_____. *Theology and the Kingdom of God*, ed. Richard John Neuhaus, Philadelphia: The Westminster Press, 1969.

## 2. 이차자료

Braaten, Carl E., and Philip Clayton, eds. *The Theology of Wolfhart Pannenberg:*

내재적 삼위일체와 경륜적 삼위일체

*Twelve American Critiques*, Minneapolis: Augsburg Publishing House, 1988.

Bradshaw, Timothy. *Trinity and Ontology: A Comparative Study of the Theologies of Karl Barth and Wolfhart Pannenberg*, Edinburgh: Rutherford House, 1988.

Grenz, Stanley J. *Reason for Hope: The Systematic Theology of Wolfhart Pannenberg*, Oxford: Oxford University Press, 1990.

Olson, Roger E. "Wolfhart Pannenberg's Doctrine of the Trinity," *Scottish Journal of Theology* Vol.43 No.2 (1990): 175-206.

Peters, Ted, "The Systematic Theology of Wolfhart Pannenberg," *Dialog* Vol.37 No.2 (Spring 1998): 123-133.

_____. "Wolfhart Pannenberg," in *A New Handbook of Christian Theologians*, eds. Donald W. Musser & Joseph L. Price, Nashville: Abingdon Press, 1996: 363-374.

Polk, David Patrick. *On the Way to God: An Exploration into the Theology of Wolfhart Pannenberg*, Lanham: University Press of America, 1988.

Tupper, Elgin Frank. *The Theology of Wolfhart Pannenberg*, Philadelphia: Westminster Press, 1973.

# V. 로버트 젠슨

## 1. 일차자료

Jenson, Robert W. "Creation as a Triune Act," *Word & Word* Vol.2 No.1 (Winter 1982): 34-42.

_____. "Does God Have Time? The Doctrine of the Trinity and the Concept of Time in the Physical Sicences," *The Center for Theology and the Natural Sciences* Vol.11 No.1 (Winter 1991): 1-6.

_____. "The Futurist Option in Speaking of God," *Lutheran Quarterly* Vol.21 No.1 (Fall 1969): 17-25.

_____. *God after God: The God of the Past and the God of the Future Seen in the Work of Karl Barth*, Indianapolis: The Bobbs-Merrill Company, 1969.

_____. "The Hidden and Triune God," *International Journal of Systematic Theology* Vol.2 No.1 (March 2000): 5-12.

_____. "Second Locus: The Triune God," in *Christian Dogmatics Vol. I-II*, eds. Carl E. Braaten and Robert W. Jenson, Philadelphia: Fortress Press, 1984: I, 79-191.

_____. *Systematic Theology: The Triune God (Vol. 1)*, The Works of God (*Vol. 2*), Oxford: Oxford University Press, 1997-1999.

_____. "Three Identities of One Action," *Scottish Journal of Theology* Vol.28 No.1 (1975): 1-15.

_____. *The Triune Identity: God According to the Gospel* (1982), Eugene: Wipf and Stock Publishers, 2002.

Braaten, Carl E., and Robert W. Jenson, eds. *The Futurist Option*, New York: Newman Press, 1970.


## 2. 이차자료

Grenz, Stnaley J. "The Divine Fuge: Robert Jenson's Renewed Trinitarianism: A Review Essay," *Perspectives in Religious Studies* Vol.30 No.2 (Summer 2003): 211-216.

Gunton, Colin E. ed. *Trinity, Time, and Church: A Response to the Theology of Robert W. Jenson*, Grands Rapids: William B. Eerdmans Publishing Company, 2000.

Hart, David B. "The Lively God of Robert Jenson," *First Things* No.156 (October 2005): 28-34.

Russell, Robert John. "Is the Triune God the Basis for Physical Time?" *The Center for Theology and the Natural Sciences Bulletin* Vol.11 No.1 (Winter 1991): 7-19

내재적 삼위일체와 경륜적 삼위일체

# VI. 레오나르도 보프

## 1. 일차자료

Boff, Leonard. *Ecology & Liberation: A New Paradigm* (1993), Maryknoll: Orbis, 1995.

_____. *Holy Trinity, Perfect Community* (1988), trans. Phillip Berryman, Maryknoll: Orbis, 2000.

_____. *Jesus Christ Liberator: A Critical Christology for Our Time* (1972), Maryknoll: Orbis, 1978.

_____. *Liberating Grace* (1976), trans. John Drury, Maryknoll: Orbis Boooks, 1979

_____. *Trinity and Society* (1986), trans. Paul Burns, New York: Orbis Books, 1988.

## 2. 이차자료

Conn, Marie. "The Sacramental Theology of Leonardo Boff," *Worship* Vol.64 No.6 (November 1990):523-532.

Maduro, Otto. "Leonardo Boff," in *A New Handbook of Christian Theologians*, eds. Donald W. Musser & Joseph L. Price, Nashville: Abingdon Press, 1996: 74-84.

Peters, Ted. *God as Trinity: Relationality and Temporality in Divine Life*, Louisville: Westminster/John Knox Press, 1993.

# VII. 윌리엄 노만 피턴저

## 1. 일차자료

Pittenger, William Norman. *Christ and Christian Faith: Some Presuppositions and Implications of the Incarnation*, New York: Round Table Press, 1941.

_____. *The Divine Triunity*, Philadelphia: United Church Press, 1977.

_____. *God in Process*, London: SCM Press, 1967.

_____. *The Holy Spirit*, Philadelphia: United Church Press, 1982.

_____. *Picturing God*, London: SCM Press, 1982.

_____. *Process-Thought And Christian Faith*, New York: The Macmillan Company, 1968.

_____. *Reconceptions in Christian Thinking 1817-1967*, New York: The Seabury Press, 1968.

_____. *The Word Incarnate: A Study of the Doctrine of The Person of Christ*, New York: Harper and Brothers, 1959.


## 2. 이차자료

Demarest, Bruce A. "Process Trinitarianism," in *Perspectives on Evangelical Theology* (Papers from the 30th Annual Meeting of the Evangelical Theological Society), eds. Kenneth S. Kantzer and Stanley N. Gundry, Grand Rapids: Baker Book House, 1979: 15-36.

Geisler, Norman L. "Process Theology" in *Tensions in Contemporary Theology*, eds. Stanley N. Gundry and Alan F. Johnson, Chicago: Moody Press, 1976: 237-284.

Russell, John M. "Pittenger on the Triune God: A Process Apologia," *Encounter* Vol.53 No.1 (Winter 1992): 55-77.


# VIII. 조셉 브라켄

## 1. 일차자료

Bracken, Joseph A. "Dependent Co-Origination and Universal Intersubjectivity," *Buddhist-Christian Studies* Vol.27 (2007): 3-9.

_____. "The Hiddenness of God: An Inter-Subjective Approach," *Dialog* Vol.45 No.2 (Summer 2006): 170-175.

_____. "The Holy Trinity as a Community of Divine Persons I," *The Heythrop Journal: A Quarterly Review of Philosophy and Theology* Vol.15 No.2 (April 1974):

내재적 삼위일체와 경륜적 삼위일체

166-182.

_____. "The Holy Trinity as a Community of Divine Persons II," *The Heythrop Journal: A Quarterly Review of Philosophy and Theology* Vol.15 No.3 (July 1974): 257-270.

_____. "Intentionality Analysis and Intersubjectivity," *Horizons* Vol.33 No.2 (Autumn 2006): 207-220.

_____. "Intersubjectivity and the Coming of God," *Journal of Religion* Vol.83 No.3 (July 2003): 381-400.

_____. *The One in the Many: A Contemporary Reconstruction of the God-World Relationship*, Grand Rapids: William B. Eerdmans, 2001.

_____. "Panentheism from a Trinitarian Perspective," *Horizons* Vol.22 No.1 (Spring 1995): 7-28.

_____. "Panentheism from a Process Perspective," in *Trinity in Process: A Relational Theology of God*, eds. Joseph A. Bracken and Marjorie Hewitt Suchocki, New York: Continuum, 1997: 95-113.

_____. "Process Perspectives and Trinitarian Theology," *Word & Spirit - A Monastic Review 8: Process Theology and the Christian Doctrine of God*, ed. Santiago Sia (Petersham: St. Bede's Publications, 1986): 51-64.

_____. *Society and Spirit: A Trinitarian Cosmology*, Selingsgrove: Susquehanna University Press, 1991.

_____. "Trinity: Economic And Immanent," *Horizons* Vol. 25 No.1 (1998): 7-22.

_____. *The Triune Symbol: Persons, Process and Community*, Lanham: University Press of America, 1985.

_____. *What Are They Saying about the Trinity?* New York: Paulist Press, 1979.


## 2. 이차자료

Cecil, Paul Lewis. "A Response to Joseph Bracken's 'Prehending God in and through the World,'" *Process Studies* Vol.29 No.2 (Fall/Winter 2000): 358-364.

Ryan, Robert J. "How Process and Ecumenical Experience Ground Communion: A

Study of the Practical Implications of Joseph Bracken's Trinitarian Theology," *Diakonia* Vol.30 No.1 (1997): 29-37.

Stupar, Lisa. "Implications of Bracken's Process Model of the Trinity for a Contemporary Feminist Theology," *Horizons* Vol.27 No.2 (Fall 2000): 256-275.

## IX. 마조리 휴잇 수코키

### 1. 일차자료

Suchocki, Marjorie Hewitt, *God-Christ-Church: A Practical Guide to Process Theology* (1st edition), New York: Crossroad, 1982.

_____. *God, Christ, Church: A Practical Guide to Process Theology* (New Revised Edition), New York: Crossroad, 1989.

_____. "God, Trinity, Process," *Dialog: A Journal of Theology* Vol.30 No.3 (Fall 2001): 169-174.

_____. "John Cobb's Trinity: Implications for the University," in *Theology and the University: Essays in Honor of John B. Cobb, Jr.*, eds. David Ray Griffin and Joseph C. Hough, Jr., Albany: State University of New York Press, 1991.

_____. "Spirit in and through the World," in *Trinity in Process: A Relational Theology of God*, eds. Joseph A. Bracken and Marjorie Hewitt Suchocki, New York: Continuum, 1997: 173-190.

_____. "Sunyata, Trinity, and Community," in *Divine Emptiness and Historical Fullness*, ed. Christopher Ives, Valley Forge: Trinity Press International, 1995: 136-149

_____. "The Unmale God: Reconsidering the Trinity," *Quarterly Review* Vol.3 No.1 (Spring 1983): 34-49.

### 2. 이차자료

Meland, Bernard Eugene. "In Response to Suchocki," *American Journal of Theology*

& *Philosophy* Vol.5 No.2/3 (May/September 1984): 89-95.


# X. 캐서린 모리 라쿠나

## 1. 일차자료

LaCugna, Catherine Mowry. "The Doctrine of the Trinity," in *Commentary on the Catechism of the Catholic Church*, ed. Michael J. Walsh, London: Geoffrey Chapman, 1994: 66-80.

_____. *God for Us: The Trinity and Christian Life*, New York: HarperCollins Publishers, 1991.

_____. "God in Communion with Us: The Trinity," in *Freeing Theology: The Essentials of Theology in Feminist Perspective*, ed. Catherine Mowry LaCugna, San Francisco: HarperSanFrancisco, 1993: 83-114.

_____. "Philosophers and Theologians on the Trinity," *Modern Theology* Vol. 2 No. 3 (April 1986): 169-181.

_____. "Re-conceiving the Trinity as the Mystery of Salvation," *Scottish Journal of Theology* Vol. 38 (1985): 1-23.

_____. "Re-conceiving the Trinity as Mystery of Salvation" in *Rising from History: U.S. Catholic Theology Looks to the Future* (*The Annual Publication of the College Theology Society*) Vol.30 (1984), ed. Robert J. Daly, Lanham: University Press of America, 1987: 125-137.

_____. "The Relational God: Aquinas and Beyond," *Theological Studies* Vol.46 No.4 (December 1985): 647-663.

_____. "The Theological Methodology of Hans Küng," Ph.D. Diss., Fordham University, 1979.

_____. *The Theological Methodology of Hans Küng* (*AAR Academy Series* No.39), New York: Scholars Press, 1982.

_____. "The Trinitarian Mystery of God" in *Systematic Theology: Roman*

*Catholic Perspectives* Vols. I-II, eds. Francis Schüsler Fiorenza and John P. Galvin, Minneapolis: Fortress, 1991: I, 149-192.

## 2. 이차자료

Groppe, Elizabeth T. "Creation *Ex Nihilo* and *Ex Amore*: Ontological Freedom in the Theologies of John Zizioulas and Catherine Mowry LaCugna," *Modern Theology* Vol.21 No.3 (July 2005): 463-495.

_____. "Catherine Mowry LaCugna's Contribution to a Relational Theology," in *Theology and Conversation: Towards a Relational Theology*, eds. J. Haers and P. De Mey, Leuven: Leuven University Press, 2003: 239-254.

_____. "Catherine Mowry LaCugna's Contribution to Trinitarain Theology," *Theological Studies* Vol.63 No.4 (December 2002): 730-763.

Gunton, Colin E. *The Promise of Trinitarian Theology* (2nd edition), Edinburgh: T&T Clark, 1997.

Hilkert, Mary Catherine. "The Mystery of Persons in Communion: The Trinitarian Theology of Catherine Mowry LaCugna," *Word & World* Vol.18 No.3 (Summer 1998): 237-243.

Leslie, Benjamin C. "Does God Have a Life: Barth and LaCugna on the Immanent Trinity," *Perspectives in Religious Studies* Vol.24 No.4 (Winter 1997): 377-398.

Molnar, Paul D. *Divine Freedom and the Doctrine of the Immanent Trinity: In Dialogue with Karl Barth and Contemporary Theology*, London: T&T Clark, 2002.

Torrance, Alan J. "The Ecumenical Implications of Catherine Mowry LaCugna's Trinitarian Theology," *Horizons* Vol.27 No.2 (Fall 2000): 347-353.

Weinandy, Thomas G. "The Immanent Trinity and the Economic Trinity," *Thomist* Vol. 57 (1993): 655-666.

# XI. 이정용

## 1. 일차자료

Lee, Jung Young. "Can God Be Change Itself?" *Journal of Ecumenical Studies* Vol.10 No.4 (Fall 1973): 752-770.

_____. "Can God Be Change Itself?" in *What Asian Christians Are Thinking: A Theological Source Book* (1st edition), ed. Douglas J. Elwood, Quezon: New Day Publishers, 1976: 173-193.

_____. *God Suffers for Us: A Systematic Inquiry into a Concept of Divine Passibility*, The Hague: Martinus Nijhoff, 1974.

_____. *The I: A Christian Concept of Man*, New York: Philosophical Library, 1971.

_____. *The I Ching and Modern Man: Essays on Metaphysical Implications of Change*, Secaucus: University Books, 1975.

_____. "Some Reflection on the Authorship of the I Ching," *Numen: International Review for the History of Religions* Vol.17 No.3 (December 1976): 200-210.

_____. "The Suffering of God: A Systematic Inquiry into a Concept of Divine Passibility," Th.D. diss., Boston University, 1968.

_____. *The Theology of Change: A Christian Concept of God in an Eastern Perspective*, Maryknoll: Orbis Books, 1979.

_____. *The Trinity in Asian Perspective*, Nashville: Abingdon Press, 1996.

## 2. 이차자료

Kärkkäinen, Veli-Matti. *The Trinity: Global Perspectives*, Louisville: Westminster John Knox Press, 2007.

# XII. 교부시대 및 중세시대의 삼위일체 관련 문헌들

Augustine. *De Trinitate.*

Arius. *Letter to Alexander of Alexandria.*

_____. *Letter to Eusebius of Nicomedia.*

Athanasius. *Four Discourses Against the Arians.*

Athenagoras of Athens. *A Plea for the Christians.*

Gregory of Nazianzus. *The Fourth Theological Oration: On the Son* (Or. 30).

_____. *Oration on Pentecost* (Or. 41)

_____. *Oration on the Theophany,* or *Birthday of Christ* (Or. 38).

_____. *The Third Theological Oration: On the Son* (Or. 29).

Gregory of Nyssa. *Against Eunomius.*

_____. *On the Difference Between Ousia and Hypostasis.*

_____. *On the Holy Trinity, and of the Godhead of the Holy Spirit: To Eustathius.*

_____. *On Not Three Gods.*

Hippolytus of Rome. *Against Heresy of One Noetus.*

_____. *The Refutation of All Heresies.*

Ignatius of Antioch. *To the Ephesians.*

_____. *To the Magneisans.*

_____. *To the Philadelphians.*

_____. *To the Romans.*

Irenaeus of Lyons. *Against Heresies.*

Justin Martyr. *The Dialogue with Trypho.*

_____. *The First Apology.*

_____. *The Second Apology.*

Tatian of Assyria. *Address to the Greeks.*

Tertullian. *Against Praxeas.*

_____. *Apology.*

내재적 삼위일체와 경륜적 삼위일체

Theophilus of Antioch. *To Autolycus*.

Thomas Aquinas, Summa *Theologica*.


# XIII. 삼위일체와 관련된 다른 문헌들

Altaner, Berthold. *Patrology*, trans. Hilda C. Graef, Edinburgh-London: Nelson, 1960.

Augustine, *De Trinitate*, trans. Edmund Hill, New York: New City Press, 1991.

Beeley, Christopher. "Gregory of Nazianzus: Trinitarian Theology, Spirituality and Pastoral Theory." Ph.D. diss., The University of Notre Dame, 2002.

_____. *Gregory of Nazianzus on the Trinity and the Knowledge of God: In Your Light We Shall See Light*, Oxford: Oxford University Press, 2008.

Boyd, Gregory A. "The A Priori Construction of the Doctrine of God in the Philosophy of Charles Hartshorne: A Critical Examination and Reconstruction of Di-Polar Theism Twoards a Trinitarian Metaphysics," Ph.D. diss., Princeton Theological Seminary, 1988.

_____. *Trinity And Process: A Critical Evaluation and Reconstruction of Hartshorne's Di-Polar Theism Towards a Trinitarian Metaphysics*, New York: Peter Lang, 1992.

Bracken, Joseph A., and Marjorie Hewitt Suchock, eds. *Trinity in Process: A Relational Theology of God*, New York: Continuum, 1997.

British Council of Churches. *The Forgotten Trinity Vols. 1-3: Vol.1* (1989): *The Report of the BCC Study Commission on Trinitarian Doctrine Today; Vol.2* (1989): *A Study Guide on Issues Contained in the Report of the BCC Study Commission on Trinitarian Doctrine Today; Vol.3* (1991): *A Selection of Papers Presented to the BCC Study Commission on Trinitarian Doctrine Today*, London: The British Council of Churches, 1989-1991.

Butin, Philip Walker. Revelation, *Redemption, and Response: Calvin's Trinitarian Understanding of the Divine-Human Relationship*, Oxford: Oxford University

Press, 1995.

Cobb, John B. Jr. and David Ray Griffin. *Process Theology: An Introductory Exposition*, Philadelphia: Westminster Press, 1976.

Crawford, R. G. "Is the Doctrine of the Trinity Scriptural?" *Scottish Journal of Theology* Vol.20 No.3 (September 1967): 282-294.

Emmet, Dorothy Mary. *Whitehead's Philosophy of Organism* (2nd edition)(1932), London: Macmillan, 1966.

Emery, Gilles. "The Doctrine of the Trinity in St. Thomas Aquinas," in *Aquinas on Doctrine: A Critical Introduction*, eds. Thomas G. Weinandy, Daniel A. Keating, and John P. Yocum, London: T&T Clark, 2004: 45-65.

Ford, Lewis S. *The Lure of God: A Biblical Background for Process Theism*, Philadelphia: Fortress Press, 1978.

_____. "Process Trinitarianism," *Journal of the American Academy of Religion* Vol. 43 (1975): 199-213.

Fortman, Edmund J. *The Triune God: A Historical Study of the Doctrine of the Trinity*, London: Hutchinson, 1972.

Grenz, Stanley J. *The Matrix of Christian Theology Vol.1: The Social God and the Relational Self: A Trinitarian Theology of the Imago Dei*, Louisville: Westminster John Knox Press, 2001.

_____. *The Matrix of Christian Theology Vol.2: The Named God and the Question of Being: A Trinitarian Theo-Ontology*, Louisville: Westminster John Knox Press, 2005.

_____. *Rediscovering the Triune God: The Trinity in Contemporary Theology*, Minneapolis: Fortress Press, 2004.

Gunton, Colin E. *The Promise of Trinitarian Theology* (2nd edition), Edinburgh: T&T Clark, 1997.

Haight, Roger. *Jesus: Symbol of God*, Maryknoll: Orbis Books, 1999.

_____. "The Point of Trinitarian Theology," *Toronto Journal of Theology* Vol.4 No.2 (Fall 1988): 191-204.

Hartshorne, Charles. *Man's Vision of God and the Logic of Theism*, Chicago: Willett, Clark & Company, 1941.

Hegel, G. W. F. *Phenomenology of Spirit*, trans. A. V. Miller, Oxford: Clarendon Press, 1977.

Hill, William J. *The Three-Personed God: The Trinity as a Mystery of Salvation*, Washington, D.C.: Catholic University Press, 1982.

Jüngel, Eberhard. *God as the Mystery of the World* (1977), Grand Rapids: William B. Eerdmans Publishing Company, 1983.

Kaufman, Gordon D. *An Essay on Theological Method*, Atlanta: Scholars Press, 1975 (1st edition), 1979 (2nd edition), 1995(3rd edition).

_____. *God-Mystery-Diversity: Christian Theology in a Pluralistic World*, Minneapolis: Fortress Press, 1996.

_____. *God the Problem*, Cambridge: Harvard University Press, 1972.

_____. *In Face of Mystery: A Constructive Theology*, Cambridge: Harvard University Press, 1993.

_____. *In the beginning...Creativity*, Minneapolis: Fortress Press, 2004.

_____. *Jesus and Creativity*, Minneapolis: Fortress Press, 2006.

_____. *Systematic Theology: A Historical Perspective*, New York: Charles Scribner's Sons, 1968.

_____. *The Theological Imagination: Constructing the Concept of God*, Philadelphia: The Westminster Press, 1981.

Kelly, J. N. D. *Early Christian Doctrines* (Revised Edition), San Francisco: Harper & Row Publishers, 1978.

Knight, G. A. F. *A Biblical Approach to the Doctrine of the Trinity* (Scottish Journal of Theology Occasional Papers No.1), Edinburgh: Oliver and Boyd, 1953.

Lampe, Geoffrey W. H. *God as Spirit*, Oxford: Clarendon Press, 1977.

Lossky, Vladimir. *The Mystical Theology of the Eastern Church*, Crestwood: St. Vladimir's Seminary Press, 1985.

Meredith, Anthony. *The Cappadocians*, New York: St. Vladimir's Seminary Press,

1995.

Metzger, Paul Louis, ed. *Trinitarian Soundings in Systematic Theology*, New York: T&T Clark, 2005.

Min, Anselm K. *Paths to the Triune God: An Encounter between Aquinas and Recent Theologies*, Notre Dame: University of Notre Dame Press, 2005.

Molnar, Paul D. *Divine Freedom and the Doctrine of the Immanent Trinity: In Dialogue with Karl Barth and Contemporary Theology*, London: T&T Clark, 2002.

Muller, Richard A. *Post-Reformulation Reformed Dogmatics: The Rise and Development of Reformed Orthodoxy, ca. 1520 to ca.1725 - Vol. 4 The Triunity of God*, Grand Rapids: Baker Academic, 2003.

Neville, Robert Cummings. *A Theology Primer*, Albany: State University of New York Press, 1991.

Olson, Roger E. and Christopher A. Hall, *The Trinity*, Grand Rapids: William B. Eerdmans Publishing Company, 2002.

Park, Mann. *Study on the Contemporary Doctrine of the Trinity*, Seoul: The Christian Literature Society of Korea, 2003.

Pelikan, Jaroslav. *The Christian Tradition: A History of the Development of Doctrine* Vols. I-V, Chicago: University of Chicago Press, 1971-1989.

Peters, Ted. *God as Trinity: Relationality and Temporality in Divine Life*, Louisville: Westminster/John Knox Press, 1993.

_____. *GOD The World's Future: Systematic Theology for a New Era* (2nd edition), Minneapolis: Fortress Press, 2000.

_____. "Trinity Talk: Part I," *Dialog: A Journal of Theology* Vol.26 No.1 (Winter 1987): 44-48.

_____. "Trinity Talk: Part II," *Dialog: A Journal of Theology* Vol.26 No.2 (Spring 1987): 133-138.

Placher, William C. *The Triune God: An Essay in Postliberal Theology*, Louisville: Westminster John Knox Press, 2007.

Power, William L. "The Doctrine of the Trinity and Whitehead's Metaphysics,"

내재적 삼위일체와 경륜적 삼위일체

*Encounter* Vol.45 No.4 (Fall 1984): 287-302.

Rhee, Jong-Sung. *Augustine's Doctrine of the Trinity: The Influence of Plotinus on Augustine as Illustrated in his Doctrine of the Trinity*, Seoul: Korea Institute of Advanced Christian Studies, 2001.

Richardson, Cyril C. *The Doctrine of the Trinity*, Nashville: Abingdon Press, 1958.

Rusch, William G. *The Trinitarian Controversy*, Philadelphia: Fortress Press, 1980.

Sanders, Fred. "Entangled in the Trinity: Economic and Immanent Trinity in Recent Theology," *Dialog: A Journal of Theology* Vol.40 No.3 (Fall 2001): 175-182.

_____. "The Image of the Immanent Trinity: Implications of Rahner's Rule for a Theological Interpretation of Scripture." Ph.D. diss., Graduate Theological Union, 2001.

_____. "Trinity Talk, Again," *Dialog: A Journal of Theology* Vol.44 No.3 (Fall 2005): 264-272.

Schoonenberg, Piet J. A. M. "Trinity - The Consummated Covenant: Theses on the Doctrine of the Trinitarian God" (1973), *Studies in Religion / Sciences Religieuses* Vol.5 No.2 (Fall 1975/1976): 111-116.

Schwöbel, Christoph, ed. *Trinitarian Theology Today: Essays on Divine Being and Act*, Edinburgh: T&T Clark, 1995.

Studer, Basil. *Trinity and Incarnation: The Faith of the Early Church*, trans. Matthias Westerhoff, Collegeville: The Liturgical Press, 1993.

Thomas Aquinas, *Summa Theologica*, trans. Fathers of the English Dominican Province, Westminster: Christian Classics, 1981.

Thompson, John. *Modern Trinitarian Perspectives*, New York: Oxford University Press, 1994.

Wainwright, Arthur W. *The Trinity in the New Testament*, London: S.P.C.K., 1962.

Warfield, Benjamin Breckinridge. "The Biblical Doctrine of the Trinity" in *Biblical Doctrines*, New York: Oxford University Press, 1929: 133-171.

_____. "The Biblical Doctrine of the Trinity," in *Biblical and Theological Studies*, ed. Samuel G. Craig, Philadelphia: The Presbyterian and Reformed

Publishing Company, 1952: 22-59.

_____. "Trinity" in *The International Standard Bible Encyclopedia*, ed. James Orr, Chicago: The Howard-Severance Co., 1915: 3012-3022.

Welch, Claude. In *This Name: The Doctrine of the Trinity in Contemporary Theology*, New York: Charles Scribner's Sons, 1952.

White, James R. *The Forgotten Trinity: Recovering the Heart of Christian Belief*, Minneapolis: Bethany House Publishers, 1998.

Wiles, Maurice. *The Remaking of Christian Doctrine* (The Hulsean Lectures 1973), London: SCM Press, 1974.

_____. "Some Reflections on the Origins of the Doctrine of the Trinity," *The Journal of Theological Studies* Vol.8 Pt.1 (April 1957): 92-106.

Wiles, Maurice, and Mark Santer, *Documents in Early Christian Thought*, Cambridge: Cambridge University Press, 1975.

Zizioulas, John D. *Being as Communion: Studies in Personhood and the Church*, New York: St. Vladimir's Seminary Press, 1985.

# XIV. 기타 문헌들

Allen, Diogenes. *Philosophy for Understanding Theology*, Atlanta: John Knox Press, 1985.

Baird, Forrest E. and Walter Kaufmann, eds. *Twentieth-Century Philosophy* (3rd edition), Upper Saddle River: Prentice Hall, 2003

Culbertson, Diana. "Western Mysticism and Process Thought," *Listening* Vol.14 No.3 (Fall 1979): 204-222.

Derrida, Jacques. Of Grammatology, trans. *Gayatri Chakravorty Spivak*, Baltimore: Johns Hopkins University Press, 1997.

Elwood, Douglas J., ed. *What Asian Christians Are Thinking: A Theological Source Book* (1st edition), Quezon: New Day Publishers, 1976: 173-193.

336 내재적 삼위일체와 경륜적 삼위일체

Epperly, Bruce. "A Mysticism of Becoming: Process Theology and Spiritual Formation," *Encounter* Vol.50 No.4 (Autumn, 1989): 326-336.

Ferguson, Everett, ed. *Encyclopedia of Early Christianity* (Second Edition), New York: Garland Publishing, 1997.

Foucault, Michel. *Power/Knowledge: Selected Interviews and Other Writigns 1972-1977*, ed. Colin Gordon, New York: Pantheon, 1972.

Frei, Hans. *The Eclipse of Biblical Narrative*, New Haven: Yale University Press, 1974.

Fung, Yu-Lan. *A History of Chinese Philosophy: Vols. I-II*, trans. Derk Bodde, Princeton: Princeton University Press, 1983.

Harnack, Adolf von. *History of Dogma Vols.1-7*, New York: Russell & Russell, 1958.

_____. *What is Christianity?* trans. Thomas Bailey, Philadelphia: Fortress Press, 1986.

Hartshorn, Charles. *The Divine Relativity: A Social Concept of God*, New Haven: Yale University Press, 1948.

Hasel, Gerhard. *Old Testament Theology: Basic Issues in the Current Debate* (4th edition), Grand Rapids: Wm.B.Eerdmans, 1991.

Heidegger, Martin. *Being and Time*, trans. John Macquarrie and Edward Robinson, New York: Harper & Brothers, 1962.

_____. *An Introduction to Metaphysics*, trans. Gregory Fried and Richard Polt, New Haven: Yale University Press, 2000.

Husserl, Edmund. *Ideas Pertaining to a Pure Phenomenology and to a Phenomenological Philosophy: First Book: General Introduction to a Pure Phenomenology*, trans. F. Kersten, Dordrecht: Kluwer Academic Publishers, 1998.

Kant, Immanuel. *Critique of Practical Reason*, trans. Lewis White Beck, New York: Macmillan, 1993.

_____. *Critique of Pure Reason*, trans. Norman Kemp Smith, New York: St. Martin's, 1929.

_____. *Der Streit der Fakultäten*, Hamburg: Verlag von Felix Meiner, 1959.

Keller, Catherine. *On the Mystery: Discerning Divinity in Process*, Minneapolis:

Fortress Press, 2008.

Kirk, G. S., J. E. Raven, and M. Schofield. *The Presocratic Philosophers: A Critical History with a Selection of Texts* (2nd edition), Cambridge: Cambridge University Press, 1983.

Lamprecht, Sterling P. *Our Philosophical Traditions: A Brief History of Philosophy in Western Civilization*, New York: Appleton-Century-Crofts, 1955.

Lau, D. C. *Tao Te Ching: A Bilingual Edition*, Hong Kong: The Chinese University Press, 2001.

Levinas, Immanuel. *Discovering Existence with Husserl*, trans. Richard A. Cohen and Michael B. Smith, Evanston: Northwestern University Press, 1998.

_____. *Otherwise than Being or Beyond Essence*, trans. Alphonso Lingis, Boston: Kluwer Academic Publishers, 1978.

Marcel, Gabriel. *The Mystery of Being: Vol.1 Reflection & Mystery Vol.2 Faith & Reality*, trans. G. S. Fraser and René Hague, London: The Harvill Press, 1950-1951.

Moser, Paul K. and Arnold Vander Nat. *Human Knowledge: Classical and Contemporary Approaches* (3rd edition), New York: Oxford University Press, 2003.

Munitz, Milton K. *The Mystery of Existence: An Essay in Philosophical Cosmology*, New York: New York University Press, 1974.

O'Callaghan, John P. *Thomist Realism and the Linguistic Turn: Toward a More Perfect Form of Existence*, Notre Dame: University of Notre Dame Press, 2003.

Plotinus, *The Enneads*, trans. Stephen MacKenna, London: Faber and Faber Ltd., 1969.

Reynolds, Blair. "Christian Mysticism as Approaching Process Theology," *Parish and Process* Vol.1 No.6 (February 1987): 6-13.

Schleiermacher, Friedrich. *The Christian Faith*, eds. H. R. Mackintosh and J. S. Stewart, New York: Harper & Row, 1963.

_____. *On Religion: Speeches to its Cultured Despisers*, trans. Richard Crouter, Cambridge: Cambridge University Press, 1996.

내재적 삼위일체와 경륜적 삼위일체

Schoonenberg, Piet J. A. M. *The Christ: A Study of the God-Man Relationship in the Whole of Creation and in Jesus Christ*, trans. Della Couling (New York: Herder and Herder, 1971). 원래의 네덜란드 책은 *Hij is een God van Mensen*이란 제목으로 1969에 출간됐다.

Sharkey, Owen. "Mystery of God in Process Theology" in *God in Contemporary Thought*, New York: Learned Publisher, 1977: 683-725.

Sokolowski, Robert. *Introduction to Phenomenology*, Cambridge: Cambridge University Press, 2000.

Stiernotte, Alfred P. "Process Philosophies and Mysticism," *International Philosophical Quarterly* Vol.9 No.4 (December 1969): 560-571.

Whitehead, Alfred North. *Process and Reality: An Essay in Cosmology*, New York: Macmillan, 1929.

Wippel, John F. *The Metaphysical Thought of Thomas Aquinas: From Finite Being to Uncreated Being*, Washington, D.C.: The Catholic University of America Press, 2000.

Wright, George Ernest. *God Who Acts: Biblical Theology as Recital*, London: SCM, 1952.

## I. 외국어 자료(연대순)

### 교부시대

Irenaeus. *Against Heresies* (ANF 1)

_____. *Fragments* (ANF 1)

_____. *Proof of the Apostolic Preaching* (ACW 16)

Tertullian. *Against Marcion* (ANF 3)

_____. *Against Praxeas* (ANF 3)

_____. *Apology* (ANF 3)

Athanasius. *Defence of the Nicene Definition* (NPNF 2nd Series 4)

_____. *Four Discourses Against the Arians* (NPNF 2nd Series 4)

_____. *Epistolae ad Serapionem* (The Letters Concerning the Holy Spirit), trans.
C. R. B. Shapland, New York: Philosophical Library, 1951.

_____. *On the Incarnation*, trans. A Religious of C.S.M.V, Crestwood: St.
Vladimir's Seminary Press, 1993.

Hilary of Poitiers. *On the Trinity* (NPNF 2nd Series 9; FC 25)

Marius Victorinus. *Theological Treatises on the Trinity* (FC 69)

Basil of Caesarea. *Letters* (FC 28)

_____. *On the Holy Spirit* (NPNF 2nd Series 8)

Gregory of Nazianzus. (NPNF 2nd Series 7 [Select Orations])

_____. *On Theology and the Office of Bishops* (Or. 20)

_____. *Third Oration on Peace* (Or. 23)

_____. *In Praise of Hero the Philosopher* (Or. 25)

_____. *Five Theological Orations* (Ors. 27-31)

_____. *On the Holy Lights* (Or.39)

_____. *On Holy Baptism* (Or. 40)

_____. *On Pentecost* (Or. 41)

Gregory of Nyssa. (NPNF 2nd Series 5)

_____. *Against Eunomius* III

_____. *On the Holy Spirit Against Macedonius*

_____. *On the Holy Trinity*

_____. *On 'Not Three Gods'*

Augustine. *City of God* (NPNF 1st Series 2)

_____. *On the Trinity* (NPNF 1st Series 3)

_____. *The Enchiridion* (LCC 7)


## 중세시대


Richard of St. Victor. *Book Three of the Trinity* (1162-1173), trans. Grover A. Zinn, New York: Paulist Press, 1979.

William of Auvergne, *De Trinitate, Seu De Primo Principio* (1223), trans. Roland J. Teske and Francis C. Wade, Milwaukee: Marquette University Press, 1989.

Bonaventure. *Disputed Questions on the Mystery of the Trinity*, trans. Zachary Hayes, St. Bonaventure, N.Y.: Franciscan Institute of St. St. Bonaventure University, 2000.

_____. *The Mind's Journey to God*, trans. Ewert Cousins, New York: Paulist Press, 1978.

Thomas Aquinas. *Summa Contra Gentiles* (Book IV, Chs. 15-26)(1260-1264), Notre Dame: Notre Dame University Press, 1975.

Thomas Aquinas. *Summa Theologiae* (ST I. Q.27-43)(1265-1274), New York: McGraw-Hill Book Company, 1964.

Gregory Palamas. *Apology for the Holy Hesychasts (The Triads)*(1338), trans. Nicholas Gendle, New York: Paulist Press, 1983.


## 종교개혁과 그 이후

### 16세기

Luther, Martin. *Luther's Works Vols. 1-55*, ed. Jaroslav Pelikan, St. Louis: Concordia Publishing House, 1955-1986.

Calvin, John. *Institutes of the Christian Religion*, trans. Ford Lewis Battles, Philadelphia: Westminster Press, 1960.


### 17세기

Sherlock, William. *A Vindication of the Doctrines of the Holy and Ever Blessed Trinity, and of the Incarnation of the Son of God*, London, 1690.

Sherlock, William. *A Defence of Dr. Sherlock's Notion of a Trinity in Unity, In Answer to the Animadversions upon His Vindication of the Doctrine of the Holy and Ever Blessed Trinity*, London, 1694


### 18세기

Clarke, Samuel. *The Scripture Doctrine of the Trinity* (2nd edition), London: John Knapton, 1719. *3rd edition in 1732.

Stogdon, Hubert. *Seasonable Advice Relating to the Present Dispute about the Holy Trinity, Address'd to Both Contending Parties*, London, 1719.

Emlyn, Thomas. *Extracts from An Humble Inquiry into the Scripture Account of Jesus Christ; or, A Short Argument Concerning His Deity and Glory According to the Gospel*, Boston: S. Hall, 1790. *5th edition in 1756.

Simpson, David. *An Apology for the Doctrine of the Trinity: Being a Chronological View of What is Recorded Concerning the Person of Christ, the Holy Spirit, and the Blessed Trinity whether in the Sacred Writings, or in Jewish, Heathen, and Christian Authors*, London: Dilly, 1798.

## 19세기

Hegel, Georg Wilhelm Friedrich. *Phenomenology of Spirit* (1807), trans. A. V. Miller, Oxford: Clarendon Press, 1977.

Schleiermacher, Friedrich. *The Christian Faith* (1831), ed. H. R. Mackintosh and J. S. Stewart, Edinburgh: T&T Clark, 1960.

_____. *On the Discrepancy Between the Sabellian and Athanasian Method of Representing the Doctrine of the Trinity in the Godhead*, trans. M. Stuart, Andover: Gould and Newman, 1835.

Baur, F. C. *Über die Christliche Lehre von der Dreieinigkeit und der Menschwerdung* (*1841ff*).

Bickersteth, Edward Henry. *The Rock of Ages; or, Scripture Testimony to the One Eternal Godhead of the Father*, and of the Son, and of the Holy Ghost, Philadelphia: Presbyterian Board of Publication, 1860.

Dorner, Isaak August. *A System of Christian Doctrine* (*1879-1881*), Edinburgh: T&T Clark, 1880-1882.

Mastertown, Charles. *The Doctrine of the Holy Trinity: Asserted from the Sacred Scriptures*, Edinburgh: Andrew Elliot, 1880.

Régnon, Théodore de. *Études de théologie positive sur la Sainte Trinité Vols. I-II*, Paris: Victor Retaux et fils, 1892-1898.

## 1909

Söderblom, Nathan. *Vater, Sohn und Geist unter den heiligen Dreiheiten und vor der religiösen Denkweise der Gegenwart*, Tübingen: Verlag von J.C.B. Mohr, 1909.

내재적 삼위일체와 경륜적 삼위일체

## 1915

Warfield, Benjamin Breckinridge. "Trinity" in *The International Standard Bible Encyclopedia*, ed. James Orr, Chicago: The Howard-Severance Co., 1915: 3012-3022. And in *Biblical Doctrines*: 133-171. 이 논문은 다음 작품에 실려 있다. Warfield, Benjamin Breckinridge, *Biblical and Theological Studies*, ed. Samuel G. Craig, Philadelphia: The Presbyterian and Reformed Publishing Company, 1952: 22-59.

## 1923

Lebreton, Jules. *The Living God: The Revelation of the Holy Trinity in the New Testament*, trans. Mary Boutwood, London: The Faith Press, 1923.

## 1927

Schmaus, Michael. *Die Psychologische Trinitätslehre des Heiligen Augustinus* (Fotomechanischer Nachdruck der 1927 erschienenen Ausgabe mit einem Nachtrag und Literaturergänzungen des Verfassers), Münster Westfalen: Aschendorffsche Verlagsbuchhandlung, 1967.

## 1928

Rawlinson, A. E. J., ed., *Essays on the Trinity and the Incarnation*, London: Longmans & Green, 1928.

Thornton, Lionel Spencer. *The Incarnated Lord: An Essay Concerning the Doctrine of the Incarnation in its Relation to Organic Conceptions*, London: Longmans, 1928.

## 1932

Edwards, D. Miall. *Christianity and Philosophy*, Edinburgh: T&T Clark, 1932.

## 1937

Arendzen, J. P. *The Holy Trinity: A Theological Treatise for Modern Laymen*, London:

Sheed & Ward, 1937.

## 1940

Klein, Abbe Felix. *The Doctrine of the Trinity*, trans. Daniel J. Sullivan, New York: P. J. Kenedy & Sons, 1940.

## 1943

Hodgson, Leonard. *The Doctrine of the Trinity* (Croall Lectures in 1942-1943), London: Nisbet and Co., Ltd., 1943.

## 1944

Lossky, Vladimir. *Essai sur la Théologie Mystique de L'Église d'Orient*, 1944. Translated into English. Lossky, Vladimir. *The Mystical Theology of the Eastern Church*, New York: St. Vladimir's Seminary Press, 1957.

## 1946

Lowry, Charles W. *The Trinity and Christian Devotion*, New York: Harper & Brothers, 1946.

## 1950

Quasten, Johannes. *Patrology Vol.1 The Beginnings of Patristic Literature* (1950), *Vol.2 The Ante-Nicene Literature after Irenaeus* (1953), *Vol.3 The Golden Age of Greek Patristic Literature from the Council of Nicaea to the Council of Chalcedon* (1960), Westminster: The Newman Press, 1950-1960. *이 작품들은 본래 이탈리어 판 *Patrologia Vol.1 and Vol.2*에서 번역된 것이다. 4권은 Angelo Di Berardino가 편집하고 Johannes Quasten이 서문을 썼다. *Vol.4 The Golden Age of Latin Patristic Literature from the Council of Nicea to the Council of Chalcedon*, trans. Placid Solari (1986), Westminster: Christian Classics, INC., 1986. * The original Italian edition of Vol.4 is *Patrologia Vol.3* in 1978.

## 1952

Welch, Claude. *In This Name: The Doctrine of the Trinity in Contemporary Theology*, New York: Charles Scribner's Sons, 1952.

## 1953

Franks, R. S. *The Doctrine of the Trinity*, London: Gerald Duckworth, 1953.

Knight, G. A. F. A *Biblical Approach to the Doctrine of the Trinity* (*Scottish Journal of Theology Occasional Papers* No.1), Edinburgh: Oliver and Boyd, 1953.

Welch, Claude. The Trinity in Contemporary Theology, London: SCM Press, 1953.

## 1954

Pontifex, Dom Mark. *Belief in the Trinity*, New York: Harper & Brothers, 1954.

Rahner, Karl. *Schriften zur Theologie Bd. I-XVI*, Einsiedeln: Benziger, 1954-1984. (*Theological Investigations Vols. I-XXIII*, Baltimore: Helicon Press, etc, 1961-1992).

## 1956

Piault, Bernard. *Le mystère du Dieu vivant, Un et Trine*, 1956. *translated into English.
Piault, Bernard. *What is the Trinity?* trans. Rosemary Haughton, New York: Hawthorn Books, 1959.

Wolfson, Harry Austryn. *The Philosophy of the Church Fathers Vol. I: Faith, Trinity, Incarnation* (1st edition), Cambridge: Harvard University Press, 1956. (3rd revised edition in 1970).

## 1957

Wiles, Maurice F. "Some Reflections on the Origins of the Doctrine of the Trinity," *The Journal of Theological Studies* Vol.8 Pt.1 (April 1957): 92-106. *이 논문은 그의 1976년의 책 *Working Papers in Doctrine*의 1장을 구성하고 있다.

## 1958

Altaner, Berthold. *Patrologie*, Freiburg: Herder, 1958. *translated into English. Altaner, Berthold. *Patrology*, trans. Hilda C. Grafff, Edinburgh-London: Nelson, 1960.

Richardson, Cyril C. *The Doctrine of the Trinity*, Nashville: Abingdon Press, 1958.

Van Dusen, Henry Pitney. *Spirit, Son and Father: Christian Faith in the Light of the Holy Spirit*, New York: Charles Scribner's Sons, 1958.


## 1960

Barth, Karl. *The Humanity of God*, trans. John Newton Thomas, Richmond: John Knox Press, 1960.

Rahner, Karl. *Schriften zur Theologie Bd. IV*, Einsiedeln: Benziger, 1960. ("Remarks on the Dogmatic Treatise 'De Trinitate'" - *Theological Investigations Vol. IV*, trans. Kevin Smith, Baltimore: Helicon Press, 1966).


## 1962

Wainwright, Arthur W. *The Trinity in the New Testament*, London: S.P.C.K., 1962.


## 1963

Mühlen, Heribert. *Der heilige Geist als Person: Beitrag zur Frage nach der dem heiligen Geiste eigentümlichen Funktion in der Trinität, bei der Inkarnation und im Gnadenbund*, Münster: Aschendorff, 1963. *2nd edition in 1966, 3rd edition in 1969.

Newbigin, Lesslie. *Trinitarian Faith and Today's Mission*, Richmond: John Knox Press, 1964. *It was first published in London in 1963 under title: *The Relevance of Trinitarian Doctrine for Today's Mission* (WCC Commission on World Mission and Evangelism Study Pamphlets No.2).


## 1964

Jüngel, Eberhard. *God's Being Is in Becoming: The Trinitarian Being of God in the*

내재적 삼위일체와 경륜적 삼위일체

*Theology of Karl Barth. A Paraphrase* (1964), trans. John Webster, Edinburgh: T&T Clark, 2001.

Hibbert, Giles. "Mystery and Metaphysics in the Trinitarian Theology of St. Thomas," *The Irish Theological Quarterly* Vol.31 (1964): 187-213.

Lonergan, Bernard J. F. *De Deo Trino Vols. I-II*, Romae: Apud aedes Universitatis Gregorianae, 1964. (translated in English in 1976).


## 1965

Berdyaev, Nicolai. *Christian Existentialism*, trans. Donald A. Lowrie, New York: Harper & Row, 1965.

Jüngel, Eberhard. *Gottes Sein ist im Werdn: Verantwortliche Rede von Sein Gottes bei Karl Barth. Eine Paraphrase*, Tübingen: J.C.B.Mohr (Paul Siebeck), 1965.

Lehmann, Paul. "The Tri-unity of God," *Union Seminary Quarterly Review* Vol.21 No.1 (November 1965): 35-49.


## 1966

Altizer, Thomas J. J., John Macquarrie, Christopher F. Mooney, and Cyril R. Richardson. "Discussion: The Tri-unity of God," *Union Seminary Quarterly Review* Vol.21 No.2 Pt.2 (January 1966): 207-218.

Wright, Conrad. *Beginnings of Unitarianism in America*, Boston: Beacon Press, 1966.


## 1967

Crawford, R. G. "Is the Doctrine of the Trinity Scriptural?" *Scottish Journal of Theology* Vol.20 No.3 (September 1967): 282-294.

Pannenberg, Wolfhart. "Theology and the Kingdom of God," *Una Sancta* Vol.24 No.2 (Pentecost, 1967): 3-19. This article is included in *Theology and the Kingdom of God*, ed. Richard John Neuhaus, Philadelphia: The Westminster Press, 1969: 51-71.

Rahner, Karl. "Der Dreifaltige Gott als Transzendenter Urgrund der Heilsgeschichte" (The Trinity, 1970), in *Mysterium Salutis: Grundrißheilsgeschichtlicher Dogmatik Bd. II*, eds. Johannes Feiner and Magnus Löhrer, Einsiedeln: Benziger Verlag, 1967. (*Bd.I, II, III:1, III:2, IV:1, IV:2, and V, 1965-1976).

Welch, Claude. "Theology as Risk," in *Frontline Theology*, ed. Dean Peerman, Richmond: John Knox Press, 1967: 117-125.


1968

Barth, Karl. *The Epistle to the Romans* (6th edition), trans. Edwyn C. Hoskyns, Oxford: Oxford University Press, 1968.

Kaufman, Gordon D. *Systematic Theology: A Historical Perspective*, New York: Charles Scribner's Sons, 1968. *Reprinted by the same publisher in 1978.

Lee, Jung Young. "The Suffering of God: A Systematic Inquiry into a Concept of Divine Passibility." Th.D. diss., Boston University, 1968.


1969

Cantwell, Laurence. *The Theology of the Trinity*, Notre Dame: Fides Publishers, 1969.

Cooke, Bernard J. *Beyond Trinity*, Milwaukee: Marquette University Press, 1969.

Jenson, Robert W. "The Futurist Option in Speaking of God," *Lutheran Quarterly* Vol.21 No.1 (Fall 1969): 17-25.

Jenson, Robert W. *God after God: The God of the Past and the God of the Future Seen in the Work of Karl Barth*, Indianapolis: The Bobbs-Merrill Company, 1969.


1970

Hasker, William. "Tri-Unity," *The Journal of Religion* Vol.50 No.1 (January 1970): 1-32.

Howe, Daniel Walker. *The Unitarian Conscience: Harvard Moral Philosophy 1805-1861*, Cambridge: Harvard University Press, 1970.

Panikkar, Raimundo. *The Trinity and World Religions: Icon-Person-Mystery*, Madras:

내재적 삼위일체와 경륜적 삼위일체

Christian Literature Society, 1970.

Rahner, Karl, ed. *Sacramentum Mundi: An Encyclopedia of Theology Vols. I-VI (1968-1970)*, New York: Herder and Herder, 1968-1970. (*"Divine Trinity," and "Trinity in Theology" in Vol. VI = the same as in Karl Rahner, ed. *Encyclopeida of Theology: The Concise Sacramentum Mundi*, New York: Seabury Press, 1975).

Rahner, Karl. *The Trinity* (1967, *part of the series *Mysterium Salutis: Grundriß heilsgeschichtlicher Dogmatik Bd. I-V [1967-1976]*), trans. Joseph Donceel, New York: Herder and Herder, 1970. (Reprint - New York: The Crossroad Publishing Company, 2002).

Wolfson, Harry Austryn. *The Philosophy of the Church Fathers: Faith, Trinity, Incarnation* (3rd revised edition), Cambridge: Harvard University Press, 1970. (1st edition in 1956).

## 1971

Pelikan, Jaroslav. *The Christian Tradition: A History of the Development of Doctrine Vols. I-V*, Chicago: University of Chicago Press, 1971-1989.

## 1972

Fortman, Edmund J. *The Triune God: A Historical Study of the Doctrine of the Trinity*, London: Hutchinson, 1972. Reprinted by Grand Rapids: Baker Books, 1982. Reprinted by Eugene: Wipf and Stock Publishers, 1999.

Moltmann, Jürgen. "The 'Crucified God': A Trinitarian Theology of the Cross," *Interpretation* Vol. 26 (1972): 278-299.

Schmaus, Michael. *Vom Mysterium der Göttlichen Dreieinigkeit (Veröffentlichungen der Katholischen Akademie der Erzdiözese Freiburg Nr.28)*, herausgegeben von Helmut Gehrig, Karlsruhe: Badenia Verlag, 1972.

## 1973

Panikkar, Raimundo. *The Trinity and the Religious Experience of Man: Icon-Person-*

*Mystery*, Maryknoll: Orbis Books, 1973.


1974

Bracken, Joseph A. "The Holy Trinity as a Community of Divine Persons," *Heythrop Journal* Vol. 15 (1974): 166-182 and 257-270.

Lee, Jung Young. *God Suffers for Us: A Systematic Inquiry into a Concept of Divine Passibility*, The Hague: Martinus Nijhoff, 1974.

Wiles, Maurice. *The Remaking of Christian Doctrine: The Hulsean Lectures 1973*, London: SCM Press, 1974.


1975

Ford, Lewis. "Process Trinitarianims," *Journal of the American Academy of Religion* Vol. 43 (1975): 199-213.

Jenson, Robert W. "Three Identities of One Action," *Scottish Journal of Theology* Vol.28 No.1 (1975): 1-15.

Kaiser, Christopher. "The Discernment of Triunity," *Scottish Journal of Theology* Vol.28 No.5 (1975): 449-460.

Maurice, Wiles and Mark Santer, eds. *Docuemtns in Early Christian Thought*, Cambridge: Cambridge University Press, 1975.

Meijering, E. P. *God Being History: Studies in Patristic Philosophy*, Amsterdam: North-Holland Publishing Company, 1975.

Rahner, Karl, ed. *Encyclopedia of Theology: The Concise Sacramentum Mundi*, New York: Seabury Press, 1975. (*"Divine Trinity," and "Trinity in Theology," 1755-1771).

Roth, Robert J., ed. *Person and Community: A Philosophical Exploration*, New York: Fordham University Press, 1975.

Schoonenberg, Piet J. A. M. "Trinity - The Consummated Covenant: Theses on the Doctrine of the Trinitarian God," *Studies in Religion / Sciences Religieuses* Vol.5 No.2 (Fall 1975/1976): 111-116. *It was first published in German in the Swiss periodical Orientierung (May 1973), and then translated by Robert C. Ware and afterwards modified by Schoonenberg.

Spicer, Malcolm. "The Trinity: A Psychological God," *Studies in Religion / Sciences Religieuses* Vol.5 No.2 (Fall 1975/1976): 117-133.

Torrance, Thomas. F. "Toward an Ecumenical Consensus on the Trinity," *Theologische Zeitschrift*, Basel: Friedrich Reinhardt Verlag, 1975.


## 1976

Cobb, John B. Jr. and David Ray Griffin. *Process Theology: An Introductory Exposition*, Philadelphia: Westminster Press, 1976.

Jüngel, Eberhard. *The Doctrine of the Trinity: God's Being Is in Becoming* (1965), trans. Horton Harris, Edinburgh: Scottish Academic Press, 1976.

Jüngel, Eberhard. "Das Verhältnis von 》ökonomischer《 und 》immanenter《 Trinität," *Zeitschrift für Theologie und Kirche* Vol.72 Heft 3 (September, 1975), Tübingen: J.C.Mohr (Paul Siebeck): 355-364.

Kaiser, Christopher. "The Ontological Trinity in the Context of Historical Religions," *Scottish Journal of Theology* Vol.29 No.4: 301-310.

Lonergan, Bernard J. F. *The Way to Nicea: The Dialectical Development of Trinitarian Theology*, trans. Conn O'Donovan, Philadephia: Westminster, 1976 (translated from his 1964 book De Deo Trino Vol.1).

Rahner, Karl. *Grundkurs des Glaubens: Einführung in den Begriff des Christentums*, Breisgau: Verlag Herder Freiburg, 1976.

Thompson, John. "The Humanity of God in the Theology of Karl Barth," *Scottish Journal of Theology* Vol.29 No.3: 249-269.

Wiles, Maurice. *Working Papers in Doctrine*, London: SCM Press, 1976.


## 1977

Lampe, Geoffrey W. H. *God as Spirit*, Oxford: Clarendon Press, 1977.

Meyendorff, John, and Michael A. Fahey. *Trinitarian Theology East and West: St.*

*Thomas Aquinas and St. Gregory Palamas*, Brookline: Holy Cross Orthodox Press, 1977.

Pannenberg, Wolfhart. "Der Gott der Geschichte: Der trinitarische Gott und die Wahrheit der Geschichte," *Kerygma and Dogma* Vol.23 (1977): 76-92. *ET (trans. M. B. Jackson) "The God of History: The Trinitarian God and the Truth of History," *The Cumberland Seminarian* Vol.19 No.2-3 (Winter & Spring 1981): 28-41.

Pittenger, William Norman. *The Divine Triunity*, Philadelphia: United Church, 1977.

Placher, William Carl. "The Trinity and the Motorcycle," *Theology Today* Vol.34 No.3 (October 1977): 248-256.

Scott, David A. "Trinity and Ethics: The Thought of Helmut Thielicke," *Lutheran Quarterly* Vol.29 No.1 (February 1977): 3-12.

Theis, Robert. "Die Lehre von der Dreieinigkeit Gottes bei Karl Barth," *Freiburger Zeitschrift für Philosophie und Theologie* 24. Band Heft 1-2 (1977), 250-290.


## 1978

Ford, Lewis S. *The Lure of God: A Biblical Background for Process Theism*, Philadelphia: Fortress Press, 1978.

Gunton, Colin E. *Becoming and Being: The Doctrine of God in Charles Hartshorne and Karl Barth*, Oxford: Oxford University Press, 1978. *Reprinted with the same title by SCM Press in London in 2001.

Kelly, J. N. D. *Early Christian Doctrines* (Revised Edition), San Francisco: Harper & Row Publishers, 1978.

Rahner, Karl. *Foundations of Christian Faith: An Introduction to the Idea of Christianity* (1976), trans. William V. Dych, New York: Crossroad, 1978. *Reprinted by Crossroad in New York in 2002.


## 1979

Bracken, Joseph A. *What are they Say about the Trinity?*, New York: Paulist Press,

내재적 삼위일체와 경륜적 삼위일체

1979.

Maloney, George A. *Invaded by God: Mysticism and the Indwelling Trinity*, Denville: Dimension Books, 1979.


## 1980

Barth, Karl. *Church Dogmatics* (1932-1967), trans. Geoffrey W. Bromiley, Edinburgh: T&T Clark, 1980.

Rusch, William G. *The Trinitarian Controversy*, Philadelphia: Fortress Press, 1980.

Quinn, John. "Triune Self-Giving: One Key to the Problem of Suffering," Thomist Vol.44 (1980): 173-218.

Wainwright, Geoffrey. *Doxology: The Praise of God in Worship, Doctrine and Life: A Systematic Theology*, New York: Oxford University Press, 1980.


## 1981

Kaufman, Gordon D. *The Theological Imagination: Constructing the Concept of God*, Philadelphia: The Westminster Press, 1981.

Loeschen, John R. *The Divine Community: Trinity, Church and Ethics in Reformation Theologies*, Kirksville: The Sixteenth Century Journal Publishers, 1981.

Tavard, George H. *The Vision of the Trinity*, Washington, D.C.: University Press of America, 1981.


## 1982

Hill, William J. *The Three-Personed God: The Trinity as a Mystery of Salvation*, Washington, D.C.: Catholic University Press, 1982.

Jenson, Robert W. "Creation as a Triune Act," *Word & Word* Vol.2 No.1 (Winter 1982): 34-42.

Jenson, Robert W. *The Triune Identity: God According to the Gospel*, Philadelphia: Fortress Press, 1982.

Lull, Timothy F. "The Trinity in Recent Theological Literature," *Word & World* Vol.2 No.1 (Winter 1982): 61-68.

Margerie, Bertrand de. *The Christian Trinity in History* (1975), trans. Edmund J. Fortman, Still River: St. Bede's Publications, 1982.

McFague, Sallie. *Metaphorical Theology: Models of God in Religious Language*, Philadelphia: Fortress Press, 1982.

O'Donnell, John J. "The Doctrine of the Trinity in Recent German Theology," *Heythrop Journal* Vol.23 No.2 (April 1982): 153-167.

Suchocki, Marjorie Hewitt, *God-Christ-Church: A Practical Guide to Process Theology*, New York: Crossroad, 1982. *Its new revised edition in 1989.


1983

Buri, Fritz. "Trinity and Personality," *Iliff Review* Vol.40 No.1 (Winter 1983): 15-24.

Congar, Yves. *I Believe in the Holy Spirit Vols*. I-III, trans. David Smith, New York: Seabury Press, 1983.

Jüngel, Eberhard. *God as the Mystery of the World* (1977), Grand Rapids: William B. Eerdmans Publishing Company, 1983.

Hanson, R. P. C. "The Doctrine of the Trinity Achieved in 381," *Scottish Journal of Theology* Vol.36 (1983): 41-57.

Heron, Alasdair I. C. The Holy Spirit: *The Holy Spirit in the Bible, the History of Christian Thought*, and Recent Theology, Philadelphia: The Westminster Press, 1983.

Mackey, James P. *The Christian Experience of God as Trinity*, London: SCM Press, 1983.

O'Donnell, John J. *Trinity and Temporality: The Christian Doctrine of God in the Light of Process Theology and the Theology of Hope*, Oxford: Oxford University Press, 1983.

Olson, Roger E. "Trinity and Eschatology: The Historical Being of God in Jürgen Moltmann and Wolfhart Pannenberg," *Scottish Journal of Theology* Vol.36 No.2

(1983): 213-217.

Suchocki, Marjorie Hewitt, "The Unmale God: Reconsidering the Trinity," *Quarterly Review* Vol.3 No.1 (Spring 1983): 34-49.


## 1984

Beisner, E. Calvin, *God in Three Persons*, Wheaton: Tyndale House Publishers, 1984.

Gelpi, Donald L. *The Divine Mother: A Trinitarian Theology of the Holy Spirit*, Lanham: University Press of America, 1984.

Jenson, Robert W. "Second Locus: The Triune God," in *Christian Dogmatics Vol.I-II*, eds. Carl E. Braaten and Robert W. Jenson, Philadelphia: Fortress Press, 1984: I, 79-191.

Kasper, Walter. *The God of Jesus Christ* (1982), trans. Matthew J. O'Connell, New York: Crossroad, 1984.

Oxford-Carpenter, Rebecca. "Gender and the Trinity," *Theology Today* Vol.41 No.1 (April 1984): 7-25.

Power, William L. "The Doctrine of the Trinity and Whitehead's Metaphysics," *Encounter* Vol.45 No.4 (Fall 1984): 287-302.

Schadel, Erwin, ed. *Bibliotheca Trinitariorum: Internationale Bibliographie Trinitarisher Literatur* Vols. I-II, München: K. G. Saur, 1984-1988.

Schlitt, Dale M. *Hegel's Trinitarian Claim: A Critical Reflection*, Leiden: E. J. Brill, 1984.


## 1985

Belonick, Deborah Malacky. "Revelation and Metaphors: The Significance of the Trinitarian Names, Father, Son and Holy Spirit," *Union Seminary Quarterly Review* Vol.40 No.3 (1985): 31-42.

Bracken, Joseph A. *The Triune Symbol: Persons, Process, and Community*, Lanham: University Press of America, 1985.

Brown, David. *The Divine Trinity, La Salle: Open Court Publishing Company*, 1985.

Forte, Bruno. *L'Église Icône de la Trinité: Brève ecclésiologie*, Paris: Médiaspaul, 1985. *This was translated from the original book in Italian, titled *La Chiesa icona della Trinita*. And this original book was translated in English in 1991.

Forte, Bruno. *The Trinity as History: Saga of the Christian God*, trans. Paul Rotondi, New York: Alba House, 1989. *이 책은 본래 이탈리아어로 1985년에 출간되었고 (*Trinitácome storia. Saggio sul Dio cristiano*) 1989년에 독일어와 영어로 번역되었다. 독일어 번역본은 다음과 같다. *Trinität als Geschichte: der lebendige Gott-Gott der Lebenden*, trans. Jorinde Richter, Mainz: Matthias-Grünewald-Verlag, 1989.

Hill, Edmund. *The Mystery of the Trinity*, London: Geoffrey Chapman, 1985.

Zizioulas, John D. *Being as Communion: Studies in Personhood and the Church*, New York: St. Vladimir's Seminary Press, 1985.


## 1986

Bradshaw, Timothy. "Karl Barth on the Trinity: A Family Resemblance," *Scottish Journal of Theology* Vol.39 (1986): 145-164.

Dodds, Michael J. *The Unchanging God of Love: A Study of the Teaching of St. Thomas Aquinas on Divine Immutability in View of Certain Contemporary Criticism of This Doctrine*, Fribourg: Editions Universitaires, 1986.

Gruenler, Royce Gordon. *The Trinity in the Gospel of John: A Thematic Commentary on the Fourth Gospel*, Grand Rapids: Baker Book House, 1986.

Wainwright, Geoffrey. "Trinitarian Worship," *The New Mercersburg Review* Vol.2 (1986): 3-11.

Webster, J. B. "Eberhard Jüngel: God as the Mystery of the World: On the Foundation of the Theology of the Crucified One in the Dispute between Theism and Atheism," *Scottish Journal of Theology* Vol.39 (1986): 551-556.

Williams, Arthur H. "The Trinity and Time," *Scottish Journal of Theology* Vol.39 (1986): 65-81.

내재적 삼위일체와 경륜적 삼위일체

1987

Hankey, W. J. *God in Himself: Aquinas' Doctrine of God as Expounded in the Summa Theologiae*, Oxford: Oxford University Press, 1987.

Jenson, Robert W. "The Logic of the Doctrine of the Trinity," *Dialog: A Journal of Theology* Vol.26 No.4 (Winter 1987): 245-249.

MacKenzie, Charles Sherrard. *The Trinity and Culture*, New York: Peter Lang, 1987.

O'Carroll, Michael. *Trinitas: A Theological Encyclopedia of the Holy Trinity*, Wilmington: Michael Glazier, Inc., 1987.

Pannenberg, Wolfhart. "Problems of a Trinitarian Doctrine of God," *Dialog: A Journal of Theology* Vol.26 No.4 (Winter 1987): 250-257.

Peters, Ted. "Trinity Talk: Part I," *Dialog: A Journal of Theology* Vol.26 No.1 (Winter 1987): 44-48.

_____. "Trinity Talk: Part II," *Dialog: A Journal of Theology* Vol.26 No.2 (Spring 1987): 133-138.

WCC. *Confessing One Faith: Towards an Ecumenical Explication of the Apostolic Faith as Expressed in the Nicene-Constantinopolitan Creed* (381) (Faith and Order Paper No.140), Geneva: WCC Publications, 1987.


1988

Boff, Leonard. *Trinity and Society*, trans. Paul Burns, New York: Orbis Books, 1988.

Bradshaw, Timothy. *Trinity and Ontology: A Comparative Study of the Theologies of Karl Barth and Wolfhart Pannenberg*, Edinburgh: Rutherford House, 1988.

Haight, Roger. "The Point of Trinitarian Theology," *Toronto Journal of Theology* Vol.4 No.2 (Fall 1988): 191-204.

Hardy, Daniel W. "Coleridge on the Trinity," *Anglican Theological Review* Vol.69 (1988): 145-155.

Link, Hans-Georg, ed. *One God, One Lord, One Spirit: On the Explication of the Apostolic Faith Today* (*Faith and Order Paper* No. 139), Geneva: WCC Publications, 1988.

McGrath, Alister E. *Understanding the Trinity*, Grand Rapids: Zondervan Publishing House, 1988.

Steinmetz, David C. "Inclusive Language and the Trinity," in *Memory and Mission: Theological Reflections on the Christian Past*, Nashville: Abingdon Press, 1988: 126-142.

Torrance, Thomas Forsyth. *The Trinitarian Faith: The Evangelical Theology of the Ancient Catholic Church*, Edinburgh: T&T Clark, 1988.

Wohlmuth, Von Josef. "Zum Verhältnis von ökonomischer und immanenter Trinität - eine These," *Zeitschrift für Katholische Theologie* 110 Band (1988), 139-162.


1989

British Council of Churches, *The Forgotten Trinity Vols. 1-3*: (Vol.1 [1989]: *The Report of the BCC Study Commission on Trinitarian Doctrine Today*; Vol.2 [1989]: *A Study Guide on Issues Contained in the Report of the BCC Study Commission on Trinitarian Doctrine Today*; Vol.3 [1991]: *A Selection of Papers Presented to the BCC Study Commission on Trinitarian Doctrine Today*), London: The British Council of Churches, 1989-1991.

Feenstra, Ronald J. and Cornelius Plantinga, Jr. eds. *Trinity, Incarnation, and Atonement: Philosophical and Theological Essays*, Notre Dame: University of Notre Dame Press, 1989.

Hodgson, Peter. *God in History: Shapes of Freedom*, Nashville: Abingdon, 1989.

Kelly, Anthony. *The Trinity of Love: A Theology of the Christian God*, Wilmington: Michael Glazier, 1989.

Molnar, Paul D. "The Function of the Immanent Trinity in the Theology of Karl Barth: Implications for Today," *Scottish Journal of Theology* Vol.42 (1989): 367-399.

O'Donnell, John J. *The Mystery of the Triune God, New* York: Paulist Press, 1989.

Suchocki, Marjorie Hewitt. *God Christ Church: A Practical Guide to Process Theology* (New Revised Edition), New York: Crossroad, 1989. *Its original edition in 1982.

내재적 삼위일체와 경륜적 삼위일체

Williams, Rowan. "Trinity and Ontology," in *Christ, Ethics and Tragedy: Essays in Honour of Donald MacKinnon*, ed. Kenneth Surin, Cambridge: Cambridge University Press, 1989: 71-92.

1990

Fatula, Mary Ann. *The Triune God of Christian Faith*, Collegeville: The Liturgical Press, 1990.

Fishburn, Janet Forsythe, ed. "Controversy around the Trinity," *Drew Gateway* Vol.59 (Spring 1990): 1-84. It includes J. Moltmann, "I Believe in God the Father: Patriarchal or Non-Patriarchal Reference"; G. Wainwright, "The Consciousness of Women and Feminine Trinity"; E. Moltmann-Wendel, "A European Experiment in the 17th Century"; M. Suchocki, "The Diversity of God"; J. Y. Lee, "Toward an Indigenous Asian Perspective."

Gunton, Colin. "Augustine, The Trinity and the Theological Crisis of the West," *Scottish Journal of Theology* Vol.43 (1990): 33-58.

Havrilak, Gregory. "Karl Rahner and the Greek Trinity," St. Vladimir's *Theological Quarterly* Vol.34 No.1 (1990): 61-77.

McGrath, Alister E. *Understanding the Trinity* (1988), Grand Rapids: Academie Books, 1990.

Molnar, Paul D. "The Function of the Trinity in Moltmann's Ecological Doctrine of Creation," *Theological Studies* Vol.51 (1990): 673-697.

Moltmann, Jürgen. *The Way of Jesus Christ: Christology in Messianic Dimensions* (1989), trans. Kyun Chin Kim and Myung Yong Kim, Seoul: The Christian Literature Society, 1990.

Olson, Roger E. "Wolfhart Pannenberg's Doctrine of the Trinity," *Scottish Journal of Theology* Vol.43 No.2 (1990): 175-206.

1991

Babcock, William S. "A Changing of the Christian God: The Doctrine of the Trinity in

Bracken, Joseph A. *Society and Spirit: A Trinitarian Cosmology*, Selinsgrove: Susquenhanna University Press, 1991.

Forte, Bruno. *The Church, Icon of the Trinity: A Brief Study*, trans. Robert Paolucci, Boston: St. Paul Books & Media, 1991.

Gunton, Colin E. *The Promise of Trinitarian Theology* (1st edition), London: T&T Clark, 1991. *The 2nd edition published in 1997.

Jenson, Robert W. "Does God Have Time? The Doctrine of the Trinity and the Concept of Time in the Physical Sicences," *The Center for Theology and the Natural Sciences* Vol.11 No.1 (Winter 1991): 1-6.

LaCugna, Catherine Mowry. *God for Us: The Trinity and Christian Life*, New York: HarperCollins Publishers, 1991.

LaCunga, Catherine Mowry. "The Trinitarian Mystery of God" in *Systematic Theology: Roman Catholic Perspectives Vols. I-II*, eds. Francis Schüsler Fiorenza and John P. Galvin, Minneapolis: Fortress, 1991.

Leslie, Benjamin C. *Trinitarian Hermeneutics: The Hermeneutical Significance of Karl Barth's Doctrine of the Trinity*, New York: Peter Lang Publishing, 1991.

Neville, Robert Cummings. *A Theology Primer*, Albany: State University of New York Press, 1991.

Pannenberg, Wolfhart. *Systematic Theology Vols. I-III* (1988-1993), trans. Geoffrey W. Bromiley, Grand Rapids: William B. Eerdmans Publishing Compnay, 1991-1998.

Rhee, Jong-Sung. *The Doctrine of the Trinity*, Seoul: The Christian Literature Society, 1991.

Russell, Robert John. "Is the Triune God the Basis for Physical Time?" *The Center for Theology and the Natural Sciences Bulletin* Vol.11 No.1 (Winter 1991): 7-19

Suchocki, Marjorie. "John Cobb's Trinity: Implications for the University," in *Theology and the University: Essays in Honor of John B. Cobb, Jr.*, eds. David Ray Griffin and Joseph C. Hough, Jr., Albany: State University of New York Press, 1991.

Thomson, John. "Modern Trinitarian Perspectives," *Scottish Journal of Theology*

내재적 삼위일체와 경륜적 삼위일체

Vol.44 (1991): 349-365.

Wainwright, Geoffrey. "The Doctrine of the Trinity: Where the Church Stands or Falls," *Interpretation* Vol.45 No.2 (April 1991): 117-132.


## 1992

Boyd, Gregory A. *Trinity And Process: A Critical Evaluation and Reconstruction of Hartshorne's Di-Polar Theism Towards a Trinitarian Metaphysics,* New York: Peter Lang, 1992.

Johnson, Elizabeth A. *She Who Is: The Mystery of God in Feminist Theological Discourses,* New York: Crossroad, 1992.

Kimel, Alvin F. Jr. ed. *Speaking the Christian God: The Holy Trinity and the Challenge of Feminism,* Grand Rapids: Eerdmans, 1992.

Moltmann, Jürgen. *History and the Triune God: Contributions to Trinitarian Theology* (1991), trans. John Bowden, New York: Crossroad, 1992.

Peters, Ted. *God The World's Future: Systematic Theology for a Postmodern Era* (1st edition), Minneapolis: Fortress Press, 1992. *Its 2nd edition was published in 2000.


## 1993

Gresham, John L. Jr. "The Social Model of the Trinity and Its Critics," *Scottish Journal of Theology* Vol.46 No.3 (1993): 325-343.

Gunton, Colin E. *The One, the Three and the Many: God, Creation and the Culture of Modernity,* Cambridge: Cambridge University Press, 1993.

Kaufman, Gordon D. *In Face of Mystery: A Constructive Theology,* Cambridge: Harvard University Press, 1993.

Lash, Nicholas. *Believing Three Ways in One God: A Reading of the Apostles' Creed,* Notre Dame: University of Notre Dame Press, 1993.

Moltmann, Jürgen. *The Church in the Power of the Spirit: A Contribution to Messianic Ecclesiology* (1975), Minneapolis: Fortress Press, 1993.

_____. *The Crucified God: The Cross of Christ as the Foundation and Criticism of Christian Theology* (1972), trans. R. A. Wilson and John Bowden, Minneapolis: Fortress Press, 1993.

_____. *The Trinity and the Kingdom: The Doctrine of God* (1980), trans. Margaret Kohl, Minneapolis: Fortress Press, 1993.

Peters, Ted. *God as Trinity: Relationality and Temporality in Divine Life*, Louisville: Westminster/John Knox Press, 1993.

Studer, Basil. *Trinity and Incarnation: The Faith of the Early Church*, trans. Matthias Westerhoff, Collegeville: The Liturgical Press, 1993.

Weinandy, Thomas G. "The Immanent Trinity and the Economic Trinity," *Thomist* Vol. 57 (1993): 655-666.


1994

Butin, Philip Walker. "Reformed Ecclesiology: Trinitarian Grace According to Calvin," *Studies in Reformed Theology and History* Vol. 2 No.1 (Winter 1994): 1-52.

Colle, Ralph Del. *Christ and the Spirit: Spirit-Christology in Trinitarian Perspective*, Oxford, Oxford University Press, 1994.

Deddo, Gary. "The Grammar of Barth's Theology of Personal Relations," *Scottish Journal of Theology* Vol.47 No.2 (1994): 183-222.

Freeman, Bill. *The Triune God in Experience: The Testimony of Church History*, Scottsdale: Ministry Publications, 1994.

Jenson, Robert W. "The Trinity and Church Structure," in *Shaping Our Future: Challenges for the Church in the Twenty-First Century*, ed. J. Stephen Freeman, Boston: Cowley Publications, 1994: 15-26.

Johnson, Elizabeth. *She Who Is: The Mystery of God in Feminist Theological Discourse*, New York: Crossroad, 1994.

Marsh, Thomas A. *The Triune God: A Biblical, Historical, and Theological Study*, Mystic: Twenty-Third Publications, 1994.

Marsh, Charles. "Two Models of Trinitarian Theology: A Way Beyond the Impasse?,"

*Perspectives in Religious Studies* Vol.21 Issue1 (Spring 1994): 59-67

Ogbonnaya, A. Okechukwu. *On Communitarian Divinity: An African Interpretation of the Trinity*, New York: Paragon House, 1994.

Speidell, Todd H. "A Trinitarian Ontology of Persons in Society," *Scottish Journal of Theology* Vol.47 No.3 (1994): 283-300.

Thompson, John. *Modern Trinitarian Perspectives*, New York: Oxford University Press, 1994.

Torrance, Thomas F. *Trinitarian Perspectives: Toward Doctrinal Agreement*, Edinburgh: T&T Clark, 1994.

Wilken, Robert L. "Not a Solitary God: The Triune God of the Bible," *Pro Ecclesia: A Journal of Catholic and Evangelical Theology* Vol.3 No.1 (Winter 1994): 36-55.


1995

Barnes, Michel René. "Augustine in Contemporary Trinitarian Theology," *Theological Studies* 56 (1995): 237-250.

_____. "De Régnon Reconsidered," *Augustinian Studies* 26 (1995): 51-79.

Butin, Philip Walker. *Revelation, Redemption, and Response: Calvin's Trinitarian Understanding of the Divine-Human Relationship*, Oxford: Oxford University Press, 1995.

Erickson, Millard J. *God in Three Persons: A Contemporary Interpretation of the Trinity*, Grand Rapids: Baker, 1995.

Jenson, Robert E. "Justification as a Triune Event," *Modern Theology* Vol.11 No.4 (October 1995): 421-427.

Johnson, Elizabeth A. *She Who Is: The Mystery of God in Feminist Theological Discourse*, New York: Crossroad, 1995.

Meredith, Anthony. *The Cappadocians*, Crestwood: St. Vladimir's Seminary Press, 1995.

Schwöbel, Christoph, ed. *Trinitarian Theology Today: Essays on Divine Being and Act*, Edinburgh: T&T Clark, 1995.

Weinandy, Thomas G. *The Father's Spirit of Sonship: Reconceiving the Trinity*, Edinburgh: T&T Clark, 1995.


1996

Kaufman, Gordon D. *God-Mystery-Diversity: Christian Theology in a Pluralistic World*, Minneapolis: Fortress Press, 1996.

Lee, Jung Young. *The Trinity in Asian Perspective, Nashville: Abingdon Press*, 1996.

Moltmann, Jürgen. *The Coming of God: Christian Eschatology* (1995), trans. Margaret Kohl, Minneapolis: Fortress Press, 1996.

Torrance, Alan J. *Persons in Communion: An Essay on Trinitarian Description and Human Participation with special reference to Volume One of Karl Barth's Church Dogmatics*, Edinburgh: T&T Clark, 1996.

Torrance, Thomas F. *The Christian Doctrine of God: One Being, Three Persons*, Edinburgh: T&T Clark, 1996.

Volf, Miroslav. *Exclusion and Embrace: A Theological Exploration of Identity, Otherness, and Reconciliation*, Nashville: Abingdon Press, 1996.


1997

Alston, William P. "The Holy Spirit and the Trinity," in *Philosophy and Theological Discourse*, ed. Stephen T. Davis, New York: St. Martin's Press, 1997: 102-123.

Bracken, Joseph A., and Marjorie Hewitt Suchock, eds, *Trinity in Process: A Relational Theology of God*, New York: Continuum, 1997.

Gunton, Colin E. *The Promise of Trinitarian Theology* (2nd edition), Edinburgh: T&T Clark, 1997. *The 1st edition published in 1991.

Hunt, Anne. *The Trinity and the Paschal Mystery: A Development in Recent Catholic Theology*, Collegeville: Liturgical Press, 1997.

Jenson, Robert W. *Systematic Theology: The Triune God* (Vol. 1), *The Works of God* (Vol. 2), Oxford: Oxford University Press, 1997-1999.

Johnson, William Stacy. *The Mystery of God: Karl Barth and the Postmodern*

내재적 삼위일체와 경륜적 삼위일체

*Foundations of Theology*, Louisville: Westminster John Knox Press, 1997.

O'Meara, Thomas F. *Thomas Aquinas: Theologian*, Notre Dame: University of Notre Dame Press, 1997.

Runzo, Joseph. "The Third Person of the Trinity," in *Philosophy and Theological Discourse*, ed. Stephen T. Davis, New York: St. Martin's Press, 1997: 124-129.

Suchocki, Marjorie Hewitt. "The Contextualization of God," in *Philosophy and Theological Discourse*, ed. Stephen T. Davis, New York: St. Martin's Press, 1997: 130-143.

Reid, Duncan. *Energies of the Spirit: Trinitarian Models in Eastern Orthodox and Western Theology*, Atlanta: Scholars Press, 1997.

Vanhoozer, Kevin J. ed. *The Trinity in a Pluralistic Age: Theological Essays on Culture and Religion*, Grand Rapids: William B. Eerdmans Publishing Company, 1997.


## 1998

Cheng, Chung-ying. "The Trinity of Cosmology, Ecology, and Ethics in the Confucian Personhood," in *Confucianism and Ecology: The Interrelation of Heaven, Earth, and Humans*, eds. Mary Evelyn Tucker and John Berthrong, Cambridge: Harvard University Press, 1998: 211-235

Cunningham, David S. *These Three Are One: The Practice of Trinitarian Theology*, Malden: Blackwell Publishers, 1998.

Gunton, Colin E. *The Triune Creator: A Historical and Systematic Study*, Grand Rapids: William B. Eerdmans Publishing Company, 1998.

Hunt, Anne. *What Are They Saying about the Trinity?* New York: Paulist Press, 1998.

McIntosh, Mark Allen. *Mystical Theology: The Integrity of Spirituality and Theology*, Malden: Blackwell Publishing, 1998.

Meerson, Michael Aksionov. *The Trinity of Love in Modern Russian Theology*, Quincy: Franciscan Press, 1998.

Papanikolaou, Aristotle. *Apophaticism v. Ontology: A Study of Vladimir Lossky and*

*John Zizioulas*, Ann Arbor: UMI Dissertation Services, 1998.

Volf, Mirosalv. *After Our Likeness: The Church as the Image of the Trinity*, Grand Rapids: William B. Eerdmans Publishing Company, 1998.

Wainwright, Geoffrey. "The Ecumenical Redicovery of the Trinity," *One in Christ* Vol.34 No.2 (1998): 95-124.

White, James R. *The Forgotten Trinity: Recovering the Heart of Christian Belief*, Minneapolis: Bethany House Publishers, 1998.


## 1999

Bobrinskoy, Boris. *The Mystery of the Trinity: Trinitarian Experience and Vision in the Biblical and Patristic Tradition*, trans. Anthony P. Gythiel, Crestwood: St. Vladimir's Seminary Press, 1999. *Translated from *Le Mystère de las Trinité* in 1986.

Davis, Stephen T., Daniel Kendall, and Gerald O'Collins. *The Trinity: An Interdisciplinary Symposium on the Trinity*, Oxford: Oxford University Press, 1999.

Haight, Roger. *Jesus: Symbol of God, Maryknoll: Orbis Books*, 1999.

Jenson, Robert E. "Jesus in the Trinity," *Pro Ecclesia* Vol.8 No.3 (Summer 1999): 308-318.

Lorenzen, Lynne Faber. *The College Student's Introduction to the Trinity*, Collegeville: The Liturgical Press, 1999.

O'Collins, Gerald. *The Tripersonal God: Understanding and Interpreting the Trinity*, New York: Paulist Press, 1999.

Russell, Keith A. ed. "Trinity," *The Living Pulpit* Vol.8 No.2 (April 1999): 1-48.


## 2000

Boff, Leonard. Holy Trinity, *Perfect Community* (1988), trans. Phillip Berryman, Maryknoll: Orbis Books, 2000.

Downey, Michael. *Altogether Gift: A Trinitarian Spirituality*, New York: Orbis

Books, 2000.

Erickson, Millard J. *Making Sense of the Trinity: Three Crucial Questions*, Grand Rapids: Baker Books, 2000.

Fiddes, Paul S. *Participating in God: A Pastoral Doctrine of the Trinity*, Louisville: Westminster John Knox Press, 2000.

Gunton, Colin E. ed. *Trinity, Time, and Church: A Response to the Theology of Robert W. Jenson*, Grands Rapids: William B. Eerdmans Publishing Company, 2000.

Hunsinger, George. *Disruptive Grace: Studies in the Theology of Karl Barth*, Grand Rapids: W. B. Eerdmans Publishing Company, 2000.

Jenson, Robert W. "The Hidden and Triune God," *International Journal of Systematic Theology* Vol.2 No.1 (March 2000): 5-12.

McIntosh, Mark Allen. *Mysteries of Faith*, Cambridge: Cowley Publications, 2000.

Meeks, M. Douglas, ed. *Trinity, Community, and Power: Mapping Trajectories in Wesleyan Theology*, Nashville: Kingswood Books, 2000.

Miyahira, Nozomu. *Towards a Theology of the Concord of God: A Japanese Perspective on the Trinity*, Carlisle: Paternoster Press, 2000.

Moltmann, Jürgen. *Experiences in Theology: Ways and Forms of Christian Theology* (2000), trans. Margaret Kohl, Minneapolis: Fortress Press, 2000.

Peters, Ted. *GOD The World's Future: Systematic Theology for a New Era* (2nd edition), Minneapolis: Fortress Press, 2000. *Its 1st edition was published in 1993.

Scirghi, Thomas J. *An Examination of the Problems of Inclusive Language in the Trinitarian Formula of Baptism* (*Studies in Religion and Society* Vol.42), Lewiston: The Edwin Mellen Press, 2000.


2001

Bracken, Joseph A. *The One in the Many: A Contemporary Reconstruction of the God-World Relationship*, Grand Rapids: William B. Eerdmans, 2001.

Buckley, James J. and David S. Yeago, eds. *Knowing the Triune God: The Work of the Spirit in the Practices of the Church*, Grand Rapids: William B. Eerdmans

Publishing Company, 2001.

Butin, Philip Walker. *The Trinity*, Louisville: Geneva Press, 2001.

Collins, Paul M. *Trinitarian Theology West and East: Karl Barth, the Cappadocians Fathers and John Zizioulas*, Oxford: Oxford University Press, 2001.

Fox, Patricia A. *God as Communion: John Zizioulas, Elizabeth Johnson, and the Retrieval of the Symbol of the Triune God*, Collegeville: The Liturgical Press, 2001.

Ganoczy, Alexandre. *Der Dreieinige* Schöpfer: Trinitätstheologie and Synergie, Darmstadt: Wissenschaftliche Buchgesellschaft, 2001.

Grenz, Stanley J. *The Matrix of Christian Theology Vol.1: The Social God and the Relational Self: A Trinitarian Theology of the Imago Dei*, Louisville: Westminster John Knox Press, 2001.

Jüngel, Eberhard. *God's Being Is in Becoming: The Trinitarian Being of God in the Theology of Karl Barth* (1965), trans. John Webster, Edinburgh: T&T Clark, 2001.

Moltmann, Jürgen. The Spirit of Life: A Universal Affirmation (1991), Minneapolis: Fortress Press, 2001.

Muncaster, Ralph O. *What is the Trinity?*, Eugene: Harvest House Publishers, 2001.

Powell, Samuel M. *The Trinity in German Thought*, Cambridge: Cambridge University Press, 2001.

Rhee, Jong-Sung. *Augustine's Doctrine of the Trinity: The Influence of Plotinus on Augustine as Illustrated in his Doctrine of the Trinity*, Seoul: Korea Institute of Advanced Christian Studies, 2001.

Sanders, Fred. "Entangled in the Trinity: Economic and Immanent Trinity in Recent Theology," *Dialog: A Journal of Theology* Vol.40 No.3 (Fall, 2001): 175-182.

_____. "The Image of the Immanent Trinity: Implications of Rahner's Rule for a Theological Interpretation of Scripture." Ph.D. diss., Graduate Theological Union, 2001.

Tanner, Kathryn. Jesus, *Humanity and the Trinity: A Brief Systematic Theology*, Minneapolis: Fortress Press, 2001.

## 2002

Augustine. *On the Trinity* (Books 8-15). Trans. Stephen McKenna. Cambridge: Cambridge University Press, 2002.

Beeley, Christopher. "Gregory of Nazianzus: Trinitarian Theology, Spirituality and Pastoral Theory." Ph.D. diss., The University of Notre Dame, 2002.

Giles, Kevin. *The Trinity and Subordinationism: The Doctrine of God and the Contemporary Gender Debate*, Downers Grove: InterVarsity Press, 2002.

Harrison, Verna Nonna, "Human Community as an Image of the Holy Trinity," *St. Vladimir's Theological Quarterly*, Vol. 46 No. 2 (2002): 347-364.

Jenson, Robert E. "The Bible and the Trinity," *Pro Ecclesia : A Journal of Catholic and Evangelical Theology* Vol.11 No.3 (Summer 2002): 329-339.

Molnar, Paul D. *Divine Freedom and the Doctrine of the Immanent Trinity: In Dialogue with Karl Barth and Contemporary Theology*, London: T&T Clark, 2002.

Olson, Roger E. and Christopher Hall, A. *The Trinity*, Grand Rapids: William B. Eerdmans Publishing Company, 2002.

Pauw, Amy Plantinga. *The Supreme Harmony of All: The Trinitarian Theology of Jonathan Edwards*, Grand Rapids: William B. Eerdmans Publishing Company, 2002.

Sholl, Brian K. "On Robert Jenson's Trinitarian Thought," *Modern Theology* Vol.18 No.1 (January 2002): 27-36.

## 2003

Baik, Chung-Hyun. "The Relation Between the Economic Trinity and the Immanent Trinity: Karl Barth and Karl Rahner." S.T.M. Thesis, Yale Divinity School, 2004.

Desmond, William. *Hegel's God: A Counterfeit Double?*, Burlington: Ashgate, 2003.

Erickson, Millard J. *God in Three Persons: A Contemporary Interpretation of the Trinity*, Grand Rapids: Baker Books, 2003.

Grenz, Stnaley J. "The Divine Fuge: Robert Jenson's Renewed Trinitarianism: A Review Essay," *Perspectives in Religious Studies* Vol.30 No.2 (Summer 2003): 211-

216.

Gunton, Colin E. *Father, Son and Holy Spirit: Essays Toward a Fully Trinitarian Theology* (2nd edition), London: T&T Clark, 2003.

Kim, Heup Young. *Christ and the Tao*, Hong Kong: Christian Conference of Asia, 2003.

Marshall, Molly T. "Participating in the Life of God: A Trinitarian Pneumatology," *Perspectives in Religious Studies* Vol.30 No.2 (Summer 2003): 139-150.

Muller, Richard A. *Post-Reformulation Reformed Dogmatics: The Rise and Development of Reformed Orthodoxy, ca. 1520 to ca.1725 - Vol. 4 The Triunity of God*, Grand Rapids: Baker Academic, 2003.

Park, Mann. *Study on the Contemporary Doctrine of the Trinity*, Seoul: The Christian Literature Society of Korea, 2003.

Powell, Samuel M. *Participating in God: Creation and Trinity*, Minneapolis: Fortress Press, 2003.

Rowe, C. Kavin. "Luke and the Trinity: An Essay in Ecclesial Biblical Theology," *Scottish Journal of Theology* Vol.56 No.1 (2003): 1-26.

Smith, Timothy L. *Thomas Aquinas' Trinitarian Theology: A Study in Theological Method*, Washington, D.C.: The Catholic University of America Press, 2003.

Studebaker, Steve. "Jonathan Edward's Social Augustinian Trinitarianism: An Alternative to a Recent Trend," *Scottish Journal of Theology* Vol.56 No.3 (2003): 268-285.

## 2004

Brower, Jeffrey E. "The Problem with Social Trinitarianism: A Reply to Wierenga," *Faith and Philosophy: Journal of the Society of Christian Philosophers* Vol.21 No.3 (July 2004): 295-303.

Danaher, William J. Jr. *The Trinitarian Ethics of Jonathan Edwards*, Louisville: Westminster John Knox Press, 2004.

Grenz, Stanley J. *Rediscovering the Triune God: The Trinity in Contemporary*

Theology, Minneapolis: Fortress Press, 2004.

Jenson, Robert W. "The Trinity in the Bible," *Concordia Theological Quarterly* Vol.68 No.3-4 (July-October 2004): 195-206.

Johnson, Darrell W. Experiencing the Trinity, Canada: Regent Collage Publishing, 2004.

Kärkkäinen, Veli-Matti. *Trinity and Religious Pluralism: The Doctrine of the Trinity in Christian Theology of Religions*, Burlington: Ashgate Publishing Company, 2004.

Kaufman, Gordon D. *In the Beginning...Creativity*, Minneapolis: Fortress Press, 2004.

Leftow, Brian. "A Latin Trinity," *Faith and Philosophy: Journal of the Society of Christian Philosophers* Vol.21 No.3 (July 2004): 304-333.

Letham, Robert. *The Holy Trinity: In Scripture*, History, Theology, and Worship, Phillipsburg: P&R Publishing Company, 2004.

Maloney, Geroge A. *Abiding in the Indwelling Trinity*, New York: Paulist Press, 2004.

Ngong, David Tonghou. "The Trinity and African (Christian) Identity," *American Baptist Quarterly* Vol.23 No.4 (December 2004): 378-390.

Sherman, Robert. *King, Priest, and Prophet: A Trinitarian Theology of Atonement*, New York: T&T Clark, 2004.

Weinandy, Thomas G., Daniel A. Keating, and John P. Yocum, eds. *Aquinas on Doctrine: A Critical Introduction*, London: T&T Clark, 2004.

Wierenga, Edward. "Trinity and Polytheism," *Faith and Philosophy: Journal of the Society of Christian Philosophers* Vol.21 No.3 (July 2004): 281-294.


2005

Brower, Jeffrey E., and Michael C. Rea, "Material Constitution and the Trinity," *Faith and Philosophy: Journal of the Society of Christian Philosophers* Vol.22 No.1 (January 2005): 57-86.

Grenz, Stanley J. *The Matrix of Christian Theology Vol.2: The Named God and the*

*Question of Being: A Trinitarian Theo-Ontology*, Louisville: Westminster John Knox Press, 2005.

Hart, David B. "The Lively God of Robert Jenson," *First Things* No.156 (October 2005): 28-34.

Holmes, Stephen R. and Murray A. Rae, eds. *The Person of Christ*, London: T&T Clark, 2005.

Hunt, Anne. *Trinity: Nexus of the Mysteries of Christian Faith*, Maryknoll: Orbis Books, 2005.

Kaärkkaäinen, Veli-Matti. "Trinity and Religions: On the Way to a Trinitarian Theology of Religions for Evangelicals," *Missiology* Vol.33 No.2 (April 2005): 159-174.

Maloney, George A. *Abiding in the Indwelling Trinity*, Mahwah: Paulist Press, 2005.

McIntosh, Mark Allen. "Trinitarian Perspective on Christian Spirituality," in Arthur Holder, ed. *The Blackwell Companion to Christian Spirituality*, Malden: Blackwell Publishing, 2005.

Metzger, Paul Louis, ed. *Trinitarian Soundings in Systematic Theology*, New York: T&T Clark, 2005.

Min, Anselm K. *Paths to the Triune God: An Encounter between Aquinas and Recent Theologies*, Notre Dame: University of Notre Dame Press, 2005.

Pless, John T. "Tracking the Trinity in Contemporary Theology," *Concordia Theological Quarterly* Vol.69 No.2 (April 2005): 99-117.

Rhee, Jong-Sung. *The Trinity: A Brief History of Friction between Theology and Philosophy*, Seoul: Presbyterian College and Theological Seminary Press, 2005.

Sanders, Fred R. "The State of the Doctrine of the Trinity in Evangelical Theology," *Southwestern Journal of Theology* Vol.47 No.2 (Spring 2005): 153-175.

Sanders, Fred R. "Trinity Talk, Again," *Dialog: A Journal of Theology* Vol.44 No.3 (Fall, 2005): 264-272.

Sokolowski, Robert. *Christian Faith and Human Understanding: Studies on the Eucharist, Trinity, and the Human Person*, Washington, D.C.: Catholic University

내재적 삼위일체와 경륜적 삼위일체

of America Press, 2005.

Ziegler, Roland F. "Natural knowledge of God and the Trinity," *Concordia Theological Quarterly* Vol.69 No.2 (April 2005): 133-158.


## 2006

Barbosa de Sousa, Ricardo. "The Trinity and Spirituality," *Journal of Latin American Theology* Vol.1 No.2 (2006): 8-69.

Braaten, Carl E. "The Triune God: The Source and Model of Christian Unity and Mission," *Missiology: An International Review* Vol.18 No.4 (October 1990): 415-427.

Cartledge, Mark J. "Empirical-theological Models of the Trinity: Exploring the Beliefs of Theology Students in the United Kingdom," *Journal of Empirical Theology* Vol.19 No.2 (2006): 137-162.

Doyle, Brian M. "Social doctrine of the Trinity and Communion Ecclesiology in Leonardo Boff and Gisbert Greshake," *Horizons* Vol.33 No.2 (Fall 2006): 239-255.

Fiddes, Paul S. "Participating in the Trinity," *Perspectives in Religious Studies* Vol.33 No.3 (Fall 2006): 375-391.

FitzGerald, Kyriaki Karidoyanes. *Persons in Communion: A Theology of Authentic Relationships*, Berkeley: InterOrthodox Press, 2006.

Freeman, Curtis W. "God in Three Persons: Baptist Unitarianism and the Trinity," *Perspectives in Religious Studies* Vol.33 No.3 (Fall 2006): 323-344.

George, Timothy, ed. *God the Holy Trinity: Reflections on Christian Faith and Practice*, Grand Rapids: Baker Academic, 2006.

Green, Clifford J. "Trinity and Christology in Bonhoeffer and Barth," Union Seminary Quarterly Review Vol.60 No.1 (2006): 1-22.

Humphreys, Fisher. "The Revelation of the Trinity," *Perspectives in Religious Studies* Vol.33 No.3 (Fall 2006): 285-303.

James, Robison B. "The Trinity and Non-Christian Religions: A Perspective That Makes Use of Paul Tillich as Resource," *Perspectives in Religious Studies* Vol.33

No.3 (Fall 2006): 361-373.

Jowers, Dennis W. "A Test of Rahner's Trinitarian Grundaxiom," *The Thomist* Vol. 70 (2006): 421-455.

_____. *The Trinitarian Axiom of Karl Rahner: The Economic Trinity is the Immanent Trinity and Vice Versa*, New York: The Edwin Mellen Press, 2006.

Karen, Baker-Fletcher. *Dancing with God: The Trinity from a Womanist Perspective*, St. Louis: Chalice Press, 2006.

Kaufman, Gordon D. *Jesus and Creativity*, Minneapolis: Fortress Press, 2006.

Kärkkäinen, Veli-Matti. "How to Speak of the Spirit Among Religions: Trinitarian 'Rules' for a Pneumatological Theology of Religions," *International Bulletin of Missionary Research* Vol.30 No.3 (July 2006): 121-127.

Lawyer, John Elder. "The First Celtic Theologian: Hilary of Poitiers on the Trinity," *Fides et Historia* Vol.38 No.2 (Summer 2006): 1-22.

Mattox, Mickey L. "From Faith to the Text and Back Again: Martin Luther on the Trinity in the Old Testament," *Pro Ecclesia* Vol.15 No.3 (Summer 2006): 281-303.

McCormick, K Steve. "The Church an Icon of the Holy Trinity?: A Spirit-christology as Necessary Prolegomena of Ecclesiology," *Wesleyan Theological Journal* Vol.41 No.2 (Fall 2006): 227-241.

McWilliams, Warren. "Only the Triune God Can Help: The Relation of the Trinity to Theodicy," *Perspectives in Religious Studies* Vol.33 No.3 (Fall 2006): 345-359.

Oh, Peter S. *Karl Barth's Trinitarian Theology: A Study in Karl Barth's Analogical Use of the Trinitarian Relation*, London: T&T Clark, 2006.

Papanikolaou, Aristotle. *Being with God: Trinity, Apophaticism, and Human-Divine Communion*, Notre Dame: University of Notre Dame Press, 2006.

Volf, Miroslav and Michael Welker, eds. *God's Life in Trinity*, Minneapolis: Fortress Press, 2006.

_____. *Der Lebendige Gott als Trinität: Jürgen Moltmann zum 80. Geburtstag*, Gütersloh: Gütersloher Verlaghaus, 2006.

2007

Brown, Sally A. "Speaking Again of the Trinity," *Theology Today* Vol.64 No.2 (July 2007): 145-158.

Chung, Sung Wook, *Trinitarian Theology and Spirituality*, Seoul: Hongsungsa, 2007.

Hefling, Charles C. "On the (Economic) Trinity: An Argument in Conversation with Robert Doran," *Theological Studies* Vol.68 No.3 (September 2007): 642-660.

Kärkkäinen, Veli-Matti, *The Trinity: Global Perspectives*, Louisville: Westminster John Knox Press, 2007.

Knight, Douglas, ed. *The Theology of John Zizioulas: Personhood and the Church*, Aldershot: Ashgate, 2007.

Kuehn, Evan F. "The Johannine Logic of Augustine's Trinity: A Dogmatic Sketch," *Theological Studies* Vol.68 No.3 (September 2007): 572-594.

Lonergan, Bernard J. F. *The Triune God: Systematics (Collected Works of Bernard Lonergan* Vol.12), trans. Michael G. Sheilds, Toronto: University of Toronto Press, 2007. *translated from De Deo Trino, Pars systematica, 1964.

Molnar, Paul D. "Can the Electing God Be God without Us?: Some Implications of Bruce McCormack's Understanding of Barth's Doctrine of Election for the Doctrine of the Trinity," *Neue Zeitschrift für Systematische Theologie und Religionsphilosophie* Vol.49 No.2 (2007): 199-222.

Ormerod, Neil. "Two Points or Four?: Rahner and Lonergan on Trinity, Incarnation, Grace, and Beatific Vision," *Theological Studies* Vol.68 No.3 (September 2007): 661-673.

Placher, William C. *The Triune God: An Essay in Postliberal Theology*, Louisville: Westminster John Knox Press, 2007.

Tanner, Kathryn E. "Kingdom Come: The Trinity and Politics," *The Princeton Seminary Bulletin* Vol.28 No.2 (2007): 129-145.

Theron, Johann. "Trinity in the Temptation Narrative and the Interpretation of Noordmans, Dostoyevski, and Mbeki," *Journal of Reformed Theology* Vol.1 No.2 (2007): 204-222.

Tumblin, Thomas. "The Trinity Applied: Creating Space for Changed Lives," *Journal of Religious Leadership* Vol.6 No.2 (Fall 2007): 65-73.

Weedman, Mark. *The Trinitarian Theology of Hilary of Poitiers*, Leiden: Brill, 2007.

Zizioulas, John D. *Communion and Otherness: Further Studies in Personhood and the Church*, New York: Continuum, 2007.

Zscheile, Dwight J. "The Trinity, Leadership, and Power," *Journal of Religious Leadership* Vol.6 No.2 (Fall 2007): 43-63.


## 2008

Alexander, Kimberly Ervin. "Matters of Conscience, Matters of Unity, Matters of Othodoxy: Trinity and Wter Baptism in Early Pentecostal Theology and Practice," *Journal of Pentecostal Theology* Vol.17 No.1 (2008): 48-69.

Beeley, Christopher A. *Gregory of Nazianzus on the Trinity and the Knowledge of God: In Your Light We Shall See Light*, Oxford: Oxford University Press, 2008.

Bird, Michael F and Shillaker, Robert E. "Subordination in the Trinity and Gender Roles: A Response to Recent Discussion," *Trinity Journal* Vol.29 No.2 (Fall 2008): 267-283.

Chaillot, Christine. "Contemplating Rublev's Icon: The Authority of the Trinity and the Community of Women and Men in the Church," *The Ecumenical Review* Vol.60 No.1 (January 2008): 137-144.

Collins, Paul M. ed. *The Trinity: A Guide for the Perplexed*, New York: Continuum, 2008.

Gioia, Luigi. *The Theological Epistemology of Augustine's De Trinitate*, Oxford: Oxford University Press, 2008.

Heidgerken, Benjamin. "Homosexuality, Marriage, and the Doctrine of the Trinity," *Journal of Theta Alpha Kappa* Vol.32 No.2 (Fall 2008): 46-63.

Hoefer, Herbert E. "Letters on the Trinity to Hindus, Muslims, and Buddhists," *Missio Apostolica* Vol.16 No.2 (November 2008): 104-110.

Hunsinger, George. "Election and the Trinity: Twenty-five Theses on the Theology

내재적 삼위일체와 경륜적 삼위일체

of Karl Barth," *Modern Theology* Vol.24 No.2 (April 2008): 179-198.

Kinnison, Quentin P. "The Social Trinity and the Southwest: Toward a Local Theology in the Borderlands," *Perspectives in Religious Studies* Vol.35 No.3 (Fall 2008): 261-281.

Lathrop, Gordon W. "Holy Eucharist, Holy Trinity, Real World: on Liturgy and Ordinary Life," *Currents in Theology and Mission* Vol.35 No.3 (June 2008): 199-205.

Leupp, Roderick T. *The Renewal of Trinitarian Theology: Themes, Patterns & Explorations*, Downers Grove: InterVarsity Press, 2008.

Walter, Gregory A. "Trinity as Circumscription of Divine Love According to Friedrich Schleiermacher," *Neue Zeitschrift für Systematische Theologie und Religionsphilosophie* Vol.50 No.1 (2008): 62-74.

## 2009

Achtner, Wolfgang. "Time, Eternity, and Trinity," *Neue Zeitschrift für Systematische Theologie und Religionsphilosophie* Vol.51 No.3 (2009): 268-288.

Cartledge, Mark J. "God, Gender, and Social Roles: A Study in Relation to Emperical-theological Models of the Trinity," *Journal of Empirical Theology* Vol.22 No.2 (2009): 117-141.

Cassidy, James J. "Election and Trinity," *The Westminster Theological Journal* Vol.71 No.1 (Spring 2009): 53-81.

Cervantes-Ortiz, Leopoldo. "God, the Trinity, and Latin America Today," *Journal of Reformed Theology* Vol.3 No.2 (2009): 157-173.

Erickson, Millard J. *Who's Tampering with the Trinity?: An Assessment of the Subordination Debate*, Grand Rapids: Kregel Publications, 2009.

Fairbairn, Donald. *Life in the Trinity: An Introduction to Theology with the Help of the Church Fathers*, Downers Grove: IVP Academic, 2009.

Haight, Roger D. "Trinity and Religious Pluralism," *Journal of Ecumenical Studies* Vol.44 No.4 (Fall 2009): 525-540.

Hastings, Ross. "Ecstasy, Embrace, Effulgence: the Trinity and the Mission-shaped Church in the Twenty-first Century," *Crux* Vol.45 No.2 (Summer 2009): 2-11.

Hollmann, Joshua. "'Three what?': Talking with Muslims about the Trinity," *Logia* Vol.18 No.4 (2009): 19-21.

Hoover, Jon. "Islamic Monotheism and the Trinity," *The Conrad Grebel Review* Vol.27 No.1 (Winter 2009): 57-82.

Kombo, James Henry Owino. "The Trinity in Africa," *Journal of Reformed Theology* Vol.3 No.2 (2009): 125-143.

Malcolm, Lois. "Jesus and the Trinity," Word & World Vol.29 No.2 (Spring 2009): 143-151.

Sain, Barbara K. "Truth, Trinity, and Creation: Placing Bruce Marshall's Trinity and Truth in Conversation with Hans Urs von Balthasar's Theo-logic," *Pro Ecclesia* Vol.18 No.3 (Summer 2009): 273-298.

Swart, Johannes Gerhardus Jacobus et al. "Toward a Missional Theology of Participation: Ecumenical Reflections on Contributions to Trinity, Mission, and Church," *Missiology* Vol.37 No.1 (January 2009): 75-87.

Thiessen, Gesa Elsbeth. "Imaging the Dogma of the Trinity," *Communio Viatorum* Vol.51 No.1 (2009): 4-21.

Tonstad, Linn Marie. "'The Ultimate Consequence of His Self-distinction from the Father...': Difference and Hierarchy in Pannenberg's Trinity," *Neue Zeitschrift für systematische Theologie und Religionsphilosophie*, Vol.51 No.4 (2009): 383-399.


2010

Ayres, Lewis. *Augustine and the Trinity*, Cambridge: Cambridge University Press, 2010.

Black, C. Clifton. "Trinity and Exegesis," *Pro Ecclesia* Vol.19 No 2 (Spring 2010): 151-180.

Cook, Michael L. *Trinitarian Christology: the Power That Sets Us Free*, Mahwah: Paulist Press, 2010.

내재적 삼위일체와 경륜적 삼위일체

Dodds, Adam. "Newbigin's Trinitarian Missiology: The Doctrine of the Trinity as Good News for Western Culture," *International Review of Mission* Vol.99 No.390 (April 2010): 69-85.

Flett, John G. *The Witness of God: the Trinity, Missio Dei, Karl Barth, and the Nature of Christian Community*, Grand Rapids: W. B. Eerdmans Publishing Company, 2010.

Hunt, Anne, *The Trinity: Insights from the Mystics*, Collegeville: Liturgical Press, 2010.

Kenworthy, Scott M. *The Heart of Russia: Trinity-Sergius*, Monasticism, and Society after 1825. Oxford: Oxford Univ Press, 2010.

Kim, Eunsoo. *Time, Eternity, and the Trinity: A Trinitarian Analogical Understanding of Time and Eternity*, Eugene: Pickwick Publications, 2010.

Kooi, Akke van der. "Election and the Lived Life: Considerations on Gollwitzer's Reading of Karl Barth in CD II/2 as a Contribution to Actual Discussions on Trinity and Election," *Zeitschrift für Dialektische Theologie*, Vol.4 (2010): 67-82.

McCall, Thomas H. *Which Trinity? Whose Monotheism?: Philosophical and Systematic Theologians on the Metaphysics of Trinitarian Theology*, Grand Rapids: William B. Eerdmans Publishing Company, 2010.

McKenna, John H. "Trinity, Holy Spirit, and Epiclesis," *Liturgical Ministry* Vol.19 No.4 (Fall 2010): 178-181.

Moon, Young Bin. "God as a Communicative System Sui Generis: Beyond the Psychic, Social, Process Models of the Trinity," *Zygon* Vol.45 No.1 (March 2010): 105-126.

Murphy, Joseph P. *The Fountain of Life in John Calvin and the Devotio Moderna: Metaphorical Theology of the Trinity in Word and Sacrament*, Bethesda: Academica Press, 2010.

Schaefer, Mary Martina. "Presence of the Trinity: Relationship or Idea?" *Liturgical Ministry* Vol.19 No.4 (Fall 2010): 145-156.

So, Damon W. K. *The Forgotten Jesus and the Trinity You Never Knew*, Eugene: Wipf & Stock, 2010.

Polkinghorne, John. *The Trinity and an Entangled World: Relationality in Physical Science and Theology*, Grand Rapids: Wm. B. Eerdmans Publishing Company, 2010.

Storrar, William F., Peter J. *Casarella, and Paul Louis Metzger, A World for All?: Global Civil Society in Political Theory and Trinitarian Theology*, Grand Rapids: W. B. Eerdmans Publishing Company, 2010.

Tavast, Timo. "Challenging the Modalism of the West: Jenson on the Trinity," *Pro Ecclesia* Vol.19 No.4 (Fall 2010): 355-368.

Tennent, Timothy C. *Invitation to World Missions: A Trinitarian Missiology for the Twenty-First Century*, Grand Rapids: Kregel Publications, 2010.


2011

Baik, Chung-Hyun. *The Holy Trinity God for God and God for Us* (*Princeton theological monograph series* 145), Eugene: Pickwick Publications, 2011.

Boccia, Maria L. "Human Interpersonal Relationships and Love of the Trinity," *Priscilla Papers* Vol.25 No.4 (Fall 2011): 22-26.

Dempsey, Michael T. ed. *Trinity and Election in Contemporary Theology*, Grand Rapids: William B. Eerdmans Publishing Company, 2011.

Dempsey, Michael T. "Love Is Free or It Is Not Love: Why the Immanent Trinity Still Matters in the Thought of Karl Barth and in Contemporary Theology," *Science et Esprit*, Vol.63 No.2 (May 2011): 251-267.

Emery, Gilles, and Matthew Levering, eds. *The Oxford handbook of the Trinity*, Oxford: Oxford University Press, 2011.

Habets, Myk and Philip Tolliday, eds. *Trinitarian theology after Barth* (*Princeton theological monograph series* 147), Eugene: Pickwick Publications, 2011.

Keller, Catherine. "Connolly's Mysterious Trinity Machine: A Panentheistic Reading," *Political Theology* Vol.12 No.2 (April 2011): 202-209.

Kung, Lap-yan. "The Trinity, the Church, and China's Harmonious Society: A Politics of Persuasion," *Studies in World Christianity* Vol.17 No.3 (2011): 237-257.

내재적 삼위일체와 경륜적 삼위일체

Marmion, Declan, and Rik Van Nieuwenhove. *An introduction to the Trinity*, Cambridge: Cambridge University Press, 2011.

Nwaigbo, Ferdinand. "Trinity and Ecology," *Afer* Vol.53 No.22 (June 2011): 374-416.

Phan, Peter C. ed. *The Cambridge Companion to the Trinity*, Cambridge: Cambridge University Press, 2011.

Pembroke, Neil F. "Space in the Trinity and in Pastoral Care," *Journal of Pastoral Care & Counseling* (Online) Vol.65 No.2 (2011).

Roberts, Nancy. "Trinity Vs. Monotheism: A False Dichotomy?" *The Muslim World* Vol.101 No.1 (January 2011): 73-93.

Ryken, Philip Graham, and Michael LeFebvre. *Our Triune God: Living in the Love of the Triune God*, Wheaton: Crossway, 2011.

Sakharov, Nicholas. "Essential Bulgakov: His Ideas about Sophia, the Trinity, and Christ," *St Vladimir's Theological Quarterly* Vol.55 No.2 (2011): 165-208.

Spencer, William David. "An Evangelical Statement on the Trinity," *Priscilla Papers* Vol.25 No.4 (Fall 2011): 15-19.

Soulen, R Kendall. *The Divine Name (s) and the Holy Trinity: Distinguishing the Voices*, Louisville: Westminster John Knox, 2011.

Swain, Scott R. *Trinity, Revelation, and Reading: A Theological Introduction to the Bible and Its Interpretation*, London: T&T Clark, 2011.

Volf, Miroslav. "Allah and the Trinity: A Christian Response to Muslims," *The Christian Century* Vol.128 No.5 (March 8, 2011): 20-24.

Ware, Bruce A. "The Father, the Son, and the Holy Spirit: The Trinity as Theological Foundation for Family Ministry," *The Journal of Family Ministry* Vol.1 No.2 (Spring 2011), 6-13.


2012

Bacon, Hannah. "Thinking the Trinity as Resource for Feminist Theology Today?" *Cross Currents* Vol.62 No.4 (December 2012): 442-464.

Cornelius, Emmitt. "St. Irenaeus and Robert W. Jenson on Jesus in the Trinity,"

*Journal of the Evangelical Theological Society*, Vol.55 No.1 (March 2012): 111-124.

Doran, Robert M. *The Trinity in History: A Theology of the Divine Missions*. London: University of Toronto Press, 2012.

Eglinton, James P. *Trinity and Organism: Towards a New Reading of Herman Bavinck's Organic Motif*, London: T&T Clark, 2012.

Gaventa, Beverly Roberts. "Pentecost and Trinity," *Interpretation*, Vol.66 No.1 (January 2012): 5-15.

Giles, Kevin. "The Orthodox Doctrine of the Trinity," *Priscilla Papers* Vol.26 No.3 (Summer 2012): 12-23.

Hillar, Marian. *From logos to Trinity: The Evolution of Religious Beliefs from Pythagoras to Tertullian*. New York: Cambridge University Press, 2012.

Holmes, Stephen R. *The Quest for the Trinity: The Doctrine of God in Scripture, History, and Modernity*, Downers Grove: IVP, 2012.

Lim, Pual C. H. *Mystery Unveiled: The Crisis of the Trinity in Early Modern England*, Oxford: Oxford University Press, 2012.

Lord, Jennifer L. "Pentecost and Trinity Sunday: Preaching and Teaching New Creation ," *Interpretation* Vol.66 No.1 (January 2012): 29-40.

McCall, Thomas H. *Forsaken: The Trinity and the Cross, and Why It Matters*, Downers Grove: IVP, 2012.

Reeves, Michael. *Delighting in the Trinity: An Introduction to the Christian Faith*, Downers Grove: IVP, 2012.

Reeves, Michael. "Three Is the Loveliest Number: Why 'That Trinity Stuff' Is Not a Philosophical Headache But a Captivating Picture of the Good and the Beautiful," *Christianity Today* Vol.56 No.11 (December 2012): 42-45.

## 2013

Busenitz, Nathan. "Did Constantine Invent the Trinity?: The Doctrine of the Trinity in the Writings of the Early Church Fathers," *The Master's Seminary Journal*, Vol.24 No.2 (Fall 2013): 217-242.

Coakley, Sarah. *God, Sexuality, and the Self: An Essay 'On the Trinity,'* Cambridge: Cambridge University Press, 2013.

Johnson, Keith E. "Imitatio Trinitatis: How Should We Imitate the Trinity?" *The Westminster Theological Journal* Vol.75 No.2 (Fall 2013): 317-334.

Kurtanidze, Kakhaber. "The Concept of Trinity as Paradigm for the Relationship between Church and State," *The Greek Orthodox Theological Review* Vol.58 No.1 (Spring 2013): 99-118.

Lindsay, Mark R. "Trinity and Election in Contemporary Theology," *Colloquium* Vol.45 No.2 (November 2013): 230-234.

Shahzad, Qaiser. "Accomodating Trinity: A Brief Note on Ibn 'Arabi's Views," *Journal of Ecumenical Studies* Vol.48 No.1 (Winter 2013): 114-120.

Simmons, Ernest L. *The Entangled Trinity: Quantum Physics and Theology*, Minneapolis: Fortress, 2014.

Vlach, Michael Joseph. "The Trinity and Eschatology," The Master's Seminary Journal Vol.24 No.2 (Fall 2013): 199-215.

## 2014

Aben, Tersur Akuma. "'Bones to Philosophy, But Milk to Faith': Celebrating the Trinity," *Evangelical Review of Theology*, Vol.38 No.2 (April 2014): 160-168.

Atkinson, William. "The Trinity and Servant-Leadership," *Evangelical Review of Theology* Vol.38 No.2 (April 2014): 138-150.

Burton, Simon J G. "Faith, Reason, and the Trinity in Richard Baxter's Theology: Incipient Rationalism or Scholastic Fides Quaerens Intellectum?" *Calvin Theological Journal*, Vol.49 No.1 (April 2014): 85-111.

Edgar, Brian. "The Consummate Trinity and Participation in the Life of God," *Evangelical Review of Theology* Vol.38 No.2 (April 2014): 112-125.

Johnson, Thomas Kurt. "Why Is the Trinity So Difficult And So Important?" *Evangelical Review of Theology* Vol.38 No.2 (April 2014): 100-111.

Kilby, Karen. "Too Many Ttrinities?: Kendall Soulen's Trinitarian Trinitarianism," *Pro

부록 삼위일체와 관련된 자료들 385

*Ecclesia* Vol.23 No.1 (Winter) 2014: 28-32.

Mackenzie, Jon. "A Double-headed Luther? A Lutheran Response to the Holy Trinity by Stephen R. Holmes," *Evangelical Quarterly* Vol.86 No.1 (January 2014): 39-54.

Marshall, Bruce D. "The Absolute and the Trinity," *Pro Ecclesia* Vol.23 No.2 (Spring 2014): 147-164.

Nassif, Bradley. "Spicing up the Trinity: Did a Small Change of Ingredients in the Nicene Creed Create a New Recipe, or Enhance the Original?" *Christianity Today* Vol.58 No.1 (Jan-Feb 2014): 52-55.

Sanders, Fred. "Redefining progress in Trinitarian theology: Stephen R. Holmes on the Trinity," *Evangelical Quarterly* Vol.86 No.1 (January 2014): 6-20.

Soulen, R Kendall. "Response: A Thrice Threefold Trinity? Of Course," *Pro Ecclesia* Vol.23 No.1 (Winter 2014): 65-80.

Johnson, Thomas Kurt. "The Trinity in the Bible and Selected Creeds of the Church," *Evangelical Review of Theology*, Vol.38 No.2 (April 2014): 169-185.

## II. 한글 자료(연대순)

### 1. 단행본(저서/역서)

1982

이진우, 『삼위일체 하나님』, 서울: 할렐루야서원, 1989.

1989

차영배, 『개혁교의학 삼위일체론(신론) (개혁교의학 시리즈 2/1)』, 서울: 총신대학교출판부, 1982.

1991

이종성, 『삼위일체론』, 서울: 대한기독교출판사, 1991.

클레어런스 H. 벤슨 지음, 김국환 옮김, 『삼위일체 하나님(기초단계 3)』(*The Triune God*),

서울: 무림출판사, 1991.

1992

한영태,『삼위일체와 성결(웨슬레의 성결론 1)』, 서울: 성광문화사, 1992.

1993

아우구스티누스 지음, 김종흡 옮김,『삼위일체론(세계기독교고전 34)』(*On the Trinity*), 서울: 크리스챤다이제스트사, 1993. .

1995

자로슬라프 펠리칸 지음, 박종숙 옮김,『고대교회 교리사』(*The Christian Tradition: A History of the Development of Doctrine, Volume 1: The Emergence of the Catholic Tradition* [*100-600*]), 서울: 크리스챤다이제스트사, 1995.

1996

김영선,『예수와 삼위일체 하나님』, 서울: 기독교문서선교회, 1996.

1997

유해무.『개혁교의학』, 서울: 크리스챤 다이제스트, 1997.

1998

브루노 포르테 지음, 최영철 옮김,『삼위일체의 모상인 교회』(*The Church, Icon of the Trinity: A Brief Study*), 서울: 성바오로출판사, 1998.

위르겐 몰트만 지음, 이신건 옮김,『삼위일체와 하나님의 역사』(*History and the Triune God: Contributions to Trinitarian Theology*), 서울: 대한기독교서회, 1998.

1999

박형렬,『성경적 과정 변수 복음주의적 삼위일체(CPEA 21)』, 서울: 치유, 1999.

## 2000

김석환,『교부들의 삼위일체론』, 서울: 기독교문서선교회, 2000.

유동식,『한국신학의 광맥』, 서울: 다산글방, 2000.

크리스티안 A. 슈바르츠 지음, 임원주 옮김,『하나님을 경험하는 세 가지 예술: 삼위일체 신
앙 능력의 파워』(*The Threefold Art of Experiencing God: the Liberating Power of Trinitarian Faith*), 서울: 엔시디, 2000.

## 2001

손무덕,『알기 쉬운 삼위일체 교리』, 서울: 자하브출판사, 2001.

황돈형,『토착화와 삼위일체』, 서울: 바울, 2001.

## 2002

이송오,『요한일서 5:7 삼위일체의 강력한 증거(바른 성경교리 4)』, 서울: 말씀보존학회,
2002.

## 2003

나한식,『조화와 삼위일체로 풀이한 과학의 세계』, 서울: 낙랑출판사, 2003.

박 만,『현대 삼위일체론 연구』, 서울: 대한기독교서회, 2003.

이상현,『삼위일체, 은혜 그리고 믿음 조나단 에드워즈 신학연구』, 서울: 대한기독교서회,
2003.

조성재,『어거스틴의 삼위일체 구조가 갖는 신학적 객관성에 관하여』, 서울: 개혁주의 성경
연구소, 2003.

한병수,『삼위일체 하나님』, 서울: 프란시스, 2003.

## 2004

이천수,『사랑의 삼위일체 하나님 영성목회원리(예수공학 3)』, 서울: 영성목회, 2004.

로저 올슨 및 크리스토퍼 홀 지음, 이세형 옮김,『삼위일체론』(*The Trinity*), 서울: 대한기독
교서회, 2004.

J. N. D. 켈리 지음, 박희석 옮김,『고대 기독교 교리사』(*Early Christian Doctrines*), 서울:

크리스챤다이제스트사, 2004.

**2005**

이문균,『신앙과 삶 속에서 삼위일체 하나님 알아보기』, 서울: 한국장로교출판사, 2005.

이종성,『삼위일체론을 중심한 신학과 철학의 알력사』, 서울: 장로회신학대학교출판부, 2005.

**2006**

김홍기,『평신도를 위한 신학 – 삼위일체론 기독론 구원론 교회론(다락방전도협회 말씀시리즈 2)』, 서울: 이화여자대학교출판부, 2006.

데릴 존슨 지음, 김성환 옮김,『삼위 하나님과의 사귐』(*Experiencing the Trinity*), 서울: 한국기독학생회출판부(IVP), 2006.

유태화,『삼위일체론적 성령론』, 서울: 대서, 2006.

임홍빈,『현대의 삼위일체론(미래를 여는 신학 1)』, 서울: 생명의씨앗, 2006.

위르겐 몰트만 지음, 김균진 옮김,『삼위일체와 하나님의 나라』(*The Trinity and the Kingdom: The Doctrine of God*), 서울: 대한기독교서회, 2006.

**2007**

김석환,『삼위일체론과 성령론』, 서울: 한국학술정보, 2007.

박준양,『삼위일체론 그 사랑의 신비에 관하여(박준양 신부와 함께하는 신학여행 1)』, 서울: 생활성내러티브, 2007.

배종수,『신앙과 신학을 위한 요한복음의 삼위일체 하나님』, 서울: 세복, 2007.

신준호,『칼 바르트 교회교의학 해설 삼위일체론 2』, 서울: 뉴미션21, 2007.

요제프 라칭거 지음, 오희천 옮김,『예수 그리스도의 하나님 삼위일체 하나님에 관하여』(*Der Gott Jesu Christi: Betrachtungen über der Dreieinigen Gott*), 서울: 월드북, 2007.

유태화,『삼위일체론적 구원론』, 서울: 대서, 2007.

유해무,『신학 – 삼위일체 하나님을 위한 송영(개혁신앙강좌 8)』, 서울: 성약, 2007.

전성룡,『성령은 누구인가?: 삼위일체론적 성령론』, 서울: 세복, 2007.

정성욱,『삶 속에 적용하는 삼위일체 신학(믿음의 글들 244)』, 서울: 홍성사, 2007.

테드 피터스 지음, 이세형 옮김,『삼위일체 하나님: 신적 삶 안에 있는 관계성과 시간성』(*God*

*as Trinity: Relationality and Temporality in Divine Life*), 서울: 컨콜디아사, 2007.

2008

박치용, 『삼위일체 하나님과 바른 신앙』, 서울: 개혁주의신행협회, 2008.

손무덕, 『성경이 가르쳐주는 유일신 삼위일체 하나님』, 서울: 중외출판사, 1998.

이형기 외 역사신학연구회, 『삼위일체론의 역사』, 서울: 대한기독교서회, 2008.

존 J. 오도넬 지음, 박종구 옮김, 『삼위일체 하느님의 신비』(*The Mystery of the Triune God*), 서울: 가톨릭출판사, 2008.

캐서린 모리 라쿠나 지음, 이세형 옮김, 『우리를 위한 하나님 삼위일체와 그리스도인의 삶』(*God for Us: The Trinity and Christian Life*), 서울: 대한기독교서회, 2008.

2009

곽미숙, 『삼위일체론 전통과 실천적 삶』, 서울: 대한기독교서회, 2009.

윌리엄 폴 영 지음, 한은경 옮김, 『오두막』, 파주: 세계사, 2009.

최영백, 『삼위일체론과 최종구원(소논문모음집 3)』, 서울: 목회갱신연구원, 2009.

2010

유해무, 『삼위일체론(살림지식총서 384)』, 서울: 살림, 2010.

헨리 & 멜빈 블랙커비 지음, 윤종석 옮김, 『삼위일체를 경험하는 삶 – 일상에서 누리는 초대교회의 능력』(*Experiencing the Spirit*), 서울: 두란노, 2010.

2011

레오나르도 보프 지음, 김영선 & 김옥주 옮김, 『성삼위일체 공동체』, 서울: 크리스천헤럴드, 2011.

윤철호, 『삼위일체 하나님과 세계』, 서울: 장로회신학대학교출판부, 2011.

2012

다니엘 L. 밀리오리 지음, 신옥수/백충현 옮김, 『기독교 조직신학 개론(전면개정판)』(*Faith Seeking Understanding: An Introduction to Christian Theology*), 서울: 새물결플러

내재적 삼위일체와 경륜적 삼위일체

스, 2012.

미로슬라브 볼프 지음, 황은영 옮김, 『삼위일체와 교회 - 하나님의 형상으로서 교회에 대한 가톨릭 동방 정교회 개신교적 이해를 찾아서』(*After Our Likeness: The Church as the Image of the Trinity*), 서울: 새물결플러스, 2012.

미로슬라브 볼프 지음, 박세혁 옮김, 『배제와 포용』(*Exclusion and Embrace: A Theological Exploration of Identity, Otherness, and Reconciliation*), 서울: IVP, 2012.

백충현, 『삼위일체적 평화통일 신학의 모색(남북한평화신학연구소 연구총서 3)』, 서울: 나눔사, 2012.

소을순, 『삼위일체 하나님과 구원(교리 시리즈 1)』, 서울: 한글과진리, 2012.

에드 영 지음, 김인화 옮김, 『삼위일체 하나님(소그룹을 위한 영성훈련 시리즈 7)』, 서울: 프라미스, 2012.

존 지지울라스 지음, 이세형·정애성 옮김, 『친교로서의 존재』(*Being as Communion: Studies in Personhood and the Church*), 춘천: 삼원서원, 2012.


2013
권문상, 『성경적 공동체 - 삼위일체 하나님을 닮은 가족교회』, 서울: 킹덤북스, 2013.
박민진, 『평신도를 위한 삼위일체의 이해』, 서울: 퍼플, 2013.


2014
김도훈·박성규, 『춘계 이종성 박사의 생애와 사상』, 서울: 장로회신학대학교출판부, 2014.
김석환, 『성경과 삼위일체 하나님』, 서울: 킹덤북스, 2014.
박순경, 『삼위일체 하나님과 시간 - 제1권 구약편(밀알 아카데미 22)』, 서울: 신앙과지성사, 2014.
이홍주, 『십자가를 통해서 보는 삼위일체의 신비』, 서울: 쿰란출판사, 2014.


2015
레슬리 뉴비긴 지음, 최형근 옮김, 『레슬리 뉴비긴의 삼위일체적 선교』, 서울: 바울, 2015.
벤자민 B. 워필드 지음, 이경직 & 김상엽 옮김, 『칼뱅 - 하나님 성경 삼위일체 교리 해설(워필드 신학시리즈 1)』, 서울: 새물결플러스, 2015.

웨슬리신학연구소 지음,『관계 속에 계신 삼위일체 하나님』, 서울: 아바서원, 2015.

현요한·박성규,『WCC 신학의 평가와 전망』, 서울: 장로회신학대학교출판부, 2015.


## 2. 학술논문

### 1918

라부열, "삼위일체에 관한 예수의 교훈",『신학지남』 1권 2호, 1918: 19-35.


### 1958

이영헌, "삼위일체신관의 교리사적 고찰",『신학지남』 25권 1호, 1958: 97-114.


### 1959

장성, "삼위일체에 대한 이해",『신학논단』 5권, 1959: 167-175.


### 1964

이종성, "아우구스티누스의 삼위일체론(1)",『기독교사상』 8권 4호, 1964: 6-20.

이종성, "아우구스티누스의 삼위일체론(2)",『기독교사상』 8권 5호, 1964: 16-26.

이종성, "아우구스티누스의 삼위일체론(3)",『기독교사상』 8권 6호, 1964: 55-65.


### 1965

이종성, "삼위일체론의 현대적 이해",『기독교사상』 9권 7호, 1965: 60-69.


### 1970

민알로이시오, "삼위일체이신 하느님",『사목』 12권, 1970: 54-58.


### 1972

사목 편집실, "강생의 신비와 삼위일체 신비",『사목』 21권, 1972: 104-108.

최건호, "평신도신학 – 삼위일체",『활천』 364권, 1972: 70-71.

내재적 삼위일체와 경륜적 삼위일체

## 1979

김균진, "십자가의 사건과 삼위일체론", 『기독교사상』 23권 10호, 1979: 102-116.

## 1980

변선환, "헤겔 르네상스와 삼위일체론", 『기독교사상』 24권 12호, 1980: 175-182.

## 1981

심상태, "삼위일체론의 어제와 오늘", 『사목』 75권, 1981: 81-91.

## 1982

김균진, "삼위일체성과 하나님의 나라", 『기독교사상』 26권 2호, 1982: 147-158.

밀리오리, 다니엘, "삼위일체와 인간의 자유", 『기독교사상』 26권 2호, 1982: 159-173.

파커, 토마스, "삼위일체의 정치적 의미", 『기독교사상』 26권 2호, 1982: 174-191.

## 1984

차영배, "칼빈을 자극시킨 이단사상과 그의 삼위일체론", 『신학지남』 51권 4호, 1984: 78-105.

## 1985

기독교사상 편집실, "하느님의 경세적 삼위일체 믿음 복종", 『기독교사상』 29권 6호, 1985: 246-262.

## 1986

김보록, "신학적 명상(I)", 『신학전망』 72권, 1986: 135-144.

페테르스, 알브레히트, 김영한 옮김, "루터에 있어서 숨어 계시는 신 - 삼위일체 하나님", 『성경과 신학』 3권, 1986: 173-201.

## 1987

김균진, "삼위일체 하나님", 『기독교사상』 31권 5호, 1987: 162-173.

김균진, "삼위일체 하나님", 『기독교사상』 31권 6호, 1987: 168-183.

이양구, "'삼위일체'의 관점에서 본' 87 성탄", 『새가정』 375권, 1987: 80-84.


## 1989

박종천, "삼위일체론과 삼신론(三身論)", 『신학과 세계』 19권, 1989: 166-197.

이병호, "그리스도敎와 共同體: 共同體的 神觀 研究", 『신학전망』 85권, 1989: 14-35,


## 1990

신학전망 편집부, "現代神論의 問題點과 새 方向摸索(II)", 『신학전망』 91권, 1990: 42-57.

한영태, "삼위일체와 성결", 『신학과 선교』 15권, 1990: 25-58.

한영태, "성결과 삼위일체 하나님의 사역", 『활천』 441권, 1990: 60-65.


## 1991

김광식, "이종성의 『삼위일체론』 - 삼위일체론을 폭넓고 설득력 있게 논구한 책", 『기독교사상』 35권 10호, 1991: 177-183.

김균진, "하나님의 형상에 대한 삼위일체론적 해석", 『신학논단』 19권, 1991: 71-85.

김기달, "삼위일체 교리의 계시성과 합리성", 『신학과 목회』 5권, 1991: 165-169.

주재용, "이레니우스의 사상 - 성령론, 삼위일체론, 교회론, 성례전, 부활론을 중심으로", 『한신논문집』 8권, 1991: 5-20.

홍기영, "예배(5월 5일: 어린이주일 / 5월 12일: 어버이주일 / 5월 19일: 성령 강림주일 / 5월 26일: 삼위일체 주일)", 『교육교회』 179권, 1991: 31-39.


## 1992

배경숙, "헤겔 종교철학에 나타난 삼위일체론적 이념", 『철학논총』 8권, 1992: 183-198.


## 1993

서창원, "삼위일체의 현대신학적 해석 - Leonard Boff를 중심으로", 『신학과 세계』 27권, 1993: 177-199.

유해무, "성부, 성자, 성령 하나님 - 삼위일체론적 신론 구성을 위한 시도", 『개혁신학과 교회』제3호, 1993: 81-117.

이신건, "삼위일체론적 코이노니아 교회론 - 제5차 신앙과 직제 세계대회 토의 문서와 대화
하면서", 『한국기독교신학논총』 10권, 1993: 190-214.


## 1994

오성춘, "삼위일체 교리와 섬김의 공동체 비전", 『장신논단』 10권, 1994: 535-553.

유정원, "현대 종교 신학의 흐름⟨7⟩ - 가빈 드코스타의 그리스도 중심적 삼위일체론", 『사목』
186권, 1994: 126-134.

유해무, "성부, 성자, 성령의 이름 - 사도신경에 근거한 교의학의 한 試論", 『개혁신학과 교
회』 제4호, 1994: 67-84.

이종성, "삼위일체론(1)", 『기독교사상』 38권 2호, 1994: 242-250.

이종성, "삼위일체론(2)", 『기독교사상』 38권 3호, 1994: 246-254.


## 1995

김광채, "루터의 삼위일체론", 『개신논집』 2권, 1995: 139-155.

김영재, "한국교회의 삼위일체론", 『신학정론』 13권 2호, 1995: 358-379.

신복윤, "칼빈의 신관", 『신학정론』 13권, 1995: 168-202.

장경철, "삼위일체와 공동체 - 위르겐 몰트만의 사회적 삼위일체론 연구", 『인문논총』1권,
1995: 325-347.

한동수, "삼위일체에 대한 의미론적 해석과 그 적용 - 분석철학적 접근", 『기독교사상』 39권
3호, 1995: 246-262.

한철하, "칼빈의 삼위일체론", 『성경과 신학』 17권, 1995: 162-175.


## 1996

서공석, "삼위일체 교리 언어의 이해", 『종교신학연구』 9권, 1996: 289-294.

이규민, "탈근대화 시대의 기독교교육 과제 설정을 위한 신학적 고찰 - 몰트만의 사회적 삼
위일체론을 중심으로", 『한국기독교신학논총』 13권, 1996: 235-274.

조병하, "우리가 고백하는 삼위일체 신앙", 『기독교사상』 40권 6호, 1996: 60-74.

1997

박종천, "성령신학의 삼위일체적 구조", 『신학과 세계』 35권, 1997: 115-135.

박창건, "고린도후서 13장 13절에 관한 小考", 『신학과 세계』 35권, 1997: 50-78.

유해무, "삼위 하나님의 사역으로서의 신격화", 『개혁신학과 교회』 제7호, 1997: 205-231.

이후정, "어거스틴의 신비주의", 『신학과 세계』 33권, 1997: 119-145.


1998

김영선, "칼 바르트의 삼위일체론", 『한국조직신학논총』 3권, 1998: 245-273.

송용조, "성령가 선교", 『선교와 신학』 1권, 1998: 71-92.

유해무, "칼빈의 삼위일체론", 한국칼빈학회 편, 『칼빈신학해설』, 1998: 133-153.

오영석, "기독교적인 유신론으로서 삼위일체론 이해", 『신학연구』 39권, 1998: 97-146.

이정용, 이세형 옮김, "영과 역의 연합 - 성령과 삼위일체", 『세계의 신학』 40권, 1998: 207-
　　225.

조병하, "서방교회 삼위일체 신학의 효시로서의 테르툴리아누스의 글", 『기독교사상』 42권 3
　　호, 1998: 93-114.

최홍석, "헤르만 바빙크의 삼위일체론", 『신학지남』 65권 2호, 1998: 110-132.


1999

성염, "*Si fallor sum*: 아우구스티누스 인식론의 형이상학적 맥락 『삼위일체론』(*De
　　Trinitate*)을 중심으로", 『중세철학』 5권, 1999: 81-113.

송혜영, "마사초의 성 〈삼위일체〉", 『미술사논단』 9권, 1999: 239-268.

신문철, "'존재론적 삼위일체와 경륜적 삼위일체의 관계'에 대한 논평", 『한국개혁신학』 5권,
　　1999: 160-164.

유해무, "삼위 하나님의 교제와 교회의 공동체성", 『목회와 신학』 통권 118호, 1999년 4월호,
　　96-104.

＿＿＿, "종교 다원주의와 삼위일체론", 『신앙과 학문』 4권 1호, 1999: 11-20.

＿＿＿, "칼빈의 삼위일체론: 동방 신학과 관련하여", 한국칼빈학회 편, 『칼빈신학과 목회』,
　　1999: 7-31.

이승구, "존재론적 삼위일체와 경륜적 삼위일체의 관계", 『한국개혁신학』 5권, 1999: 119-

159.

최신한, "헤겔의 삼위일체론", 『기독교사상』 43권 7호, 1999: 90-111.

최종호, "삼위일체 하느님의 신학적 고찰", 『한국조직신학논총』 4권, 1999: 340-357.


## 2000

박종천, "삼위일체와 삼교회통 – 피터 핫지슨의 삼위일체론에 대한 비판과 동아시아 신학을 위한 삼위일체론적 전망", 『신학과 세계』 41권, 2000: 166-209.

유해무, "동서방 삼위일체론: 공통점과 접근 방식의 차이", 『개혁신학과 교회』 제 11집 2000: 173-201.

윤철호, "그리스도 형태론적 삼위일체론으로서의 변증법적 만유재신론", 『장신논단』 16권, 2000: 298-327.


## 2001

김명용, "몰트만(J. Moltmann)의 삼위일체론", 『장신논단』 17권, 2001: 107-129.

김성원, "'삼위일체론적 교회론'에 대한 논평", 『성경과 신학』 29권, 2001: 125-129.

김영철, "진리의 단일성과 다양성에 관한 논고: 성 켄터버리의 안셀무스의 삼위일체론적 사고에서 본 진리인식문제", 『철학논총』 25권, 2001: 119-126.

신문철, "삼위일체론적 교회론 – 관계적 위격의 개념을 중심으로", 『성경과 신학』 29권, 2001: 97-124.

이문균, "삼위일체 신관에서 본 기독교의 인간 이해", 『한국기독교신학논총』 20권, 2001: 109-134.

이신형, "하나님과 자연과학 – 판넨베르크의 삼위일체론에 대한 비판적 고찰", 『한국기독교신학논총』 21권, 2001: 109-135.

정승원, "위르겐 몰트만의 삼위일체적 종말론 비판과 성경신학적 의의(意義)", 『신학정론』 19권 1호, 2001: 211-239.

존슨, 엘리사벳 A, 김종승 옮김, "삼위일체: 상징을 다시 노래하라", 『한국여성신학』 45권, 2001: 124-143.

최윤배, "개혁파 종교개혁자 마르틴 부처(1491-1551)의 삼위일체론적 성령론", 『한국개혁신학』 9권, 2001: 246-268.

2002

김병훈, "Heinz Kohut'의 정신분석학 입장에서 본 삼위일체론", 『한국개혁신학』 11권, 2003: 158-177.

김윤태, "칼빈 신학의 현대적 해석 ; 삼위일체의 신학과 언약 사상의 관점에서 본 칼빈의 신학 원리", 『한국조직신학연구』 1권, 2002: 32-67.

김재성, "칼빈의 삼위일체론, 그 형성과정과 독특성", 『신학정론』 20권 1호, 2002: 118-168.

라칭거, 요셉, "예술과 전례(1) - 미술과 전례", 『신학전망』 137권, 2002: 118-134.

박영돈, "개혁신학의 성령론적 전망", 『신학정론』 20권, 2002: 225-253.

심광섭, "조직신학-삼위일체론적 십자가의 신학과 성령론", 『세계의 신학』 54권, 2002: 157-175.

신문철, "삼위일체론의 중요성과 형성과정", 『성령과 신학』 18권, 2002: 203-230.

신문철, "삼위일체적 기독론", 『한국조직신학연구』 1권, 2002: 136-165.

신문철, "삼위일체적 기독론 - '케노틱 기독론'과 '성령 기독론'에 대한 삼위일체적 비판", 『개신논집』 3권, 2002: 201-232.

신문철, "삼위일체적 기독론 - '케노틱 기독론'과 '성령 기독론'에 대한 삼위일체적 비판", 『복음과 신학』 5권, 2002: 163-189.

이강실, "한국 개신교의 사회변혁과 개인구원 사이의 갈등을 해소하기 위한 삼위일체신학 - 한몸의식", 『한국여성신학』 49권, 2002: 79-100.

이상성, "현대 물리학의 유비를 통한 삼위일체론의 이해", 『신학논단』 30권, 2002: 187-210.

정승태, "현대 삼위일체론의 입장에서 본 '인격' 개념", 『한국기독교신학논총』, 23권, 2002: 191-214.

조현철, "볼프하르트 판넨베르크(Wolfhart Pannenberg)의 칼 바르트(Karl Barth) 삼위일체론 비판에 대한 시간론적 고찰", 『신학논단』 30권, 2002: 141-158.

최홍석, "내촌감삼의 삼위일체론", 『신학지남』 69권 1호, 2002: 81-119.

황헌형, "Heinz Kohut의 정신분석학 입장에서 본 삼위일체론'에 대한 비평", 『한국개혁신학』 11권, 2002: 178-182.


2003

김병훈, "위르겐 몰트만의 '하나님의 삼위일체론적 단일성' 개념에 담겨 있는 삼신론적 특성들", 『성경과 신학』 34권, 2003: 438-465.

김영한, "이슬람과 기독교, 교리적 차이", 『대학과 선교』 5권, 2003: 55-81.

김재성, "칼빈의 삼위일체론, 그 형성 과정과 중요성", 『한국조직신학연구』 2권, 2003: 143-189.

박홍규, "존 오웬의 구속에 대한 삼위일체적 이해", 『한국조직신학연구』 3권, 2003: 265-285.

신문철, "삼위일체적 관점에서 바라본 '휠리오꾸베'(Filioque) 논쟁", 『한국조직신학연구』 2권, 2003: 190-217.

신문철, "영산과 삼위일체론: 순복음 신학 정립을 위한 삼위일체적 관점(trinitarian perspective)", 『성령과 신학』 19권, 2003: 112-146.

이경재, "헤겔의 신 존재 논증", 『신학과 세계』 47권, 2003: 195-220.

이문균, "삼위일체 신관에서 본 교회 이해", 『한국기독교신학논총』 30권, 2003: 263-290.

이문균, "삼위일체 하나님과 세례 예식의 하나님 이름", 『장신논단』 19권, 2003: 463-492.

정제천, "삼위일체 하느님과 그리스도교 영성", 『신학전망』 141권, 2003: 23-45.

황돈형, "삼위일체론의 '인격' 개념에 대한 이해와 전망 – 바르트 삼위일체론의 존재 방식 개념을 중심으로", 『한국조직신학연구』 3권, 2003: 152-178.


2004

김기주, "샤르트르 대성당 三門 연구 – 성 삼위일체와 빛의 표현, 개방공간을 중심으로", 『미술사학보』 23권, 2004: 5-49.

김병훈, "삼위일체 – 삼위 하나님의 위격의 이해", 『신학정론』 22권 1호, 2004: 183-220.

송병구, "St. Augustinus의 'Visio Dei'(신을 봄)에 대한 윤리학적 이해 –『참된 종교』와 『삼위체론』을 중심으로", 『종교와 문화』 10권, 2004: 253-284.

신문철, "영산의 전인구원론: 삼위일체적 관점에서 바라본 영산의 전인구원론", 『성령과 신학』 20권, 2004: 106-132.

신문철, "영산 조용기 목사의 삼위일체적 성령론", 『영산신학저널』 1권 2호, 2004: 41-78.

양 정, "신진학자들의 글모음 – 존 웨슬리의 구원론에 있어서 삼위일체적 접근", 『한국조직신학논총』 10권, 2004: 137-155.

이문균, "기독교의 삼위일체 신관과 종교 간의 관계", 『종교연구』 35권, 2004: 165-194.

이문균, "삼위일체론과 기독교 영성", 『신학사상』 124권, 2004: 107-137.

전현식, "생명의 영성 - 생명(창조)에 대한 몰트만의 삼위일체적 성령론적 이해의 동학-생태여성학적 재해석 및 비전", 『한국조직신학논총』 11권, 2004: 215-246.

최윤배, "생명의 영성 - 개혁파 종교개혁자 마르틴 부처(1491-1551)의 삼위일체론적, 기독론적 성령론", 『한국조직신학논총』 11권, 2004: 269-303.


## 2005

김병훈, "삼위의 실체적 단일성", 『신학정론』 23권, 2005: 148-170.

김재진, "몰트만(J. Moltmann)의 삼위일체론의 비판적 이해 - '순환이론'으로 '양태론적 삼위일체론'이 극복되었는가?", 『한국조직신학논총』 12권, 2005: 91-116.

박경수, "삼위일체론에 대한 칼뱅의 공헌", 『장신논단』 24권, 2005: 139-166.

박성국, "마사초의 성 삼위일체의 도상적 의미", 『미술사학보』 24권, 2005: 85-117.

박종천, "해천신학의 해석학: '하느님의 참 말씀의 신학'을 위한 해석학", 『신학과 세계』 54권, 2005: 157-192.

신문철, "영산의 삼위일체적 기독론", 『영산신학저널』 2권 3호, 2005: 92-122.

안택윤, "관계적 삼위일체와 포스트모던 하나님의 나라", 『한국조직신학논총』 14권, 2005: 73-104.

이문균, "삼위일체 하나님과 사회적 비전", 『한국기독교신학논총』 38권, 2005: 43-64.

정남수, "아이작 도너의 '윤리적 삼위일체론' 연구", 『성경과 연구』 37권, 2005: 537-569.

주승중, "삼위일체주일", 『새가정』, 2005: 42-44.

황돈형, "현대 신론에 있어서 삼위일체론의 이해 가능성에 대하여 - 과정신학을 중심으로", 『한국조직신학논총』 14권, 2005: 43-72.


## 2006

김영선, "삼위일체 하나님의 본질과 속성", 『한국기독교신학논총』 47권, 2006: 161-184.

김향모, "The Origin of Christian Trinity - A Philosophical Approach", 『한국아프리카학회지』 24권, 2006: 83-113.

류호성, "왜 삼위일체적 세례인가? - 마 28:19를 중심으로", 『헤르메네이아 투데이』 36권, 2006: 19-34.

문병호, "칼빈의 교회론 - 기독론, 삼위일체론적 관점에서", 『한국조직신학연구』 8권, 2006:

44-71.

문영빈, "관찰과 하나님 - 현대물리학, 시스템이론, 신학의 대화", 『한국기독교신학논총』 43
　권, 2006: 171-196.

박순경, "삼위일체 하나님과 시간", 『신학연구』 49권, 2006: 223-232.

박종구, "그리스도론과 삼위일체론의 관계: 그 신학적 접점에 대한 해석학적 이해", 『신학과
　철학』 8권, 2006: 7-45.

양 정, "존 웨슬리의 사상과 그 지평의 확대 - 존 웨슬리의 삼위일체론", 『환태평양 시대의 웨
　슬리안 성결운동』, 2006: 218-231.

이오갑, "칼빈의 삼위일체론", 『신학사상』 134권, 2006: 217-247.

최승태, "몰트만의 삼위일체론이 지닌 실천적 의의", 『한국조직신학논총』 17권, 2006: 175-
　201.

최홍석, "삼위일체 교리의 성경적 근거(구약)에 관한 박형룡 박사의 이해", 『신학지남』 73권
　3호, 2006: 69-88.

최홍석, "삼위일체론의 특별한 성격에 대한 박형룡 박사의 견해", 『신학지남』 73권 2호, 2006:
　89-108.

황덕형, "악을 극복하는 선하신 하나님: 타자적 삼위일체론의 한 가능성", 『영산신학저널』 3
　권 2호, 2006: 104-134.


## 2007

권정임, "러시아 정교 성화의 도상학", 『노어노문학』 19권, 2007: 185-209.

김영숙·이용권, "초기 바흐친의 존재론과 정교적 인간관", 『노어노문학』 19권, 2007: 145-
　166.

김영철, "마리우스 빅토리누스의 삼위일체론적 사유", 『철학논총』 50권, 2007: 73-90.

박경수, "루터 신학에서 삼위일체론의 위치", 『한국교회사학회지』 20권, 2007: 67-93.

박승찬, "인격 개념의 근원에 대한 탐구: 그리스도교 신학과 보에티우스의 정의를 중심으로",
　『인간연구』 13권, 2007: 83-119.

신옥수, "몰트만의 사회적 삼위일체론 - 비판적 대화를 중심으로", 『장신논단』 30권, 2007:
　203-240.

양태범, "토마스 아퀴나스의 신 존재 증명에서 다섯 가지 길과 그것의 형이상학적 구조", 『철

학과 현상학 연구』 35권, 2007: 117-144.

이문균, "신과 인간의 자유", 『종교연구』 49권, 2007: 31-53.

이승갑, "슐라이어마허의 인간학적 삼위일체론 -『신앙론』을 중심으로", 『장신논단』 28권, 2007: 141-180.

정기철, "융엘의 삼위일체론: 문화적 삼위일체론의 필요성", 『신학사상』 139권, 2007: 165-194.

정승익, "『고백록』 XIII, xi, 12에 나타난 '심리학적 삼위일체론'에 관하여", 『누리와 말씀』 21권, 2007: 1-23.

최홍석, "삼위일체 교리의 성경적 근거(신약)에 관한 박형룡 박사의 이해", 『신학지남』 74권 1호, 2007: 47-76.

하여울, "가빈 드코스타의 종교신학 연구 -『종교들의 만남과 삼위일체』를 중심으로", 『신학과 철학』 10권, 2007: 131-163.

황병훈, "『노수부의 노래』에서 삼위일체적 기독교성의 발견과 의의", 『기독교와 어문학』 4권 1호, 2007: 185-214.


2008

김도훈, "교사들에게 들려주는 조직신학 이야기 - 삼위일체에 대하여", 『교육교회』, 372권, 2008: 46-51.

김도훈, "교사들에게 들려주는 조직신학 이야기 - 삼위일체 하나님 나의 존재와 생명의 의미", 『교육교회』, 373권, 2008: 46-51.

김정숙, "캐서린 모리 라쿠나의 『우리를 위한 하나님』 - 삼위일체 신학의 실천적 의미", 『기독교사상』 52권, 2008: 162-166.

문준일, "자먀찐의 소설 '우리들'에 나타난 삼위일체의 상징성", 『한국노어노문학회 학술대회 발표집』, 2008: 51-61.

박만, "탈근대적 자아의 정체성과 관계성 회복의 신학적 근거로서의 사회적 삼위일체론", 『장신논단』 33권, 2008: 175-200.

박태수, "삼위일체 하나님의 관점에서 본 '일'의 신학적 이해", 『한국조직신학연구』 10권, 2008: 170-196.

슈뵈벨, 크리스토퍼, "하나님의 나라와 삼위일체 - 삼위일체론적 관점에서 바라본 하나님의 나라 이해",『영산신학저널』 13권, 2008: 44-70.

이경재, "성 토마스 아퀴나스의 철학과 신학",『가톨릭신학과사상』 61권, 2008: 9-47.

이난희, "삼위일체론에 대한 여성신학적 연구: 엘리자벳 존슨(Elizabeth A. Johnson)과 캐
더린 라쿠나(Catherine Mowry LaCugna)를 중심으로",『한국여성신학』 67권, 2008:
52-73.

이은선, "토마스 아퀴나스의 삼위일체론의 방법론",『한국교회사학회지』 23권, 2008: 135-
170.

이재하, "어거스틴의『삼위일체론(De trinitate)』에 나타난 사랑의 개념",『대학과 선교』 15
권, 2008: 171-195.

임희모, "생명 봉사적 통전 선교",『선교와 신학』 22권, 2008: 141-172.

정은진, "천국의 풍경: 프라 안젤리코의 〈성모대관〉",『서양미술사학회논문집』 29권, 2008:
109-130.

황덕형, "악을 극복하는 선하신 하나님 - 타자적 삼위일체론의 한 가능성",『한세대학교 영산
신학연구소 간행물』, 2008: 19-46.


2009

권용근, "'영성과 기독교교육' 서술을 위한 프롤로고메나",『신학과 목회』 31권, 2009: 305-
332.

김병훈, "삼위일체의 복수성과 단일성에 대한 현대 신학자들의 견해 탐구(1): 칼 라너",『신학
정론』 27권 2호, 2009: 245-263.

김유준, "조나단 에드워즈의 삼위일체론",『교회사학』 8권, 2009: 305-335.

백충현, "내재적-경륜적 삼위일체 관계에 관한 현대신학의 논의 분석: 존재론, 인식론, 그리
고 신비",『한국조직신학논총』 24권, 2009: 91-110.

이덕중, "토마스 아퀴나스의 '우시아' 이해",『철학논총』 55권, 2009: 261-279.

이덕형, "문화적 패러다임으로서의 카톨리코스(katholikos)-페리코레시스(perichoresis)-
소보르노스치(sobornost')",『노어노문학』 21권, 2009: 495-525.

이문균, "조나단 에드워즈의 아름다움에 대한 이해와 그 목회적 함의",『한국기독교신학논
총』 65권, 2009: 135-157.

이상웅, "조나단 에드워즈의 삼위일체론적인 성령론",『한국개혁신학』 25권, 2009: 292-330.

이성효, "아우구스티누스의 관상에 대한 이해", 『신학전망』 164권, 2009: 83-114.

이세형, "'관계적 존재론'에 기초한 라쿠나의 삼위일체론", 『한국조직신학논총』 23권, 2009: 67-95.

장신근, "통전적 기독교교육의 모색: 삼위일체론적 모델의 기독교교육을 중심으로", 『장신논단』 34권, 2009: 67-102.

정 건, "삼위일체 하나님의 은혜의 경륜 안에서 신실한 성경읽기", 『개혁논총』 12권, 2009: 175-204.

황돈형, "삼위일체의 계시적 진리를 위한 필리오케(filioque)의 해석학적 의미: 한국적 신학의 가능성을 위해", 『한국조직신학논총』 25권, 2009: 33-72.


2010

곽미숙, "삼위일체론과 그리스도인의 실천", 『한국기독교신학논총』 68권, 2010: 133-166.

곽승룡, "삼위일체교육론: 본당 신자 재교육 방법론에 대해", 『사목정보』 3권 7호, 2010: 11-13.

국승규, "그리스도교 삼위일체론 성립과정의 역사적 배경에 관한 연구", 『원불교사상연구원 학술대회』, 2010: 153-160.

권선향, "삼위일체 하느님과 삼신불의 비교", 『불교학연구』 27권, 2011: 485-520.

김병훈, "삼위일체의 복수성과 단일성에 대한 현대 신학자들의 견해 탐구(2): 로벗 젠선(Robert Jenson)의 '세 가지 정체성을 가진 한 사건으로서의 하나님,'" 『신학정론』 28권 1호, 2010: 103-124.

김은혜, "한국사회의 가족해체와 가족신학의 정립의 필요성", 『장신논단』 39권, 2010: 223-250.

김재윤, "삼위일체의 개념화(The Trinitarian conceptuality): 콜린 건튼의 삼위일체론에 대한 평가 -메타포를 중심으로", 『한국조직신학연구』 13권, 2010: 330-349.

김홍기, "하나님 이해의 역사적 발전과정", 『신학과 세계』 67권, 2010: 191-229.

노영상, "인간 중심적 생태신학, 신 중심적 생태신학, 생태 중심적 생태신학의 통합으로써의 삼위일체론적 생태신학(Trinitarian Ecotheology)을 향하여", 『장로교회와 신학』 7권, 2010: 93-120.

노우재, "십자가 위에서 결정적으로 드러나고 전해진 삼위일체 하느님의 사랑, Hans Urs

von Balthasar, *Theodramatik*, Bd.III, Die Handlung (Einsiedeln: Johannes Verlag, 1980)", 『가톨릭신학과사상』 66권, 2010: 261-271.

맥콜, 코마스, 김성원 옮김, "삼위일체는 깨어졌는가? - 성부와 성자와 십자가", 『성결교회와 신학』 24권, 2010: 10-33.

맥콜, 코마스, 김성원 옮김, "하나님과 바르게 - 삼위일체의 관점에서 본 하나님의 정의와 칭의 교리", 『성결교회와 신학』 24권, 2010: 34-51.

멘케, 칼-하인쯔, 서명옥 옮김, "예수 그리스도: 역사 안에서의 절대자?: 한 역사적 실재의 보편적 의미에 대한 물음", 『신학전망』 171권, 2010: 299-336.

박찬호, "칼빈과 삼위일체론, 그리고 한국교회", 『개혁논총』 13권, 2010: 67-106.

백충현, "내재적 삼위일체와 경륜적 삼위일체와의 관계에 대한 칼 바르트의 상호상응의 입장에 관한 비판적 고찰", 『장신논단』 37권, 2010: 85-116.

백충현, "삼위일체론에 대한 과정신학의 반응들", 『한국조직신학논총』 27권, 2010: 167-206.

백충현, "이정용의 상호포월의 정식 - '내재적 삼위일체는 경륜적 삼위일체 안에, 경륜적 삼위일체는 내재적 삼위일체 안에'", 『한국기독교신학논총』 70권, 2010: 209-227.

유태화, "만족설이 남긴 과제 - 구속의 삼위일체적 이해를 모색하며", 『한국조직신학연구』 13권, 2010: 241-261.

유해무, "교회의 역사와 신앙고백: 삼위일체론을 중심으로", 『교회와 교육』 2010년 여름호, 26-42.

윤갑수 & 전철민, "삼위일체 하나님과 삼위일체적 예배자", 『기독교교육정보』 27권, 2010: 129-152.

윤철호, "동방정교회의 삼위일체론: 블라디미르 로스끼를 중심으로", 『장신논단』 37권, 2010: 51-84.

이명권, "아드바이타 베단타 신학과 그리스도교 신학의 만남 - 우파드야야(Brahmabandhav Upadhyaya)를 중심으로", 『종교연구』 61권, 2010: 153-188.

이문균, "계시론적 삼위일체론과 존재론적 삼위일체론", 『신학사상』 148권, 2010: 67-100.

이승구, "사회적 삼위일체론의 위험성과 가능성", 『신학정론』 28권 2호, 2010: 408-430.

임형모, "폴 틸리히의 존재론적 상징주의에 나타난 삼위일체론 가능성", 『한국조직신학논총』 28권, 2010: 7-38.

전영준, "니사의 그레고리우스의 신비사상과 부정신학", 『가톨릭신학과사상』 66권, 2010:

11-43.

정 건, "갑바도기아 교부들의 삼위일체적 하나님 언어 이해", 『개혁논총』 15권, 2010: 163-192.

정 건, "The Crises of the Autonomous Self and the Relational Ontological Ground for Contemporary Understanding of Human being", 『한국기독교신학논총』 72권, 2010: 151-170.

정승익, "니케아-콘스탄티노플 신경에서의 성자 하느님의 '낳음'(generatio)과 성령 하느님의 '발하심'(processio)의 구분에 대해", 『누리와 말씀』 27권, 2010: 191-222.

조규홍, "위-디오니시오스의 신비신학: 플로티노스의 신비사상과의 비교 및 오늘날 종교적 체험을 위한 의미 모색", 『가톨릭신학과사상』 66권, 2010: 81-112.

조정환, "인간의 공동체적인 관계성에 대한 고찰", 『가톨릭신학』 16권, 2010: 63-110.

조정환, "현대 가톨릭 교회의 인간관에 대한 고찰", 『신학전망』 171권, 2010: 199-235.

황돈형, "현대과학에서의 자아문제와 삼위일체적 자아 이해 – 현대 뇌 과학을 중심으로", 『한국조직신학논총』 28권, 2010: 67-105.


2011

계재광, "Moltmann's Social Doctrine of the Trinity and Its Implications for Korean Church Leadership", 『한국기독교신학논총』 75권, 2011: 183-210.

김병훈, "현대 삼위일체론 탐구(3): 레오나드 보프(Leonard Boff)", 『신학정론』 29권 1호, 2011: 99-120.

김일목, "삼위일체 신학의 윤리적 의미", 『학문과 기독교세계관』 2권, 2011: 39-54.

김흡영, "동아시아적 삼위일체론 서설", 『종교연구』 65권, 2011: 247-270.

남정우, "정교회와 개혁교회의 에큐메니컬 대화에 관한 소고", 『신학논단』, 64권, 2011: 53-78.

문병호, "터툴리안의 기독론적 변증 – 「그리스도의 육체론」을 중심으로", 『신학지남』 78권, 2011: 94-119.

박영은, "안드레이 루블료프 이콘 해석의 패러다임과 신화 창조의 메커니즘 – '디오니시우스 아레오파기트 사상'과 '삼위일체적 형제애'의 예술적 변용을 중심으로", 『노어노문학』 23권 4호, 2011: 283-313.

박일준, "Embodied Interaction: Building a Bridge between Cognitive Science and

Theology by the Medium of E. Johnson's Pneumatological Trinity of God", 『한국
기독교신학논총』 75권, 2011: 211-234.

방선영, "박형룡 신학에서 교회의 본질 – 삼위일체론적 교회론에 관한 연구", 『한국조직신학
연구』 15권, 2011: 37-57.

백충현, "19세기부터 오늘날까지의 삼위일체 신학의 부록, 일식 그리고 부흥", 『교회사학』 10
권, 2011: 279-305.

백충현, "프레데릭 데니슨 모리스에서의 삼위일체와 사회", 『한국조직신학논총』 30권, 2011:
7-37.

서재주, "칼 바르트의 기독론에 대한 비판적 연구 – 인격과 사역의 관점에서", 『개신논집』 11
권, 2011: 119-149.

신옥수, "몰트만의 신학 방법론의 구조와 특성", 『장신논단』 43권, 2011: 107-132.

오상선, "아씨시 성 프란치스코의 신비 체험", 『신학전망』 172권, 2011: 114-134.

오영석, "칼 바르트의 신학과 기도에 대한 이해", 『신학연구』 59권, 2011: 42-73.

유경동, "장애인 신학과 삼위일체", 『신학과세계』 72권, 2011: 172-203.

이문균, "동방정교회 신학의 생태학적 관련성", 『장신논단』 41권, 2011: 189-213.

이세형, "정의와 평화를 지향하는 레오나르도 보프의 생명 삼위일체론", 『한국조직신학논총』
30권, 2011: 363-391.

이용주, "볼프하르트 판넨베르크의 삼위일체신학적 창조론", 『한국조직신학논총』 31권,
2011: 351-393.

장신근, "교회-가정의 연계성을 지향하는 세대 간 기독교교육: 아동을 중심으로", 『신학논단』
63권, 2011: 217-243.

장훈태, "기독교와 이슬람의 갈등", 『선교와 신학』 27권, 2011: 143-177.

정승익, "니케아-콘스탄티노플 신경에 나타난 '동일본질'과 '동일흠숭'(ὁμοτιμία) 개념에 대
해서: 바실리우스의 성령론을 중심으로", 『가톨릭신학과사상』 68권, 2011: 129-172.

천사무엘, "구약의 삼위일체론적 해석은 가능한가?", 『새가정』 58권, 2011: 68-71.

최대열, "몰트만의 장애(인)신학", 『한국기독교신학논총』 77권, 2011: 83-110.


2012

고세진, "베다니: 삼위일체의 현실적 나타남", 『기독교사상』 638권, 2012: 130-143.

김동수, "요한복음에 나타난 삼위일체 사상", 『신약논단』 19권 1호, 2012: 141-170.

김성민, "기독교의 삼위일체 도그마와 융의 사위론 C. G. - 기독교의 삼위일체 도그마에 대한 분석심리학적 고찰", 『한국기독교신학논총』 82권, 2012: 313-343.

김연희, "자크 뒤퓌의 종교다원성의 신학", 『신학전망』 176권, 2012: 77-119.

김옥주, "니케아 신조(A.D. 381)에 나타난 위격들의 관계에 대한 몰트만의 새로운 제안 - 사회적 삼위일체론을 중심으로", 『한국조직신학논총』 33권, 2012: 7-36.

김옥주, "동,서방 교회의 연합을 위한 나지안조스의 그레고리의 삼위일체론 탐구", 『한국개혁신학』 34권, 2012: 8-34.

김용준, "칼바르트의 신적 위격개념 'Seinsweise'에 대한 개혁주의적 비평", 『개혁논총』 21권, 2012: 71-96.

김유준, "삼위일체 하나님의 속성과 동등성에 관한 에드워즈의 이해", 『한국기독교신학논총』, 80권, 2012: 151-176.

김홍기, "존 웨슬리의 삼위일체 이해", 『신학과세계』 75권, 2012: 175-225.

노우재, "발타살의 드라마틱 구원론: 삼위일체 하느님 사랑의 결정적 표징인 그리스도의 십자가 죽음", 『신학전망』 179권, 2012: 39-84.

노우재, "칼 라너의 삼위일체론에 대한 고찰", 『가톨릭신학과사상』 70권, 2012: 155-200.

박상언, "사회적 삼위일체론이 현대 삼위일체론의 실천적 의미에 끼친 영향", 『신학논단』 69권, 2012: 7-33.

백충현, "레오나르도 보프의 '페리코레시스-연합 모델'에 관한 비판적 고찰", 『한국기독교신학논총』 79권, 2012: 135-154.

신문철, "오순절주의 성화론 - 삼위일체적 관점에서 바라본 성화론", 『오순절신학논단』 10권, 2012: 37-68.

심광섭, "존 지지울러스의 『친교로서의 존재』 - 정교회의 삼위일체적 사귐과 성찬적 교회", 『기독교사상』 641권, 2012: 154-159.

오승성, "에밀 브루너(Emil Brunner)와 칼 바르트(Karl Barth)의 자연신학 논쟁 - 삼위일체론적 계시 이해를 위해", 『한국기독교신학논총』 82권, 2012: 177-202.

유선희, "기독교교육을 위한 어린이영성론 연구: 데이빗 해이와 레베카 나이의 어린이영성론에 대한 비평적 대화", 『선교와신학』 30권, 2012: 235-266.

윤형철, "삼위일체론적 성경본체론 회복의 필요성에 대한 고찰: 언어행위 이론(Speech-act

theory)의 통찰을 활용하여", 『성경과신학』, 63권, 2012: 353-380.

이근철, "대종교의 신관에 관한 철학적 연구", 『도교문화연구』 37권, 2012: 75-105.

이근철, "『삼일신고』의 '천(天)'에 대한 철학적 고찰", 『도교문화연구』 36권, 2012: 295-320.

이상은, "Die Theologie Isaak August Dorners: Die Christozentrik als Grundlage für die Theologie und Praxis", 『장신논단(KPJT)』 44권 3호, 2012: 187-207.

임정혁, "위르겐 몰트만의 사회적 삼위일체론과 양성평등", 『한국여성신학』 74권, 2012: 97-137.

임태평, "아우구스티누스의 삼위일체론과 그 교육에의 시사", 『교육사상연구』, 26권 3호, 2012: 169-186.

장홍훈, "삼위일체 하느님의 사랑: 사랑의 유비: 발타살 신학의 정점", 『신학전망』 179권, 2012: 2-38.

전철민, "학문연구에 있어서 한 통전적 방법론의 원리- 삼위일체의 관점에서", 『한국조직신학논총』 33권, 2012: 141-175.

정승익, "『삼위일체론』 안에 나타난 심리학적 삼위일체론의 유비들", 『누리와 말씀』 34권, 2012: 73-130.

정승현, "서구에서 선교적 교회론의 태동 및 발전", 『선교와 신학』 30권, 2012: 13-48.

정현숙, "아우구스티누스의 심리적 삼위일체론의 종교교육적 의의", 『종교교육학연구』 38권, 2012: 95-114.

조병하, "삼위일체와 그리스도 신앙 이해 논쟁과정에서 형성된 용어 '페리호레시스'에 대한 고찰", 『성경과 신학』 64권, 2012: 255-284.

최유진, "앤 조(Anne Joh)의 정(情)기독론과 삼위일체론적 고찰", 『한국조직신학논총』 32권, 2012: 199-226.

최유진, "케트린 테너의 삼위일체론 - 창출과 회귀(extus-reditus)의 관점으로", 『한국조직신학논총』 34권, 2012: 277-309.

최종호, "삼위일체 신의 해석을 통한 사회적 소통 모색", 『한국조직신학논총』 34권, 2012: 7-35.

하우케, 만프레트, 이영덕 옮김, "오리게네스의 발자취를 따라서 - 한스 우르스 폰 발타살의 위대함과 한계", 『신학전망』 176권, 2012: 198-215.

2013

강응섭, "룩-슈레더에 따른 '예수의 이름'에 재현된 삼위일체 하나님의 유일성과 현재화에 대한 연구", 『한국조직신학논총』 36권, 2013: 215-245.

김석만, "마사치오의 "삼위일체" 벽화에서 나타난 공간적인 특성에 관한 연구", 『건축역사연구』 22권 6호, 2013: 7-22.

김영동, "'WCC 선교와 전도에 대한 새로운 확언'에 대한 비평적 고찰", 『장신논단』 45권 2호, 2013: 41-66.

김옥주, "칼 바르트의 삼위일체론에 관한 비평적 고찰 - 필리오꾸에 교리를 중심으로", 『한국개혁신학』 41권, 2013: 47-69.

김요한, "무슬림의 속성 이론과 기독교의 삼위일체 교설의 유사성에 관한 연구", 『동서철학연구』 67권, 2013: 175-195.

김유준, "에드워즈의 내재적 삼위일체론과 경륜적 삼위일체론", 『교회사학』 12권, 2013: 173-191.

김진혁, "[세계 신학자와의 대화 8] 상상력, 창조성 그리고 삼위일체 하나님 - 폴 피데스", 『기독교사상』 654권, 2013: 176-190.

나인선, "상호문화 해석학을 통한 삼위일체 언어에 관한 의식(의례) 해석학 연구", 『동서철학연구』 70권: 305-341.

남성현, "4-6세기 초기 기독교 미술에 나타난 삼위일체", 『서양미술사학회논문집』 39권, 2013: 37-64.

로베르, 실비(Sylvie Robert), "Expérience de la transcendance et figure trinitaire de Dieu", 『가톨릭신학과사상』 71권, 2013: 138-171.

신문철 & 김한경, "삼위일체론적 은사론", 『오순절신학논단』 11권, 2013: 99-122.

이동영, "'그들도 하나 되어 우리 안에 있게 하사…' 삼위일체적 통일론과 그 실천으로서의 평화도시건설", 『기독교와 통일』 7권, 2013: 54-64. 114-144.

이선이, "아시아 선교신학 정립을 위한 십자가 신학 연구", 『선교와신학』 32권, 2013: 213-246.

이승구, "헤르만 바빙크의 삼위일체론", 『장로교회와 신학』 10권, 2013: 114-144.

최광선, "레이몬 파니카(Raimon Panikkar)의 생태사상연구", 『철학논총』 72권, 2013: 463-483.

내재적 삼위일체와 경륜적 삼위일체

최성훈, "Pedagogy of Creation, Crucifixion, and Care: Reconsidering the Trinitarian Principles of Christian Education Corresponding to the Postmodern Challenges", 『오순절신학논단』 11권, 2013: 125-164.

최유진, "세라 코클리의 삼위일체론", 『장신논단』 45권 1호, 2013: 119-145.

최태관, "한국의 다종교 상황에서 에큐메니칼 신학형성을 위한 슈뵈벨의 삼위일체론의 의미", 『한국기독교신학논총』 88권, 2013: 181-209.

최홍석, "생명(生命)과 성령(聖靈): 삼위일체와 구속사(Historia salutis)를 중심으로", 『신학지남』 316권, 2013: 50-76.

코스타, 마우리치오, 김성봉 옮김, "기도의 신학적인 차원", 『신학전망』 182권, 2013: 202-228.

홍인식, "Towards Trinitarian Missiology in Latin America: Reflection on the Latin American Charismatic Movement", 『선교와신학』 31권, 2013: 171-202.

하필수, "A New Approach for Ecumenical Doctrine: A Focused Response to Augustine's Filioque", 『장신논단(KPJT)』 45권 3호, 2013: 63-86.


## 2014

권호덕, "에드와드 뵐(Eduard Bohl)의 삼위일체론", 『한국조직신학연구』 20권, 2014: 37-74.

김경수, "아우구스티누스의 『삼위일체론』(De Trinitate)의 구조와 장르", 『서양중세사연구』 34권, 2014: 1-30.

김유준, "아우구스티누스와 조나단 에드워즈의 삼위일체론 비교 연구", 『한국교회사학회지』 37권, 2014: 207-239.

박종익, "영산 조용기 목사의 삼위일체론적 성령론 연구", 『한세-성결 신학 논단』 1권, 2014: 51-113.

이동영, "몰트만의 삼위일체론적 종말론과 그 구성을 위한 조건들", 『한국개혁신학』 42권, 2014: 146-187.

이병옥, "A Missional Perspective of Moltmann's Trinity for the Suffering World", 『장신논단(KPJT)』 46권 3호, 2014: 221-247.

이승구, "요나단 에드워즈의 정통적, 관계적 삼위일체론", 『신학정론』 32권 2호, 2014: 294-324.

이은선, "아우구스티누스의 『삼위일체론』 1-4권에 나타난 유사론자들에 대한 비판 논리",
『신학논단』 74권, 2014: 119-150.

이천진, "[이천진 목사의 찬송가 이야기(30)] 삼위일체주일에 부르는 찬송 〈거룩 거룩 거룩
전능하신 주님〉", 『기독교사상』 66권, 2014: 226-237.

임일호, 조주연, "삼위일체론의 교육학적 해석", 『도덕교육연구』 26권 3호, 2014: 237-242.

조 휘, "삼위일체론에 관한 성경적 근거", 『성경과 고고학』 80권, 2014: 112-131.

핀토르, 세르지오, 양숙자 옮김, "회개의 여정", 『신학전망』 186권, 2014: 219-247.

황돈형, "바르트 삼위일체론의 현대적 의미 – 하나님 존재 이해의 현대적 과제를 위해", 『한
국조직신학논총』 40권, 2014: 173-211.


2015

김은수, "지지울라스의 관계적 삼위일체론에 대한 이해 – '친교로서의 삼위일체 하나님'과
그 신학적 함의", 『한국개혁신학』 45권, 2015: 8-43.

이은선, "아우구스티누스의 『삼위일체론』의 12-14권에서 지식과 지혜의 관계", 『신학논단』
79권, 2015: 313-344.

이찬석, "하나님 심정의 신학의 특징과 방법 – 함께 가기, 제소리 내기, 더불어 살기", 『한국기
독교신학논총』 95권, 2015: 155-180

현요한, "꾸란에 나타난 예수상에 대한 비평적 이해", 『교회와 신학』 79집, 2015: 245-270.

내재적 삼위일체와 경륜적 삼위일체

내재적 삼위일체와 경륜적 삼위일체

내재적 삼위일체와 경륜적 삼위일체

# 내재적 삼위일체와 경륜적 삼위일체

현대 삼위일체신학에 대한 신학·철학의 융합적 분석

**Copyright © 백충현 2015**

**1쇄 발행** 2015년 11월 13일
**3쇄 발행** 2021년 4월 14일

**지은이** 백충현
**펴낸이** 김요한
**펴낸곳** 새물결플러스

**편 집** 왕희광 정인철 노재현 한바울 정혜인
이형일 나유영 노동래 최호연
**디자인** 윤민주 황진주 박인미 이지윤
**마케팅** 박성민 이원혁
**총 무** 김명화 이성순
**영 상** 최정호 곽상원
**아카데미** 차상희

**홈페이지** www.holywaveplus.com
**이메일** hwpbooks@hwpbooks.com
**출판등록** 2008년 8월 21일 제2008-24호
**주 소** (우) 04118 서울시 마포구 마포대로19길 33
**전 화** 02) 2652-3161
**팩 스** 02) 2652-3191

ISBN 979-11-86409-35-0 93230

책값은 뒤표지에 있습니다.